목공 FAQ
목공에 대하여 알고 싶은 것들

Woodworking FAQ
Copyright © 2012 by Spike Carlsen
Originally published in the United States by Storey Publishing, LLC
All rights are reserved.
Korean Translation Copyright © 2019 by CIR, Co., Ltd.
Published by arrangement with Storey Publishing, LLC, Massachusetts, USA
Through Bestun Korea Agency, Seoul, Korea.
All rights reserved.

이 책의 한국어 판권은 베스툰 코리아 에이전시를 통하여
저작권자인 Storey Publishing, LLC와 독점 계약한 도서출판 씨아이알에 있습니다.
저작권법에 의해 한국 내에서 보호를 받는 저작물이므로 어떠한 형태로든 무단 전재와 무단 복제를 금합니다.

목공 FAQ

목공에 대하여 알고 싶은 것들

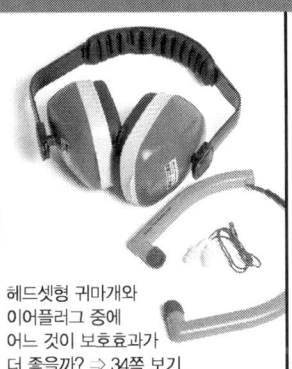

헤드셋형 귀마개와
이어플러그 중에
어느 것이 보호효과가
더 좋을까? ⇨ 34쪽 보기

정목제재의 장점은
무엇일까? ⇨ 55쪽 보기

큰 판재를 접착하려면
클램프는 얼마나 필요할까? ⇨ 194쪽 보기

마감할 때 붓자국이나
방울져 떨어지는 것을 막으려면
어떻게 할까? ⇨ 316쪽 보기

스파이크 칼슨(Spike Carlsen) 저

진재성 역

테이블쏘 없이 나무를 길고 곧게
자르려면 어떻게 할까?
⇨ 117쪽 보기

노란색 접착제와
흰색 접착제 중
어느 것이 더
좋을까?
⇨ 176쪽 보기

사이드 테이블 상판을
완벽한 원으로 가공하려면
어떻게 할까? ⇨ 221쪽 보기

캐비닛 문을
알판 구조로 만들면
무엇이 좋을까?
⇨ 240쪽 보기

씨아이알

나의 특별한 아이들 Tessa, Kellie, Zach, Maggie, Sarah 그리고 Paige, Morgan, Anna
그리고 언젠가 나를 '아빠'라고 부를 아이들에게
내 모든 삶의 동반자이자 사랑인 Kat에게 깊은 감사를 전합니다.
위대한 철학자 Randy Newman의 영원불멸의 말처럼,
당신들 모두가
"내 삶의 이유가 되었습니다,
당신이 내 삶의 이유입니다,
당신이 내 삶의 이유예요!"

목 차

소 개_007
감사의 글_009

1. 작업장 준비 / 11
- 작업 공간_012 • 작업대와 공구 수납_019 • 목재 보관과 취급_021 • 집진_025
- 전기, 조명, 난방 시스템_030 • 안전 장구_033 • 응급처치_040
- 프로젝트 : 4시간 만에 만드는 2×4 작업대_043

2. 나무와 합판 / 45
- 목재 기본 사항_046 • 나무의 움직임_054 • 통나무에서 판재까지_057
- 목재 선택 : 나뭇결과 무늬_061 • 합판 등급, 유형, 가공_065 • 복합 패널_070
- 몰딩_071 • 프로젝트 : 2개의 간단한 합판 보관 선반_074

3. 수공구 / 75
- 기본 사항_076 • 측정 공구, 표시 공구_077 • 직각, 수평, 곡선, 각도_082
- 대패, 끌, 스크레이퍼_085 • 연마_091 • 망치_094 • 손톱_096 • 스크류 드라이버, 렌치_099
- 클램프, 클램핑_101 • 줄_103 • 프로젝트 : 넉넉한 타공판 공구 캐비닛_106

4. 휴대용 전동공구 / 107
- 드릴_108 • 샌더와 휴대용 전동대패_111 • 지그쏘_115 • 원형 톱_117 • 라우터_121
- 공구 관리와 유지 보수_129 • 프로젝트 : 라우터 거치대_131

5. 고정식 전동공구 / 133
- 테이블쏘, 래디얼 암쏘_134 • 수압대패_142 • 자동대패, 샌더_144 • 각도 절단기_148
- 스크롤쏘_152 • 밴드쏘_154 • 목선반_157 • 드릴 프레스_162 • 면치기, 라우터 테이블_164
- 프로젝트 : 간단한 공방 카트_166

6. 접착제와 패스너 / 167
- 나사못_168 • 못_171 • 접착제_173 • 꽂임촉_179 • 비스킷 결합_182 • 포켓홀 결합_186
- 딴혀 장부 시스템_188

7. 결구법과 여러 기술들 / 191
- 판재 집성_192 • 장부맞춤_194 • 다도와 반턱맞춤_199 • 주먹장맞춤과 사개맞춤_201
- 목재 벤딩_204 • 무늬목, 밴딩, 상감_210 • 조각_212

8. 가구 제작 / 215
- 계획하기_216 • 테이블과 책상_216 • 의자와 스툴_224 • 책장과 거실 장식장_227
- 다른 가구들_230 • 프로젝트 : 나뭇결이 이어지는 상자 만들기_233

9. 캐비닛과 조리대 / 235
- 설계 고려 사항_236 • 캐비닛: 문과 하드웨어_237 • 서랍_246 • 캐비닛 설치_250 • 조리대_252

10. 창문, 문, 몰딩 / 257
- 창문과 문_258 • 걸레받이_264 • 크라운 몰딩_269 • 징두리벽과 패널 작업_273
- 프로젝트 : 평범한 재료를 사용하여 특별한 징두리벽 만들기_277 • 계단, 난간과 기둥_278

11. 실내, 실외의 다른 프로젝트들 / 281
- 마루_282 • 리모델링 기본 사항_285 • 수납과 선반_287 • 액자와 액세서리들_288 • 장난감_292
- 데크, 현관, 정자_293 • 마당과 정원_296

12. 샌딩과 마감 / 301
- 샌딩_302 • 프로젝트 : 사포 절단과 보관 선반_306 • 붓과 스프레이 장비_307
- 필러, 실러, 퍼티_310 • 스테인과 염료_312 • 투명 마감_316 • 페인트칠하기_321

13. 가구 재도장과 보수하기 / 325
- 가구 보수의 기본 사항_326 • 가구 마감 벗기기_334 • 가구 재도장과 보수하기_337

역자 후기_341

참고 자료_342

찾아보기_350

안전에 관한 사항

목공은 매우 보람 있는 일이지만, 동시에 매우 위험한 일이기도 합니다. 나무를 자르고 모양을 만드는 공구가 똑같이 당신을 상하게 할 수도 있죠. 사용하는 공구, 재료들과 함께 제공되는 지침이나 안내서를 꼼꼼하게 읽고 따르세요. 그리고 무엇보다도 상식을 따르세요. 과제를 해결할 수 있는 방법은 한 가지만 있는 것이 아닙니다. 특정한 공구를 사용하거나 절차를 수행하는 것이 불편한 경우라면 작업을 수행하는 다른 방법을 찾아보세요. 적절한 공구와 태도, 작업 습관을 가진다면 목공 작업을 더 안전하고, 즐겁게, 오랫동안 할 수 있습니다.

소개

'목공'이라는 말을 들을 때 어떤 이미지가 떠오르시나요? 수염 기른 노인이 대패를 들고 힘들게 일하는 모습인가요? 크고 복잡해 보이는 기계 앞에 서 있는 거칠어 보이는 영혼이 떠오르시나요? 물론 목공의 세계에는 이런 이야기도 들어 있겠지요. 하지만 그것보다 훨씬 많은 것들이 들어 있답니다. 당신의 경험에서 찾아볼까요? 혹시 언젠가 새집을 만들어봤다거나 흔들거리는 의자를 수리하거나 옷장에 선반을 설치해본 적이 있나요? 만약 그렇다면 당신은 이미 한 명의 목공인, 목수입니다. 이름난 유명한 목수나 작가는 아닐지라도, 당신과 비슷한 다른 많은 사람들이 그렇듯 이미 당신 자신을 목공인이라고 부를 수 있습니다.

목공은 요리와 약간 비슷하다고 할 수 있습니다. 비록 어떤 사람들은 보다 많은 경험이 있거나 시간을 더 쏟거나 더 좋은 장비를 가지고 있을 수 있지만, 그런 사실들이 당신이 요리를 시작하는 데 방해가 될 수는 없겠죠. 더 많이 요리할수록 얻는 것이 더 많아집니다. 필요하다면 더 좋은 품질의 도구를 마련하기도 하고, 새로운 요리에 도전할 때는 여러 가지 요리책을 구입하기도 하겠죠. 목공도 똑같습니다. 기초부터 시작하여, 공구와 기술들을 향상시키고, 더 성장하기 위해서 새로운 과제에 도전하죠. 이 책은 당신이 그렇게 나아가는 데 도움을 주고자 합니다.

과거에는 목공의 지혜가 세대를 거쳐 전달되거나 적어도 학원이나 교육기관들을 통해 선생님에서 학생에게 전달되었습니다. 이런 일이 점차 줄어들면서 기본적인 목공 문제를 다루는 책에 대한 필요성이 점점 더 커지고 있습니다. 이 책에는 모든 기술 수준에 대한 실용적인 정보가 담겨 있습니다. 당신이 초보자인 경우라면, 가장 기본적인 질문에 대한 답을 찾는 데 도움이 될 것입니다. "이 책장에 어떤 목재를 사용해야 합니까?", "어떤 방향으로 라우터를 움직여야 하나요?", "왜 사포는 서로 번호가 다른 것이죠?", "액자 틀을 클램프로 고정하려면 어떻게 하는 것이 좋나요?" 등등의 질문들 말이죠. 만약 중급 목공인이라면 목공 기술을 향상시키는 데 도움이 되는 많은 정보를 얻을 수 있습니다. 그리고 당신이 고급 기술자라 할지라도 여기에 있는 답변이나 팁, 차트와 프로젝트에는 활용할 수 있는 유용한 정보가 많이 있습니다.

이 책은 목공에 관한 모든 질문에 대해서 대답을 하려고 하지는 않으며, 또한 모든 질문에 완벽한 답변을 줄 수도 없습니다. 만약 그러한 책을 만들려고 한다면, 그 책은 지게차로 들어 올려야 할 정도로 거대해질 것입니다. 그래서 그것보다는 목공에 관한 가장 일반적인 질문과 오해들을 해결하고, 앞으로 더 나아갈지 어떻게 할지 여부를 결정할 수 있도록 기본 사항을 제시하려고 합니다. 그런 다음 더 많고 자세한 정보를 얻는 데 도움이 되는 또 다른 곳들로 안내할 것입니다. 이 책은 13개 장으로 나뉘어 있지만, 대부분의 질문은 여러 범주에 공통으로 들어갈 수 있습니다. 예를 들어, 판재 집성에 대한 정보는 3개 이상의 챕터에 나뉘어 있습니다. 그렇기 때문에 필요한 경우에는 색인(index)이나 목차를 활용하라고 말씀드리고 싶네요. 정보를 좀 더 쉽게 찾을 수 있습니다. 그리고 전체 내용을 다 보시면 앞에 어떤 챕터에서 언급된 내용이 다른 챕터에서 다시 언급되거나 다른 방식으로 활용되거나 하는 예들을 접하실 수 있습니다.

목공인들의 세계는 어느 나무, 어떤 공구, 어떤 기술이 가장 좋은지에 대한 의견들로 가득 차 있습니다. 그것은 목공을 흥미롭게 만드는 것들 중 한 가지죠. 만약 목공인들 사이에서 활발한 논쟁을 불러일으키고 싶다면, 책장에 조절식 선반을 달거나 창문 주위에 몰딩을 설치하거나 테이블을 마감하는 가장 좋은 방법들을 물어보세요. 목수들마다, 나무들마다, 프로젝트마다 모두 다 다릅니다. 하지만 우리는 가장 훌륭한 현장 목수들의 경험과 노하우를 바탕으로 잘못된 정보들 사이에서 사실을 가려내고 분류하는 데 도움을 받고 있습니다. 이 조언들을 바탕으로 계속 목공을 즐기시길 바라고, 당신의 모든 작업들에 행운이 깃들기를 빕니다.

감사의 글

저는 30년 넘게 나무와 목공에 대해서 배우고, 글 쓰고, 일을 하고 있습니다. 그러나 이 책을 쓰는 과정에서 아직 배워야 할 것이 얼마나 많은지 깨달았습니다.

그래서 저는 자신들의 경험과 지식을 기꺼이 공유해주신 모범적인 목공인들과 선생님들께 큰 감사를 드립니다. Dave Munkittrick의 뛰어난 목공과 검토 기술에 대해 감사드리며, American Woodworker magazine의 Tom Caspar에게 그의 수공구와 연마에 대한 통찰력에 대해, 목선반 작업의 전문가인 Allan Lacer에게 그의 우드 터닝에 대한 전문 지식에 대해, Dakota County Technical College의 National Institute of Wood Finishing 강사인 Mitch Kohanek에게, The Family Handyman magazine의 Ken Collier와 Travis Larson에게, 뛰어난 목수들인 Bruce Kiefer, Tim Johnson, Dick Thorngren, and Jim Adami에게, 그리고 이름 모를 수많은 목수들에게 감사를 드립니다.

그리고 Storey Publishing의 팀에게 진심 어린 감사의 말을 전합니다. 이 그룹은 필요한 말을 하고, 그것을 실천하는 사람들입니다.

1. 작업장 준비

당신이 가진 재능을 사용하세요. 만약 가장 노래를 잘하는 새들만 노래하고
다른 새들은 노래하지 않는다면 숲속에는 아무런 음악도 들리지 않을 거예요.
—Oliver G. Wilson 목사

작업장이 수십만 원 하는 공구들로 가득 찬 수십 제곱미터의 건물일 필요는 없습니다. 사실을 말하자면, 대부분의 목공인들은 훨씬 좁은 곳에서도 작업을 잘하고 있습니다. 창고의 구석 공간이나 지하실 한쪽 또는 안 쓰고 있는 별채 같은 곳들이 많은 사람들에게 충분한 작업공간을 만들어주고 있습니다. 그 정도의 공간도 없으면 어떻게 하냐고요? 음, 그렇다면 당신은 어느 아파트 주민에게서 용기를 얻을 수 있을지도 모르겠네요. 그는 목공을 너무 좋아해서 주방 식탁 위에다 작은 목선반을 올려놓고 우든펜과 작은 그릇들을 깎곤 했죠. 나오는 쓰레기는 쓰레기봉투에 버렸고, 일할 때마다 록 음악을 크게 틀어놓아 아래층 집주인이 목선반 돌리는 소리를 들을 수 없게 했지요. 가장 중요한 것은 안전하게 작업하고, 편리하게 정리할 수 있는 공간을 갖는 것이며, 그렇게 할 수 있는 방법이 많이 있습니다. 다음은 몇 가지 기본 사항입니다.

작업 공간

공간 구성, 안전, 편리성은 작업 공간을 계획할 때 명심해야 할 세 가지 중요한 항목입니다. 다음은 이러한 목표를 달성하기 위한 몇 가지 팁입니다.

Q 제가 새로 이사를 왔는데, 이제야 마침내 제 작업실 공간을 갖게 됐어요. 이 공간을 가장 효율적으로 활용하려면 어떻게 해야 할까요?

A 보통, 작업장들은 갑자기 생기게 되죠. 그래서 공구들이나 재료, 기타 모든 것들이 그다지 효율적이지 않게 공간에 들어찹니다. 당신의 상황은 매우 좋은 것이, 당신이 처음부터 시작할 수 있다는 것입니다. 새 작업장을 꾸미면서 다음과 같은 것들을 염두에 두세요.

- 작업장을 구획을 나눠 공간을 절약하고, 서로 연동되어 자주 사용하는 공구 간의 거리를 최소화하세요. '목재 준비' 구역은 테이블쏘, 수압대패, 자동대패로 구성할 수 있습니다. '목재 가공과 재단' 구역은 각도 절단기, 밴드쏘, 드릴 프레스로 구성할 수 있습니다. '조립' 영역은 작업대, 클램프 보관대, 조립 작업대 등으로 구성할 수 있습니다.
- 고정식 공구들(특히 테이블쏘)과 작업대 등의 작업을 위한 평면들이 각 구역 내에서 동일한 높이에 있도록 계획하세요. 이렇게 하려면 어떤 것에는 블록을 받치거나 바퀴를 달아야 하고, 때로는 작업대의 다리를 몇 cm 정도 잘라야 할지도 모릅니다. 하지만 대형 판재들이나 긴 제재목 작업을 할 때 훨씬 쉽게 할 수 있습니다. 주변의 작업 평면들이 높이가 같으므로 작업물들의 끝부분을 지탱해줍니다.
- 큰 공구에는 하부에 잠금장치가 있는 바퀴를 달아 이동할 수 있도록 만들면, 필요할 때 벽에 붙여서 공간을 절약하거나 때로는 바깥으로 빼낼 수도 있습니다. 드릴 프레스, 테이블쏘, 자동대패는 쉽게 이동할 수 있도록 해주고, 목선반이나 작업대는 바닥에 고정시켜 견고하고, 진동이 안 생기도록 하는 것이 가장 좋습니다.
- 고정관념에서 벗어나서 작업하세요. 최종 조립 작업은 많은 공간을 필요로 하고 상대적으로 어수선하지는 않으므로 주변 공간들을 작업공간으로 활용하세요. 한 쌍의 톱 작업대(sawhorse)와 오래된 문짝을 활용하여 임시 작업대를 만들어 쓸 수도 있습니다. 짧은 작업장에서 긴 목재를 많이 자르는 경우라면 목재가 문이나 창 또는 벽에 뚫어놓은 구멍을 지날 수 있도록 공구들을 정리해보는 방법도 있습니다.

> **TIP**
>
> **도움의 손길 찾기**
>
> 작업하는 동안 긴 판재의 끝부분을 잡아줄 수 있는 보조 작업대나 받침대를 두기 어려운 작은 작업장에서 일하는 경우라면, 위쪽으로 천장을 한번 올려다보세요. 18mm 합판으로 그림과 같은 개다리 형상의 받침대를 만들고 볼트와 나비너트를 사용하여 천장 장선(joist)에 고정하세요. 수평으로 놓이는 발 부분을 작업 중인 판재를 올려놓을 수 있는 적당한 높이에 맞추세요. 이 천장 받침대를 사용하려면 제 위치에 오도록 빙글 돌려서 나비너트를 조여줍니다. 필요가 없으면 뒤쪽으로 다시 돌려서 천장 장선의 측면에 고리나 클램프로 고정하면 됩니다.

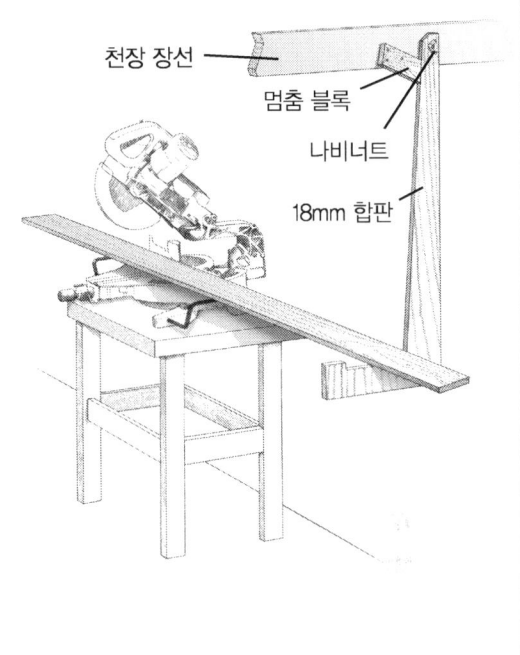

Q 제 작업장에는 어떤 종류의 소화기를 비치해야 하나요? 그리고 비치한다면 어느 곳이 좋은가요?

A 4.5kg ABC 분말 소화기를 구입하세요. A급 소화기는 목재, 종이와 같은 일반 가연성 물질을 위한 것입니다. B급 소화기는 용제, 유성 페인트와 같은 인화성 액체를 다루는 것입니다. C급 소화기는 전선이나 전기 모터와 같은 전기가 통하는 전기 장비와 관련된 화재에 대한 것입니다. 작업장의 자재와 장비들은 이러한 세 가지 유형의 화재를 모두 일으킬 수 있으며, ABC 소화기는 이 세 가지 유형을 모두 처리하도록 설계되었습니다.

　작업장 문 옆에 소화기를 세워놓고 주기적으로 점검하여 완전히 충전되었는지 확인하세요. 화재가 발생하면 집을 비우고 소방서에 전화하세요. 불이 직접 소화시킬 수 있을 것 같은 경우라면(그렇다고, 절대 영웅이 되려 하면 안 됩니다), 4~6m 거리에 서서 오른손잡이는 왼손, 왼손잡이는 오른손으로 약제 방출호스 끝부분을 잡고 불이 난 방향으로 향하게 한 다음 오른손으로 손잡이를 힘껏 움켜쥐고 소화약제를 쏘아줍니다. 호스를 좌우로 움직여 빗자루로 마당을 쓸듯이 앞에서부터 방사하여 불을 끕니다. 불이 당신과 당신의 탈출구 사이에 오지 않도록 하세요.

Q 목공 전용 작업장은 없지만 필요할 때 창고나 차고의 절반 정도에 작업공간을 설치하고 싶습니다. 제가 할 수 있는 몇 가지 간단한 것들이 있을까요?

A 작업 공간은 마치 잉어와 같아서 주변환경에 따라 그 크기를 키워나갑니다. 따라서 가장 먼저 해야 할 일은 공간을 물리적으로 둘로 나누는 방법을 찾는 것입니다. 한 가지 방법은 0.1mm 폴리에틸렌 비닐 롤을 구입하여 큰 롤러 블라인드처럼 설치하고 쉽게 올리고 내릴 수 있게 해서 구역을 나누는 것입니다. 창고나 차고 높이보다 15cm 정도 크게 비닐 시트를 준비하고, 상단과 하단에 각재를 붙이세요. 천장에 상단부를 단단히 고정시키고, 하단부는 바닥에 놓아 임시 벽으로 만듭니다. 차고에 차가 들어오거나 창고에 물건을 집어넣을 시간이 되면, 청소를 한 후 비닐 블라인드를 감고 끈이나 벨크로를 사용하여 천장에 고정하세요.

그러고 나서, 모든 구석구석을 보관 목적으로 사용하는 것입니다. 또한 가능한 모든 것을 이동할 수 있도록 만들어서 작업장을 신속하게 설치하고 해체할 수 있도록 합니다. 다음은 고려해야 할 몇 가지 사항입니다.

- 숨겨놓을 수 있는 작업대를 설치하세요. 새로운 합판이나 원목을 사지 않고도, 사용하지 않는 평평한 문짝 중에 속이 비어 있지 않은(solid-core) 것이 있다면, 그것과 문틀을 벽에 붙여 간단하게 만들 수 있습니다. 문은 작업을 위한 평면을 만들기 위해 아래로 열어서 내릴 수 있습니다. 문틀 안에 타공판(pegboard)을 설치하면 매우 많은 공구들을 보관할 수 있습니다. 18mm 쇠파이프와 플랜지를 사용하여 탈착 가능한 나사식 다리를 만드세요.
- 벽이 아직 석고보드를 대지 않은 상태라면, 샛기둥(stud) 사이에 2×4(38×89mm) 또는 2×6(38×140mm) 구조목이나 아니면 그 정도 크기의 다른 각재, 판재를 설치하여 미니 선반을 만드세요. 또한 이런 빈 곳, 공동을 사용하여 목재를 수직으로 보관할 수도 있습니다.
- 천장이 완성되지 않은 경우라면, 각재들을 장선(joist)이나 트러스(truss)에 수직으로 설치하여 긴 몰딩이나 제재목들을 보관할 수 있는 공간을 만들어보세요.

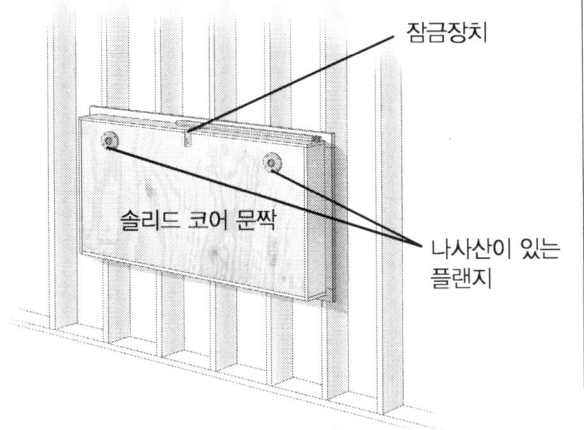

> TIP
>
> **노트를 옆에 두다**
>
> 작업대 위에, 테이블쏘나 각도 절단기 옆에 포스트잇 같은 접착시킬 수 있는 메모지들을 두었다가 측정값, 각도나 이상한 모양 등을 재빠르게 적어보세요. 아주 작은 노력만으로 큰 실수들을 막을 수 있답니다.

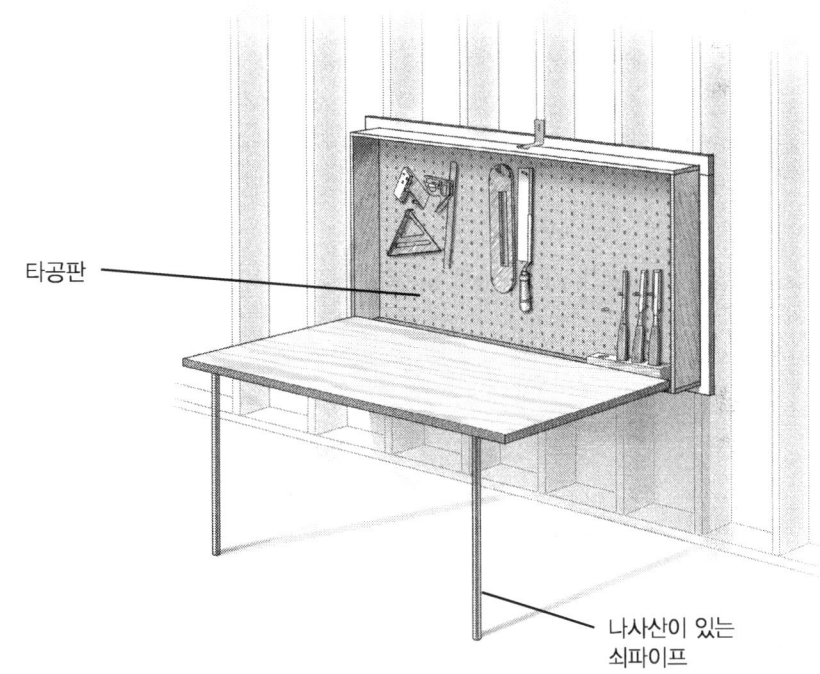

우리가 목공을 좋아하는 여섯 가지 이유

유머 작가 데이브 배리(Dave Barry)는 이렇게 적었습니다. "목재를 살 만한 유일한 곳은 이미 목재를 잘라 가구 형태로 조립하고 마감하여 박스 안에 넣어놓은 가게입니다." 하지만 이 책을 읽다 보면 다르게 느껴질 겁니다. 우리가 나무로 작업하는 것을 좋아하는 여섯 가지 이유를 생각해볼까요.

1. 목표가 분명합니다. 당신은 그것에 어떻게 달을지를 정해야 하겠죠. 어떤 목공인들은 한 걸음 한 걸음 단계별로 절차를 정확히 따르는 것을 좋아합니다. 또 어떤 사람들은 마음이 가는 대로 즉흥적으로 하는 것을 좋아합니다. 두 가지 접근법 사이에 다양한 길들이 있죠.

2. 목공은 적당한 수준의 도전을 제공해줍니다. 지루해질 만큼 너무 단순하지도 않고, 반감이 생길 만큼 너무 복잡하지도 않습니다. 골프와도 같아서, 유일한 경쟁자는 바로 자신이죠. 그리고 즉시 피드백을 얻을 수 있습니다. 정확히 톱질이 안 되어 결합부에 틈이 생기면(마치 골프에서 공이 모래벙커에 빠지는 것처럼) 즉시 알 수 있게 되죠.

3. 목공은 과정이자 결과물이며, 여행이자 목적지입니다. 톱밥을 날리며 톱질하는 일도 그 자체로 성취감을 주지만, 최종 작품을 보고, 사용하고, 다른 이에게 주는 것도 보람 있는 일입니다.

4. 목공은 고독한 작업이면서, 동시에 공동의 작업입니다. 대부분의 목공인은 혼자 일하지만, 일단 작업하던 끌을 집어넣고 나면 동료애가 시작됩니다. 인터넷 목공 카페나 블로그, 유튜브 채널 등에서 새로운 친구를 사귀거나 많은 정보를 공유하고 배울 수 있죠.

5. 목공은 나이, 성별이나 다른 경계가 없습니다. 95세의 조각가와 5세의 나무 장난감 제작자가 있을 수 있죠. 시각장애인도 목공 작업을 할 수 있으며, 휠체어 위에서 목선반을 돌릴 수도 있습니다. 목공 작업대는 그가 누구든 모두를 반겨줍니다.

6. 배우자가 "____이 부러졌어."라고 하거나 "여기에는 ____이 꼭 필요할 것 같아."라고 말하면, 당신은 "음. 내가 그것을 만들(고칠) 수 있지!"라고 대답할 수 있게 됩니다.

Q 제가 목공에 푹 빠져버렸는데요. 제가 가진 능력보다 열정만 너무 앞서가니까 조금씩 좌절감이 생기네요. 목공 교육을 통해서 제 속에 있는 '목수'를 성장시키려면 어떤 강좌를 어떻게 찾아야 할까요?

A 각 지역마다 훌륭한 공방들이 생각보다 많고, 각종 문화 교실의 목공 강좌도 있으며, 직업훈련원이나 대학교에서 목공 과정을 배울 수도 있습니다. 때로는 도마 만들기, 나무 그릇 만들기 등의 원데이 클래스(1-day class)나 목공 체험 코스, 단기 강좌도 있으며, 체계적으로 기획된 DIY 과정이나 하드우드 가구 제작 정규 과정들도 많이 있습니다. 초보 목공 과정부터 취미반, 창업반, 전통 소목 과정, 목공 디자인이나 작가가 되기 위한 과정 등 굉장히 많은 갈래의 교육 내용들이 있죠. 당신이 목공을 통해서 얼마나 깊게, 얼마나 오랫동안 배울 것인지, 어떤 분야를 관심 가지고 있는지 자신에게 물어보세요. 또는 우선 가까운 공방에 초보 과정으로 등록하여 다양한 기초 내용들을 보고 배우면서 자신과 잘 맞는 분야를 찾을 수도 있습니다. 인터넷으로 가까운 공방을 검색해보세요. 인터넷 카페에 가입하여 다른 사람들과 소통하거나 유튜브 채널을 구독하고, 인스타그램이나 핀터레스트(pinterest) 등에서 계속 관심 가지고 찾아보는 것도 좋은 방법입니다.

Q 제 작업장은 콘크리트 바닥으로 되어 있습니다. 그런데 청소에는 참 좋지만 허리에는 매우 안 좋은 것 같아요. 몸이 상하지 않고 작업하기 위한 좋은 해결책이 있을까요?

A 좋은 작업화를 착용하는 게 가장 첫 번째입니다. 그다음에 주로 서서 작업하는 구역에 피로 방지 매트를 구입하여 깔아보세요. 무릎, 등, 발에 가해지는 피로를 줄일 뿐만 아니라, 미끄럼 방지 효과도 있으며, 공구가 떨어지며 생길 수 있는 손상을 방지하기 위한 쿠션도 제공해줍니다. 난방이 안 되는 공간에서는 편의를 위해 가열 매트를 구입할 수도 있습니다. 두껍고 무거운 매트를 선택하면 모서리의 경사가 심해서 걸려 넘어질 위험이 있으니 그런 것은 피하고요.

Q 지하실의 한쪽을 작업장으로 바꾸려고 합니다. 그런데 우리 딸 침실이 바로 옆에 있고, 제 침실이 바로 위층에 있어요. 소음이 클 텐데 어떻게 하면 좋을까요?

A 두 가지 접근법이 있습니다. 1) 작업장을 방음하고, 2) 공구에서 발생하는 소음과 진동을 최소화하는 것입니다. 벽의 샛기둥과 천장 장선의 빈 공간이 개방되어 있는 경우, 먼저 그 공간을 유리 섬유나 암면 단열재로 막으세요. 이것이 다소 도움은 되

지만, 일반적인 상식과 달리 공간을 방음시키는 데 필요한 핵심 요소는 부드러운 흡수성 소재를 많이 사용하는 것보다 벽에 질량을 추가하고 공기 틈새를 막는 것입니다. 소리는 공기를 통해 이동하므로 공기 틈새를 막으면 이동 경로가 차단됩니다. 질량이 증가하면 진동을 감소시키고 억제하여 옆방으로 전달되는 진동의 양을 줄여줍니다.

당신이 할 수 있는 또 다른 것들은 다음과 같습니다.

- 속이 비어 있는 중공 코어(hollow-core) 문짝은 속이 비어 있지 않은 솔리드 코어(solid-core) 문으로 교체하세요. 공기 틈새를 통해 소음이 빠져나가는 것을 막기 위해 모든 문 아래쪽에는 문틈막이(door sweep)를, 주변으로는 발포 폼 종류의 문풍지를 설치하세요.
- 건식 벽체에 석고보드 한 층을 추가하세요. 만약 기존 건식 벽체가 12mm인 경우 15mm 건식 벽체 한 층을 추가로 설치하세요. 그 반대의 경우도 마찬가지입니다. 두 층의 이음새를 엇갈리게 배치하여 틈새를 완전히 없애주세요.
- 천장이 아직 마감 안 된 미완성 상태라면 장선(joist)에 수직으로 탄력 있는 채널(보통 찬넬이라고 부르죠)을 추가한 다음 건식 벽체를 채널에 고정시킵니다. 저렴한 금속 채널로도 작업장 천장을 통한 진동을 억제하는 데 도움이 됩니다. 건식 벽체를 하나 또는 두 개의 층으로 설치하세요.
- 실리콘 코킹 또는 팽창 폼을 사용하여 콘센트, 파이프, 덕트 주변의 틈새를 막아주세요.

공구들을 더 조용하게 유지하는 방법에 대해서는 다음 아이디어를 활용해보세요.

- 공구 받침대의 바닥에 코크(cork) 또는 고무 패드를 붙이거나 받혀서 진동과 소음을 차단하세요.
- 공구 받침대는 소음을 전달하기도 하고 만들기도 합니다. 덜거덕거리는 일이 없도록 정기적으로 볼트를 조이세요. 좀 더 안정적으로 만들어주기 위해서는 모래주머니나 콘크리트 블록 같은 것을 올려 받침대에 무게를 더해줘도 좋습니다.
- 새 공구를 살 때는 주의를 기울여야 합니다. 벨트 구동 방식의 공구는 일반적으로 기어 구동 방식의 공구보다 조용합니다. 불균형한 풀리(pulley)와 울퉁불퉁한 벨트는 소음을 만들 수 있습니다. 그리고 막혀 있는 공구 받침대는 개방되어 있는 받침대보다 소음을 더 잘 차단합니다.

작업대와 공구 수납

간단한 가구를 만들려고 하더라도 판재를 대패질하고, 가장자리를 라우터로 가공하고, 세부적인 부분들을 조각하고, 결합 부위를 접착하고, 작은 몰딩 조각을 자르는 등의 많은 일들이 필요합니다. 이 모든 작업을 수행하려면 작업물을 잘 고정하기 위한 방법과 작업을 하기 위한 단단한 평면이 필요합니다. 캐비닛 제작자나 목수들의 작업대가 그런 목적에 정확히 맞습니다. 그것은 당신의 작업장에서 가장 중요한 공구 중 하나일 수 있으며, 바이스(vise), 벤치독(bench dog), 홀드 패스트(holdfast) 같은 시스템을 사용함으로써 보다 안전하고, 빠르며, 정밀하게 작업할 수 있습니다.

Q 제가 작업대를 만들려고 하는데, 편안하게 작업할 수 있는 높이를 찾고 있습니다. 혹시 높이에 대한 지침 같은 게 있습니까?

A 일반적인 지침 중 하나는 손목 주름에서 바닥까지 높이를 측정하여 적당한 작업 높이로 사용하는 것입니다. 그러나 사용자의 키나 하고자 하는 작업의 종류 등 변수가 너무 많아 한 가지 정답을 얻을 수는 없습니다. 만약 당신이 주로 대패 작업을 많이 한다면, 더 낮은 작업대가 좋을 거예요. 조립 작업을 많이 하거나 작은 작업물들을 다루는 경우라면 좀 더 높은 작업대가 좋을 것입니다. 대부분의 작업대는 80~90cm 사이입니다. 참고로 대부분의 욕실 화장대 상판은 높이가 80cm이고, 대부분의 주방 조리대 상판 높이는 90cm입니다. 이것들 위에서 당신이 하고자 하는 목공 작업을 가상으로 수행해보면서 가장 적합한 높이를 찾아보세요.

Q 전문 목수들 작업장 사진을 보면, 보통 작업대를 벽을 붙이지 않고 작업장 중간에 작업대를 놓았더군요. 공간을 낭비하는 것 아닌가요?

A 독립적인 작업대는 많은 공간을 차지합니다. 그래서 주로 큰 작업장에서나 보게 되겠지만, 몇 가지 장점을 가지고 있습니다. 작업물의 위치를 변경하지 않고도 네 면 모두에서 접근할 수 있죠. 또한 작업대보다 큰 작업물들을 수용하고 고정하는 것이 더 쉽습니다. 작업대 폭은 당신이 원하는 대로 만들 수 있습니다. 붙박이 작업대는 일반적으로 폭이 60cm 이하이며, 폭이 넓어지면 벽에 걸린 공구들에 접근하기가 어려워집니다.

하지만 붙박이 작업대도 좋습니다. 작업대 뒤쪽 벽에 공구, 보관대나 조명을 편리

멋진 목공용 작업대

목공 작업대에는 수백 가지 변형 형태들이 있습니다. 어떤 것은 개방형 다리로 되어 있고, 또 어떤 것은 수납용 문과 서랍을 많이 가지고 있기도 합니다. 많은 목공인들은 자신만의 작업대를 직접 만들고, 그것이 가장 만족스러운 프로젝트 중 하나라고 생각합니다. 다음은 표준적인 구성품들입니다.

- **벤치독**(bench dog). 이것은 작은 원형이나 사각형 블록으로 작업대 상판에 뚫려 있는 구멍에 꼭 맞습니다. 이것을 바이스와 함께 사용하면, 거의 모든 형태나 크기의 판재를 고정할 수 있습니다.
- **홀드패스트**(holdfast). 이것은 작업대의 구멍에 삽입되는 L자 혹은 J자 공구로, 어떤 형상이나 크기의 것이든 작업대 상판에 꽉 눌러주는 것입니다. 어떤 것은 간단한 마찰을 통해 작동하지만, 어떤 것은 나사식 클램프 방식을 사용하기도 합니다.
- **평면 바이스**(face vise). 일반적으로 앞면 왼쪽에 위치하는 이 바이스는 판재를 대패질하거나 다른 여러 가지 작업들을 하는 동안 작업물을 고정시켜줍니다. 어떤 것은 벤치독 구멍이 뚫려 있으며, 어떤 것은 바이스 안에 삽입되었다가 필요할 때 상판의 벤치독과 함께 판재를 고정하도록 돌출시킬 수 있는 스토퍼(pop-up tab)가 있는 것도 있습니다.
- **테일 바이스**(tail vise). 나사식으로 작동하는 이 바이스는 바이스에 있는 턱과 작업대 전면에 만들어진 턱 사이에 판재를 고정할 수 있습니다. 또한 작업대 상판의 벤치독과 바이스의 움직이는 턱에 있는 벤치독 사이에 부품을 고정하는 데 사용할 수도 있습니다.
- **공구 트레이**(tool tray). 이것은 자주 사용하는 공구를 보관하는 데 유용합니다. 끝부분은 경사져 있어서 청소가 쉽죠.

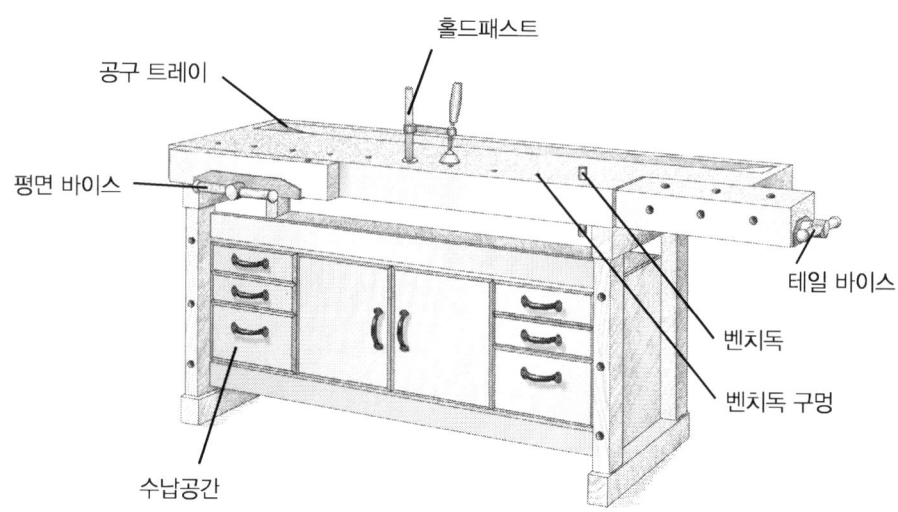

하게 설치할 수 있죠. 어떤 종류의 작업대를 설치하든 개방되어 있는 방향으로 최소한 75cm 정도 공간에는 바닥에 장애물이 없어야 합니다.

Q 제 작업대 바이스의 턱은 약간 기울어져 있어서 조이면 윗부분이 먼저 닿습니다. 이것을 직각이 되도록 조정하려면 어떻게 해야 합니까?

A 대부분의 바이스의 턱은 의도적으로 위쪽이 약간 기울어지도록 설계되었습니다. 일반적으로 나사식 구조는 약간씩 움직임이 있기 때문에, 실제로는 각도가 기울어져 있는 턱이 평행을 이루며, 조였을 때 압력이 균일해집니다. 턱이 직각으로 시작하면 위쪽보다 아래쪽에 더 많은 압력이 가해질 것입니다.

> **TIP**
>
> **테이블쏘를 작업대로**
>
> 조립을 많이 하거나 공간을 많이 필요로 하는 작업의 경우, 때로는 테이블쏘가 너무 많은 공간을 차지하고 있어서 작업공간이 부족하게 느껴지는 일이 있습니다. 그럴 때에는 테이블쏘의 펜스를 제거하고 플러그를 뺀 다음 톱날을 내리는 것으로 그런 상황을 극복해보세요. 18mm 합판을 테이블쏘보다 좀 더 넓고 길게 자른 다음, 테이블쏘 측면에 꼭 맞도록 합판 바닥에 자투리 목재 같은 것을 스토퍼로 고정시켜 합판이 움직이지 않도록 해줍니다. 이제 작업 평면이 필요할 때마다 이렇게 만든 임시 합판 작업대를 테이블쏘 위에 올려놓으세요. 그 위에서 자르고, 접착하고, 페인트도 칠하고 무슨 작업이든 할 수 있게 되겠네요.

목재 보관과 취급

Q 저는 아직 마감이 안 된 창고의 샛기둥(stud) 사이 공간을 목재 보관 장소로 사용하려고 합니다. 그런데 공간이 부족하네요. 간단하게 목재 선반을 만들 만한 방법이 있습니까?

A 샛기둥을 다른 방식으로 사용해보는 것이 좋겠습니다. 간단한 목재 선반의 수직 지지대로 사용하는 것이죠. 두 가지 방식이 있습니다.

하나는 **나사 파이프**(threaded pipe) 방식입니다. 샛기둥들에 같은 높이로 40cm 간격의 수평선을 긋고, 각각의 샛기둥에 위쪽으로 5° 기울어지게 구멍을 뚫습니다. 12mm나 18mm 쇠파이프를 45~60cm 길이로 자르고 나사산을 내어 각 구멍에 하나씩 돌려서 밀어 넣으세요. 파이프 끝단에는 파이프 캡으로 날카로운 모서리를 감춰주세요.

다른 하나는 **경사진 날개**(slanted spars) 방식입니다. 양 끝을 5° 경사지게 자른 2×4(38×89mm) 구조목 블록(또는 비슷한 크기의 판재 또는 각재 블록을 활용해도 좋지만 여기서는 2×4 구조목으로 설명합니다)을 충분한 양으로 준비합니다. 노출되어 있는 샛기둥을 가로질러 날개를 설치하려고 하는 위치와 간격에 맞게 선을 그어줍니다. 샛기둥 양쪽으로 블록을 못으로 고정시키는데, 각 블록 사이의 거리를 정확히 날개폭에 맞춰주세요. 2×4 구조목을 그대로 간격재로 사용하면 좋습니다. 샛기둥 전체 길이만큼 2×4 구조목을 재단하여 블록들 옆으로 샌드위치처럼 붙여 못으로 고정시킵니다. 2×4 날개(또는 '팔'이라고 불러도 상관없죠)를 잘라 삽입하면 목재 보관 선반이 됩니다.

> **TIP**
>
> **즉흥적인 롤러**
>
> 수압대패, 샌더, 테이블쏘 등의 기계공구들에서 작업을 거쳐 배출되어 나온 긴 판재들을 기계 뒷부분에서 잡아주기 위해 두는 보조 테이블이나 롤러를 이송, 배출 등의 의미인 아웃피드(outfeed) 테이블, 아웃피드 롤러라고 합니다. 만약 급하게 아웃피드 롤러가 필요한 일이 생겼다면 페인트 롤러붓을 사용해보세요. 롤러 높이를 기계에 따라 정확히 맞추어서 롤러 손잡이를 톱 작업대 같은 것들에 고정시키고 두께가 얇거나 가벼운 판재들을 작업할 때 아웃피드 롤러로 사용할 수가 있습니다.

> **TIP**
>
> **합판을 자르는 쉬운 방법**
>
> 원형 톱으로 작업할 때, 톱 작업대 위에서 합판 원장과 씨름하거나 부재를 지지하며 자르는 것은 매우 번거로운 일입니다. 더 쉬운 방법은 바닥에 스티로폼 단열재 같은 발포폼(extruded foam) 4×8 원장을 깔고 그 위에 합판을 눕혀놓고 자르는 것입니다. 바닥에 깐 폼이 3mm 이하로 잘리도록 톱날의 깊이를 조절하세요. 바닥 폼을 보관할 만한 공간이 충분하지 않은 경우라면, 그것을 절반으로 자르고 양쪽에 알루미늄 테이프로 붙여보세요. 보관할 때는 그것을 경첩처럼 삼아 반으로 접은 다음 보관하세요.

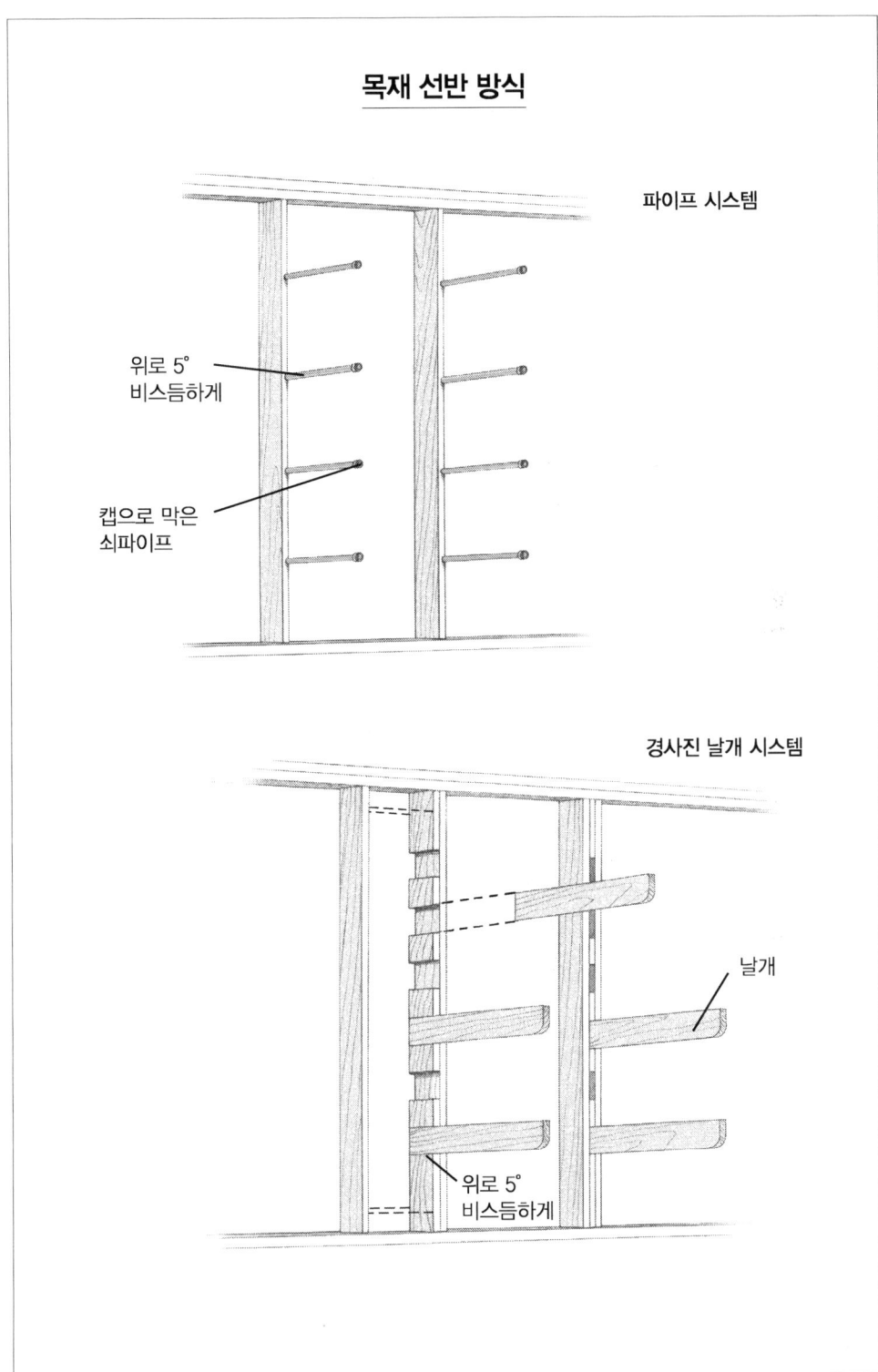

합판 편하게 운반하기

합판을 작업장 안팎으로 옮기는 일은 허리가 휘고, 손가락이 부서질 것만 같은 힘든 일입니다. 그런 작업을 쉽게 할 수 있는 세 가지 간단한 방법을 생각해보죠.

1. **트롤리 돌리**(trolley dolly). 이것은 간단하게 만든 작은 이동용 대차라고 할 수 있습니다. 2×6(38×140mm) 구조목 60cm의 한쪽 끝에 고정 바퀴(caster)를 달고 다른 쪽 끝에 회전식 바퀴를 다세요. 중간에 합판을 올려놓을 홈을 만들기 위해 각 가장자리를 따라 60mm 폭 정도 되는 나무를 못을 박아 고정시키세요. 홈에 합판을 올려놓고 밀고 가면 됩니다. 만약 낡은 스케이트보드가 있다면 그것으로 임시로 대체해도 되겠죠.

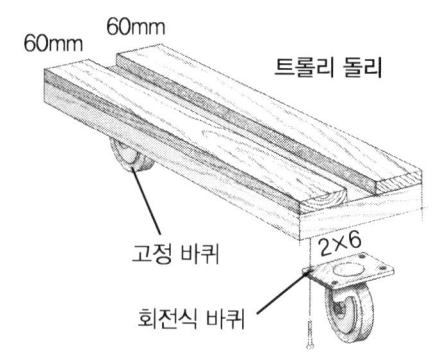

2. **로프**(rope) **고리**. 6m 길이의 로프 끝을 묶어 고리를 만드세요. 합판 한 장의 모서리 아래에 묶은 끈의 양 끝을 놓은 다음 합판을 세우고, 로프 중간을 잡아 당깁니다. 운반을 위한 적당한 길이를 찾을 때까지 고리 길이를 조정하세요. 고리 위에 파이프 호스를 끼워 손잡이를 만들면 더 편안하게 운반할 수 있습니다.

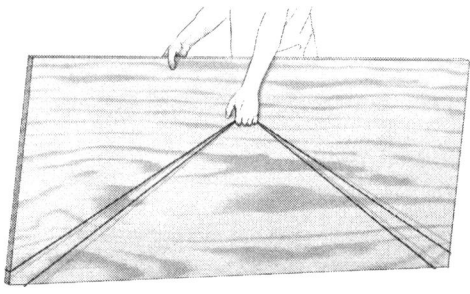

3. **운반용 손잡이**. 18mm 합판을 20×30cm 크기로 자른 다음 윗부분에 손잡이 구멍을 뚫어주세요. 2×2(38×38mm) 구조목이나 그 정도 크기의 각재를 합판 밑면에 붙이고 그 옆에 1×3(19×64mm) 구조목이나 그 정도 크기의 판재를 옆턱으로 만들어 붙입니다. 이것을 사용하려면 합판을 바닥홈에 밀어 넣고 들어 올려 옮기면 됩니다. 합판 뒤쪽이나 너머로 팔로 들어 올려 사용할 수 있습니다.

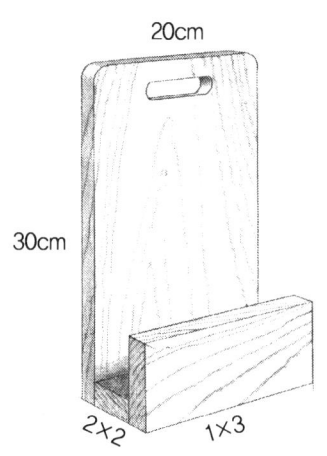

집진

Q 각도 절단기의 집진(dust collection)을 위해 진공청소기를 연결해서 사용합니다. 그런데 절단 작업을 할 때마다 작업장 반대쪽까지 걸어가서 켜야 하니까 너무 번거롭네요. 좀 더 편하게 할 방법이 없을까요?

A 몇 가지 방법이 있습니다.

- 공구와 연동되는 진공청소기를 구입하는 것이 하나의 방법입니다. 공구를 이 청소기에 연결하면 공구를 가동시킬 때 진공청소기가 자동으로 작동됩니다. 대부분 일회용 집진포, 장시간 가동할 수 있는 강력 모터, 고효율의 여과 기능, 청소가 쉬운 필터, 저소음 등의 특징을 갖습니다. 이 진공청소기는 공구를 꺼도 그보다 몇 초 더 오래 가동되어 호스와 공구에 남은 잔재를 제거할 수 있습니다. 대부분의 모델에는 라우터, 벨트 샌더, 기타 휴대용 공구 등에 쉽게 연결할 수 있는 어댑터가 포함되어 있지만, 어떤 경우에는 즉석으로 테이프를 사용해야 할 수도 있습니다. 대개의 진공청소기에는 사용 가능한 공구의 크기를 제한하는 암페어 기준이 있습니다.
- 진공청소기 연동 콘센트를 설치하는 방법이 있습니다. 우리나라에서는 구하기 쉽지 않지만, 벽의 콘센트에 꽂는 플러그인데 여기에는 두 개의 콘센트가 있어서, 하나는 공구용이고 다른 하나는 청소기용입니다. 앞서 이야기한 청소기에 연동시키는 메커니즘을 별도로 꺼낸 기능이라 보시면 됩니다. 공구를 가동시키면 센서가 자동으로 진공청소기를 작동시킵니다. 이것들도 대개 공구의 전원을 끈 후 몇 초 동안 진공청소기를 작동시킵니다.
- 리모컨 송수신기를 사용해보세요. 진공청소기에 꼽히는 어댑터와 작은 리모컨으로 구성됩니다. 리모컨을 누르면 진공청소기가 켜집니다. 어떤 리모컨은 벽 건너편에서도 작동시킬 수 있습니다.
- 콘센트를 이용한 수동식 방법입니다. 진공청소기를 멀티 콘센트에 연결하세요. 콘센트를 전동톱에 가깝게 놓고, 작업할 때 수동으로 콘센트 전원을 켜고 끄며 진공청소기를 작동시키는 것입니다.

Q 제가 그동안은 빗자루와 쓰레받기로 청소를 해왔는데, 이제는 정말로 보다 효율적인 집진 시스템이 필요하게 됐네요. 그런데 집진기 종류가 너무 많고 복잡한데 어떻게 분류할 수 있나요?

A 형태와 크기, 가격대가 다양하긴 하지만, 집진기는 두 가지 주요 유형으로 나눌 수 있습니다.

일체형 집진기. 이것은 대개 하나의 큰 원통형 백(bag)과 그 위에 달팽이 모양의 모터가 분리되어 얹혀 있습니다. 이것들은 가격도 비교적 저렴하고 작은 작업장에 좋습니다. 톱밥, 부스러기, 대팻밥 같은 것들은 임펠러(impeller)나 팬을 통해 집진기 속으로 빨려 들어가 하부 백(bag)에 떨어집니다. 상부의 백(bag)은 큰 필터 역할을 하며, 공기가 통과하여 바깥으로 돌아갈 때 미세한 톱밥들을 걸러줍니다. 이 집진기는 흡입량이 제한되어 있으므로 대부분 한 번에 한 대의 기계에서 톱밥을 모으기 위해 쉽게 움직일 수 있는 대차(dolly)에 장착됩니다. 그러나 이 집진기도 몇 개의 공구에만 짧게 덕트를 연결하여 한 곳에 영구적으로 설치할 수 있습니다.

2단계 집진기. 이 유형의 집진기는 장치로 유입되는 먼지나 부스러기들이 공기가 임펠러나 필터를 통해 흡입되기 전에 다른 통 안으로 빨려 들어가서 가라앉도록 구성됩니다. 대개가 톱밥이나 부스러기를 모으기 위한 통 위에 놓인 단일 필터 백(bag) 또는 깔때기 모양의 사이클론 통을 가지고 있습니다. 이것들은 더 비싸고, 또한 이동식으로 할 수 있긴 하지만 대부분이 영구적으로 고정 설치되어 단단한 덕트로 이어지게 됩니다. 이 집진기는 엄청난 양의 공기를 이동시킬 수 있으며, 한 번에 둘 이상의 공구에서 먼지를 수집해야 하는 대규모 작업에 자주 사용됩니다. 그 풍량 크기는 분당 세제곱미터(CMM, Cubic Meter per Minute)로 측정합니다.

Q 제가 본 집진기는 분당 세제곱미터(CMM)를 표시하고 있습니다. 그런데 다른 공구들의 공기 흐름 요구 사항을 모른 채로 어떤 제품을 구입해야 할지 결정하는 데는 별로 도움이 안 되네요. 일반적인 요구 사항은 어떻게 되나요?

A CMM은 일부만 알려줍니다. 공기 이동량은 사용된 덕트의 유형, 덕트의 길이와 지름, 공구와 집진기 사이에 몇 번의 굴곡이 있는지에 따라 크게 영향을 받습니다. 확실치 않을 때는 큰 쪽으로 결정해보세요.

일반적인 공구의 기본 요구 사항은 다음과 같습니다. 참고로 CFM(Cubic Feet per Minute, 분당 세제곱피트)도 함께 표기합니다.

- 스크롤쏘: 5.7CMM(200CFM)
- 드릴 프레스: 8.5CMM(300CFM)
- 10인치 테이블쏘 또는 밴드쏘: 9.9CMM(350CFM)
- 12인치 수압대패 또는 자동대패: 11.3CMM(400CFM)
- 15인치 자동대패: 17.0CMM(600CFM)

CFM은 분당 세제곱피트(Cubic Feet per Minute)로 피트 단위인데 참고로 같이 알아두면 좋습니다. 서로 변환하려면 CMM=0.0283×CFM 식으로 가능합니다.

Q 집진 시스템을 설계해보려는데, 기본 지침 같은 게 있나요??

A 시스템을 '설계'한다고 하니 매우 반갑네요. 집진은 단지 그때그때 사용하면서 계속 개선해나가면 되는 것이 아니라, 처음부터 계획을 잘 세워야 하는 것입니다. 좋은 고속도로처럼 시스템을 구성하여 먼지가 최대한 정체 없이 흐를 수 있도록 하세요. 계속 도로에 비유를 해보자면, 넓은 차로를 만들거나(지름이 12cm 이상인 덕트 사용) 부드러운 포장도로를 설치하고(매끈하거나 나선형 배관 사용), 완만한 IC 램프를 설치하는(급격한 예각이 아닌 큰 반경의 Y-분기관과 ㄱ자 엘보관을 설치) 것과 같습니다. 기억해야 할 기본 사항은 다음과 같습니다.

- 가장 높은 CMM이 필요한 공구를 집진기에 가장 가깝게 배치하세요.
- 덕트 길이를 가능한 한 짧게 만들고, 공기 저항을 최소화하기 위해 굴곡 부위나 엘보관을 가능한 한 적게 사용하세요. 90° 굴곡부는 직선 덕트 약 2.7m 길이 정도에 해당하는 공기 흐름 저항이 생깁니다.
- 공구들을 하나의 직선 덕트를 따라 정렬하여 분기된 수를 최소화하세요.
- 주름 덕트를 최소한으로 사용하세요. 이 덕트는 매끈한 덕트에 비해 공기 저항이 3배 정도 큽니다.
- 집진 개폐 장치(blast gate)를 설치하여 사용하지 않는 기계나 분기의 공기 흐름을 차단하세요.

Q 집진 덕트를 설치하려고 하는데, 공구상에서 구입할 수 있는 일반적인 판금 덕트를 사용하려고 해요. 괜찮을까요?

A 일반적인 판금 덕트도 좋습니다. 저렴하고, 쉽게 사용할 수 있으며, 설치가 쉽죠. 하지만 주의해야 할 몇 가지 사항이 있습니다.

첫째, 튼튼한 물건을 사용해야 하겠죠. 건조기, 욕조 팬, 또는 환기구 후드에 사용되는 것과 같은 경량 덕트는 집진기가 흡입할 때 붕괴될 수 있습니다.

둘째, 부드러운 곡선을 만드세요. 하나의 90° 엘보관 대신 두 개의 45° 엘보를 사용하여 보다 부드럽고 점진적인 경로를 만드세요. 또한 분지 덕트에서 주 덕트로 전환할 때 여유가 없이 꽉 맞는 T-분기관 대신 큰 반경의 Y-분기관을 사용하세요. 굽어지는 부분들이 완만해질수록 공기와 톱밥 같은 이물질들의 흐름이 원활해집니다. 90° 굴곡부에서는 통상적으로 직선 배관 지름의 1.5배 이상의 반경을 가지는 분기관을 사용하는 것이 좋습니다.

Q 제 작업장에 나름대로는 정성을 다해 집진 시스템을 꾸며놓았습니다. 그런데도 별도의 공기 정화장치가 필요할까요?

A 어떤 공방들의 천장에 설치된 상자 모양의 공기청정기(air cleaner) 또는 공기 세정기(air scrubber)는 작업하는 동안 집진 시스템이 빨아들이지 못하는, 비트와 톱날에서 날려 퍼지는 먼지나 톱밥 같은 것들을 것을 잡아줍니다. 손으로 샌딩하는 것이 주범 중의 하나이죠. 이 비산 먼지는 마감 작업에 큰 타격을 줄 수도 있지만, 더 중요한 것은 당신의 건강에 영향을 미칠 수 있다는 것입니다. 125종 이상의 목재들에는 호흡기, 눈 또는 피부에 자극을 줄 수 있는 화학물질이 포함되어 있으며, 천식이나 폐기종 문제를 일으킬 수도 있습니다. 특정 목재의 먼지에 장기간 노출되는 것은 비강암과 관련이 있습니다.

공기 세정기는 1마이크론(μ) 정도로 작은 입자들을 포집할 수 있습니다. 이 입자들은 눈에 잘 보이지 않기 때문에 공기가 깨끗하지 않을 때도 깨끗하다고 믿게 합니다. 숨은 적들이죠. 10마이크론 정도의 크기가 되어야 사람의 눈으로 먼지를 볼 수 있습니다. 대부분의 공기청정기는 그들이 필터로 거를 수 있는 입자의 크기와 이동시키는 공기의 양을 기준으로 평가됩니다. 당신의 건강과 마감 작업의 안전을 위해 공기 세정기 구입을 고려해보세요. 비산 먼지가 발생하는 곳에 가능한 한 가깝게 설치하는 게 좋습니다. 손샌딩을 하거나 라우터 등 여러 가지 휴대용 전동공구를 사용하는 작업대 위에 두는 것이 좋겠죠.

집진 장치 DIY

자동대패나 테이블쏘 같은 공구에는 집진 시스템에 쉽게 연결할 수 있는 연결구(port)가 미리 제작되어 있습니다. 그러나 다른 공구들이나 상황은 그리 편리하게 되어 있지 않지요. 다음은 몇 가지 경험적으로 적용하고 있는 집진 방법들입니다.

바닥 청소. 작업장에 빗자루는 반드시 필요하지만, 쓰레받기와 수없이 허리를 굽혀야 하는 청소 노동은 많이 줄일 수 있습니다. 그림과 같이 10×30cm 정도 크기로 입구를 만들고 덕트에 연결하여 길고 편평한 면을 바닥면에 붙여놓으세요. 청소할 때 먼지와 쓰레기들을 열려 있는 입구 쪽으로 쓸어 넣는 것이죠. 대신 덕트에 강하게 부딪치면서 스파크를 일으킬 수 있는 나사못이나 기타 금속 제품이 빨려 들어가지 않게 주의하세요.

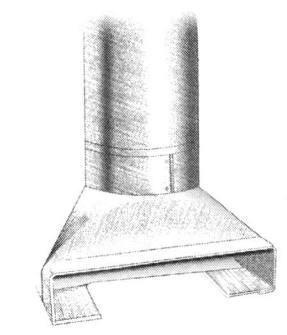

드릴 프레스. 집진기와 연결되어 있는 호스 끝에 PVC 리듀서(reducer)를 커플링(coupling)으로 고정시켜, 드릴 프레스나 작업대 위에서 샌딩작업을 할 때 집진을 위한 이동식 연결구(port)를 만드세요. 리듀서에 자석을 부착해놓으면 공구의 철재 정반에 쉽게 장착할 수 있습니다.

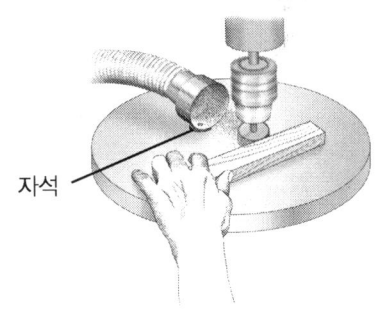

자석

목선반. 목선반 작업에서 나오는 파편들을 전부 잡을 수는 없지만, 일부는 잡을 수 있습니다. 사각 덕트를 조금 수정하거나 사각 집진 상자를 만들어 목재 파편들을 포집할 수 있는 입구가 넓은 연결구를 만듭니다. 각도 절단기나 기타 공구들에 대해서도 비슷한 연결구를 만들 수 있겠죠.

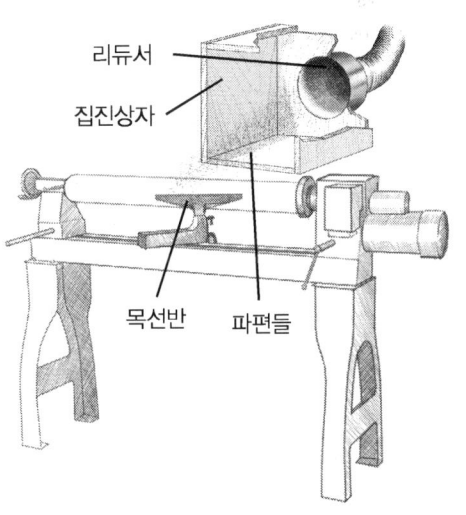

리듀서
집진상자
목선반 파편들

전기, 조명, 난방 시스템

Q 중고 공구를 찾다 보면 아직 110V짜리도 보입니다. 가정에서는 다 220V 공구를 쓰는데, 그뿐 아니라 380V를 사용하는 공구도 있더군요. 어떤 차이가 있는 건가요?

A 아주 예전에 사용하던 공구나 수입 중고 공구의 경우는 아직 110V짜리를 찾아볼 수 있죠. 이런 공구를 계속 사용하려면 흔히 '트랜스'라고 부르는 소형 변압기(transformer)를 사용하면 됩니다. 220V로 작동하는 공구는 110V에 비해 A(암페어)의 절반을 사용하므로 공구에 더 작은 전선을 사용할 수 있습니다. 암페어 부하가 낮으면 전선 전압 강하가 적어져 공구에 더 많은 전력을 공급할 수 있으므로 더 높은 토크(torque)를 발생시킬 수 있습니다. 가정에서는 220V를 사용하고, 많은 공구들이 220V로 만들어집니다. 하지만 산업현장이나 큰 규모의 공방에서는 380V를 사용하죠. 220V로는 전력이 부족하기도 하고 대형 기계공구는 380V용으로 나오기 때문입니다. 3상 전기는 사업자 등록이 되어 있는 경우 한전에 신청해서 설치할 수 있습니다. 3상은 안정적이고 힘이 있으며 경제적인 공급 등의 장점이 있어서 상업공방을 생각한다면 필요하게 되죠. 정리해보면, 단상 2선식 220V를 사용하는 공구들과 3상 4선식 380V를 사용하는 공구들이 있습니다. 대부분의 공구들이 220V를 사용하고 있지만, 높은 마력(HP)을 요구하는 대형 기계공구는 3상 380V를 사용합니다. 테이블쏘나 수압대패 등의 공구들도 2~3마력의 수준이면 220V를 사용하는 기계를 얼마든지 찾을 수는 있습니다.

Q 좀 넓은 창고 공간이 있어서 그곳을 작업장으로 개조하고 있습니다. 아직 마감을 하지 않아 샛기둥이 노출되어 있고, 그래서 원하는 대로 배선작업을 할 수가 있어요. 고려해야 할 것들이 있다면 무엇입니까?

A 운이 좋으시군요. 작업 공간에 처음부터 배선작업을 할 수 있다는 것은 작업 조명을 제대로 훌륭하게 설치할 수 있고, 복잡하게 늘어질 수 있는 연장 코드선을 줄이며, 올바른 회로를 설치하여 수시로 차단기가 작동하는 일이 없도록 한다는 것을 의미합니다. 다음은 몇 가지 지침입니다.

조명. 조명들을 별도의 회로로 구성하세요. 그렇게 해놓으면, 만약 테이블쏘에서 판재를 켜는 동안에 차단기가 떨어져도 4,000RPM으로 회전하는 톱날과 함께 어둠 속에 서서 공포 체험을 해보는 일이 없겠죠. 설치하려는 조명 1,500W마다 하나의

작업장 조명을 좋게 하기 위한 레시피

주방 디자이너들은 사려 깊은 조명 계획의 중요성을 알고 있습니다. 그들은 고객들이 날카로운 도구를 사용하여 매일 섬세한 작업을 하면서 시간을 보내는 것을 알고 있습니다. 너무 뻔한 이야기인가요? 다음은 주방으로부터 작업장에 응용할 수 있는 몇 가지 팁입니다.

- **일반 조명과 작업 조명을 모두 설치하세요.** 일반 조명은 방 전체를 쉽고 안전하게 탐색할 수 있도록 빛을 비춰줍니다. 주방에서는 일반적으로 매입등이 격자로 설치되어 있고, 작업장은 형광등이 줄지어 있죠. 작업 조명은 개별적인 영역과 작업대에 초점을 맞춥니다. 주방에서는 일반적으로 레일조명이나 선반 하부등 같은 것으로 이루어집니다. 작업장에서는 기계 자체에 장착된 조명(드릴 프레스에 직접 부착된 조명 같은 것이죠)이나 고정식 공구에 초점을 맞춘 부분조명(spotlight)으로 이루어지죠.

- **그림자와 눈부심을 최소화하세요.** 머리나 몸이 작업 영역 위로 그림자를 드리우지 않도록 작업 조명을 배치하고, 전구가 눈을 직접 비추지 않도록 하세요.

- **전구를 확인하세요.** 때때로 전구를 바꿔주는 것만으로도 조명 환경을 간단하게 개선할 수 있습니다. 형광등은 시간이 지남에 따라 희미해지므로 5년 이상 된 것은 새로운 것으로 교체하세요. 빛이 퍼지는 것은 전구에 따라 크게 달라집니다. 투광 조명은 70° 정도의 각도로 퍼지고, 스포트라이트 부분 조명은 훨씬 더 집중되어 20° 정도의 각도로 초점을 맞춥니다.

- **천장을 흰색으로 칠하세요.** 흰색 천장은 자연광과 인공조명을 모두 잘 반사해주고 균일하게 해줍니다. 또한 흰색 천장은 조명 설비들을 눈에 잘 띄지 않게 만들어주죠.

15A 회로를 구성하세요. 일반 조명(작업장에 들어갈 때마다 켜는 조명)과 세부 가공 작업이나 마감 작업을 수행하는 영역의 작업 조명을 위한 회로를 별도로 구성해보세요.

콘센트(outlets). 모든 콘센트를 20A짜리로 설치하세요. 15A 콘센트의 경우 1,500W의 부하를 다룰 수 있고, 20A는 2,400W의 부하를 처리할 수 있습니다. 에어 컴프레서와 집진 시스템 회로는 보통 다른 공구들과 함께 사용되기 때문에 별도로 설치하세요. 코드들이 혼잡하게 되는 상황을 피하려면 작업대를 따라 1.2m마다 콘센트를 설치하세요. 첫 번째 콘센트를 한 회로에, 두 번째 콘센트를 다른 회로에 놓고, 그렇게 선을 따라 내려가면서 번갈아가며 하세요. 그리고 반드시 콘센트는 누전차단기(GFCI, Ground Fault Circuit Interrupter)로 보호되어야 함을 잊지 마세요.

고정식 전동공구. 큰 공구에는 각각 별도의 회로를 설치하세요. 220V로 구동되는 기계인지, 380V로 구동되는 기계인지 확인하고, 그에 따라 회로를 배선해야 합니다. 3상 380V 기계는 미리 전기 인입 신청을 해야 하겠죠. 공구의 사용 설명서를 확인하여 암페어 요구 사항을 파악하세요.

편의성과 안전을 위한 설치. 작업장 중앙에 작업대가 있다면 발에 걸리적거리는 연장 코드선들을 치우고 천장에 펜던트형 콘센트를 매달아 설치해보세요. 전화가 오면 알려주는 점멸등 표시기 같은 것을 설치하는 것도 좋겠네요. 안전을 위해 열감지 화재경보기를 설치하세요. 다만 일반적인 경보기는 톱밥 같은 먼지들에 의해 오작동될 수도 있습니다.

분전함 설치. 모든 전기 요구 사항들을 단순화하고 통합하기 위해 창고 내에 보조 분전함을 추가하는 것이 좋습니다.

Q 작업실에서 다른 가구들과 잘 어울리는 색으로 커피 테이블에 스테인을 칠해줬죠. 그런데 거실로 가져와보니 색이 매우 달라지네요. 왜 이렇게 된 거지요?

A 작업장 조명은 대부분 형광등이고, 거실은 대부분 백열등이나 자연 채광이기 때문일 것입니다. 대부분의 작업장 조명 기구에는 주로 푸른색-녹색 빛을 내는 주광색 형광등이 들어 있으며, 반면에 백열전구는 노란색과 붉은색을 강조합니다. 전구색이라고 부르고 있죠. 그래서 통상 주광색과 전구색으로 나뉩니다. 그러면 어떻게 될까요? 작업장의 형광등 아래에서 붉은색 스테인 작업을 하는 경우, 조명 속에는 붉은 빛이 부족하니까 이것을 보완하기 위해 더 짙은 색조를 사용할 가능성이 커지는 것이죠.

프로젝트에서 사용할 실제 목재와 스테인, 상도 마감을 사용하여 색상 샘플을 만드는 것이 가장 좋습니다. 완성된 프로젝트가 놓일 방에서 그것을 살펴보세요. 그렇게 하는 것이 불가능하다면, 시험 샘플을 자연 채광이나 할로겐램프 아래에서 관찰하세요. 그리고 주광색 전구를 전구색 전구로 바꿔주는 것만으로 집에서 보는 조명과 같은 조건을 만들 수 있습니다.

> **TIP**
>
> **커튼레일을 조명용으로 활용하기**
>
> 이동하기 쉬운 조명을 만들려면, 작업대 위쪽 천장에 커튼레일(drapery track)을 설치한 다음, 커튼 고리에 전선을 끼워 움직일 수 있도록 해주고 여러 개의 백열 반사등을 달아보세요. 특정 영역에 작업 조명이 필요한 경우 조명을 밀고 끌고 움직여주면 됩니다.

Q 작업장에 필요한 형광등 숫자와 형광등 간격을 얼마나 멀리해야 하는지 알 수 있는 공식이 있나요?

A 정답은 없습니다. 하지만 지침으로 사용할 만한 수식이 있군요.

1. 작업면과 천장 사이의 거리(또는 조명 설비의 계획 높이)를 측정하세요. 천장이 2.4m이고 작업대 높이가 90cm인 경우 나머지 1.5m를 기준으로 삼습니다.
2. 이 나머지 숫자에 1.5를 곱하세요(이 예에서는 $1.5 \times 1.5 = 2.25m$). 이렇게 하면 표준적인 2열 형광등 간의 권장 거리가 구해집니다.
3. 벽과 첫 번째 조명 사이의 거리를 결정하기 위해서는 그 숫자를 반으로 나눕니다(이 예에서는 $1.5 \div 2 = 0.75m$).

당신의 나이가 40세 이상이거나 매우 섬세한 작업을 할 때는 조명 사이를 더 가깝게 배치하는 것이 좋습니다.

> **TIP**
> **스위치와 콘센트의 적당한 높이 선정**
>
> 스위치나 콘센트 같은 모든 전기 상자들을 바닥에서 1.3m 위쪽에 설치하세요. 이렇게 하면 1.2m 높이의 합판 조각을 어느 벽에 기대어놓아도 스위치와 콘센트가 노출되어 있어 접근할 수 있게 되겠죠.

Q 겨울에 창고 작업장에서 작업할 때면, 추워서 1시간 동안 여기 저기 계속 왔다 갔다 합니다. 난방을 하긴 해야겠는데, 가장 경제적인 방법은 무엇일까요?

A 방 전체를 잠깐 동안 데우는 것도 비용이 많이 들죠. 전기 복사 난방 방식을 생각해보세요. 복사열 히터는 방 자체가 아닌 사용자나 공구와 같은 실내의 사물을 따뜻하게 하는 적외선 복사열을 방출합니다. 복사열 히터는 조용하고 빠르게 작동하죠. 천장 설치형 장치를 사용할 수도 있습니다.

안전 장구

끌이 미끄러지거나 판재 작업할 때 킥백이 일어나거나 하는 그런 사고들은 초 단위로 언제나 발생할 수 있습니다. 청력 상실이나 호흡기 질환과 같은 것들은 몇 년이 지나 발생할 수도 있습니다. 두 가지 유형 모두 예방할 수 있으며, 당신이 하기 나름이죠. 방법들을 생각해봅시다.

Q 가장 좋은 청력 보호장치는 덮는 귀마개(earmuff)인가요, 아니면 귀에 꽂는 이어플러그(earplug)인가요?

압축 폼으로 된 귀마개

A 통상 다 같이 귀마개로 부르지만, 굳이 구분하자면 헤드셋형 귀마개와 플러그형 귀마개로 나눌 수 있습니다. 또는 귀덮개, 귀마개로 구분할 수도 있지요. 청력 보호장치 패키지에 표시되는 NRR(Noise Reduction Rating, 소음 감소율) 번호는 소음 수준을 몇 dB(데시벨) 줄였는가를 나타냅니다. 숫자가 높을수록 좋은 것이죠. 압축 폼 귀마개는 귀에 직접 비틀어 넣어 팽창시키는 것으로, NRR이 약 30으로 청력 보호 기능이 가장 우수합니다. 귀를 덮는 귀마개, 귀덮개는 20~25 범위입니다.

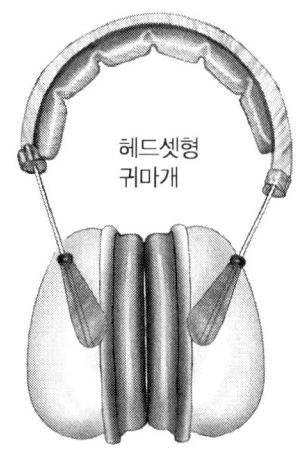

헤드셋형 귀마개

하지만 최고의 보호장구는 그게 어떤 것이든 당신이 실제로 착용하는 바로 그것입니다. 어떤 것이든 꼭 착용하는 것이 무조건 좋다는 것이죠. 이어플러그는 값싸고 작지만, 많은 사람들이 귀에 막힌 물건의 느낌을 싫어하죠. 또한 잃어버리기도 쉽고 때가 쉽게 묻지요. 덮는 귀마개는 부피가 크고 값이 비싸지만, 사용하지 않을 때는 머리 꼭대기나 목에 쉽게 걸칠 수 있어서 공구를 간헐적으로 사용할 때 이상적입니다.

*Fine Woodworking*이라는 잡지에서 목공인들을 대상으로 설문 조사를 실시한 결과, 헤드셋형 귀마개가 60%, 플러그형 귀마개가 30%, 아무것도 하지 않는 사람이 10%라고 합니다. 최고의 보호를 위해서는 두 가지 유형 모두 착용할 수도 있습니다.

Q 라디오가 내장된 귀마개도 있다던데, 그런 것도 일반 귀마개처럼 보호 기능이 충분한가요?

A 일부 제품은 우수한 청력 보호 기능을 제공합니다. 그러나 음악을 틀면 소음으로 인해 청력이 손상될 수 있습니다. 그런 제품을 착용하면 볼륨을 낮게 유지해야 하죠.

Q 다양한 공구들이 있는데, 그것들은 어느 정도의 소음을 발생시키나요? 그리고 어떤 시점에서 청력이 손상되기 시작하나요?

A 소음 레벨이 약 85dB를 초과하면 청각을 보호해줘야 합니다. 데시벨 척도는 선형적으로 증가하는 것이 아니라 로그함수이기 때문에 오해의 소지가 있습니다. 소음이 3dB 증가할 때마다 귀를 때리는 소리는 두 배가 됩니다. 다음은 몇 가지 대표적인 소음 수준입니다.

- 정상적인 연설 60dB
- 원형 샌더, 드릴 프레스 75dB
- 집진기 85dB
- 테이블쏘, 라우터 95dB
- 공압 타정기, 원형 톱 105dB
- 체인톱 120dB

105dB의 원형 톱을 사용할 때, 만약 85dB 이하의 안전한 범위로 소음 수준을 낮추려면 최소한 20dB 정도 데시벨 수준을 낮출 수 있는 청력 보호장치가 필요합니다.

Q 저는 폴리카보네이트 렌즈로 되어 있는 안경을 쓰고 있어요. 공방에서 작업할 때 이것도 적절한 보호를 해주나요?

A 이런 안경테와 렌즈도 표준 안전성 테스트(45m/s로 움직이는 6mm 공의 충격을 견딜 수 있는 능력)를 통과할 수는 있지만, 눈 보호를 위해서는 그보다 좀 더 보강할 필요가 있습니다. 보안경은 측면, 상단, 하단 모두 먼지나 이물질을 막아줘야 합니다. 일반적인 안경은 그런 면에서 부족하죠.

Q 보안경, 고글 또는 안면 보호구 등이 있던데, 어떤 게 보호 효과가 가장 좋은가요?

A 청력 보호장치에서 이야기한 것처럼, 최고의 시력 보호장구는 실제로 당신이 착용하는 그것입니다. 어떤 것이든 일단 착용해야 한다는 것이죠. 어떤 전문가는 세 가지 유형 모두를 공방에 보관하도록 권장합니다. 작은 파편들이 날아다닐 수 있는 작업에는 옆면을 적절하게 보호할 수 있는 보안경을 사용하세요. 다량의 먼지가 발생하거나 화학물질을 다루거나 튈 수 있는 마감 작업을 할 때는 고글을 착용하세요. 목선반이나 그라인더로 작업하는 경우와 같이 더 큰 파편이나 공기 중 부스러기가 우려되는 경우에는 안면 보호구를 착용하세요. 참고로 안면 보호구는 아래쪽

이 열려 있으므로 보안경이나 고글과 함께 착용해야 합니다.

작업장에 있을 때에는 항상 보안경을 착용해야 합니다. 대팻밥은 눈을 위협하지 않을 수도 있지만 작업대 위 선반에 매달려 있는 꽂임촉은 위협이 될 수도 있습니다. 시력이 안 좋으면 도수가 있는 시력 보정 보안경을 구입하거나 안경 위에 고글을 착용하는 방법으로 눈을 보호하세요.

> **TIP**
>
> **눈을 보호하는 것이 어렵지는 않습니다.**
>
> 미국에서는 매년 약 15,000명의 사람들이 작업장 사고로 눈 부상을 입어 병원과 응급실을 찾는다고 합니다. 이것은 값싸게 보안경이나 고글을 구입할 수 있다는 것을 생각하면 터무니없는 통계치이죠. 정전기 방지, 김서림 방지제 같은 것으로 눈 관련 안전장구를 닦아두세요. 에어 타정기 옆에도 보안경을 추가로 두세요. 그리고 방문객이나 다른 사람들이 착용할 수 있도록 여분의 보안경을 작업장에 비치해두세요.

Q 방진 마스크 앞에 작은 돌출부가 있는 것도 있던데, 그게 공기를 더 잘 여과하는 데 도움이 됩니까?

A 그 돌출부는 실제로는 배기 밸브입니다. 공기를 여과하지는 않지만, 더 쉽게 숨을 내쉴 수 있게 하고, 얼굴을 시원하게 유지해주며, 보안경에 김이 서리지 않도록 하는 등의 다른 이점을 제공합니다. 마스크 비용은 조금 더 들지만, 훨씬 더 편안함을 느끼신다면 더 자주 쓰시지 않을까요?

Q 방진 마스크에 있는 NIOSH와 'N' 숫자는 무엇을 나타내는 것이죠?

A NIOSH는 분진 노출 한계에 대한 표준을 설정하는 기관인 미국의 산업안전보건연구소(National Institute for Occupational Safety and Health)의 약자입니다. N95나 N99와 같은 'N' 숫자는 마스크가 걸러내는 공기 중의 입자 비율을 나타냅니다.

Q 어떤 목수들이 마치 다스베이더의 가면처럼 생긴 마스크를 쓰고 있던데, 그게 무엇이지요?

A 아마도 전원이나 공기를 공급하는 방진 마스크를 이야기하는 듯하네요. 이것들은 대부분 얼굴을 완전히 가리는 보호대와 배터리 작동식 팬과 필터를 결합하여 신선한 공기를 지속적으로 공급하는 방식입니다. 어떤 모델에서는 모든 것이 헬멧에 들어 있기도 하고요, 어떤 것은 벨트에 배터리, 팬과 필터를 달고 헬멧으로 에어 호

스를 통해 연결하기도 합니다. 수염이 길거나 일반적인 마스크를 사용하는 데 어려움이 겪는 사람의 경우 탁월한 선택이죠. 가장 좋은 제품에는 청력 보호장치가 포함되어 있어서 시력, 청력과 호흡기 보호장치가 모두 하나의 깔끔한 패키지에 들어 있기도 합니다.

목재와 톱밥에 숨겨진 위험

목공은 안전하고 즐거운 작업이지요. 하지만 숨겨진 위험도 있습니다. 톱밥은 일반적으로 비강 발암 물질로 분류됩니다. 실제로 확인된 암 환자는 거의 없지만, 톱밥에 노출되면서 생길 수 있는 다른 많은 문제들이 있습니다. 어떤 목재와 톱밥은 즉각적인 반응을 일으키지만, 어떤 것들은 초기 알레르기 반응을 일으키지 않을지라도 반복적으로 노출되면 그렇게 될 수 있습니다. 다음은 몇 가지 일반적으로 목공에서 쓰는 목재와 그와 관련된 위험 요소입니다.

수종	잠재적 위험	등급
로즈우드(rosewood) (나무와 분진)	호흡기 문제, 알레르기 유발(sensitizer), 자극성	highly toxic
새틴우드(satinwood) (나무와 분진)	눈, 피부, 호흡기 자극	highly toxic
적삼나무(red cedar) (나무 껍질과 분진)	알레르기 유발	highly toxic
주목(yew)(분진)	눈과 피부 자극성	highly toxic
이로코(iroko)	눈, 피부, 호흡기 자극성	very toxic
코코볼로(cocobolo) (나무와 분진)	알레르기 유발, 자극성	very toxic
스팔티드 메이플(spalted maple)	호흡기 자극	very toxic
너도밤나무(beech) (나무 껍질과 분진)	눈, 피부, 호흡기 자극	moderately toxic
티크(teak)(분진)	알레르기 유발	moderately toxic
블랙 월넛(black walnut) (나무와 분진)	눈과 피부 알레르기 유발	moderately toxic

Q 테이블쏘나 라우터 테이블로 작업할 때마다, 정반이나 펜스에 판재를 밀착시키기 위해 손가락을 사용하면서, 혹시나 손이 잘리거나 다치거나 하지 않을까 신경이 곤두서곤 해요. 해결책이 있을까요?

A 작업하는 동안 손가락을 대신해서 판재를 펜스나 정반에 안전하게 고정시키는 강하고 두려움을 모르는 대체제가 필요합니다. 그것이 바로 페더보드(featherboard)입니다. 페더보드에는 나무나 플라스틱으로 만들어진 수십 개의 깃털(feather)과 같은 살들이 있는데, 그것은 판재의 상부와 측면을 충분히 눌러줄 만큼 강하고, 또한 판재가 톱날이나 비트를 지나가게 할 수 있도록 충분히 유연합니다. 이것은 손가락을 안전하게 유지할 뿐 아니라 적용 압력이 일정하기 때문에 직선 절단 작업이나 반턱 가공, 다도(dado) 가공 또는 각종 프로파일 가공을 더 정확하게 할 수 있습니다.

Q 톱날이나 비트를 사용하여 작업할 때 페더보드를 어디에 배치해야 합니까?

A 페더보드를 톱날이나 비트의 12mm 정도 앞쪽에 배치하세요. 톱날에 겹치는 위치나 뒤쪽에 배치하면 꽉 끼이거나 킥백(kickback)이 일어날 수 있습니다.

Q 제가 직접 페더보드를 만들 수도 있습니까?

A 물론이죠. 펜스에 장착하여 아래쪽으로 압력을 가할 수 있는 짧은 것도 만들고, 옆쪽에서 압력을 가하기 위한 더 긴 것도 만드세요. 우선 먼저 1×4(19×89mm)나 1×6

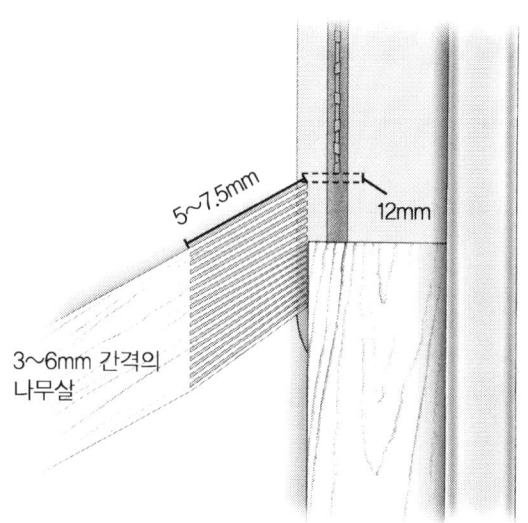

(19×140mm) 구조목 또는 그 정도 크기의 판재 끝부분을 30° 각도로 자르세요. 이 각도와 평행한 선을 끝에서 5~7.5cm 정도 떨어진 곳에 그어줍니다. 그런 다음 6mm 간격으로 나란히 잘라줄 선들을 그리세요. 그 선들을 밴드쏘, 지그쏘 또는 손톱으로 잘라 페더(feather), 즉 깃털을 만듭니다.

이런 깃털 같은 살들을 가져서 페더보드라 하는 것이죠. 애쉬, 즉 물푸레나무 같은 강하고 유연한 목재를 사용하세요. 소나무도 사용할 수는 있지만 살들을 좀 더 두껍게 해줘야 합니다. 합판이나 MDF는 살들이 너무 쉽게 부러지기 때문에 피하세요. 재료, 살들의 너비와 길이 등을 여러 가지로 실험해보며 작업하기에 적절한 압력을 가지는 페더보드를 만드세요.

Q 작업 중인 공구들에 페더보드를 어떻게 고정합니까?

A 세 가지 방법이 있습니다. 가장 간단한 방법은 정반이나 펜스에 플램프로 고정하는

나만의 밀대(푸시 스틱(push stick)과 푸시 슈(push shoe)) 만들기

좋은 목공인이라면 작품 아이디어, 클램프, 밀대 등 세 가지는 아무리 많이 가지고 있어도 좋습니다. 상점에서 구입한 것들을 실수로 버리거나 잘랐다면, 더 이상 지갑을 열지 마시고 당신만의 개성 있는 밀대를 만들어보세요. 사용할 만한 가장 좋은 소재는 12mm나 18mm 합판입니다. 저렴하고, 가벼우며, 원목처럼 결 방향을 고민하지 않아도 좋습니다. 직접 만든 밀대를 밝은 노란색으로 칠해주면 쉽게 찾을 수도 있고, 자투리 더미에 휩쓸려 들어가지도 않습니다. 인터넷 이미지 검색을 하면 수없이 많은 것들이 나옵니다. 맘에 드는 것으로 골라 적당한 크기로 확대하여 제작해보시는 것도 좋아요. 막대 모양의 밀대인 푸시 스틱과 신발처럼 생긴 밀대인 푸시 슈를 모두 만들어두면 용도에 따라 그때그때 골라서 쓸 수 있습니다. 그리고 공구마다 별도의 밀대들을 만들어 비치해두세요.

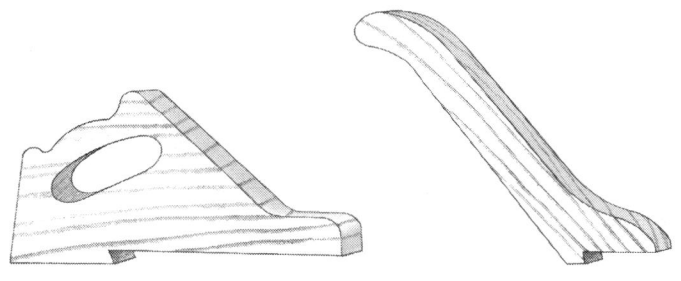

것입니다. 정확한 각도와 거리를 유지하기 위해 두 개의 클램프를 사용하거나 교차하는 버팀대를 추가해주는 것이 필요할 수도 있습니다. 상용 제품이든 직접 만드는 것이든 많은 것들이 마이터 슬롯을 사용하여 고정되도록 제작됩니다. 그리고 자석을 이용해 쇠로 만들어진 공구 정반의 어느 위치에나 붙여서 배치할 수 있는 제품들도 있습니다.

응급처치

Q 저는 작업장에 갈 때마다 꼭 가시가 박히는 것 같아요. 가시를 제거하는 가장 쉬운 방법은 무엇입니까?

A 좋은 핀셋을 사용하는 것에서부터 가시가 더 쉽게 나오게 하기 위해 밤새 베이컨을 손가락에 감싸는 것까지 방법은 다양합니다. 가시를 제거하기 전과 후에는 항상 그 부위를 씻어주세요. 그런 다음 다음과 같은 방법들을 시도해보세요.

- 살균된 바늘을 사용하여 가시의 끝을 피부 위로 충분히 올려 핀셋으로 잡을 수 있도록 합니다. 때로는 기회가 단 한 번만 주어지기도 하니까, 가시를 단단히 잡고 들어간 반대 방향으로 당기세요.
- 포장용 테이프나 알루미늄 테이프를 가시 위에 가볍게 누른 다음, 가시가 박힌 방향과 같은 방향으로 잡아당기면서 테이프를 제거합니다.
- 빈 병에 뜨거운 물을 채우고, 구멍 위에 가시 박힌 손가락을 올린 다음, 수증기가 피부를 부드럽게 해주면 그때 핀셋으로 가시를 당기세요.
- 가시를 하얀색 접착제(white glue)로 덮고, 그것이 마를 때까지 기다린 다음, 접착제를 제거하면서 가시를 함께 제거합니다. 왁스 소재의 제모 제품을 사용해볼 수도 있죠. 그것은 뿌리에서 모낭을 제거하기에 충분한 힘을 가지고 있기 때문에, 가시에 대해서도 같은 일을 해줄 수 있을 것입니다.

Q 작업장에 비치할 수 있는 기본적인 응급처치 키트는 어떤 것들이 있을까요?

A 작업장의 구급상자에 다음 항목들을 참고해서 보관해놓으세요.

- 살균 거즈 패드, 두루마리 거즈, 반창고
- 다양한 크기의 일회용 밴드나 메디폼

- 나비 반창고(butterfly bandage, 접형포대(蝶形包帶)), 크게 베인 곳을 막을 때
- 가위
- 핀셋과 바늘(작은 알코올병에 저장)
- 탄력 붕대
- 화상이나 베인 상처에 사용 가능한 소독약, 알코올 패드
- 즉석 얼음팩(부기를 줄이거나 혹시 절단된 부분을 옮길 때)
- 깨끗한 비닐봉지
- 안약, 눈 검사를 위한 작은 거울
- 라텍스 장갑
- 천식 흡입기(연기, 먼지에 대한 알레르기 반응에 대응)

약국에 가면 다양한 종류의 구급상자를 구할 수 있으며, 종류별로 충분한 조언도 들을 수 있습니다.

기본적인 공방의 응급처치

당신에게도 일어난다면, 이렇게 해보세요. 무슨 일이 생기면 첫 번째 해야 할 일, 그것은 응급처치이겠죠. 부상이 심각하거나 치료 방법에 대해 안심이 안 될 경우에는 바로 응급실로 향하세요.

- **눈 부상**. 이물질이 단단하게 박혔다면 응급실로 가세요. 표면에만 들어가 묻은 경우라면, 미지근한 물로 씻거나(샤워기를 이용하면 잘됩니다) 또는 안약을 사용하세요. 화학물질이 튀었다면 최소한 5분 동안 흐르는 물로 눈을 씻으세요.
- **찰과상**. 다친 부위를 비누와 물로 닦고, 묻은 찌꺼기가 있는지 확인하고, 항생제 크림을 바르고, 붕대를 감아줍니다. 매일 감염의 징후가 있는지(상처 부위에 붉게 발적이 있는지) 확인하세요.
- **자상**. 다친 부위를 식염수나 물로 닦고, 출혈이 멈추도록 압력을 가하고, 나비 반창고를 사용하여 상처 부위를 봉합하세요. 상처가 깊거나 피가 계속 흐르는 경우에는 응급실로 가보세요.
- **타박상**. 얼음찜질을 하세요. 이부프로펜 성분이 함유된 진통제를 복용하여 붓기를 방지합니다.

- **절단.** 목공 작업장, 공방에서 발생할 수 있는 가장 큰 사고에 속하죠. 절단 사고의 대부분은 손가락 절단입니다. 만약 사고가 발생한다면, 절단 부위를 흐르는 물이나 식염수로 깨끗이 씻어 먼지나 이물질을 제거하세요. 알코올로 소독하거나 지혈제를 쓰면 조직, 신경, 혈관이 파괴되어 오히려 재접합 수술을 방해하기 때문에 상처에 사용하지 않는 것이 좋습니다. 소독된 붕대로 절단된 부위가 감염되지 않도록 절단 부위를 싸서 지혈하고, 절단 부위를 심장 위쪽으로 높이 올리세요. 절단 부위는 아무리 미세한 조각이라도 모두 모아 가능하면 빨리 냉장 상태(약 4°C)로 보관해야 합니다. 절단된 부위는 식염수로 씻어낸 후, 깨끗한 천이나 가제로 싼 뒤 다시 깨끗한 큰 타월로 두른 다음 비닐봉지에 밀봉하세요. 우유나 얼음에 절단된 부위를 직접 넣는 것은 잘못된 방법입니다. 비닐봉지는 얼음과 물을 1:1의 비율로 섞은 용기에 담아 냉장 온도를 유지시킨 다음 환자와 함께 병원으로 가져갑니다. 만약 밀봉이 잘못돼 얼음물에 절단 부위가 노출되어 젖게 되면 재접합이 어렵습니다. 응급 이송될 때에 4°C를 지키지 못하고 간혹 0°C 이하로 냉장되어 절단 부위가 딱딱하게 굳어지거나 물에 젖으면 안 되므로 절단 후 경과 시간도 중요하지만 보관 방법에 대해서 특별히 세심한 주의를 기울여야 합니다. 손가락 절단 사고의 경우는 수지접합 전문병원으로 가는 것이 좋습니다. 작업장에서 가장 빠르게 갈 수 있는 전문병원을 미리 알아두고, 만약의 사태가 발생한 경우 미리 병원에 연락하여 병원에 도착하였을 때 빠르게 수술할 수 있도록 하는 것이 좋습니다. 신체 절단 후 성공적인 수술을 위한 골든아워는 6~8시간입니다. 사고가 발생하면 당황할 수밖에 없지만, 차분하게 주요 매뉴얼대로 응급조치를 취한 후 병원에 가시길 바랍니다. 가장 중요한 것은 작업장에 응급 용품들이 미리 갖춰져 있어야 한다는 것입니다.
- **독극물 흡입.** 두 가지 방법이 있습니다. 제초제나 살충제, 벤젠, 신나, 메탄올 등을 마셨을 때는 신속히 구토를 하게 해야 합니다. 하지만 락스나 표백제 등 강산성, 강알칼리성 또는 석유 등을 마셨을 경우는 구토를 하는 것보다 물이나 우유를 몇 모금 마셔 희석하는 것이 좋습니다. 더 악화시킬 수가 있죠. 특히 의식을 잃거나 뾰족한 물건을 함께 삼켰을 때는 구토를 유도하면 안 됩니다. 응급처치를 마쳤거나 어떻게 응급처치를 해야 할지 모르는 상황이라면 가까운 병원에 빨리 연락해서 도움을 받으세요.

프로젝트　4시간 만에 만드는 2×4(38×89mm) 작업대

오후 시간 동안 만들 수 있는 작업대 사례를 보겠습니다. 이것은 튼튼하고 또한 저렴하며, 독립형으로나 벽에 붙이는 형태로도 할 수 있습니다. 다리는 두 개 합친 투바이포[2×4 (38×89mm)] 구조목으로 만들어졌으며, 내부 2×4는 상단 프레임(상판 지지용)과 하단 프레임(보관대 지지용)를 지지하는 데 도움이 되도록 블록으로 잘라져 있습니다. 바이스, 홀드패스트, 벤치독 구멍(앞의 내용을 참조하세요)을 추가하여 작업대를 사용자에 맞게 조정할 수 있습니다.

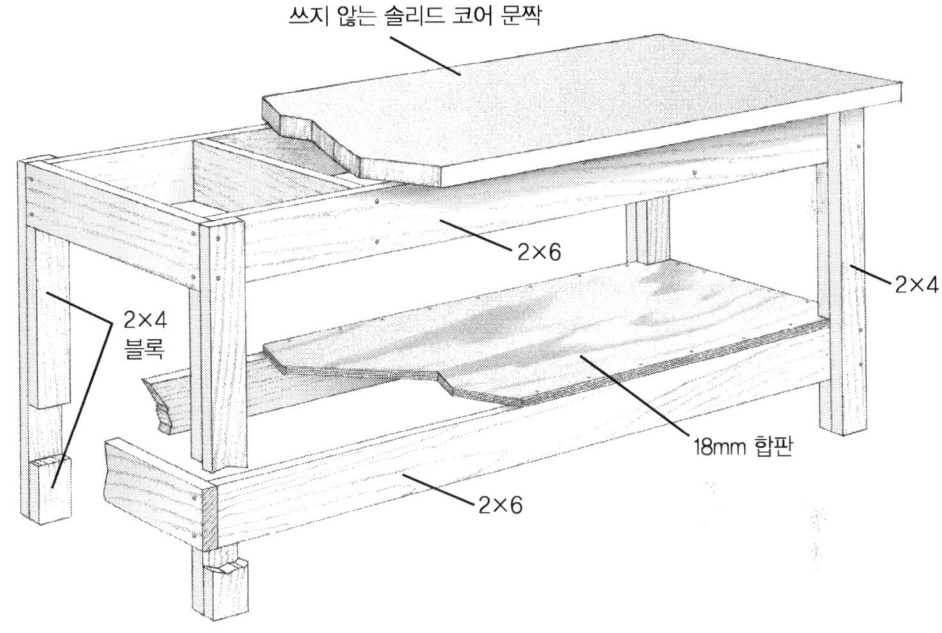

2. 나무와 합판

나무는 목수의 요구를 충족시키기 위해 설계된 재료가 아니라,
식물의 기능 조직으로 진화해온 것입니다.
—Bruce Hoadley

    잠시 시간을 내어 자르려고 내놓은 목재가 실은 얼마나 경이로운 것인지 생각해볼까요. 이것은 꽤나 많은 삶의 여정들을 거쳐왔습니다. 7m 길이의 20×20cm나 되는 큰 목재조차도 엄지손톱보다 작은 씨앗 하나로부터 시작되었습니다. 그 씨앗은 햇빛, 물, 공기라는 보이지 않는 요소 세 가지를 취해서, 이제까지 알려진 가장 다재다능한 천연자원 중 하나인 '목재'를 만들기 위해 결합시켰습니다.

    나무가 자라는 동안 그 뿌리는 침식(浸蝕)을 막아주었고, 잎은 이산화탄소를 산소로 바꾸었으며, 가지는 집들과 동물들 그리고 사람들에게 그늘을 제공해주었죠. 살아 있는 동안에는 맛있는 과일들과 시럽, 견과류 같은 것들을 맘껏 내주었습니다. 그리고 지금 당신은 그것을 가지고 아름다운 무언가를 창조하려고 하는 것이죠. 나무는 살아 있는 것입니다. 나무를 다루며 일할 때, 놀라우면서도 동시에 당황스러운 목재의 특성 중 하나는, 그것이 제재된 이후에도 오랫동안 계속 움직이고, 성장하며, '살아 있다'는 것입니다.

목재 기본 사항

Q 어떤 '하드우드'는 실제로는 어떤 '소프트우드'보다 부드럽다는 이야기를 들었습니다. 두 가지의 실제 차이점을 설명해주시겠어요?

A '하드우드'와 '소프트우드'라는 단어는, 실은 별명들입니다. 대부분의 별명들과 마찬가지로 이 단어는 대상을 잘 설명해주는 말이긴 하지만 완벽하게 설명해줄 수는 없는 말이죠. 진실을 말하자면, 어떤 '소프트우드'보다 부드러운 '하드우드'도 있고, 그 반대인 경우도 있다는 것입니다.

그 이야기를 나눠보죠. 나무의 세계는 겉씨식물과 속씨식물이라는 두 개의 주요 그룹으로 나뉩니다. 겉씨식물 또는 소프트우드는 대부분의 사람들이 상록수 또는 침엽수라고 부르는 나무 유형입니다. 이 그룹에는 전나무, 소나무, 삼나무 등이 있으며, 건설 사업에 주로 사용되는 나무들입니다. 겉씨식물 또는 하드우드는 일반적으로 활엽수라고 불립니다. 이 그룹에는 캐비닛이나 가구 제작에 자주 사용되는 단풍나무, 참나무, 벚나무, 호두나무, 기타 여러 목재들이 포함됩니다. 혼란이 일곤 하는 건 주목(yew)이나 리기다소나무(pitch pine, 북아메리카 동부가 원산지이며 송진이 많고, 한국전쟁 이후 황폐지 조림과 산사태 방지를 위해 우리나라 전역에 식재된 나무) 같은 소프트우드보다 더 가볍고 쉽게 패이는 발사목(balsa)이나 배스우드(basswood)와 같은 활엽수가 있어서 그렇습니다.

Q 의자 좌판용으로 두꺼운 목재를 사러 갔는데, 목재상 직원이 저를 '8/4' 재료 쪽으로 안내하더군요. 제가 찾고 있는 것을 찾긴 했지만, 여전히 그가 무슨 말을 하고 있는지 모르겠습니다.

A 하드우드 목재, 특히 수입산 하드우드는 인치 단위로 판매하는데, 일반적으로 5/4, 6/4 등과 같이 1/4인치 단위로 판매됩니다. 그 분수를 정수로 변환하려면(간단한 산수 문제입니다), 분자를 분모로 나눕니다. 따라서 4/4 목재는 1인치 두께, 5/4 목재는 1과 1/4인치, 8/4 목재는 2인치입니다. 일반적으로 실제 두께는 판재 양면을 모두 대패로 고른 면을 만들 때 1/4인치만큼 줄어듭니다. 따라서 만약 당신이 양면을 모두 대패 가공한 3/4인치 두께의 목재를 산다면 비용은 4/4인치 재료로 지불하게 되는 것이지요. 1인치는 25.4mm이므로 mm 단위로 환산할 수 있습니다. 수입 목재상이 아닌 국산 통나무를 사는 경우에는 제재소에서 직접 원하는 두께로 제재할 수도 있습니다.

Q 보드풋(board foot) 단위로 목재 가격을 책정한다는 이야기를 들었습니다. 그것이 무엇이죠? 또 어떻게 계산해야 합니까?

A 보드풋은 미국식 계산법이죠. 1인치 두께에 폭 12인치, 길이 12인치의 나무를 그려보세요. 또는 1인치 두께에 폭 1피트, 길이 1피트입니다. 그것이 보드풋(board foot 약어 bd. ft.)이죠. 목재의 보드풋 수를 결정하려면 (쿼터, 1/4인치 단위의) 두께에 (인치 단위의) 너비와 (피트 단위의) 길이를 곱한 다음 12로 나눕니다. 만약 당신이 6/4″×7″×6′인 판재를 가지고 있다면 그것은 5¼, 즉 6/4″×7″×6′/12=5.25 보드풋을 가집니다. 가격은 대패질하기 전 제재목 상태인 판재의 체적에 따라 계산됩니다. 만약 판재가 3/4인치 두께로 대패질되어 있다면, 전체 1인치의 제재된(대패질 전의) 두께의 가격으로 지불하셔야 합니다.

> **'쿼터 1/4인치'의 전설**
> 전설처럼 알려진 이야기에 따르면, 예전에 수력을 이용하는 제재소들은 톱날 조정을 1/4인치 단위로만 할 수 있었답니다. 그렇기 때문에 판재를 '쿼터, 1/4인치' 단위로만 판매하는 시스템이 되었다고 합니다.

우리나라에서는 재(材)당 단가 계산법을 주로 사용합니다. [1치×1치×12자] 크기를 1재로 계산합니다. 일본말인 '사이'로 더 많이 부르긴 하죠. 1치는 3.03cm, 1자는 30.3cm. 밀리미터로는 30.3mm, 303.0mm입니다. 따라서 1재는 30.3×30.3×3636mm의 식으로 계산되고, 세제곱미터로 환산하면 0.0033382m^3이 됩니다. 즉, 1재(材)=0.0033382m^3입니다. 거꾸로 환산하면, 1/0.0033382=299.56≒300, 즉 1m^3=300재(材)로 계산하면 됩니다. 실제로 활용할 때에는, '두께(m)×폭(m)×길이(m)×300=재적'이 됩니다.

참고로 보드풋을 재당 계산법으로 환산해볼까요. 1보드풋을 세제곱미터로 계산하면 (2.54×(2.54×12)×(2.54×12))/1000000=0.0023597m^3이 됩니다. 이 값을 0.0033382로 나누면 0.707이 되죠. 즉, 1bd.ft.=0.707재입니다.

Q 판목제재(plainsawn), 추정목제재(riftsawn), 정목제재(quartersawn) 판재의 차이점은 무엇입니까?

A 그 차이점은 통나무(log)에서 어떻게 절단되었는지, 어떻게 보이는지, 어떻게 움직이는지에 있습니다. 판재의 끝부분을 살펴보고 나뭇결의 방향을 연구하는 것이 좋은 출발점입니다.

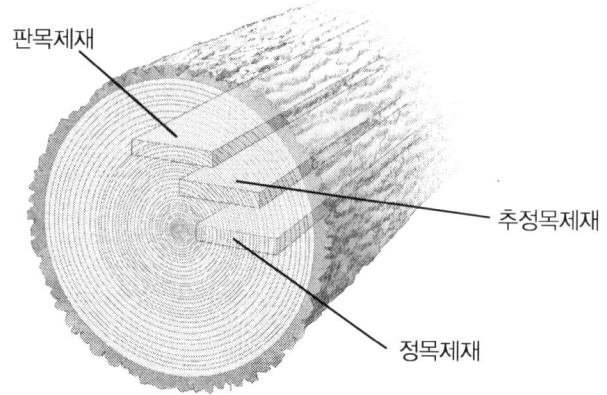

판목제재
추정목제재
정목제재

판목제재(plainsawn, flatsawn, 무늬결을 제재라고도 함) 판재에는 판재의 면과 평행하게 나타나는 나이테가 있습니다. 그것들은 종종 올빼미 눈이나 U자 모양 또는 서양에선 그 모양으로 인해 대성당(cathedral) 패턴이라 부르는 무늬결을 가지고 있습니다. 다른 절단 방법과 비교하여 판목제재는 두께의 수축은 적지만 너비 방향 수축은 더 많고 휘거나 뒤틀릴 가능성이 가장 큽니다.

추정목제재(riftsawn, riftcut) 판재는 판재 표면에 30~60°의 방향으로 나타나는 나이테를 가지고 있습니다. 결의 모양은 보통 선명하고 똑바릅니다. 이 판재는 판목제재보다 더 안정적이며 뒤틀릴 가능성이 적습니다.

정목제재(quartersawn, 곧은결 제재라고도 함) 판재는 판재의 표면에 수직인 나이테를 가지고 있습니다. 이것은 가장 곧은결을 가지고 있으며, 특히 화이트 오크 같은 일부 나무들에서 생기 있고 매력적인 조직을 보여줍니다. 이것은 너비 측면에서 가장 안정적이며 더욱 비싼 가격이 요구됩니다.

Q Acer saccarum과 같은 이름의 목재나 나무를 볼 때, 실제로는 뭐가 뭔지 아무것도 알 수가 없네요. 이 이름들은 무엇을 의미하는 것이죠?

A 나무는 식물학에서의 이름과 흔히 부르는 이름 두 가지를 가지고 있습니다. 식물학의 이름(항상 대문자로 시작함)의 첫 번째 단어는 '속(屬)'입니다. 두 번째 단어(소문자)는 '종(種)'입니다. 식물 세계에서 화이트 오크는 'Quercus alba'라고 불릴 것입니다. 일반

acer – 단풍나무(maple)
betula – 자작나무(birch)
dalberia – 자단(rosewood)
fraxinus – 물푸레나무(ash)
juglans – 호두나무(walnut)
pinus – 소나무(pine)
quercus – 참나무(oak)
ulmus – 느릅나무(elm)

적으로 어떤 '속'에는 많은 '종'의 나무들이 있습니다. 예를 들어 오크(참나무)는 200종이 넘습니다. 다음에는 몇 가지의 일반적인 목재와 그것이 속한 '속'이 있습니다.

Q 멸종 위기에 처한 종들이 있다고 들었는데, 어떤 나무들입니까?

A 1973년 결의안이 채택된 '멸종 위기에 처한 야생 동식물 종의 국제 거래 협약(CITES)'은 세 가지 수준의 규제와 부속서를 열거하고 있습니다. 국제 무역에서 가장 제한된 나무에는 브라질 자단(brazilian rosewood)과 칠레 소나무(monkey puzzle)가 있습니다. 위기에 처한 나무는 (엄격히 규제되고 있진 않지만) 쿠바, 온두라스, 멕시코 마호가니(mahogany)와 유창목(lignum vitae), 브라질우드(brazilwood), 라민(ramin) 등이 있습니다. 하드우드 목재상들은 이런 나무들을 거의 판매하지 않지만, 때때로 CITES에 등재되기 전에 나무를 베어내거나 수입한 판재를 만날 수도 있습니다.

Q 하드우드에 등급이 여러 가지 나눠져 있던데, 이 등급은 정확히 무엇을 의미합니까?

A 목수들, 판매상들 그리고 제재소가 같은 종류의 것들을 서로 정확히 비교하고 공통 언어를 사용하기 위해 '미국 하드우드 목재 협회(National Hardwood Lumber Association)'는 목재 등급 평가를 위한 지침을 100여 년 전에 제정했습니다. 사용된 계산식은 복잡하지만 그 결과는 여러분이 정말로 알아야 할 것입니다. 목재에 대한 가장 일반적인 네 가지 등급에 대해 소개해보겠습니다(선택된 목재를 제외하고, 판재는 그것들의 안 좋은 부분들에 대하여 등급이 매겨집니다).

- **FAS**(Firsts And Seconds)는 최고 등급입니다. 등급 평가를 위한 최소 판재 크기는 6″×8′이고, 깨끗한 (옹이와 결함이 없는) 목재의 수율은 83% 이상이어야 합니다. 최소 4″×5′ 또는 3″×7′ 크기의 깨끗한 판재를 생산할 수 있어야 합니다.
- **Select**는 다음으로 높은 등급입니다. 최소 판재 크기는 4″×6′입니다. 이 등급은 약간의 혼종이라 할 수 있는데, 좋은 면은 FAS 판재와 같은 등급이어야 하며, 안 좋은 쪽은 No.1 Common 판재와 비슷합니다.
- **No.1 Common**이 다음 등급입니다. 최소 판재 크기는 3″×4′이고 깨끗한 목재의 수율은 최소 66.6%이어야 합니다. 판재는 적어도 3″×3′ 또는 4″×2′인 깨끗한 판재를 생산해야 합니다.
- **No.2와 No.3 Common**은 가장 낮은 등급입니다. 최소 판재 크기는 3″×4′이며, 깨끗한 목재의 수율은 No.2 판재의 경우 50% 이상, No.3 판재의 경우 33.3% 이

상이어야 합니다. 최소 3″×2′의 깨끗한 판재를 생산할 수 있어야 합니다. 양쪽 면에는 쪼개짐이나 빠진 옹이 등의 결함이 있을 수 있습니다.

중요한 사실은 이것입니다. No.2 Common 판재에서 잘라낸 목재가 종종 FAS 판재에서 잘라낸 것보다 품질이 높습니다(크기는 작겠지요). 신중하게 계획하여 자르면 낮은 등급의 목재로부터 고급 목재를 얻을 수 있어서 비용을 절약할 수 있습니다. 염두에 두어야 할 또 다른 사실은 '결점'이라고 알려진 것들이 종종 대단히 멋진 것일 수도 있으며, 그 목재의 특징을 없애는 것이 아니라 더해줄 수도 있다는 것입니다.

소프트우드 치수의 수수께끼 풀기

당신은 집으로 가져온 1×6 소나무 판재가 실제로는 1×6인치가 아님을 알아냈을 것입니다. 그 나무들은 더 두껍고 넓은 판재로 시작했으나 톱질, 대패질, 인공 건조를 거치며 치수가 줄어들었던 깃이죠. 보통 판재들은 12mm, 15mm 등의 두께에 1,220×2,440mm 등 mm 단위로 판매되니까 문제가 될 것은 없지만, 구조재의 경우 2×4, 즉 '투바이포' 등의 이름으로 인치 단위로 불리는데, 실제 사이즈는 2인치, 4인치, 즉 50.8mm, 101.6mm가 아니라 38mm, 89mm 크기이죠. 다음은 일반적인 판재의 공칭 치수와 실제 치수입니다. 어쨌든 목재를 측정하는 것은 항상 좋은 생각입니다. 2″×10″ 판재는 폭이 9⅛″에서 9⅝″까지 변할 수 있습니다.

공칭 두께(인치)	실제 두께(인치, mm)	공칭 두께	실제 두께
2″	1½″ [38mm]	1″	¾″ [19mm]
3″	2½″ [64mm]	5/4″	1″~1⅛″ [25~28mm]
4″	3½″ [89mm]	2″	1½″ [32mm]
6″	5½″ [140mm]	4″	3½″ [64mm]
8″	7¼″ [184mm]	6″	5½″ [140mm]
10″	9¼″ [235mm]		
12″	11¼″ [286mm]		

나무에 관한 열 가지 별난 이야기

다음번엔 동료들과 작업대 주변에 모여 당신이 선택한 소재에 대한 별난 사실들을 이야기해보세요.

1. 유창목(lignum vitae)은 밀도가 매우 높고 기름진 열대 하드우드로 제2차 세계대전을 거치며 잠수함과 수력 발전기 베어링에 사용되었습니다.

2. Spruce Goose(Hughes H-4 Hercules로도 알려져 있으며, 제2차 세계대전 중 독일 잠수함으로부터의 공격을 피하기 위해 나무로 만든 비행기입니다. 가장 큰 플라잉 보트와 가장 긴 날개길이를 가진 비행기이죠. 하지만 단 한 차례의 비행만을 기록하고 있습니다)는 스프러스라는 이름이 붙어 있지만, 5%의 스프러스(spruce), 가문비나무만 포함되어 있으며 대부분은 자작나무입니다.

3. 뉴질랜드에 있는 고대 카우리 왕국(Ancient Kauri Kingdom)이라고 불리는 회사는 뉴질랜드 습지에서 50,000년 된 카우리 소나무(kauri)를 준설한 후 나무를 제재해서 보드풋당 35달러 이상에 판매했다고 합니다. 지금은 뉴질랜드의 주요 관광지 중 하나이며, 'kauri unearthed-카우리소나무'로 도마, 스푼, 시계, 탁자 등의 공예품을 만들어 몇 십 달러에서 몇 천 달러 정도의 가격으로 판매하고 있습니다.

4. Constitution호는 1797년에 만들어진 미국 해군의 범선인데, 1812년 전쟁에서 영국군이 발사한 대포알이 선체를 씌우는 4인치 두께의 오크(oak)로 만들어진 선체 외측 판(plank)들을 뚫지 못하고 튕겨나가면서 Old Ironsides, 고대 철갑선이라는 별명을 얻었답니다.

5. 적삼나무(red cedar)는 연필을 만드는 데 애용되는 목재인데, 1920년대에는 너무 희귀해져서 제조업자들이 농부들에게서 헛간과 담장 기둥을 원료로 구입했습니다.

6. 영국에서 만들어진 지 400년이 지난 후에 발굴된 속 빈 느릅나무 통나무로 지어진 640km 길이의 용수설비는 놀랍도록 생생한 상태로 발견되었습니다.

7. 이탈리아 베니스에 있는 산 마르코 대성당(St. Mark's Cathedral)은 천여 년 전에 늪지대에 몰려든 백만 개의 나무 말뚝으로 지지되고 있습니다.

8. 1940년대 미국 해군에 의해 건설된 비행선 격납고는 22,600m²(5.6에이커)에 달하며, 200만 보드풋의 소나무가 들었으며, 근무일수 27일 만에 지어졌습니다.

9. 많은 사람들에게 세계적인 목공예가로 알려진 Livio De Marchi는 나무에 페라리 F50을 실물 크기로 제작한 후 베니스의 운하에서 운전했습니다.

10. 야구 명예의 전당에 오른 Joe Sewell은 그의 14년 경력 중 단 하나의 배트만 사용하여 2,200개가 넘는 안타를 쳤습니다.

Q 심재와 변재의 차이점은 무엇입니까?

A 그 차이점은 각각의 역할과 관련이 있습니다. 나무의 바깥층에 위치한 변재는 수액을 위로 향하게 하는 데 적극적으로 관여합니다. 나무가 오래되고 나이테가 생기면 새로운 변재가 나무를 키워주는 역할을 수행하고, 오래된 변재는 은퇴하여 심재로 변합니다. 세포벽에 형성되는 추출물(다음 질문과 답변을 참조하세요)은 심재의 깊고 풍부한 색을 만들어내며, 일반적으로 목수들이 가장 많이 찾는 나무의 부분인 이유입니다.

Q 어떤 나무들을 자연적으로 썩지 않게 만드는 것은 무엇입니까? 나무의 전체나 일부가 부패에 저항하는 건가요?

A 나무가 오래되면 추출물로 알려진 화학물질이 나무의 중심으로 이동하여 세포에 집을 만듭니다. 이 추출물은 부패와 균류 성장을 억제하여 나무를 보호합니다. 목수에게는 목재가 부패에 강해지고 색이 더 화려해지는 두 가지 특성이 좋아지는 것이죠. 어떤 판재에는 짙은 심재와 부패저항성이 없는 밝은 변재가 모두 들어 있습니다. 실외 프로젝트의 경우 심재를 사용하세요.

Q 실외 프로젝트에 사용할 만한 부패 저항성이 큰 일반적인 목재는 무엇이 있나요?

A 부패에 강한 목재는 수십 가지가 있지만, 어떤 것은 다른 것들보다 외부에서 사용하는 것이 더 합리적이기도 합니다. 예를 들면, 호두나무, 참나무나 밤나무는 미국 산림 제품 연구소(Forest Products Laboratory)에서 붕괴 저항성이 높은 심재가 있는 나무로 평가되지만, 비용, 무게, 가용성이나 기타 요인들로 인해 외부에서는 거의 사용되지 않습니다. 가장 일반적으로 사용되는 소프트우드는 삼나무(cedar), 레드우드(redwood, 미국삼나무 또는 해안세콰이어로도 부릅니다), 사이프러스(cypress) 그리고 소나무 방부목 등입니다. 가장 일반적으로 사용되는 하드우드는 티크(teak), 이페(ipe, 비중이 970~1100kg/m³로 매우 무겁고 쇠처럼 단단하여 Iron wood로도 불립니다), 메스키트(mesquite, 남미에서 미국 남서부에 이르는 지방에서 자라는 나무), 화이트 오크(white oak) 등입니다.

Q 고급 가구를 만들기 위해 건축용 목재를 사용할 수 없는 이유가 있습니까?

A 목재상에서 구조목 같은 이러한 건축용 목재를 비교적 저렴하게 구할 수 있습니다. 그러나 가구용으로 사용하려면 먼저 몇 가지 추가 작업을 수행해야 합니다.

목재의 '변형 특성' 다루기

매우 유명한 목수인 조지 나카시마(George Nakashima)는 금이 간 불량 목재를 아름다운 걸작으로 바꾸어 유명해졌습니다. "가치 없이 단점만 있다고 하는 목재가 종종 잠재력이 가장 크다."라고 그는 말합니다. 그러나 어떤 판재들은 다루기 어려운 결함들을 가지고 있으며, 당신은 내내 그것들을 처리하기 위해 애써야 합니다. 다음은 흔히 사용되는 목재의 '변형 특성'과 그것을 가장 낫게 만드는 방법입니다.

- **휨**(너비굽음, cupped)은 너비 방향으로 오목한 (또는 볼록한) 판재를 말합니다. 판재가 넓을수록 컵 모양에 더 가깝게 휨이 큽니다. 휜 판재를 좁게 켜서 나쁜 조건들을 개선시킬 수 있습니다.
- **굽음**(길이굽음, bow)은 판재를 평평하게 놓으려 할 때 판재가 너무 굽어서 삐걱거리는 결함을 말합니다. 굽은 판자를 다루는 가장 좋은 방법은 그들을 사지 않는 것입니다.
- **측면굽음**(crook)은 판재가 평평하게 놓여 있지만 길이 방향으로 무지개처럼 휘어지는 결함을 말합니다. 직선 절단 지그(117~118페이지 참조) 또는 간단한 테이블쏘 썰매(sled, 135페이지 참조)로 직선 판재를 절단하여 사용 가능한 목재를 만들 수 있습니다.
- **피죽**(wane)은 판재의 거칠고, 수피로 덮인 가장자리를 말합니다. 이러한 불규칙한 부분은 테이블쏘로 거의 제거할 수 있습니다.
- **윤할**(shake)은 마구리면에서 원을 그리며 갈라지는 결함을 말합니다. 문제를 해결하거나 작업하기가 어려우면 결함이 있는 부분을 잘라내어 제거하는 것이 가장 좋습니다. 결함으로서의 shake와 지붕에 얹는 '너와'를 말하는 shake는 구분해야 합니다.
- **채터**(chatter, 기계의 떨림으로 생긴 자국), **결 뜯김**(chipped grain), **탄 자국**(burn)은 기계작업이 잘못되어 발생한 결함입니다. 대부분 샌딩과 대패질을 통해 제거할 수 있습니다.
- **비틀림**(twist)은 판재의 양쪽 끝이 서로 평평하지 못한 상황입니다. 약간 비틀어진 판재는 수작업과 수압대패를 사용하여 평평하게 만들 수 있습니다. 자동대패는 비틀어진 판재를 더 얇게 만들 수는 있지만, 평평하게 하지 못합니다(146페이지에서 설명한 지그를 사용하면 됩니다).

- 나무 끝부분 마구리에서 나이테를 확인해보세요. 수심 부분이 보이면, 이 판재는 나무의 중심에서 잘려 나온 것으로, 뒤틀리고 휘어질 가능성이 더 큽니다. 판재 표면과 45°에서 90° 각도로 만나는 나이테가 평행하게 나 있는 좋은 목재를 찾으세요.

- 당신의 판재를 좀 더 좁게 켜거나 짧게 잘라서 큰 옹이나 결점들을 제거하세요.
- 대부분의 건축용 목재는 약간 둥근 모서리를 갖고 있는데, 모서리들을 직각으로 만드세요. 수압대패, 자동대패나 테이블쏘를 사용하여 이 작업을 할 수 있습니다.
- 건조를 시키세요. 대부분의 건축용 목재는 약 20%의 함수량을 가지고 있습니다. 당신에게는 함수량이 약 8%인 나무가 필요합니다. 목재를 쌓아놓고 스티커를 붙이세요. (뒤 페이지의 목재 보관 항목에 나와 있는 것처럼 공기 흐름을 개선하기 위해 각 층 사이에 얇은 나뭇조각을 놓으세요). 사용하기 전에 건조하고 열을 가해주는 환경에서 몇 주 동안 보관하세요.

나무의 움직임

모든 목수들이 직면하는 한 가지 과제는 습도와 온도의 변화에 따라 목재가 수축, 팽창하는 성질을 다루는 것입니다. 이것이 결국 목재의 균열, 틈새, 약한 결구 등의 결과를 낳는 것이죠. 여기에서는 이러한 문제를 해결하기 위한 몇 가지 팁을 제공하려 합니다.

Q 건조된 목재를 사용해야 하는 이유는 무엇입니까?

A 목재는 건조되면서 수축하고 모양이 바뀝니다. 대부분의 수축과 형상 변화가 작업 시작 전에 일어나도록 하는 것이 좋겠죠. 또한 생나무를 처음 자르면 매우 무겁습니다. 일부 수종은 건조 상태보다 두 배 이상 무겁습니다. 게다가 젖은 나무는 부식, 부패에 더 취약하죠. 그렇지만 젖어 있거나 마르지 않은 목재로 가구나 기타 물건을 만드는 데 중점을 둔 '녹색 목공(green woodworking)'이라는 목공 분야도 있습니다. 이 가구는 보통 시골풍의 느낌이죠.

Q 나무가 모든 방향으로 똑같이 수축, 팽창합니까?

A 아닙니다. 수축량은 수종에 따라 다르지만 일반적으로 목재는 접선 방향으로 8~10%, 방사 방향으로는 4~5%, 길이 방향으로는 0%에 가까워집니다. 즉, 나무의 결이 목재 표면에 직각으로 교차하거나 직각에 가까울수록 가장 크게 수축됩니다. 이것은 다른 형상의 목재는 나무에서 어떻게 제재되었는지에 따라 다르게 수축된다는 것을 의미하죠.

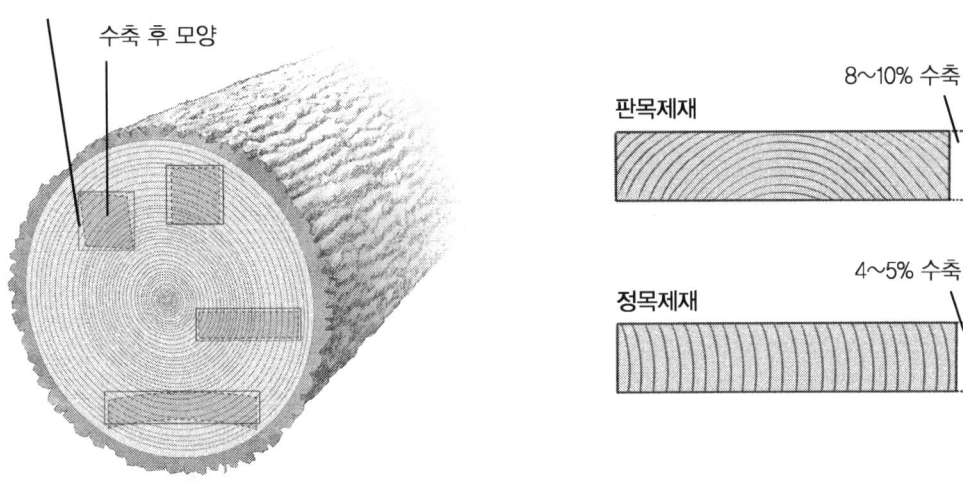

Q 제 친구가 탁자 상판용으로는 판목제재(flatsawn)한 판재보다 안정적인 정목제재(quartersawn) 판재를 사용해야 한다고 하더군요. 그 친구의 말이 맞나요?

A 예. 나뭇결의 방향으로 인해 정목제재한 목재는 너비 방향으로 수축, 팽창이 적고, 휨(너비굽음)이 덜 생깁니다.

Q 나무는 얼마나 수축, 팽창하죠?

A 인공 건조한 어떤 나무는 너비 방향으로 30cm당 3~6mm까지 변화할 수 있습니다. 이것이 별로 커 보이지 않나요? 하지만 당신이 판재 집성을 한 다음 120cm 크기의 테이블 상판을 만든다면, 그것은 겨울과 여름 사이에 그 너비가 25mm만큼이나 변화할 수 있다는 이야기가 됩니다.

Q 목재는 단계적으로 건조된다고 들었습니다. 무슨 뜻인가요?

A 나무를 물이 가득 찬 빨대로 물을 마시고 있는 종이 뭉치라고 한번 상상해보세요. 물이 빨대에서 비워져도 그 뭉치는 같은 크기로 유지됩니다. 그것이 첫 번째 건조 단계입니다. 만약 빨대를 통해 습기를 빼내려 하면 종이 뭉치 자체가 줄어들기 시작할 것입니다. 그것이 두 번째 단계입니다. 1단계에서는 세포벽에 의해 유지된 수분이 건조되어 수분 함량을 약 30%까지 낮춥니다. 2단계에서 물은 세포벽 자체를 떠납니다. 눈에 띄는 차이가 발생하기 시작합니다. 나무는 수축하게 되고, 수축을 하며 더 밀도 높고, 단단하고, 강해집니다.

Q 나무가 수축과 팽창을 멈추기에 충분할 정도로 건조될 때까지는 얼마나 걸립니까?

A 나무는 결코 움직임을 멈추지 않습니다. 습기가 더 이상 목재에 들어가거나 나오지 않는 지점인 평형함수율(EMC, Equilibrium Moisture Content)에 도달하려고 언제나 시도하고 있습니다. 상대 습도가 변하면 목재의 EMC가 바뀝니다. 따라서 온도와 습도가 결코 변동하지 않는 통제된 환경에서 목재를 보관하지 않는다면, EMC는 끊임없이 변하고 그에 따라 목재는 수축, 팽창합니다. - 박물관이 어려움을 겪는 이유이죠.

Q 실제로 그 변동이 얼마나 되나요?

A 상대 습도가 20%에 불과한 건조한 지역, 환경 또는 계절에는 EMC가 4%까지 낮아질 수 있습니다. 습도 수준이 80~90%에 이르는 습한 지역에서는 EMC가 거의 18%에 달할 수 있습니다. 절충안으로, 대부분의 인공 건조 목재는 6~8%의 수분 함량을 가지고 있습니다.

Q 제가 가진 나무가 무언가를 만들 만큼 충분히 건조되었는지 어떻게 알 수 있나요?

A 가장 좋은 방법은 수분측정기로 확인하는 것입니다. 두 가지 유형이 있습니다. 핀 스타일 측정기에는 나무에 밀어 넣어 전기 저항을 측정하는 핀이 있습니다. 이 핀은 습도의 백분율로 표시됩니다. 핀이 없는 핀리스(Pinless) 측정기는 수분 수준을 측정하기 위해 무선 주파수를 사용합니다. 핀리스 측정기는 일반적으로 가격이 비싸지만 목재에 핀 자국을 남기지 않으며, 높은 밀도의 목재에서 더 정확한 값을 판독할 수 있습니다. 핀 스타일 측정기로는 침이 파고들기 어려워 부정확할 수 있죠.

> **TIP**
>
> **나무로 만든 간이 습도계**
>
> 일 년 열두 달을 거치며, 당신의 작업장 내 습도와 작업 중인 목재의 크기는 눈에 띄게 변할 수 있습니다. 당신이 작업하고 있는 것에 대해 얼마나 보완할지를 알 수 있는 한 가지 방법은 '습도 확인 판재(moisture boards)'를 만들어 간이 습도계로 사용하는 것입니다. 당신이 가장 자주 사용하는 목재를 30cm 폭의 두꺼운 판재로 집성해놓고 일 년 중 가장 건조한 달과 가장 습한 달에 각각의 판재들에 그 폭을 측정하여 적어두세요. 끼워 넣는 문이나 서랍 같은 높은 정확도가 필요한 작업을 해야 할 때, 그것과 같은 나무 종류로 만든 간이 습도계를 참조하여 수축과 팽창 정도를 확인하고, 그에 따라 당신의 작업물의 크기를 조정하세요.

통나무에서 판재까지

Q 4면 가공을 하지 않은 목재를 사면 어떤 이점이 있습니까?

A 한 가지 장점은 톱과 대패 작업이 줄어 제재 작업이 단축되므로 비용이 절감된다는 것입니다. 그러나 거친 목재를 사는 다른 장점이 있습니다.

우선, 나무의 정확한 두께를 조절할 수 있습니다. 작업에 필요한 재료가 9.5mm 또는 22mm 두께라면, 그에 따라 원자재를 구매하고 낭비를 줄일 수 있습니다.

둘째, 4면 가공해서 판매하는 것들은 목재를 양쪽에서 직선으로 가공하고 끝부분은 직각으로 절단하면서, 가장 멋진 무늬의 매력적인 부분이 자투리 더미로 버려질 가능성이 있습니다. 거칠게 제재된 목재를 원상태로 구매함으로써, 이 아름다운 부분을 중심으로 원하는 대로 작품을 계획할 수 있습니다.

마지막으로, 어떤 목수들은 스스로 제재소보다는 매끄러운 표면을 만들 수 있다고 생각하죠. 생산 공장에서는 판재를 고속으로 급송하므로 평활도가 떨어질 수 있습니다. 만약 당신이 수압대패, 자동대패를 가지고 있다면, 당신의 기계들에 목재를 더 느린 속도로 가공하여 매끈한 표면을 만들 수 있습니다. 이것은 물론 기계가 정확하고 적절하게 조정되어 있어야 하겠죠.

Q S4S는 4면 모두 매끈한 목재라는 것을 알고 있습니다. S2S와 다른 야적 번호와 문자는 어떤 건가요?

A 예, S4S는 4면 모두 대패 가공된 판재(surfaced (S) on all four (4) sides (S))를 나타냅니다. 다른 영숫자 설명은 다음과 같은 의미를 가지고 있습니다.

- S2S: 양면 대패 가공됨(planed or surfaced on two sides)
- S1S: 한쪽 면만 대패 가공됨(surfaced on just one side)
- S1S1E: 한쪽 면과 한쪽 측면 대패 가공됨(surfaced on one edge and one side)
- S1S2E: 한쪽 면과 양쪽 측면 대패 가공됨(surfaced on one side and both edges)
- S2S1E: 양쪽 면과 한쪽 측면 대패 가공됨(surfaced on both sides but just one edge)

또한 당신은 거친 부분은 남겨둔 채 되는 대로 평평하게 판재로 제재된 나무를 주문할 수도 있습니다. 이렇게 하면 필요에 따라 최종 두께를 미세 조정할 수 있으므로 더 많은 선택지가 있게 되겠죠.

Q 제가 우리 집 뒷마당에 쓰러져 있던 참나무를 마루재로 써보기 위해서 2.4m 길이로 잘랐습니다. 이 나무를 잘 보관하기 위해 어떤 단계를 밟아야 하나요?

A 가장 좋은 방법은 균이나 곰팡이로 인한 변색을 방지하기 위해 원목(log)을 최대한 빨리 판재로 제재하는 것입니다. 그것이 가능하지 않다면, 자투리 나무 위에 통나무를 받쳐 지면에서 떨어뜨려 올려놓으세요. 단단한 껍질들은 제자리에 그대로 두고 헐거운 것들은 썩지 않도록 제거하세요. 더 중요한 것은 나무의 양쪽 마구리를 막는 것입니다. 목재는 마구리면을 통해 빠르게 건조되며, 조치하지 않은 채로 남은 경우 통나무는 길이 방향으로 할렬(check, 목재가 건조과정에서 방향에 따른 수축률의 차이로 나이테에 직각 방향으로 갈라지는 결함)과 분할(split, 제재목의 끝부분에서 상하가 관통하여 갈라진 결함)이 발생합니다. 일반 라텍스 페인트나 마구리 밀봉 목적으로 제조된 왁스-이멀젼 코팅제를 붓으로 두껍게 발라놓으세요.

Q 2.4m짜리 참나무가 생겨서 건조는 시켰는데, 어떤 것은 무게가 270~320kg이나 나갑니다. 제재소까지 가져갈 엄두가 안 나는데, 다른 방법이 있을까요?

A 휴대용 체인톱(chainsaw), 밴드쏘(bandsaw) 또는 원형 톱(circular saw) 제재기를 사용하여 판재를 맞춤형으로 절단할 수 있는 방법이 있습니다. 하지만 휴대용이라 하더라도 규모가 커서 직접 구매하거나 작업하는 것은 무리일 수 있습니다. 각각의 간단한 특징은 다음과 같습니다.

- **체인톱 제재기**(chainsaw mills)는 가장 휴대하기 쉽고 설치가 쉽지만, 날어김(kerf)이 넓어서 절단할 때마다 상당한 양의 재료가 낭비됩니다.
- **밴드쏘 제재기**(bandsaw mills)는 크기는 더 크지만 더 작은 날어김으로 자르고 절단면이 더 매끈합니다.
- **원형 톱 제재기**(circular saw mills)는 신속하게 작동하지만, 부피가 크며 설치하기가 어렵고 작동에 더 많은 기술과 주의가 필요합니다.

Q 판재를 제재했다면, 그 다음에 건조는 어떻게 해야 합니까?

A 첫 번째로 필요한 것은 인내심을 가지는 것입니다. 통상적으로 두께 25mm, 1인치당 1년 정도의 천연건조를 해야 합니다. 참나무는 훨씬 긴 시간이 걸릴 수 있고, 오리나무나 포플러는 더 적게 걸릴 수 있습니다. 주요 단계는 다음과 같습니다.

- 평탄하며 직사광선이 비치지 않는 곳을 선택하고, 공기가 잘 순환할 수 있도록

건물을 피하세요.

- 기초를 만들기 위해 긴 4×4(89mm×89mm) 각재를 쌓을 지어 내려놓습니다. 그것들을 지면에 평평하게 서로 90cm 정도 떨어뜨려 평행하게 놓으세요. 이것들 위에 1.2m 길이의 4×4 각재를 가로지지대로 60cm마다 배치하여 평면 격자 구조를 만듭니다.
- 너무 빨리 건조되는 것을 방지하기 위해 라텍스 페인트 또는 실러로 판재의 마구리 부분을 봉합하세요. 이렇게 하면 목재 끝부분의 할렬과 균열을 방지할 수 있습니다.
- 판재의 첫 번째 층을 가로부재에 수직으로 놓고 끝이 서로 나란하도록 하여 약 12mm 간격으로 배치합니다. 어떤 사람들은 첫 번째 층에 낮은 등급의 비교적 덜 좋은 판재를 사용합니다. 이는 지면의 습기로부터 가장 손상되기 쉽기 때문입니다.
- 판재의 첫 번째 층에 수직으로 18×18mm 간격재(spacer, sticker 스티커라고도 합니다)를 4×4 가로지지대 바로 위에 배치합니다. 그렇게 적재를 계속하면서 모두 쌓을 때까지 간격재를 넣어놓으세요.
- 모든 방향으로 적재더미보다 크게 만든 합판을 그 위에 덮으세요. 배수를 위해서 2~5cm 정도 기울여놓으세요. 콘크리트 블록이나 모래주머니로 눌러놓으세요.
- 그리고 오래도록 기다려야 합니다.

가을이나 봄날의 미풍 같이 너무 많은 공기순환은 목재를 너무 빨리 건조되게 만들고 문제들이 발생할 수 있습니다. 많은 사람들이 목재더미 위에 방수포를 덮고 때때로 말았다가 펼쳤다가 해서 건조속도를 조절합니다.

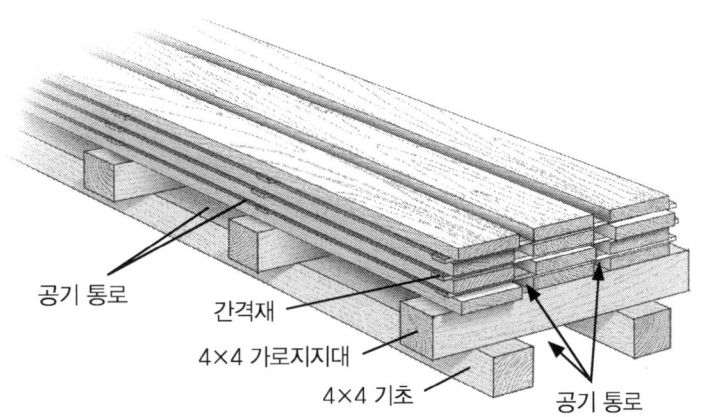

Q 목재를 천연건조(air-dried)한 후에는 바닥재로 사용하거나 가구를 만들 수 있습니까?

A 아직은 좀 이릅니다. 1년 동안 자연건조한 목재도 여전히 20% 정도의 함수량을 가지고 있습니다. 목재를 덮여지지 않은 차고나 창고에 옮긴 다음 그 사이에 간격재를 넣어 다시 쌓아놓으세요. 이렇게 하면 함수량이 12~15%로 낮아집니다. 그러나 아직도 바닥재, 가구 또는 캐비닛을 만들 만큼 충분히 건조된 것은 아닙니다. 목재를 안정에 필요한 6~8%의 함수량으로 낮추려면 목재를 여분의 공간이나 가열된 작업장 등의 열기가 있는 환경으로 옮겨서 한 달 정도는 다시 한번 건조시키고 안정화해야 합니다. 목재를 사용할 준비가 되었는지 확인하려면 수분계로 점검하세요(56페이지를 참조하세요).

Q 테이블쏘를 사용하여 두꺼운 판재를 켰는데 곧바로 휘어지기 시작했습니다. 결함 있는 판재를 구입한 건가요?

A 아니요, 건조가 덜된 판재를 구입했을 가능성이 있습니다. 목재는 표면경화가 있는데, 목재의 외부 섬유 또는 껍질이 너무 빨리 말라서 수축하려고 하지만 내부의 습기에 의해 그렇게 못하게 되는 경우입니다. 내부가 건조된 후에도 불균등한 장력과 압력이 목재 안에 남아 있습니다. 판재가 잘려 개방이 될 때 장력이 풀리고 목재가 예기치 못한 방향으로 뒤틀리고 돌고 꼬일 수 있어 테이블쏘에 위험한 상황을 만듭니다. 표면경화의 한 가지 징후로는 판재 표면의 할렬(check) 또는 균열이 나타나는 것입니다.

전체적으로 평형 상태가 되도록 판재를 더 천천히 건조시켜야 상황을 해결할 수 있습니다. 대형 상업용 인공 건조기 운영자는 목재를 건조시킨 후(목재를 '컨디셔닝(conditioning)'한다고 합니다) 증기를 쐬어 외부 섬유를 가볍게 팽창시켜줍니다. 장력을 최소화하고 균일하게 건조된 판재를 만들기 위해서죠.

Q 100년 넘게 호수, 강, 습지의 바닥에 가라앉아 있는 통나무를 재생하는 회사에 대해 읽었습니다. 이런 목재를 사용할 수 있나요? 그리고 목재상에서 구입할 수 있는 목재와는 다른 건가요?

A 목재 상태가 좋고 적절하게 건조되어 있으면 – 몇 년이 걸릴 수 있지만 – 사용할 수 있습니다. 사실 뉴질랜드의 한 회사가 이탄 습지에서 50,000년 된 완벽한 카우리 나무를 건져내어 거대한 판재로 바꾸고 있습니다.

이 가라앉은 것들과 보통의 나무와는 어떤 점이 다를까요? 제재소로 가져가기 위해 강과 호수에 떠서 내려가다 가라앉은 이 나무들은 오래된 숲에서 온 것들입니다. 이것은 일반적으로 더 느리게 성장하여 조밀한 구조의 목재를 생산하기 때문에 중요합니다. 이 나무들 중 일부는 크기가 매우 크고 매우 넓은 판재를 생산할 수 있습니다. 그리고 어떤 나무들은 물속의 광물에서 특정한 색조를 취합니다. 아름다운 나무가 되죠. 같은 종의 일반적인 목재에 비해 3~4배를 더 지불할 준비를 해두셔야 합니다.

> **TIP**
>
> **예리한 절단을 위한 깨끗한 목재 준비**
>
> 거칠게 제재된 목재는 나뭇결이 들려 있는 틈이나 톱질 자국 사이에 먼지나 모래가 많이 숨어 있을 수 있습니다. 이 찌꺼기는 톱날, 대팻날과 기타 공구들을 빠르게 마모시킵니다. 판재를 제재하기 전에 뻣뻣한 와이어 브러시로 문지르고 압축공기를 분사하여 찌꺼기들을 날려버려야 합니다. 극단적인 경우에는 신속하고 강력한 세척 후에 건조시켜 제재해야 합니다.

목재 선택: 나뭇결과 무늬

목재의 '결'은 나이테가 나타나는 방식과 관련이 있습니다. '무늬'는 나이테와 다른 상황들의 변화와 관련이 있습니다. 나뭇결과 무늬에 주의를 기울이면 시시한 작업과 멋진 작품 사이의 차이를 만들 수 있죠. 가지고 있는 목재를 최대한 잘 활용하기 위한 방법들을 살펴볼까요.

Q 레드 오크와 화이트 오크의 가장 큰 차이점은 목재의 색상입니까?

A 둘 사이에는 색상 차이도 있지만, 외관보다는 성능 면에서 더 큰 차이가 납니다. 화이트 오크의 심재는 황갈색에서 담황색에 이르기까지 다양하며, 레드 오크의 심재는 적갈색을 띱니다. 그러나 각 종마다 변화가 다양하여, 어떤 화이트 오크는 실제로 레드 오크보다 더 붉습니다.

가장 큰 차이점은 관공(pore, 管孔)과 관련이 있습니다. 화이트 오크는 타일로시스(tylosis)라 불리는 미세한 구조물로 막혀 있어 나무를 방수가 되게 하고, 오크통(barrel) 제조, 보트 건조 또는 실외 프로젝트를 위한 이상적인 후보가 됩니다. 레드 오크의 관공은 너무 열려 있어 실제로 그곳을 통해 바람을 불어넣을 수도 있습니다. 그리고 마감 전에 그것을 채워야 할 필요가 생기기도 하죠. 그렇긴 하지만 둘 다 가구, 캐비닛 제작이나 목제품 생산에 이상적인 목재입니다.

목공을 위한 좋은 나무 열 가지

지구상에는 50,000종 이상의 다른 나무들이 있습니다. 그러나 이 방대한 수를 감안할 때, 소수의 나무만이 목공작업의 상위에 놓여 있습니다. 아래에는 목공을 위한 10개의 인기 있는 목재와 그 고유한 특성이 있습니다(가격: $=최저, $$$$=최고).

수종	특성	용도	가격
애쉬 (물푸레나무, ash)	회갈색(Gray-brown); 곧음, 뚜렷한 나뭇결; 거친 질감, 무겁고 강함	야구 배트, 하키 스틱, 공구 손잡이, 가구, 보트의 곡선 부품	$$
버터넛 (butternut)	흰색에서 연갈색; 부드러움; 곧음, 거친 나뭇결	조각, 캐비닛, 목선반, 주방 식기	$$
체리 (벚나무, cherry)	밝은 적갈색에서 짙은 적갈색까지; 곧음, 희미한 결; 비교적 단단함; 마감이 좋음	캐비닛, 건축 목공, 가구, 담배 파이프	$$$
하드 메이플 (경단풍나무, hard maple)	밝은 적갈색; 아름다운 물방울 무늬, 물결 무늬 등; 가볍고 단단함	가구, 캐비닛, 마루재, 도마, 야구 배트, 피아노 액션	$$
마호가니 (mahogany)	밝은 적갈색에서 깊은 적갈색까지; 곧고, 엇갈리는 결; 거친 질감	고급 가구, 사무실 가구, 무늬목, 계단재, 보트, 관, 패턴 메이킹	$$$
소나무 (pine)	연노랑에서 밝은 갈색까지; 연하고 가벼움; 스테인은 잘 안 됨; 작업성 좋음	건설 자재, 목제품, 창문 새시, 문, 악기, 캐비닛, 띠장 작업	$
로즈우드 (자단, rosewood)	초콜릿 브라운에서 바이올릿 브라운까지; 무늬가 매우 좋음; 무겁고, 단단하고, 밀도가 높음 (거의 뜨지 않음); 유분 많음; 구하기 어려움	현악기, 목선반, 고급 가구, 장식재	$$$$

티크 (teak)	골든 브라운; 부패 저항성, 수분 저항성; 유분 많음; 공구날 마모; 톱밥이 자극적임	실외 가구, 보트 갑판, 마루재	$$$
월넛 (호두나무, walnut)	밝은 회갈색에서 자줏빛; 고급 무늿결, 벌(burls), 크로치(crotches) 무늬; 광택이 좋음; 강하고 안정적	가구, 조각, 개머리판, 캐비닛	$$$
화이트 오크, 레드 오크 (백참나무, 적참나무, white and red oak)	적갈색에서 황갈색; 강한 결 무늬; 단단하고 무거움; 스테인 잘 됨	캐비닛, 마루재, 가구; 오크통이나 보트 제작(화이트 오크만)	$$

> **TIP**
>
> **25% 규칙**
>
> 프로젝트를 위해 목재를 구매할 때 실제 예상보다 적어도 25% 이상 구매하세요. 그 25%의 여유치는 결함이 있는 나무 부재들을 교정하려 애쓰는 대신 옆으로 호기롭게 제쳐놓을 수 있는 호사를 누리게 해줍니다. 또한 작업물의 보이는 부분들에 대해 어떤 목재를 선택할지 더 많은 선택지가 있습니다. 그리고 공구를 세팅하고 스테인과 마감을 시험해보기 위한 재료를 더 확보하는 것입니다. 만약 당신의 작업장이 자르고 남은 자투리로 넘친다면, 빵도마를 만들기 시작해보세요!

Q 최근의 목공 전시회에서 레드우드 벌(burl)로 만든 멋진 테이블을 만났습니다. 정확히 벌이 무엇이며, 벌이 있는 다른 나무는 어떤 것들이 있습니까?

A 벌은 일부 나무의 줄기와 가지에서 돌출하는, 크기가 크고 마치 혹처럼 성장하는 부분을 말합니다. 벌 안에는 성장이 저해되고 뒤틀린 돌기들의 다발이 들어 있습니다. 그 결과로 예측하기 매우 어렵고(일반적으로) 매우 매력적인 나무의 구조를 가집니다. 많은 목수들이 대개 벌을 자르는 것을 정동석(geode)을 잘라서 열어보는 것과 같다고 말합니다. 정동석은 겉은 그냥 평범한 돌인데, 속은 비어 있고 벽에 수정들이 가득 박혀 있는 돌입니다. 같은 것이 없고, 드러난 내부의 모습은 참으로 놀랍죠. 많은 벌들이 그 희소성 때문에 얇은 단판으로 잘라져서 쓰이거나 목선반용의 작은 재료로 사용됩니다. 레드우드(redwood) 외에 자주 벌이 생기는 다른 나무들로

는 호두나무(walnut), 느릅나무(elm), 암보이나(amboyna), 때로는 참나무(oak)와 물푸레나무(ash) 등이 있습니다.

Q 스팔티드(spalted) 단풍나무(maple)란 무엇인가요? 제가 만들 수 있습니까?

A 스팔팅(spalting)이란 것은 특정한 나무들이 부식과 부패로 공격을 받을 때 발생합니다. 이 과정에서 균류는 갈색과 검은색 얼룩의 얇은 물결무늬를 생성합니다. 이것들은 종종 매우 매력적인 곡선을 이룹니다. 그대로 방치하면 나무는 결국 부패해 버릴 것입니다. 그러나 적시에 벌목을 하면, 목재를 건조하여 독특한 목선반 가공물과 장식품을 만들 수 있습니다. 이것들로 작업을 하려면 매우 조심스럽게 해야 하는데, 단단한 목재와 부드럽고 퍼석퍼석한 구멍들이 얽혀 있기 때문입니다. 어떤

고급 수종 흉내 내기

어떤 목재는 비싸고, 어떤 목재는 얻기가 어렵고, 그리고 어떤 때는 기존 가구의 부분들을 보수하고자 할 때 그것과 색상을 딱 맞추기가 어렵습니다. 어찌해야 할까요? 약간의 속임수 같은 방법이 있답니다. 싸고 쉽게 사용할 수 있는 나무에 약간의 작업을 거쳐 값비싼 종류의 모습을 흉내 낼 수 있는 것이죠. 다음은 몇 가지 예입니다. 스테인과 염료(dye)를 사용하여 나무를 '변환'하는 것인데, 시작하기 전에 항상 자투리 목재에 먼저 실험을 하세요.

- **단풍나무로 흑단(ebony) 흉내 내기**: 단풍나무는 흑단과 비슷한 밀도와 조밀한 관공 구조를 가지고 있습니다. 단풍나뭇조각을 최종 크기와 모양으로 자른 다음, 마구리면에 특히 주의하면서 360-번(grit) 사포로 샌딩을 하세요. 먹물을 표면에 바르고 여분의 것을 닦아냅니다.

- **포플러(poplar)로 벚나무(cherry) 흉내 내기**: 포플러 판재의 나뭇결은 조심스럽게 선택한다면 벚나무의 결을 흉내 낼 수 있습니다. 수성 벚나무색 염료로 실험하세요. 염료가 젖어 있는 상태에서는 젖은 헝겊을 사용하여, 건조한 후에는 고운 사포를 사용하여 원하는 곳을 밝게 할 수 있습니다. 착색이 엉뚱하게 될 때는, 포플러를 디왁스드 셸락 또는 샌딩 실러로 먼저 밀봉하세요.

- **버드나무(willow)나 레드 앨더(red alder)로 호두나무(walnut)를 흉내 내기**: 호두나무의 결과 색을 모방할 심재 부분을 고르세요. 호두나무색에 가까워지도록 버드나무에 옅은 색의 스테인을 계속 발라주세요.

사람들은 곰팡이가 많은 나무에 알레르기 반응을 보이기도 합니다. 자신만의 스팔티드 나무를 직접 만들려면, 새로 자른 하드 메이플 토막을 땅에 놓고 축축한 흙을 쌓고 검은 비닐 봉투로 덮으세요. 이상적인 온도는 60~80°F입니다. 몇 주에 한 번씩 점검하고 적절한 양의 스팔팅이 발생할 때까지 이 과정을 반복하세요. 원목을 판재로 잘라서 다른 나무들처럼 건조를 시키세요. 그런 다음에는 다시 기다림의 시간이 필요하겠죠.

합판의 등급, 유형, 가공

Q 어떤 합판은 한 장의 큰 베니어 단판으로 만든 것처럼 보이는데, 어떤 것은 집성한 판재처럼 보입니다. 왜 그런가요?

A 그것은 원목에서 단판을 잘라내는 방법과 관련이 있습니다. 하나의 큰 시트처럼 보이는 유형은 회전삭(rotary-cut)입니다. 원목을 커다란 목선반에 올려 마치 종이 타월로 된 커다란 롤처럼 얇은 단판으로 깎아냅니다. 이것은 원목을 매우 효율적으로 사용하고 커다란 단판 시트를 만들죠.

두 번째 유형의 단판은 평삭(plain-sliced)입니다. 원목에서 우드슬랩을 자르는 것과 같은 방법으로 개별 슬라이스 조각들로 잘라냅니다. 결과적으로 1.2m 폭의 합판 심재를 덮을 만큼 넓은 패널을 만들기 위해 나란히 접착해야 하는 폭 좁은 단판들이 쌓입니다. 이 슬라이스 단판은 정목제재일 수도 있고 판목제재일 수도 있습니다 (48페이지 참조).

Q 모든 합판이 나무의 층들로 만들어진 것은 아니라고 들었습니다. 설명해주시겠습니까?

A '합판'이라는 용어는 만들어진 방법에 관계없이 모든 베니어 판재에 적용되는 것으로 보입니다. 주요 차이점 중 하나는 심재(core)를 무엇으로 사용했느냐 하는 것입니다.

베니어 코어(veneer core) 합판은 결 방향이 서로 직교하는 3개 이상의 베니어 층을 접착하여 만들어집니다. 흔히 합판으로 통칭하여 부르는 방식입니다. 나사못 고정과 접착제 접착의 품질이 매우 뛰어난, 강력하고 안정적인 판재입니다.

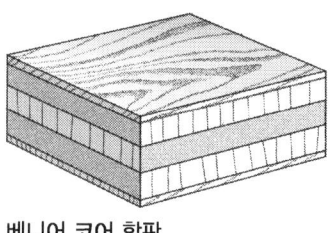
베니어 코어 합판

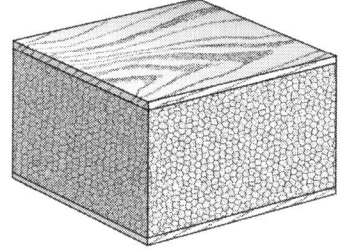
파티클보드 코어, MDF 코어 합판

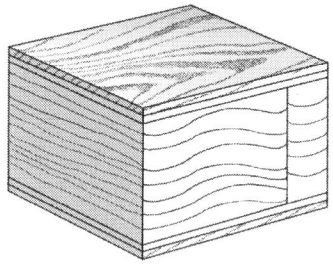
럼버 코어 합판

럼버 코어(lumber core) 합판은 소프트우드나 하드우드 스트립을 나란히 접착하고, 베니어를 표판으로 붙인 합판입니다. 흔히 코어 합판이라고 부르는 것이 이 럼버 코어 합판입니다. 스트립(strip)의 폭이 7.5cm 미만일 때 바텐 보드(batten board), 2.5cm 미만일 때 블록 보드(block board), 0.7cm 미만일 때 라민 보드(lamin board)로 구분하기도 합니다. 나사못 고정과 접착제 접착의 품질이 매우 뛰어납니다.

파티클보드 코어 또는 MDF 코어(particleboard core or MDF core) 합판에는 합성 패널 심재가 들어 있습니다. 그 결과로 이 패널은 저렴하고 매우 평탄하며 표면 균일성이 뛰어나지만, 매우 무겁고, 나사못 고정이나 접착 품질만 비교적 좋습니다. 또한 다른 합판보다 치수 안정성이 약간 떨어집니다.

Q 어떤 합판은 다른 것보다 외관이 훨씬 좋아 보이던데, 그 이유는 무엇입니까?

A 그것은 평삭(plain-sliced)한 다음에 베니어를 배열하는 방법과 관련이 있습니다.

북매칭(book-matched) 패턴은 평삭으로 잘라낸 베니어를 서로 거울에 비친 듯하게 나란히 배열하여 만들 수 있습니다. 책을 펼친 듯한 무늬가 나타나서 붙인 이름이죠. 이것은 매우 보기 좋고 일관된 패턴을 만들 수 있습니다.

슬립매칭(slip-matched) 패턴은 원목에서 잘라낸 순서대로 베니어를 정렬하여 만듭니다. 같은 무늬가 나란히 배열되어 병행맞춤이라고 부르기도 합니다. 이렇게 하면

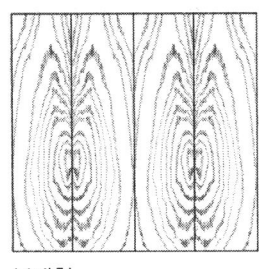 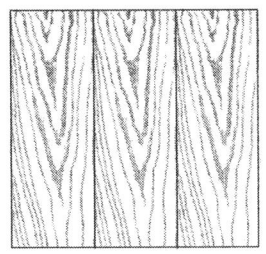 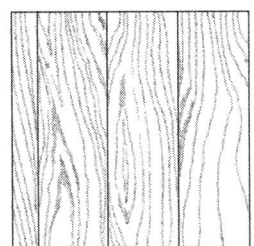

북매칭　　　　　　　슬립매칭　　　　　　　랜덤매칭

색상과 광택이 균일한 패널이 만들어지지만, 산만한 패턴이 만들어질 수도 있습니다.
랜덤매칭(random-matched) 패턴은 같은 원목에서 얻은 것이 아닐 수 있는 다양한 너비와 모양의 베니어 슬라이스를 무작위로 결합하여 만듭니다. 무작위로 무늬를 배치하는 것이라 때로는 멋져 보이는 집성판재가 만들어지기도 하지만, 때로는 혼란스럽게 보일 수도 있습니다.

Q MDF나 파티클보드는 표준적인 크기는 어떻게 되나요?

A MDF나 파티클보드는 4′×8′ 또는 48″×96″, 즉 1,220×2,440mm의 크기를 표준으로 합니다. 두께는 3mm부터 시작하여 3mm씩 증가합니다. 일부 MDF와 파티클보드는 가장자리가 약하고 손상되기 쉽기 때문에 크기를 크게 하기도 합니다. 49″×97″ 크기로 판매를 하는 것이지요. 각 방향의 추가 크기는 가장자리 손상을 제거하고 표준 크기 판재와 동일한 크기로 만들 수 있게 해줍니다.

Q 매우 조심해서 작업을 하려고 해도 테이블쏘에서 합판을 자를 때 일부 표면의 베니어가 깨져나가곤 합니다. 이것을 어떻게 막을 수 있습니까?

A 테이블쏘에 60~80개의 날수를 가지는 멜라민 또는 래미네이트용 톱날과 제로-클리어런스 인서트를 사용해보세요(136페이지 참조). 새 톱날을 사기 어렵다면, 목재를 절단하기 전에 뒤집어서 절단하려는 선 위로 마스킹 테이프를 붙여보세요. 테이프는 뜯김을 최소화하는 데 도움이 됩니다.

Q '벤딩 합판'이 무엇입니까?

A 벤딩 합판은 동일한 방향으로 두 개의 두꺼운 외부 베니어가 있는 합판입니다. 내부 베니어는 외부와 직각 방향으로 더 얇은 베니어 층들로 되어 있습니다. 이것은

긴 방향이나 짧은 방향이나 어느 방향으로든 구부려서 제조하게 됩니다(두 가지 동시에는 아닙니다). 3mm, 6mm, 9mm 두께로 제조되며 장식재의 용도로 주로 사용됩니다.

Q 합판은 어떻게 등급이 매겨집니까?

A 합판의 좋은 면은 AA에서 E까지 등급이 매겨집니다. 일반적으로 B등급 이상의 합판은 우수한 외관을 가지며, 이를 잘 나타내 보이려고 하죠. 외형이 중요하지 않은 경우에만 C등급 이하의 제품을 사용해야 합니다. 어떤 하드우드 합판은 코어와 뒷면도 등급이 매겨집니다.

Q 제가 저희 보드 게임 멤버들을 위한 테이블을 만들고 있습니다. 상판을 제재목 대신 18mm 합판을 사용하고 싶은데, 가장자리를 어떻게 처리해야 할지 모르겠네요. 제가 선택할 수 있는 방법들이 있나요?

A 테이블을 어떻게 보이게 할 것인지, 내구성은 얼마나 원하는지, 시간과 돈을 얼마나 쓰고 싶은지에 따라 다릅니다.

접착 무늬목 테이프(preglued veneer tape)는 저렴하고 설치가 쉽지만 내구성이 좋지는 않은 방법입니다. 낮은 온도로 설정해 은 다리미를 사용하여 접착제를 활성화하고 베니어를 제자리에다 누르세요. 붙고 나면, 샌딩 블록으로 높이 솟은 부분이나 돌출된 모서리를 문질러주세요. 비슷하게, PVC 재질의 인테리어 필름이나 비닐 시트를 사용할 수도 있습니다.

몰딩 붙이기(applied moldings)는 더 견고한 방법입니다. 간단한 원목 스트립이나 걸

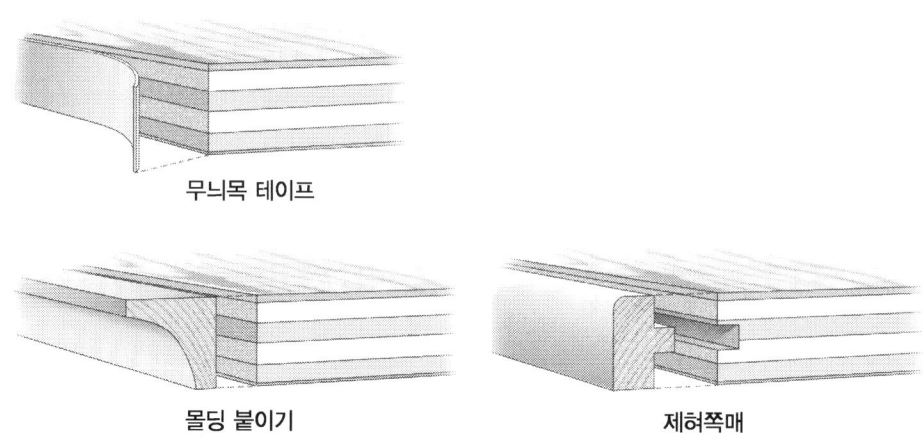

무늬목 테이프

몰딩 붙이기   제혀쪽매

레받이 상단 몰딩인 베이스캡(base cap) 또는 코브(cove) 같은 장식 몰딩을 사용할 수 있습니다. 모서리를 45°로 연귀 절단하고 합판과 모서리에 접착제를 바르고 못을 박아 고정시키세요. 이것은 험하게 다루어지는 상황들도 대부분 견뎌줄 겁니다.

제혀쪽매(tongue-and-groove edging) 방식은 가장 노동 집약적이지만 가장 내구성이 강한 선택입니다. 슬롯 컷터 비트(slotting cutter bit)가 있는 라우터를 사용하여 옆면에 긴 홈(groove)을 판 다음 홈에 끼워 접착할 혀(tongue)가 있는 T-형 몰딩을 만듭니다.

Q 건축용 합판에 찍혀 있는 스탬프를 어떻게 읽어야 하나요?

A 스탬프는 숫자와 문자를 읽는 방법을 알게 되면 많은 정보를 얻을 수 있습니다. 스탬프에는 베니어의 등급, 노출 내구도 등급, 지간(span) 등급, 두께나 기타 정보들이 들어 있습니다.

- A-C나 C-D와 같은 문자 조합은 합판 앞면과 뒷면 표면 베니어의 등급을 나타냅니다. A는 매끄럽고 페인트칠이 가능하며, D는 옹이와 옹이구멍을 직경 63.5mm(2.5인치)까지 허용합니다. 각 등급별 내용을 적어보면 다음과 같습니다.
    - N: 특별히 제작되는 천연무늬결의 단판으로, 구조용으로는 사용하지 않습니다.
    - A: 옹이가 없고 매끈한 표면의 단판으로 4'×8'(1,220×2,440mm) 원장의 경우에는 18개까지 깨끗하게 마무리되도록 수선한 것은 A등급으로 포함될 수 있습니다.
    - B: 썩음이 없고, 단단한 단판으로 산 옹이는 섬유 방향으로 직경 25.4mm(1인치)까지 허용되고, 수선의 개수는 등급에 제한을 두지 않습니다.
    - C-plugged: C등급 단판의 한 종류로 C등급보다 더 엄격한 품질의 제한을 받은 단판입니다.
    - C: 직경 25.4mm(1인치) 내에 옹이구멍이 허용되며, 드물게 나타나는 옹이구멍의 경우에는 직경 1.5인치까지 허용되는 단판으로, 외장용 합판으로 허용되는 최저등급 단판입니다.
    - D: 직경 63.5mm(2.5인치) 이내의 옹이구멍이 허용되며, 드물게 나타나는 옹이구멍의 경우에는 직경 76.2mm(3인치)까지 허용되는 단판으로 외장마감용 합판으로는 사용할 수 없습니다.
- 노출 등급(exposure classification)은 사용되는 접착제와 베니어의 유형과 관련됩니다.
    - 외장용 합판(exterior plywood)은 방수 접착제와 C급 이상의 베니어를 사용합니다. 외부 날씨나 습기에 영구적으로 노출되는 분야에 사용됩니다.
    - 노출 1급 합판(exposure 1 plywood)은 유사하지만 D급 합판을 사용할 수 있습니다. 오래도록 지연되거나 짧은 시간 동안 악천후에 노출이 예상되는 건설 현장에 가장 적합합니다.
    - 노출 2급 합판(exposure 2 plywood)은 적당한 내습성을 지닌 접착제를 가지고 있으며, 보호

를 받는 건설 상황을 위한 것입니다.
  - 내장용(interior) 합판은 건조한 상태로 유지되어야 하는 실내용 접착제와 베니어로 만들어집니다.
- 32/16 같은 숫자의 쌍은 지간, 스팬(span)의 등급을 나타냅니다. 첫 번째 숫자는 지붕 외장으로 사용할 때 지지 부재 사이에 걸칠 수 있는 최대 거리를 인치 단위로 나타냅니다. 두 번째 숫자는 바닥재로 사용될 때의 스팬과 관련됩니다.
- 15/32″와 같은 분수로 표기되는 치수(Fractional measurements)는 실제 두께와 관련이 있습니다.

다른 코드는 등급 지정 기관, 제조업자 번호, 기타 군이 알지 않아도 될 만한 사항들이 있습니다.

복합 패널

합판 패널은 주로 얇은 나무 판들로 이루어져 있으며, 복합 패널(composite panels)은 목재의 박편이나 서로 이어붙인 작은 조각들을 함께 결합하여 판을 만듭니다. 두 유형 모두 장단점이 있습니다. 어떤 것들이 있는지 알아볼까요.

Q 파티클보드(particleboard)와 MDF(Medium-Density Fiberboard)의 차이점은 무엇입니까?

A 그것들은 비슷하게 보이고, 같은 기본 재료를 포함하고 있으며, 18mm 1장당 45kg의 무게를 가지고 있어 이걸 들어 올리려면 헐크 같은 대단한 힘이 필요합니다. 그러나 큰 차이가 있습니다. 파티클보드는 톱밥 크기의 조각들과 접착제, 레진을 결합하여 만들고, 열과 압력을 가하여 판재로 성형합니다. '중밀도 섬유판'이라고 부르는 MDF는 조각들을 먼저 작은 섬유질들로 잘게 부숴 접착제로 코팅한 다음 판재로 압착하여 만듭니다.

파티클보드를 잡곡들과 물엿을 단순히 섞은 바삭한 강정으로 생각해본다면, MDF는 재료들이 녹아서 더 균일한 디저트를 만드는 캔디로 생각해도 될 것 같습니다.

파티클보드에 비해 MDF의 주요 장점 중 하나는 표면이 평평하고 매우 매끄럽기 때문에 페인트를 칠하기에 이상적인 표면으로 만든다는 것입니다. 또한 MDF는 전체적으로 균일하여 톱날로 절단한 가장자리나 라우터로 가공한 프로파일이 보다 선명하고 깨끗합니다. 마지막으로, 대부분의 MDF 패널은 파티클보드보다 각 방향이 25mm 정도 더 길어서 작업할 때 더 많은 선택지가 있고, 오차가 생겨도 회복할 여지가 더 있습니다.

> **TIP**
>
> **MDF vs 파티클보드**
>
> 파티클보드 18mm 패널을 만들기 위해선 13cm 두께의 톱밥과 레진이 필요합니다. 같은 두께의 MDF 패널을 제조하려면 거의 61cm가 필요합니다.

Q MDF와 파티클보드를 자르거나 가공할 때 특별한 공구나 기술을 사용해야 합니까?

A 사용되는 접착제와 레진은 절삭날에 안 좋기 때문에 초경 팁(carbidetipped) 톱날과 라우터 비트를 사용하는 것이 가장 좋습니다. 또한 목재를 밀어 넣는 속도를 늦추어 톱날과 비트가 더 차갑게 유지되도록 하는 것이 좋습니다. 그러면 마모와 마찰이 줄어듭니다. 마지막으로, 작업장과 당신의 폐를 톱밥 먼지로부터 지킬 수 있는 모든 준비를 하세요. 그것은 매우 미세하여 방진 마스크 틈새를 포함하여 구석구석까지 침투합니다. 집진기를 (있다면 공기청정기도) 사용하고 미립자 등급의 방진 마스크를 착용하십시오. 싼 마스크는 제대로 막아주지 못합니다.

Q 합판과 OSB 중에 어느 것이 더 좋은 건가요?

A 무게, 강도, 못에 대한 지지력과 지지 부재 사이에 걸쳐질 수 있는 크기는 합판과 OSB가 거의 동일합니다. OSB는 일반적으로 저렴하고, 한쪽 면은 보통 거친 질감을 가지고 있기 때문에 걸을 때도 덜 미끄럽습니다. 지붕을 씌우는 경우 고려해야 할 요소입니다. 가장 큰 차이점 중 하나는 수분이나 고여 있는 물에 대한 반응입니다. 합판이 안정적으로 유지되는 동안 OSB의 가장자리는 부풀어 오르고 부푼 채로 있는 경향이 있습니다. OSB를 건조하게 유지하면 아무런 문제가 없을 겁니다.

몰딩

몰딩(molding)은 기능적이며(틈새나 노출된 합판 모서리를 가립니다), 장식적이고(벽난로 선반에 생생함을 더해주죠) 또는 둘 다 가능합니다. 어느 쪽이든, 몰딩은 가구를 만들거나 방을 리모델링하거나 다른 목공 프로젝트를 다룰 때 가장 친한 친구 중 한 명이 되어줄 겁니다.

Q 긴 걸레받이 몰딩을 구입하였는데요, 나중에야 이게 핑거조인트(finger-joint)로 만들어졌음을 알았습니다. 이 몰딩은 하나의 나무로 만들어진 솔리드(solid) 원목만큼 강할까요?

A 곧고 깨끗한 목재가 점점 희귀해짐에 따라 핑거조인트 소재가 점차 보편화되고 있습니다. 접착된 접합부가 단일한 목재만큼 강하지는 않지만, 완성된 것들엔 옹이나 결함들이 없으므로 전체 목재는 매우 단단합니다. 어쨌든 목공제품을 만들기 위한 강도는 충분하므로, 당신이 작업할 소재로는 훌륭합니다.

Q 친구가 테이블쏘와 라우터를 사용하여 벚나무로 사분원의 횡단면을 가지는 작은 몰딩인 쿼터 라운드 몰딩을 만들었습니다. 저도 똑같이 해보려 했는데, 얇은 띠판 위에서 라우터를 균형 잡는 게 너무 어렵더군요. 뭐가 잘못된 건가요?

A 잘못된 순서로 일을 했군요. 목재를 원하는 폭으로 켠 다음에 라우터 가공을 하는 순서가 잘못되었습니다. 먼저 넓은 판재의 옆면을 라우터로 가공하고, 그 다음에 원하는 폭으로 켜야 합니다. 그렇게 하면 작업할 때 라우터 베이스를 안정적으로 놓을 수 있는 넓고 평평한 면을 확보하게 됩니다.

Q 오래된 집을 보수 중인데, 주방 벽체의 하부와 상부의 마감재를 분리시켜주는 역할을 하는 몰딩인 허리 몰딩(chair rail molding)의 누락된 부분을 교체해야 합니다. 더 이상 만드는 데도 없고 재활용센터에서도 그것을 찾을 수 없어요. 어떻게 해야 할까요?

A 수백 미터의 몰딩이 필요하다면, 맞춤 제작한 비트를 구입하여 대량 생산을 하는 것이 좋습니다. 그러나 한 조각 정도는 즉석에서 만들 수도 있죠. 허리 몰딩의 횡단면을 살펴보고 일반 라우터 비트로 가공할 수 있는, 크기와 모양이 비슷한 몰딩이나 프로파일이 있는지 찾아보세요.

Q 제 지하실은 대개 습기로 눅눅하고, 때로는 창문을 통해 물이 스며들어오기도 합니다. 여기에 설치하려는 걸레받이 몰딩에 MDF를 사용할 수 있나요?

A 아니요. MDF는 수분을 흡수하고 가장자리가 습기에 노출되면 팽창하며, 건조한 후에도 정상 크기로 줄어들지 않습니다. 습기는 도료 부착에도 영향을 줄 수 있습니

다. 폴리우레탄이나 합성 몰딩을 사용하는 편이 낫습니다.

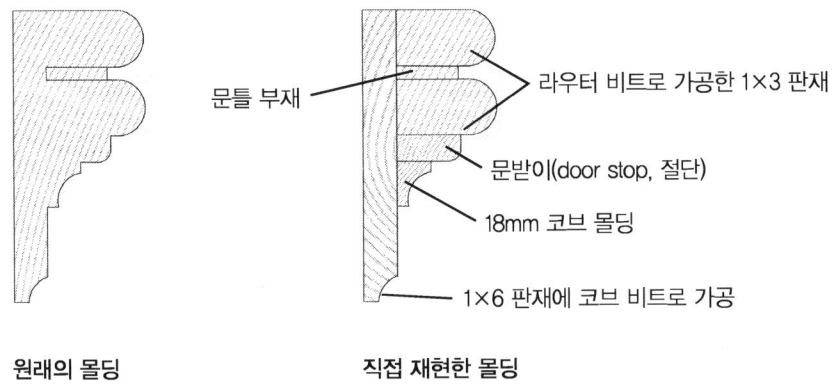

원래의 몰딩   직접 재현한 몰딩

| 프로젝트 | **2개의 간단한 합판 보관 선반**

합판은 쉽게 구하여 쓸 수 있는 매우 훌륭한 재료입니다. 문제는 많은 목수들이 너무 많은 합판과 너무 작은 보관 공간을 가지고 있다는 것입니다. 두 가지 간단한 보관 아이디어를 공유해볼까요.

선회식 선반(swing-out rack). 2×4 또는 2×6 구조목 크기의 L자형 프레임을 만든 다음 그림과 같이 양쪽에 12mm 합판을 씌우십시오. 한쪽 끝에 고하중용 바퀴를 고정하고 다른 쪽 끝에 두 개의 경첩을 고정한 다음, 경첩을 벽의 샛기둥(stud)에 나사못으로 고정하세요. 회전하는 기능을 사용하면 선반을 아무데나 (심지어는 구석에도) 놓을 수 있습니다. 당신은 그것을 밖으로 회전시키고, 필요로 하는 재료를 밀어낸 다음, 그것을 뒤로 굴려 돌려놓을 수 있습니다.

줄과 추(ropes and weights). 2개의 샛기둥에 견고하게 나사못을 고정시키고 바닥에서 130cm 정도 떨어지게 한 다음, 창문 새시나 역기같이 무거운 물건을 한쪽 끝에 묶은 줄을 거기에 묶으세요. 합판을 건조한 상태로 유지하기 위해 받침목을 바닥에 놓은 다음, 합판을 벽에 기대어 쌓고 제자리에 고정시키기 위해 추를 단 줄을 감싸놓으세요. 폭이 좁은 합판 조각들은 샛기둥 사이의 빈 공간에 넣어놓으세요.

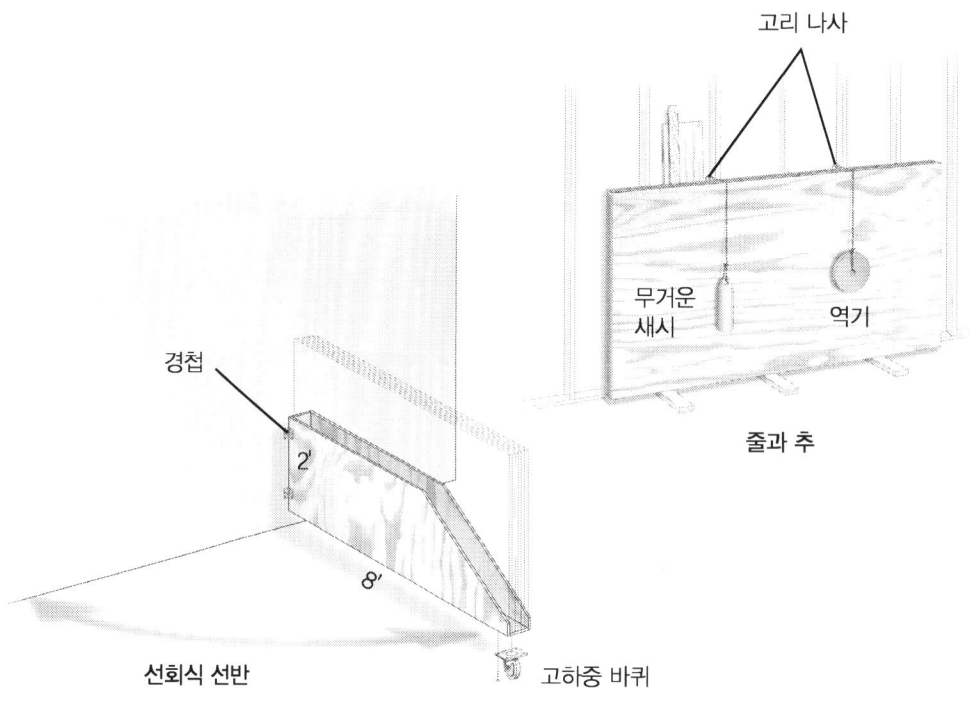

3. 수공구

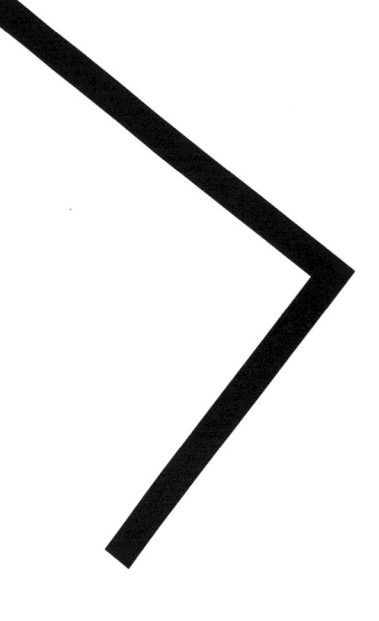

망치를 사용하는 것은 쉽습니다.
그것을 집어 들고 무언가를 만들 때까지 계속 두드리세요.
—Red Green

    일본에서는 매년 어느 장인이 가장 얇게 대패질할 수 있는지를 겨루는 대회가 열립니다. 최근 우승한 사람의 대팻밥은 7마이크론 두께였습니다. 사람 머리카락 두께의 약 1/10 정도이죠. 우리가 그 정도로 얇은 대패질은 하기 힘들겠지만, 연습을 통해서 수공구를 사용하는 것이 더 숙달될 수는 있을 것입니다. 수공구를 사용하는 능력에는 그것을 가지고 무엇을 해야 할지만이 아니라 무엇을 하지 말아야 할지, 그리고 날을 연마하고 유지 관리하는 방법, 안전하게 사용하는 방법도 포함됩니다.

기본 사항

Q 목공 작업을 시작하기에 적합한 기본 수공구는 무엇이 있나요?

A 목공에는 다양한 분야가 있기 때문에 하나의 정답은 없습니다. 그러나 모든 사람이 갖추어야 할 몇 가지 전반적인 공구가 있습니다.

- 450g 무게의 장도리. 이것은 마감못(finish nail)을 박을 정도로 작기도 하지만, 큰 못을 박을 수 있을 정도로 힘이 좋기도 합니다.
- 7.5m 줄자. 폭 25mm짜리를 사용하면 중간에 꺾이지 않고 쉽게 긴 거리를 측정할 수 있습니다.
- 판재를 절단하기 전에 직각을 확인하고, 각도를 찾고 옮기기 위한 삼각자
- 연필을 깎고, 포장을 열고, 정밀한 재단선을 표시하고, 날카로운 모서리를 제거하거나 수십 가지 다른 작업을 할 수 있는 다용도 칼(utility knife)
- 멀티 비트 스크류 드라이버(multi-bit screwdriver). +자형, 1자형, 정사각형 드라이브 비트가 저장되어 대부분의 상황과 나사못을 다룰 수 있습니다.
- 장부홈을 파고, 불순물을 제거하거나 기타 다른 작업을 할 수 있는 잘 연마된 18mm 끌
- 접착제를 바르고, 부재를 결합할 때나 지그를 고정하기 위한 3~4개의 퀵클램프 (squeeze-type (one-handed) bar clamps)
- 위쪽의 공구들을 손 가까이에 보관해주고, 제 위치에 있지 않은 공구를 찾는 데 걸리는 시간을 최소화해주는 목수용 앞치마 또는 벨트

Q 저는 습도가 높은 지역에 살고 있습니다. 창고에다 제 작업장을 만들었고요. 제 공구들이 녹슬지 않게 하려면 어떻게 해야 합니까?

A 두 가지 방법이 있습니다.
1. **공기 중의 습기를 제거하세요.** 공구가 작업장에 많이 보관되어 있다면, 제습기를 가동해보세요(더 시원해진다는 보너스도 있습

> **TIP**
> **잘 연마된 공구가 더욱 안전하다**
> 일반적인 믿음과는 달리 예리한 공구는 무딘 공구보다 안전합니다. 무딘 끌, 대패나 다용도칼을 힘을 주면서 무리하게 사용하다 보면 미끄러지거나 작업물을 망가뜨리거나 균형을 잃을 가능성이 높아집니다. 그리고 어떤 공구를 사용하든 손가락이나 다른 신체 부위를 공구가 향하는 경로에서 벗어나 있게 해야 합니다.

> ### 낯선 용어 알아보기 – 커프(kerf) 절단과 템퍼(temper) 상실
>
> 목공은 (다른 대부분의 일들처럼) 자기만의 언어를 가지고 있습니다. 다음 몇 페이지에서 만나게 될 두 가지 생소한 단어에 대한 정의를 들어볼까요?
>
> - **커프**는 절단할 때 톱날이 만드는 틈(slit) 또는 홈(slot)의 너비를 말합니다. 톱니가 벌어져 있는 날어김을 말하기도 하지만, 그것에 의해 잘려진 홈의 폭도 커프라 일컫습니다. 그래서 때로는 '날어김'으로 때로는 '톱길', '톱자국', '톱질홈' 등으로 부릅니다. 일본 톱의 커프와 같이 0.8mm 정도로 좁을 수도 있지만, 전기톱의 경우처럼 6mm를 초과할 수도 있습니다.
> - **템퍼**는 끌, 톱날 또는 기타 절삭 공구의 금속을 강화 또는 경화시키기 위해 열을 사용하는 과정을 말합니다. 금속공학의 용어로서 '소려(燒戾)', '뜨임', '템퍼링' 등의 용어로 부르는데 무슨 말인지 알기가 매우 어렵죠. 목공인의 입장에서는 '경도' 정도로 이해해도 무방할 것 같습니다. 연마하는 동안 공구가 과열되면 '경도'와 예리함을 유지하는 능력을 잃게 될 수 있습니다.

니다). 공구가 많지 않다면 공구 상자에 실리카 건조제 용기를 넣어두세요(건조제를 구매해서 사용하다가, 필요하면 오븐에서 말려 다시 사용할 수 있습니다). 어떤 목수들은 공구 상자에 숯 한두 덩어리를 넣어놓으면 녹을 방지할 만큼 충분히 수분을 흡수할 것이라고 말합니다.

2. **공구를 습기로부터 보호하세요.** 싸고 효과적인 방법은 자동차 페이스트 왁스(paste wax)로 코팅하는 것입니다. 그것을 잘 문질러 놓고 나서 연마해보세요. 보너스로, 당신의 대패, 테이블쏘나 다른 공구들이 훨씬 부드럽게 작동할 겁니다.

측정 공구, 표시 공구

Q 줄자 끝에 있는 작은 고리쇠가 약간 앞뒤로 흔들립니다. 그게 측정의 정확도에 영향을 미치나요?

A 네, 그것은 측정에 영향을 미치긴 하지만 긍정적인 방법으로 작용하는 것입니다.

자에 수직으로 붙은 작은 고리쇠는 두께가 약 1mm입니다. 고리가 1mm 앞뒤로 움직이는 것은 우연이 아닙니다. 이렇게 하면 내부 측정(고리쇠가 압축됨)이건 또는 외부 측정(고리쇠가 바깥쪽으로 당겨짐)이건 상관없이 정확한 측정값을 얻을 수 있습니다. 고리가 움직이면서 정확한 위치를 맞춰주는 것이죠.

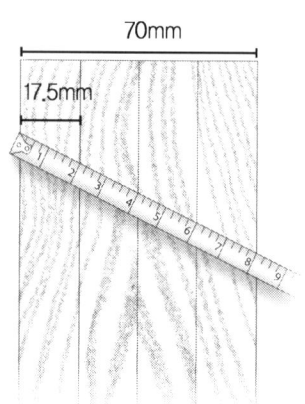

Q 계산이나 변환을 많이 하지 않고도 넓은 판재를 일정한 폭의 좁은 판재로 빠르게 분할하는 방법이 있습니까?

A 줄자를 판재 너비 방향으로 비스듬히 기울여 걸쳐서 당신이 원하는 좁은 판재 수의 배수가 될 때까지 길이를 측정한 다음 그에 따라 표시해놓으세요. 예를 들어, 70mm 폭의 판재를 4등분을 하려면 줄자를 판재 너비 방향으로 비스듬하게 80mm가 되는 위치까지 맞춘 다음에 20mm, 40mm, 60mm 위치에 표시를 하면 됩니다. 판재 옆면에서 표시한 점들까지 거리를 측정하여 각각의 좁은 판재들의 폭을 측정하세요. 일정한 폭의 선을 그으려 한다면, 보통 두 가지 방법을 사용합니다. 하나는 판재가 직각이라면, 마구리에서 표시한 점까지 직각으로 선을 긋는 방법입니다. 다른 하나는 자의 위치를 옮겨 한 번 더 같은 지점들에 표시를 한 후, 먼저 표시한 점과 추가로 표시한 점을 연결하여 선을 긋는 방법입니다. 판재를 좁은 판재 여러 개로 켤 경우에는 커프(kerf)나 톱날 두께를 고려해야 합니다.

측정 단위 변환

때때로 측정 단위를 미터 단위와 인치 단위로 서로 변환해서 사용할 줄 알아야 합니다. 다음과 같은 간단한 수식을 따르면 됩니다.

원래의 단위(A)	변환할 단위(B=A×C)	곱할 숫자(C)
밀리미터(mm)	인치	0.0394
센티미터(cm)	인치	0.394
센티미터	피트	0.0328
인치	센티미터	2.54
피트	센티미터	30.48
야드	미터	0.914

Q 비스듬하게 각도 절단한 판재의 짧은 쪽에서 길이를 재려면 줄자 끝부분을 제자리에 위치시키는 게 어렵더군요. 정확도를 높이려면 어떻게 해야 하나요?

A 각도 절단된 짧은 쪽 끝 모서리에 줄자의 1cm 지점을 위치시켜 측정하고, 측정 치수에 1cm 만큼 더하면 됩니다. 줄자 눈금을 고리쇠로 맞추는 방법보다 쉽게 정렬할 수 있습니다.

> **TIP**
> **지갑 속의 줄자**
> 무언가를 측정할 필요가 있을 때 줄자가 없다면 지갑을 열어보세요. 우리나라 지폐 크기는 다음과 같습니다.
> 천 원권   68×136mm
> 5천 원권 68×142mm
> 만 원권   68×148mm
> 5만 원권 68×154mm

Q 제가 만든 책장이 직각인지 뒤판을 붙이기 전에 어떻게 확인할 수 있나요?

A 책장의 한쪽 모서리에서 다른 방향으로 대각선으로 양쪽 모두 길이를 잰 다음 측정값을 비교합니다. 두 값이 같다면 책장은 직각입니다. 값이 다르다면 더 긴 쪽 모서리를 눌러서 대각선 길이를 다시 재보고 값이 같아질 때까지 꽉 눌러주세요. 수정하려면 보강목을 써서 책장을 직각으로 고정하거나 작업대 표면에 클램프로 조여 줍니다.

Q 지하실에 벽을 하나 세우려고 하는데, 기존 벽에 직각이 되는지 어떻게 확인해야 하나요?

A 쉬운 해결책을 제공한 그리스 수학자 피타고라스에게 감사드려야겠죠. 새로 만드는 벽을 임시로 제자리에 놓고 모서리에서 기존 벽을 따라 30cm 위치에 표시를 한 다음, 새로 만든 벽을 따라 40cm 위치에 표시하세요. 두 표시 사이의 대각선 거리는 정확히 50cm여야 합니다. 그것이 50cm보다 작으면 벽의 끝이 바깥쪽으로 움직여야 합니다. 50cm 이상이면 내부로 움직여야 합니다. 정확도를 더 높이고 싶다거나 작업 규모가 더 크다면 벽을 따라 60cm, 80cm을 측정한 다음 대각선으로 100cm를 측정하는 식으로 측정치를 두 배로 늘리면 됩니다.

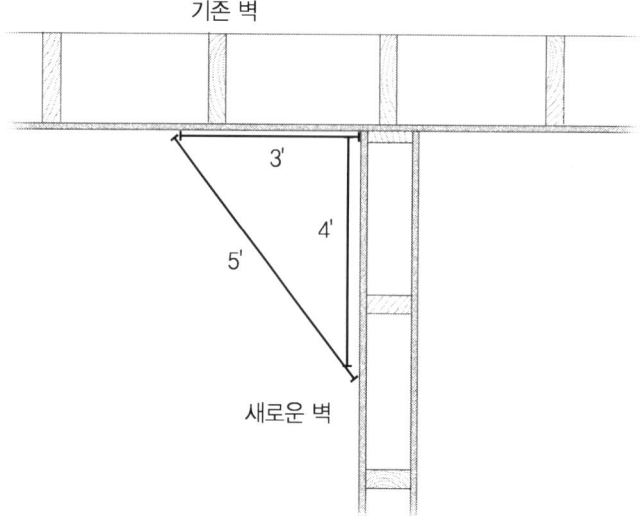

Q 제 이웃이 작업장에서 벽 전체 크기의 진열장을 만들고 거실에 설치했습니다. 그는 창문, 콘센트, 환기구 그리고 전등 스위치의 위치를 기록하는 일에 스토리 스틱(story stick)을 사용했다고 하더군요. 스토리 스틱은 무엇이며 어떻게 사용됩니까?

A 방금 언급하신 그런 모든 항목들의 위치를 기록하는 데 사용하는 단순한 막대기입니다. 하지만 알고 싶어 하는 곳의 모든 이야기를 담고 있는 막대기이죠. 벽과 같은 길이의 막대기를 잘라 벽을 따라 배치하세요. 그런 다음 모든 특징적 지형지물(창, 콘센트 등)들의 실제 가장자리를 표시하세요. 그 다음 표식 아래에 각 지형지물의 바닥으로부터 떨어진 거리를 적으세요. 작업장으로 돌아가면 스토리 스틱은 벽 안쪽이나 벽면에 있는 모든 장애물들에 대한 완벽한 기록을 제공해줍니다. 또한 이것은 시각적인 참조 지침을 알려주고, 가로 세로 구분선을 배치하여 아무것도 방해하지 않도록 할 수 있습니다.

언뜻 보기에 스토리 스틱은 원시적인 것처럼 보일 수도 있지만, 자세히 살펴보면 이것이 측정값을 재확인하기 위해 작업장과 거실 사이를 왔다 갔다 하며 생기는 계속되는

> **TIP**
>
> **마스킹 테이프 메모**
>
> 필요한 몰딩 길이를 잰 다음, 이제 각도 절단기를 가지고 자르려 하는데 그게 453mm였는지 435mm였는지 기억나지 않는 일은 매우 흔하게 겪습니다. 줄자 케이스에 마스킹 테이프 조각을 붙여놓고 그때그때 숫자를 적어두면 다시 왔다 갔다 하지도 않고, 머리를 긁적일 일도 없고, 목재도 아끼고 매우 좋습니다. 숫자들로 꽉 차서 다 썼다면 뜯어내고 새로 바꾸면 되죠.

스토리 스틱

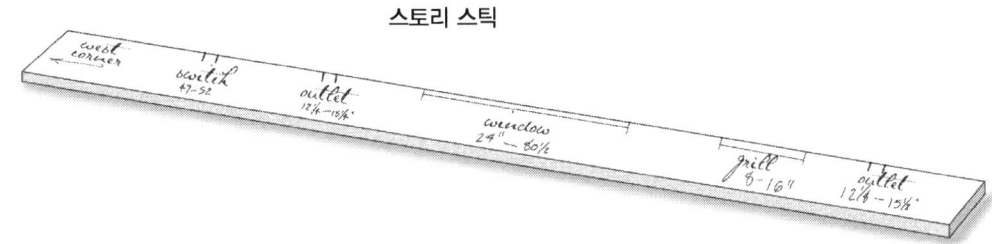

측정작업과 오류들과 단계들을 제거해준다는 것을 알 수 있을 것입니다. 또한 스토리 스틱은 목선반 작업으로 복제품이나 가구를 만들 때 측정값을 옮기는 데에도 사용할 수 있습니다.

Q 분말먹통(chalk box)을 사용하여 합판에 선을 띄울 때 때로는 선이 너무 두껍고 퍼지기 때문에 실제 선의 위치를 알기가 어렵습니다. 부드럽고 깨끗한 선을 얻으려면 어떻게 해야 합니까?

A 분말먹통을 채우기 전에 줄을 4.5~6m 정도 당긴 다음, 분말가루 병 주둥이를 먹통 입구에 넣고 상자가 가득 찰 때까지 꽉 짜세요. 몇 번 두드려준 후 뚜껑을 닫은 다음 다시 감아줍니다. 끈을 감을 때 회전하는 릴은 분말가루를 줄과 통 전체에 골고루 분산시킵니다. 줄이 릴에 감겨 있는 동안 채우면 한쪽 끝에는 너무 많은 분필이

> **TIP**
>
> **줄자를 접어서 측정값을 빼는 방법**
>
> 벽의 길이가 2,425mm이고 너비가 918mm인 캐비닛을 설치한 후 얼마나 많은 공간이 남았는지 알고 싶다고 가정해볼까요. 머리를 긁적이며 계산기를 찾지 않고도 빠르고 확실하게 할 수 있는 방법이 있습니다. 줄자를 고리쇠가 2,425mm 위치에 정확히 오도록 그림과 같이 둥글게 접어보세요. 918mm 위치를 찾아서 겹쳐지는 숫자(이 경우 1,507)를 읽으세요. 그 값이 알고자 하는 남은 공간의 길이입니다. 이 예에서는 1,507mm이네요. 다른 데에서도 이 방법을 써보세요.
>
>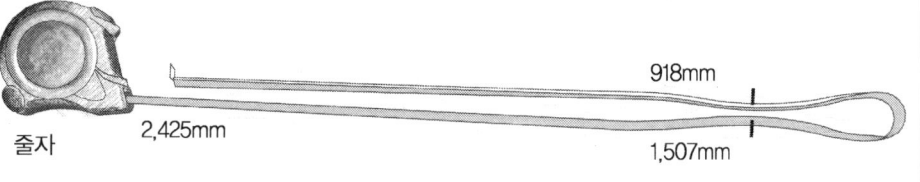

있고 다른 끝에는 충분하지 않게 됩니다. 먹통이 제대로 채워지면 올바르게 사용하세요. 한쪽 끝을 연결하고 적당한 양의 줄을 푼 후 실제 선을 긋기 전에 과도한 분필가루를 없애기 위해 공중에서 가볍게 탕하고 쳐주세요. 선명한 선을 얻을 것입니다.

잉크, 먹물을 사용하는 먹통, 먹줄을 사용할 때는 주기적으로 먹통에 먹물을 채워서 마르지 않게 관리해주는 것이 좋습니다. 줄을 튕겨 선을 띄울 때에는 팽팽하게 당긴 줄을 면에 수직으로 튕겨야 깨끗한 직선을 얻을 수 있습니다. 분말먹줄은 임시로 줄을 띄울 때 사용하고, 잉크먹줄은 목재에 선이 그대로 남아 있도록 선을 띄울 때 사용합니다.

> **TIP**
> **다른 종류에 작업에는 다른 색깔의 분필을 사용하기**
> 모든 분필이 똑같은 일을 하는 것은 아닙니다.
> - 파란색은 바닥에 벽 위치를 표시하는 것과 같은 일시적인 용도로 사용합니다.
> - 붉은색은 습기와 비에 노출되는 지붕널을 위한 선과 같이 보다 영구적이거나 거친 환경에 사용합니다.
> - 흰색은 가장 쉽게 제거되며, 실내 벽 같이 나중에 페인트칠이 될 수 있는 표면에 사용해야 합니다.

Q 연필로 커다란 참나무 마루 자재들에 번호를 매겼습니다. 사포질을 해봤는데, 여전히 나뭇결 깊숙한 곳에 있는 연필 자국을 지울 수가 없네요. 사포질을 더 계속해야 하는 건가요?

A 변성 알코올로 흑연 자국을 제거할 수 있습니다. 헝겊에 그것을 흠뻑 적셔 연필 자국이 사라질 때까지 결 방향으로 문질러주세요. 고무장갑과 마스크를 착용하고 통풍이 잘되는 곳이나 바깥에서 일하도록 하세요.

직각, 수평, 곡선, 각도

Q 곱자(framing square, 골조용 직각자)가 정말로 직각인지 어떻게 알 수 있나요? 만약 직각이 아니라면 어떻게 조정할 수 있습니까?

A 이를 확인하려면 따로 자르지 않은 합판 원장 가장자리를 따라 곱자의 짧은 다리를 놓고 긴 다리를 따라 선을 그립니다. 곱자를 뒤집고 합판의 같은 가장자리를 따라 짧은 다리를 놓은 다음 긴 다리가 미리 그려놓았던 선과 일치되는지 확인하세요.

끝부분이 3mm 이상 차이 나게 벌어지면 새것을 구입하세요.

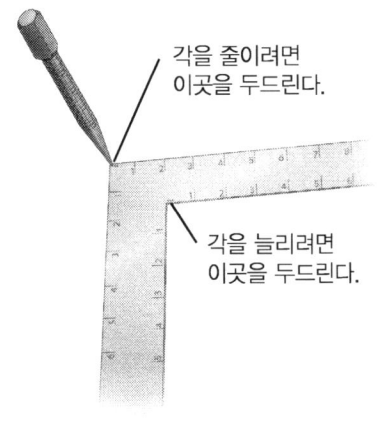

미세 조정을 하고자 한다면 다음과 같이 시도해보세요. 각도가 90° 미만이면 펼쳐줘야 합니다. 곱자를 단단한 바닥에 놓고 금속 펀치와 망치를 사용하여 짧은 다리의 안쪽 가장자리 6mm 지점을 오목하게 두드립니다. 그 부분이 오목하게 들어가면서 안쪽 가장자리를 약간 확장시키고 90° 각도로 펴지게 합니다. 그래도 해결이 되지 않으면 12mm, 18mm 지점에서 반복해보세요. 90° 이상의 각도로 벌어진 곱자를 굽혀주려면 짧은 다리의 바깥쪽 가장자리를 모서리 근처에서 시작하여 오목하게 두드리세요.

Q 수평자가 수평이 맞는지 어떻게 알 수 있습니까?

A 평평한 곳에 수평자를 올리고 중앙 기포를 확인하세요. 두 줄 사이에 정확하게 있지 않으면 기포가 완전히 수평을 나타낼 때까지 한쪽 끝 아래에 카드나 종이를 끼우세요. 수평자를 수평 방향으로 돌려서 다른 쪽 끝을 카드나 종이 간격재 위에 올려놓고 기포를 점검하세요. 기포가 선들 사이에 정확하게 있으면 수평이 맞습니다. 수평이 맞지 않으면 수평자를 바꾸는 것이 가장 좋습니다.

Q 대부분의 수평자에 있는 기포관은 왜 약간 아치형이나 가운데가 볼록한 모양입니까?

A 약간 위로 곡선을 만들어주면 수평자가 수평을 정확하게 판독할 때 기포가 머물 공간이 생기게 됩니다. 그렇지 않으면 기포가 측정 선 사이에 정확하게 머무르는 것이 불가능하겠죠.

Q 공구들에 표시된 각도나 목공책의 그림에 나오는 각도들은 제가 각도에 대해 배웠던 것과 맞지가 않는 것 같아요. 어떤 목공 작업을 하면서 저는 30°로 절단된 부재가 필요했는데, 판재 끝의 각도는 60°였습니다. 어떻게 받아들여야 되나요?

A 네, 당신 말이 맞는 겁니다. 목공의 세계에서 부르는 각도라는 게 항상 기하학의 세

계에서 규정된 각도와 맞지는 않습니다. 일반적으로 목공 프로젝트에서 언급되거나 공구의 게이지에 있는 각도는, 절단이 90°에서 몇 도 벗어났는지를 말해주는 것입니다.

Q 윤곽 게이지(contour gauge)와 자유각도자(sliding T-bevel gauge)의 차이점은 무엇입니까?

A 윤곽 게이지는 어떤 물건이나 작업물에서 다른 물건이나 작업물로 원래의 불규칙한 모양이나 곡선을 옮기는 데 도움을 주는 공구입니다. 수백 개의 작은 핀이 들어 있는 케이스로 구성되어 있죠. 불규칙한 모양에다 게이지를 대고 누르면, 그 모양을 옮길 수 있도록 핀들이 그 위치들에 맞춰집니다. 윤곽 게이지는 출입구 주변에 맞게 바닥재를 자르거나 목선반에서 재현하려는 회전축의 모양을 복사하는 데 적합합니다.

자유각도자는 불규칙한 각도를 옮기거나 결정하는 데 도움이 됩니다. 어떤 각도로도 조정할 수 있는 손잡이와 날로 구성되어 있습니다. 고정나사는 두 가지를 함께 고정하므로 어떤 각도를 작업물에 옮기거나 절단 각도를 결정할 때 사용할 수 있습니다.

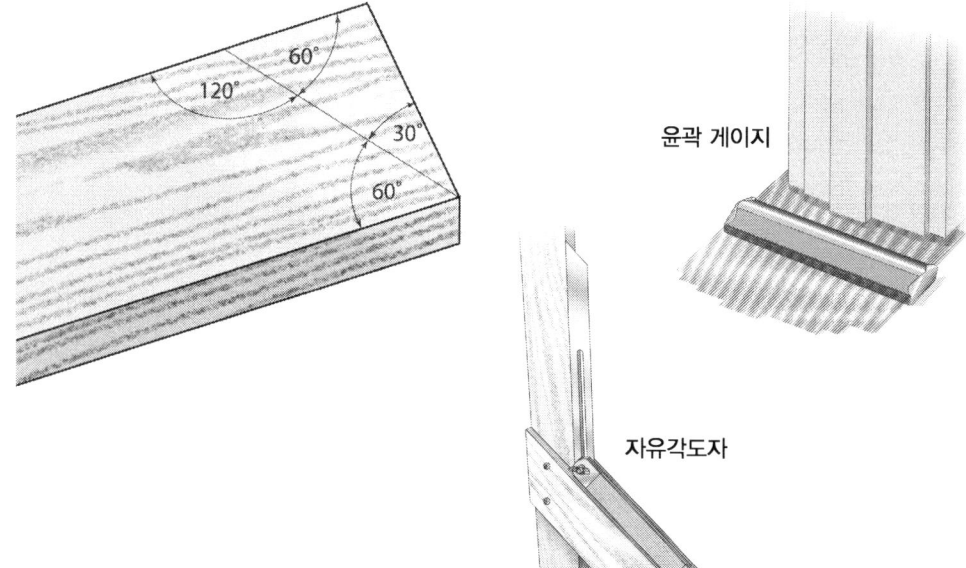

Q 작은 원을 그릴 때는 컴퍼스를 사용할 수 있는데, 큰 원을 그릴 때는 어떤 게 가장 좋은 방법일까요?

A 가장 빠른 방법은 중심점에 나사못을 박고, 나사머리 위에 줄자의 고리쇠를 걸어놓은 다음 원하는 측정 반경에 해당하는 곳에 연필을 잡고 천천히 원을 그리는 것입니다. 나사머리의 지름을 꼭 고려해야 하고요. 때로는 곡선을 그릴 줄자 옆면에 연필을 누르며 애쓰는 대신, 고리를 만든 줄(string)이나 구멍을 뚫어놓은 판재에 연필을 끼워 사용하는 것이 정확하고 번거롭지 않습니다.

대패, 끌, 스크레이퍼

Q 목수들이 '순결 방향으로 자르는 것'에 관해 이야기하던데, 이것이 무슨 의미입니까?

A 순결 방향(또는 엇결 방향)으로 자른다는 것은 목재의 결과 관련하여 공구의 절삭날이 어떻게 움직이는지를 나타냅니다. 끌이나 대팻날이 순결 방향으로 진행하면 섬유질이 깨끗하게 잘려 부드러운 표면을 만듭니다. 엇결 방향으로 자르게 되면 날이 섬유질 속으로 파고들어가 결을 들어 올리면서 거친 표면을 만듭니다(이것을 '뜯긴다'라고 합니다). 극단적으로는 엇결 방향으로 자르는 것은 목재 표면의 큰 조각들을 파내어 작업물을 망칠 수도 있습니다.

올바른 작업 방향에 대해서 알고자 한다면, 고양이 등을 쓰다듬는다고 생각해보세요. 결 방향(털방향)으로 쓰다듬으면 고양이는 '갸르릉' 하며 좋아하는데, 결의(털의) 반대 방향으로 쓰다듬으면 '하악'거리며 싫어하죠.

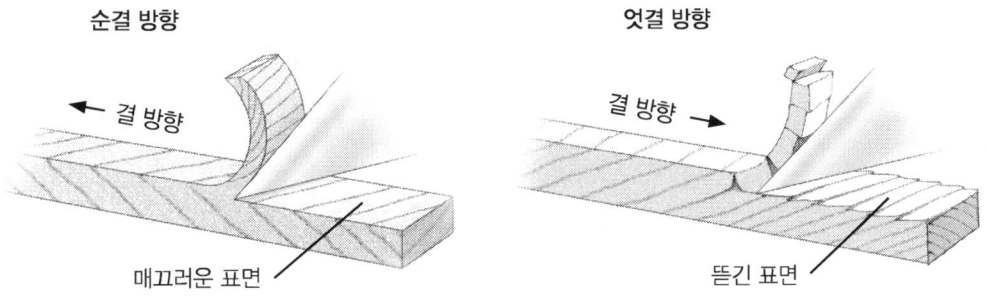

Q 대패질할 때는 내내 똑같은 압력으로 대패를 눌러줘야 하나요?

A 아닙니다. 일반적으로 한 손으로 손잡이를 앞쪽으로 밀 때 다른 한 손으로는 대패의 앞부분 손잡이를 한 손으로 살짝 누르세요. 판재의 가운데 부분에 다다르면 양손을 똑같이 아래로, 그리고 앞으로 누르세요. 대패질이 끝나면 앞쪽 손잡이를 잡은 손은 힘을 풀어주고 다른 한 손은 대패의 뒤꿈치를 약간 아래로 눌러줍니다. 이 절차는 수행하려는 작업에 따라 달라지지만, 당신이 이제 막 손대패를 사용하기 시작한 경우라면 이렇게 연습해보는 것이 좋습니다.

  미는 대패인 서양식 대패나 당기는 대패인 일본식 대패나 방향은 다르지만 힘을 주는 지점의 변화는 거의 같습니다.

Q 저희의 논쟁을 해결해주시겠어요? 제 처남은 모든 대팻날의 경사면이 아래로 향한다(bebel down)고 단언하는데, 저는 블록플레인은 날의 경사면이 위로 향한다고(bebel up) 확신합니다. 누가 옳은 건가요?

A 당신 이야기가 맞네요. 블록플레인(block plane)은 독특하게 대팻날의 경사면이 위로 향합니다. 이것은 날이 더 낮은 각도로 대패에 끼워질 수 있고, 따라서 대패를 더 낮은 형태로 설계할 수 있어서 한 손으로 더 쉽게 사용할 수 있음을 의미합니다. 한 손으로 잡고 쓰는 대패에 대해 왜 좋게들 이야기할까요? 문과 창문, 캐비닛을 설치하는 현장 목수들은 작업현장에서 미세한 조정을 하기 위한 공구들이 그들의 공구주머니에 넣을 수 있는 작은 크기의 것들로 필요합니다. 블록플레인은 아주 작기 때문에 한 손으로 작업물을 잡고 다른 한 손으로 쉽게 대패질하면서 천장이나 좁은 장소에서도 작업할 수 있습니다. 작업실에서도 목수들은 문과 서랍을 맞추고, 톱질 자국을 없애고, 기타 수십 가지 다른 용도로 이것을 애용합니다.

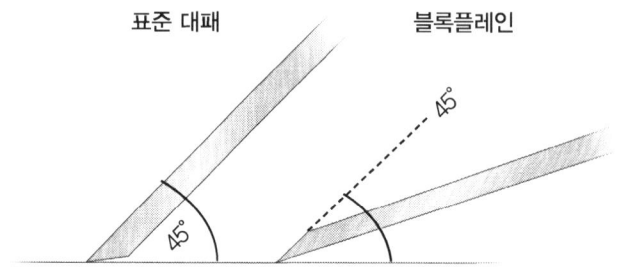

Q 때로 대팻날을 뒤로 당겨서 아주 살짝만 깎으려고 합니다. 그런데 몇 번 문지르고 나면 더 이상 깎이지 않네요. 왜 그런 건가요?

A 서양식 대패의 경우는 망치로 날을 두드려 조정하는 방식이 아니라, 날 깊이 조정 장치가 있어서 좀 더 쉽고 정확하게 날을 조정할 수 있습니다. 조정 장치는 일반적으로 1.6mm보다 작게 움직이는데 그것만으로도 차이를 만드는 데에는 충분합니다. 대팻날 깊이를 조정할 때에는 항상 대팻날을 아래쪽으로 내밀어 마지막 조정을 하세요(당신이 하신 것처럼 위쪽으로 하면 안 됩니다). 이 방법은 대팻날을 필요한 것보다 더 많이 안쪽으로 집어넣은 다음에 아래쪽, 즉 대패 바깥쪽으로 다시 내밀며 조정한다는 의미입니다. 이렇게 하면 대팻날이 뒤쪽, 대패 안쪽으로 밀려들어가지 않도록 설정됩니다.

Q 대팻날을 세심하게 연마한 후에도 나뭇결이 뜯기고 표면이 고르지 않게 되는 일들이 생깁니다. 제가 뭘 잘못한 건가요?

A 대패는 두 가지 구성 요소로 되어 있는데, 이게 올바르게 조정되지 않으면 결이 뜯기는 일이 생길 수 있습니다. 첫째, 어미날의 윗면에 있는 덧날(chip breaker)은 절삭 날에서 0.8mm 이상 떨어져서는 안 됩니다. 덧날은 대팻밥을 높은 각도로 들어 올리고, 일어나는 결의 길이와 양을 줄어들게 합니다. 둘째, 대패의 날입이 좁혀져야 대패 바닥이 섬유질을 대팻날 앞쪽으로 밀어내어 뜯김을 방지할 수 있습니다. 이것은 표준 대패의 날받침뭉치(frog) 조정 나사나 블록 플레인의 날입 조정장치(mouth plate)를 조정하는 것과 관련이 있습니다.

Q 좋은 대패질은 어느 정도의 두께로 해야 하나요?

A 목표는 종이 한 장 정도의 두께로 길고 끊어지지 않은 대팻밥을 만들어내는 것입니

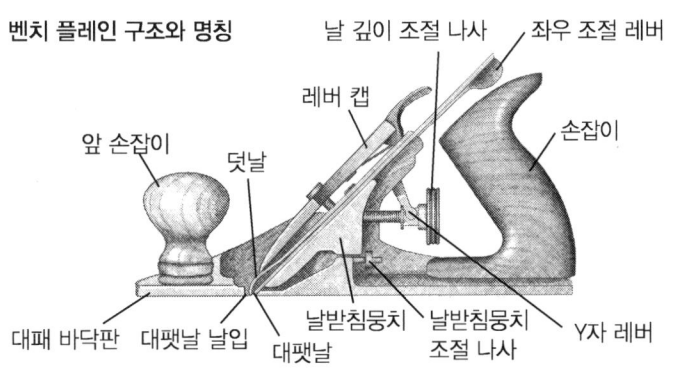

벤치 플레인 구조와 명칭

다. 숙련된 손대패 사용자는 티슈 두께로 대패질을 합니다.

> **TIP**
> **쉽고 좋은 대팻날 보호 방법**
> 사용하지 않을 때 대팻날이 흠집나거나 상하지 않게 하려면, 날을 집어넣고, 크고 평평한 고무자석을 붙여 보호해 보세요.

Q 전에 골동품 가게에 갔었는데, 손대패만 모아놓은 부스가 있더군요. 5cm부터 60cm까지 길이가 다양하게 있었습니다. 이것들 모두가 무엇을 하기 위한 것인지 어떻게 알 수 있나요?

A 손대패에는 수천 종이 있습니다. 수압대패, 자동대패, 전동샌더나 라우터가 등장하기 전에는 손대패가 모든 작업을 수행했습니다. 대패를 그룹으로 나눠보고 각 그룹이 뛰어나게 수행하는 것이 무엇인지 생각해보는 게 가장 쉬운 방법입니다.

블록플레인(block planes)은 크기가 작으며 한 손으로 쉽게 조작할 수 있습니다. 넓은 표면의 대패질은 큰 대패만큼 정확하게 하지는 못하지만, 문, 서랍이나 테두리를 맞추기에 적합하며 마구리면을 다듬는 데 좋습니다.

스무딩플레인(smoothing planes)(흔히 3~4 1/2번 대패로 지정됨)은 길이가 약 254mm(10인치)이며 마감 전에 판재 표면을 준비하는 데 탁월합니다. 약간 불규칙하거나 오목한 표면을 작업할 수 있을 만큼 짧으면서도, 깨끗한 마감면을 위한 안정적인 평탄면을 만들 수 있을 만큼 충분히 길기도 합니다.

잭플레인 또는 벤치 플레인(jack or bench planes)(5번 대패로 지정되는 경우가 많음)은 유용하고, 어디에나 쓸 수 있는 전천후대패입니다. 일반적으로 381mm(15인치) 길이이고 50mm(2인치) 폭의 날을 가지며, 모서리를 다듬고 매끄러운 표면을 만들 수 있는 다용도 대패입니다.

조인터플레인(leveling or jointer planes)의 바닥판 길이는 457mm(18인치)에서 914mm(36인치)까지입니다. 이 긴 바닥판은 판재 집성을 하기 전에 집성면을 직각으로, 직선으로, 그리고 평활하게 만드는 데 탁월합니다.

코브(cove), **반턱**(rabbet), 몰딩과 같은 장식적인 모양을 만들기 위해 설계된 수백 종의 대패는 물론 각종 제조업체나 전문가들이 사용하는 특수 대패도 있습니다.

Q 저는 재단할 때 정확한 길이보다 머리카락 두께 정도로 길게 재단한 다음, 이것을 블록플레인으로 정확한 크기로 대패질하는 것을 좋아합니다. 마구리가 뜯기지 않게 하려면 어떻게 해야 할까요?

A 마구리대(슈팅보드, shooting board)를 한두 개 만드세요. 이 지그의 직각 버팀목은 작업물을 지탱해주고 마구리결을 지지해주어 뜯김을 최소화합니다. 작업대 위에 걸기 위해 뒤쪽 가장자리를 따라 턱을 붙여놓으면 클램프를 조일 필요조차 없습니다. 정확한 45° 연귀 가공을 하려면 45° 각도 버팀목을 추가하거나 각도 버팀목을 단 별도의 마구리대를 만드세요.

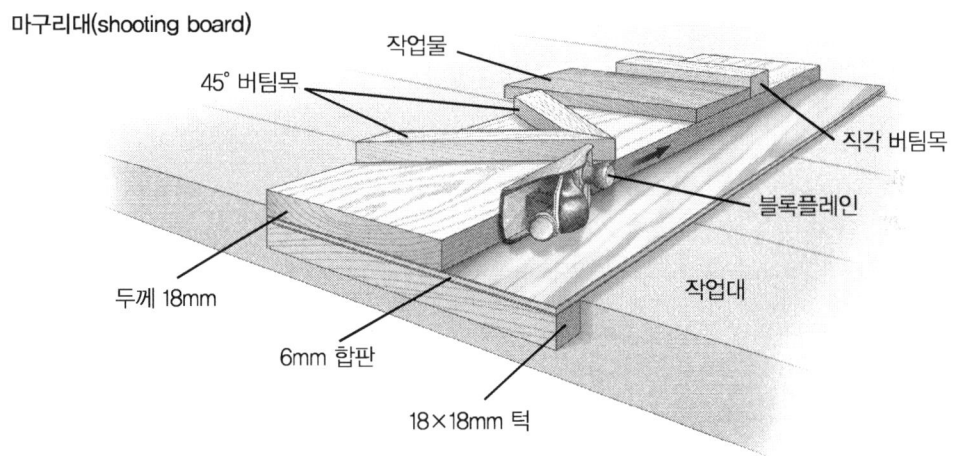

마구리대(shooting board)

Q 공구상에서 끌을 샀는데, 쓰자마자 몇 분 후에 다시 갈아줘야 했습니다. 예리함이 더 오래가야 하지 않나요?

A 새로 산 공구의 예리함은 예측할 수 없기 때문에 어떤 목수들은 포장을 풀자마자 모든 끌이나 날을 예리하게 연마하는 습관을 갖고 있습니다. 어떤 사람들은 그것들을 사용 준비가 되기까지 많은 작업이 필요한 일종의 '키트(kit)'라고 생각하기도 합니다. 문제는 칼날에 연마면이 제대로 안 잡혔거나 날의 뒷면이 완전히 평평하지 않은 것들입니다. 끌의 뒷면을 숫돌(92~93페이지 참조) 또는 평평하고 단단한 평면에 놓은 고운 사포 위에 올려놓은 후 뒷면이 평평해질 때까지 연마해주세요. 시간이 걸릴 수는 있지만 한 번은 해주셔야 합니다. 뒷면이 평평해지면 경사면도 연마하세요.

Q 장부끌(mortise chisel)과 평끌(bevel-edge chisel)의 차이점은 무엇입니까?

A 자세히 보기까진 사실 비슷해 보이기도 하는데요. 둘 다 경사진 날을 가지고 있지만, 장부끌의 옆면은 사각이고, 평끌은 옆면이 비스듬히 경사져 있습니다.

이름에서 알 수 있듯이, **장부끌**은 장부홈을 파는 데 뛰어납니다. 나무를 파내는 혹독한 상황과 반복적인 망치질을 견뎌낼 수 있도록 날을 사각으로 만들어 무게를 증가시켰습니다.

평끌은 한 손으로 밀고 다른 손으로 안내하도록 설계되었죠. 이것은 아주 강하지는 않지만, 경사져 있는 모서리가 장부끌이 닿기 어려운 좁은 공간과 각도에 도달할 수 있게 해줍니다. 공구상에 있는 대부분의 끌은 다양한 종류의 평끌들입니다.

Q 스크레이퍼(scraper)는 무엇이고, 어떻게 사용합니까?

A 스크레이퍼는 일반적으로 직사각형 또는 강낭콩처럼 생긴 모양의 강철 조각으로 모서리에 버어(burr)라고 불리는 날이 있어 목재를 매끄럽게 하는 데 사용됩니다. 사포보다 빠르게 마감면을 만들 수 있습니다. 스크레이퍼를 사용하려면 도구를 양손으로 잡고 엄지손가락으로 활 모양으로 약간 굽히고 살짝 기울인 다음 나뭇결 방향으로 나무 표면을 끌거나 밀어냅니다. 능숙해지려면 시간이 걸리겠지만, 일단 익숙해지고 나면 빠르고 깨끗한 결과물을 얻을 수 있습니다. 핵심은 날카로운 모서리에 있습니다.

Q 스크레이퍼를 어떻게 연마해야 합니까?

A 줄(file)과 숫돌을 사용하여 직각의 선명한 옆면을 만듭니다. 이 작업이 끝나면 스크레이퍼를 바이스에 똑바로 세우고 옆면을 가로질러 약간 각도를 줘서 버니셔(burnisher)나 둥근 환봉으로 스크레이퍼의 한쪽 면에 길고 일정한 버어(burr)를 만듭니다. 버니셔를 반대로 기울이고 반대쪽에도 버어(burr)를 만들기 위해 반복하세요.

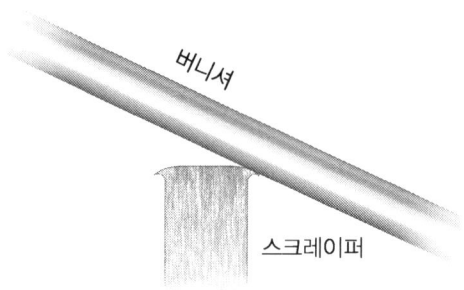

연마

Q 줄로 끌을 날카롭게 연마(sharpening)할 수 있습니까?

A 쉽지 않습니다. 만약 할아버지의 공구 상자에서 꺼낸 오래된 줄인 경우라면 특히나 그렇죠. 줄과 끌은 비슷한 경도의 금속으로 만듭니다. 대부분의 줄은 금속을 자르기보다는 날끝을 따라 튀어 버립니다. 대신 숫돌이나 그라인더를 사용하세요.

Q 철물점이나 공구상에서 구입하는 범용 탁상 그라인더와 연마석이 목공 공구를 연마하는 데 그다지 적합하지 않다는데 사실인가요?

A 일반 그라인더를 구할 수는 있지만, 이것은 금속 가공이나 강력한 연마에 더 적합하게 설계되었습니다. 목공을 위해 설계된 그라인더는 더 많은 비용이 들지만 다음과 같은 이점을 제공합니다.

낮은 속도. 일반 그라인더는 약 3,400rpm에서 작동합니다. 목공 그라인더는 약 절반의 속도로 작동합니다. 속도가 낮으면 제어력이 향상되고 공구의 날이 달아오르지 않을 수 있습니다.

낮은 경도의 연마석. 오래되고 무뎌진 면을 더 빨리 제거하고 새로 예리한 날을 만드는 데에는 더 부드럽고 다소 부서지기 쉬운 연마석이 좋습니다. 'H'의 결합도를 가진 80-번(grit) 알루미늄 산화물 연마석은 대부분의 연마 작업에 좋습니다.

견고하고 조정 가능한 공구 받침대. 일반 그라인더의 공구 받침대는 구부러지는 경향이 있어 폭이 넓은 끌이나 대팻날을 정확하게 연마하는 것이 어렵습니다. 목공 공구를 위해 고안된 그라인더의 공구 받침대는 견고하며 연마석에서의 각도와 거리를 모두 조정할 수 있습니다.

옛날의 45rpm 레코드 턴테이블과 비슷하게 보이는 '건식' 연마 시스템도 있습니다. 클램핑 메커니즘은 수평의 연마석이 대팻날이나 끌의 경사면을 연마할 때 일정한 각도로 고정해줍니다. 이것은 손상되었거나 손볼 필요가 있는 공구를 빠르게 연마할 수 있게 해줍니다.

> **TIP**
> **보면서 연마하기**
> 그라인더에서 공구를 연마할 때 당신의 시야각으로는 공구의 윗면과 형상을 볼 수는 있지만 바닥 쪽으로 향한 연마면(bevel)은 보이지 않습니다. 이것을 극복하기 위해, 작은 거울을 그라인더 측면에 붙여보세요. 그리고 공구의 옆면을 볼 수 있도록 조정하세요.

Q 마침내 끌과 대팻날을 연마하여 선명한 단일 연마면(single bevel)을 만드는 방법을 알아냈습니다. 그런데 한 친구는 그가 2단 연마면(double bevel)을 선호한다고 말하고, 다른 친구는 오목 연마면(hollow-ground bevel)을 선호한다고 합니다. 이것들은 무엇인가요?

A 단일 연마면(single bevel)을 만들 때는 날을 갈고 연마하여 전체 절삭날을 일정한 각도로 맞춥니다.

2단 연마면(double bevel)은 날을 어떤 각도로 연마한 다음 날끝의 일부를 약 2° 더 높은 각도로 갈아줍니다. 이것은 약간 두껍고 더 견고한 연마면을 만들어 자주 연마하지 않아도 되도록 만들어주며, 하드우드에서는 특히 중요합니다. 날이 무뎌졌을 때 전체 연마면을 다시 연마하는 대신, 작은 2단각인 날갈기 각도 부분만 연마해주면 됩니다.

오목 연마면(hollow-ground bevel)은 둥근 그라인더 연마석에 날을 연마한 자연스러운 결과입니다. 2단 연마면과 마찬가지로 전체 단일 연마면을 연마하는 것보다 제거해야 할 부분이 적기 때문에 오목한 면을 손볼 때 예리한 날을 더 빠르게 복원할 수 있습니다.

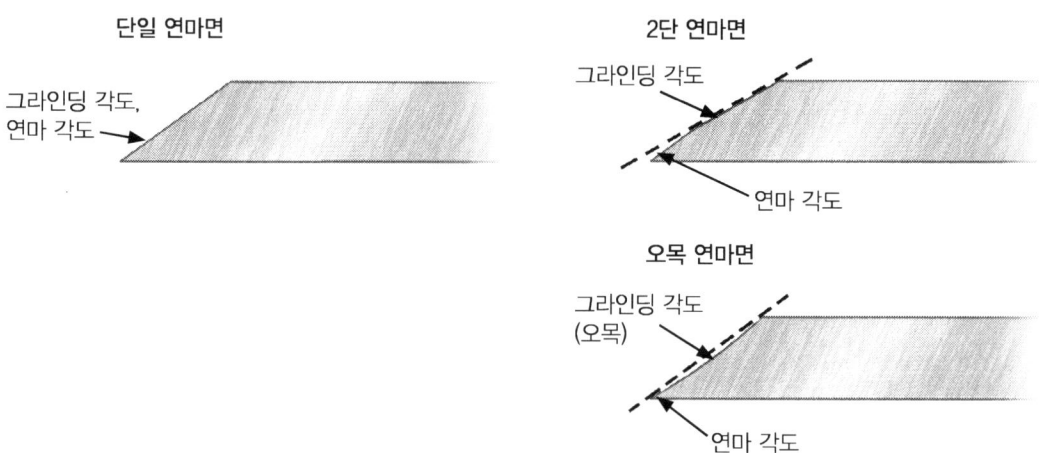

Q 물숫돌(waterstone)과 기름숫돌(oilstone)의 차이점은 무엇입니까? 제가 목공 초보인데 어떤 것을 사야 하나요?

A 두 가지 모두 접합제에 의해 뭉쳐 있는 연마재(abrasive grit)로 구성되어 있는 것이라는 점에서 유사합니다. 기름이건 물이건 상관없이 액체는 연마 중인 공구를 냉각시

켜주고, 갈아져 나온 연마재들을 씻어냅니다. 주요 차이점은 다음과 같습니다.

물숫돌(waterstone 또는 wetstone)에는 연마재가 상대적으로 쉽게 갈아질 수 있도록 부드러운 결합제가 쓰입니다. 이것은 새롭고 예리한 연마 입자가 계속 노출되는 것이기 때문에 좋은 것이죠. 단점은 숫돌이 오목해지거나 울퉁불퉁해지게 되는 경향이 있다는 것입니다. 그러나 두 개의 숫돌을 서로 문지르거나 판유리와 같은 평평한 표면에 사포를 고정하고 거기에 문질러서 다시 평평하게 할 수 있습니다. 평잡기용 숫돌을 별도로 가지고 있는 것도 좋습니다.

기름숫돌(oilstone)은 더 강한 결합제가 쓰여서 오래 유지되지만 작업은 느립니다. 장점은 더 오랫동안 평탄성이 유지되고, 물숫돌을 오목하게 만드는 폭이 좁은 끌이나 둥근 끌(gouge) 등의 경우에도 크게 영향을 받지 않는다는 것입니다.

둘 다 잘 연마됩니다. 만약 폭이 넓고 평평한 대팻날이나 끌을 많이 연마한다면 가장 좋은 방법은 물숫돌일 것입니다. 둥근 목선반 칼이나 조각칼 등을 많이 연마한다면, 기름숫돌을 고려해보세요. 어떤 것을 선택하든 중간 입도와 고운 입도를 모두 구입하세요.

Q 물숫돌은 항상 물에 담그고 있어야 합니까?

A 어떤 숫돌은 물에 담글 필요가 없으며, 또 어떤 것은 너무 오래 물에 담가놓으면 약해질 수 있으므로 제조업체의 지시를 따르세요. 즉, 대부분은 사용하지 않을 때 물에 담가놓을 수 있습니다. 그러면 그것들은 깨끗하고 포화 상태로 유지되기 때문에, 당신이 그것들로 연마작업을 할 때 빨리 마르지 않습니다. 물숫돌을 뚜껑을 덮어 플라스틱 상자에 담가두면 언제든지 연마할 준비가 됩니다. 얼지 않는 온도에서 보관해야만 하고요.

Q 탄소강(carbon steel) 공구를 그라인더에서 연마할 때, 고속강(high-speed steel) 공구보다 빨리 손상된다는 글을 읽었습니다. 제가 삼촌의 끌 몇 개를 물려받았는데, 그것들이 어떤 종류의 금속으로 만들어졌는지 알 수가 없네요. 그걸 어떻게 알 수 있나요?

A 그라인더에서 떨어지는 불똥을 살펴보세요. 탄소강으로 만든 공구는 불꽃에서 나오는 것과 같은 다각적인 불똥이 일어납니다. 고속강 공구는 작고 뚜렷한 불똥이 튑니다. 탄소강으로 만들어진 공구는 공구가 과열되거나 강도, 경도가 안 좋아지는 것을 막기 위해 자주 물에 담가줘야 합니다.

Q 누군가가 사포로 공구를 연마하는 것에 대해 이야기 나누고 있던데요. 그게 가능한 것인가요?

A 그렇습니다. 그러나 절대적으로 평평한 면에서 이루어져야 합니다. 그 표면을 만드는 좋은 방법은 6mm 합판에 6mm 유리판을 붙이는 것입니다. 그것이 세팅되면, 접착식 사포(pressure-sensitive sandpaper)의 뒷면 시트를 제거하고 롤러로 유리에 잘 눌러주세요. 각각 다른 입도(grit)를 가진 3개의 연마용 판을 만드세요. 그렇게 하면 끊임없이 사포를 교체하지 않아도 되겠죠. (또는 큰 판을 만들어 3개의 다른 입도의 사포를 붙일 수도 있습니다.) 사용할 입도수는 도구를 어느 단계에서부터 연마를 시작할 것인가에 달려 있습니다. 아마도 습식이나 건식 탄화규소 사포의 80, 120, 320번 순서로 시작한 다음 자신의 상황에 맞게 입도를 조정할 수 있을 것입니다.

> **TIP**
> **연마할 때 사인펜 사용해보기**
> 공구를 연마하기 전에 사인펜으로 연마 면을 칠해보세요. 연마하면서 마킹된 것을 수시로 확인해봅니다. 이렇게 하면 연마하고 있는 진행 상황이나 날을 고르게 연마하는지 여부를 알게 됩니다.

망치

Q 왜 어떤 망치는 한쪽은 발톱처럼 구부러져 있고, 다른 쪽은 똑바르게 생겼나요?

A 일반적으로 말하자면, 굽은 노루발장도리(curved-claw hammers)는 실내 몰딩 작업이나 경량 목공 작업에 사용됩니다. 머리의 무게는 보통 340~450g 정도입니다. 노루발장도리는 못을 빼내는 지렛대 기능이 있습니다. 560g 이상 가는 무게의 머리를 가진 직선형 노루발장도리(Straight-claw hammers)는 벽 만들기 같은 중량 작업에 더 많이 사용됩니다. 직선형 노루발장도리는 못을 빼는 일에는 그다지 좋지 않습니다. 지렛대 기능을 제대로 사용하려면 망치 머리 밑에 블록을 삽입해야 합니다. 그러나 직선형 노루발장도리는 제혀맞춤으로 가공된 T&G 합판(Tongue-and-Groove plywood)의 홈을 청소하거나 판재를 비틀어 분리하는 데 유용하게 쓰입니다.

Q 할아버지의 망치에 새로운 손잡이가 필요합니다. 바꾸는 게 힘들까요?

A 당신의 이야기를 들으니, 어느 노신사께서 가만히 앉아 이렇게 이야기하는 것 같네

요. "45년 동안 똑같은 망치를 써왔죠. 단지 손잡이를 네 번, 망치 머리를 두 번 바꿔야만 했습니다." 새로운 나무 손잡이를 끼우는 것은 간단합니다. 머리 가까이에서 낡은 손잡이를 톱으로 잘라내고, 드릴로 남은 나무에 6mm 구멍들을 할 수 있을 만큼 뚫어놓으세요. 그다음에 낡은 끌로 남은 나무를 뜯어내세요. 적당한 길이의 손잡이를 구입하여 망치 머리에 나 있는 구멍에 잘 맞춰 끼워줍니다. 때로는 그것을 조금씩 깎아서 내려가며 맞춰주기도 해야 합니다.

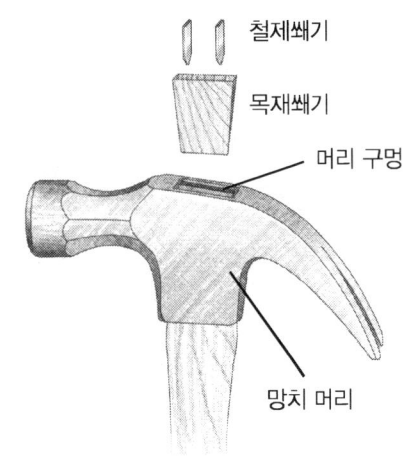

철제쐐기
목재쐐기
머리 구멍
망치 머리

손잡이에는 작은 나무쐐기 하나와 두 개의 작은 철제쐐기가 함께 있어야 합니다. 머리를 제자리에 놓고 손잡이의 두툼한 끝부분을 단단한 바닥에 여러 번 두드려서 머리가 단단히 고정되도록 해주세요. 손잡이가 머리 위로 돌출되어 나와 있으면 그 부분을 톱으로 잘라주세요. 손잡이를 양옆으로 벌려주기 위해 손잡이의 꼭대기에 나무쐐기를 홈에다 박아 넣고, 나무쐐기와 직각으로 두 개의 금속쐐기를 박아서 손잡이를 망치 머리의 구멍에 더 단단히 고정시키세요.

Q 유리 섬유 손잡이의 망치(fiberglass-handle hammer)를 처남에게 빌려주었는데, 망가뜨리고 말았네요. 교체가 가능할까요(아, 처남 말고 손잡이요)?

A 예, 일반적으로 손잡이, 에폭시와 혼합 도구가 들어 있는 유리 섬유 손잡이 교체 키트를 사용할 수 있습니다. 기본 절차는 이전 손잡이를 제거하고, 와이어 브러시로 손잡이 삽입 구멍을 닦아주고, 새 손잡이를 삽입한 다음 구멍에 새 손잡이를 제자리에 고정시키기 위해 에폭시 혼합물을 부어줍니다. 말할 필요도 없이, 새 손잡이를 머리에 직각으로 정렬하고 에폭시 세트처럼 그대로 유지하는 것이 중요합니다.

Q 망치를 사러 갔었는데, 종류가 너무 많아 어리둥절해지더군요. 각각의 장점들은 무엇인가요?

A 차이점은 느낌, 내구성, 충격을 분산시키는 특성 등과 관련이 있습니다. 나무 손잡이는 손목과 손의 부상을 방지하는 데 도움이 될 수 있는 충격 분산 측면에서는 좋

아요, 다만 내구성은 낮습니다. 금속 손잡이는 거의 깨지지 않지만 충격 흡수율은 낮습니다(쿠션 있는 그립은 충격 흡수를 좋게 해줍니다). 유리 섬유와 그래파이트(graphite, 고강도계 탄소 섬유) 손잡이는 우수한 충격 흡수력과 내구성을 결합하여 더 비싸지만 인기가 높아지고 있습니다. 망치를 구입하기 전에 무게, 균형, 그립감 등이 올바른지 확인하기 위해 몇 번 휘둘러보세요.

Q 정교하게 가공한 결구를 조립하고 분해할 때는 무반동망치(dead-blow hammer)를 사용하는 것이 가장 좋다고 들었습니다. 왜 그런가요?

A 무반동망치는 머리에 쇠구슬이나 모래가 절반쯤 들어 있습니다. 망치로 타격을 가하면 속에 든 구슬들이 앞으로 움직여 반동이 제거되고 약간의 별도의 힘이 추가됩니다. 머리는 충격을 골고루 분산시키기 위해 넓게 되어 있으며, 타격 대상의 손상을 방지하기 위해 고무로 코팅되어 있습니다. 이것은 일반적인 망치보다 더 무겁습니다. 즉, 짧은 스윙으로 더 많은 힘을 전달할 수 있는 것이죠. 이러한 모든 특성을 고려해보면 왜 목수들이 가구를 수리하면서 빡빡한 결합부나 기계, 공구 부품 분해와 같이 단단한 결합부를 다루는 데 이 망치를 선택한 것인지 알 수 있을 것입니다.

손톱

Q 직각을 잘 유지하면서 톱질을 하고 싶은데, 톱이 자꾸만 튑니다. 제 톱질 기술을 완벽하게 하려면 어떻게 해야 합니까?

A 보조 블록을 사용해보세요. 절단선 바로 옆에 직각으로 절단된 짧은 2×2(38×38mm) 구조목이나 2×4(38×89mm) 블록을 놓고 톱을 옆에 붙여서 가볍게 낮은 각도로 톱질을 시작하세요. 전체 톱질을 위해 톱을 충분히 가이드할 만큼 톱자국을 충분히 깊게 (그리고 직각을 유지해줄 수 있도록) 낼 때까지 보조 블록을 그대로 유지하세요. 보조 블록의 또 다른 장점이 있어요. 엄지손가락을 톱날에서 멀리 떨어지게 하여 톱이 튈 때 엄지손가락이 아니라 보조 블록에 흠집이 생긴다는 것이죠. 직각 가이드 지그를 작게 만들어 사용하면 더욱 좋습니다. 그리고 서양 톱이나 일본 톱이나 톱질 방식은 다르지만 직선 가이드는 동일한 방식으로 사용하면 됩니다.

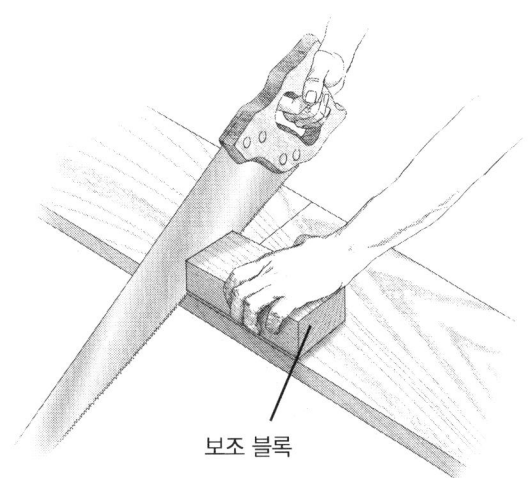

보조 블록

Q 일본 톱은 서양 톱과 어떻게 다른가요?

A 가장 두드러진 차이점은 일본 톱은 당기면서 자르는 톱이고, 서양 톱은 밀면서 자르는 톱이라는 것입니다. 일본 톱은 미는 압력이 아니라 당기는 힘이 작용하기 때문에 톱을 더 얇게 만들 수 있고, 따라서 얇은 커프(kerf)를 만들 수 있으며, 톱질이 더욱 효율적입니다. 얇고 유연한 톱날은 또한 목심 절단이나 좁은 공간에서의 작업 등에서 뛰어나다는 것을 의미합니다. 일본 톱에서 사용되는 금속은 일반적으로 더 강하기 때문에 자주 연마하지 않아도 됩니다. 단점이라면 일본 톱은 더 비싸며 일반 목수가 연마하는 것은 거의 불가능합니다. 얇은 톱날이 잘 구부러져서 상할 수 있으며, 톱밥을 앞으로 당기는 것이므로 절단선이 잘 안 보일 수 있습니다. 일본 톱은 다음과 같이 다양한 것들이 있습니다.

- **양날톱**(ryoba)은 두 개의 톱날을 가지고 있습니다. 한쪽에는 '켜기'를 위한 거친 톱니가 있고, 다른 쪽에는 '자르기'를 위한 더 고운 톱니가 있습니다.
- **등대기톱**(dozuki)은 단단한 등이 대어져 있는 톱으로 서양 톱의 백쏘(backsaw)와 비슷합니다.
- **붕어톱**(azebiki)은 볼록한 톱날이 있어 판재의 중앙에서부터 자를 수 있습니다.
- **쥐꼬리톱**(mawashibiki)은 곡선 절단에 사용되는 좁은 톱입니다.

Q 할아버지는 종종 자신의 톱을 연마하곤 했습니다. 이것을 제가 전통으로 이어나갈 수 있을까요?

A 예. 시간이 많이 걸리고 특별한 공구와 기술이 필요하지만, 어떤 사람들은 자기 공구를 연마하거나 벼룩시장에서 쓸 만한 공구를 구하는 것에 큰 만족감을 얻기도 합니다. 톱날을 단단히 잡기 위한 톱 바이스, 실제로 연마하기 위한 삼각 줄(file), 톱니들이 교대로 바깥쪽으로 약간 휘어 있는 톱 세트가 필요합니다. 톱을 연마하는 방법에 대한 설명은 전체 챕터를 사용해야 할 만큼 많습니다. 하지만 '손톱 연마'를 검색어로 온라인으로 검색하면 연마 방법에 관한 많은 글이나 동영상들을 찾을 수 있습니다.

앞서 말했듯 일본 톱은 연마하기가 매우 어렵습니다. 또한 톱니가 부러지며 망가지는 것이 대부분이라 새로 사서 쓰는 것이 더 낫죠. 하지만 전통적으로 사용하고 있는 탕개톱이나 서양 톱들은 두꺼워서 날이 부러지기보다 날이 무뎌져서 사용하기 힘든 경우가 많습니다. 이럴 때 연마가 필요한 것이죠. 연마를 하기 위해선 시간도 많이 걸리고, 꽤 많은 노력이 필요합니다. 하지만 오직 당신만이 당신의 시간이 가치 있는 것인지 판단할 수 있는 것입니다.

Q 작은 부재를 자를 때엔 전동톱보다 손톱(handsaws)을 사용하는 것이 쉽고 안전하며 정확하더군요. 그런데 바이스나 클램프로 얇은 부재를 고정하는 것은 좀 어려워요. 혹시 간단한 방법이 있을까요?

A 벤치 후크(bench hook)라는 이름으로 부르는 톱 작업대를 사용해보세요. 직접 만들어 쓸 수 있는 간단한 지그(jig)입니다. 25×25mm 각재를 바닥판 아래쪽 끝에 붙여 작업대의 가장자리에 턱으로 걸고, 반대쪽 위쪽에 톱질하는 나무를 잡기 위한 50×50mm 각재를 목재고정용 펜스로 붙여놓은 것입니다. 톱질할 때의 미는 힘이 바닥의 턱을 작업대에, 그리고 톱질하는 나무를 뒤쪽의 각재에 밀착되게 만듭니다. 이 지그는 사용이 간편하고, 톱질하는 동안 목재의 섬유질이 뜯기는 것을 줄여줍니다. 서양 톱은 미는 톱이므로 이와 같은 방향으로 만들면 되고, 일본 톱처럼 당기는 톱을 쓸 때는 힘이 당기는 쪽으로 작용하도록 목재고정용 각재를 톱질하는 나무 앞쪽에 배치하도록 만들면 좋습니다.

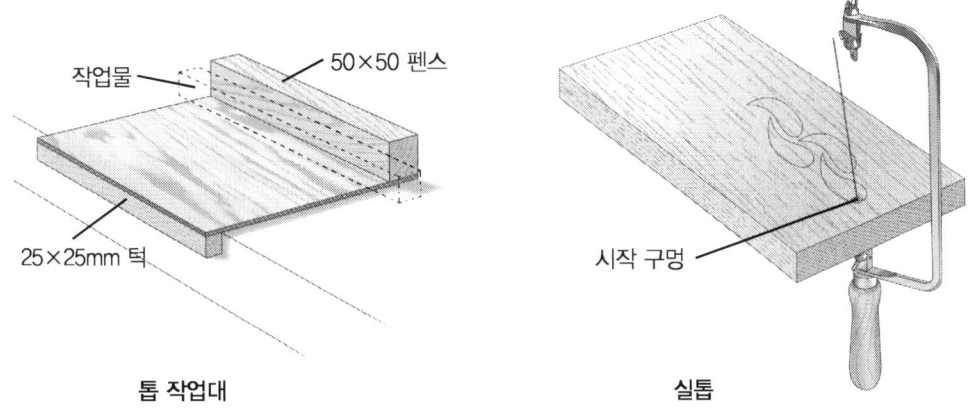

톱 작업대 / 실톱

Q 인형 집에 넣을 가구를 만들고 있는데요. 지그쏘(jigsaw)로 자르기에는 부재들이 너무 작고 복잡해요. 스크롤쏘(scrollsaw)는 안 가지고 있고요. 어떻게 하면 좋을까요?

A 실톱(coping saw)을 사용해보세요. 먼저 부재의 잘려나갈 부분에 작은 시작 구멍(pilot hole)을 뚫어줍니다. 실톱의 손잡이를 완전히 돌려서 톱대의 고정핀에 있는 슬롯에서 톱날의 한쪽 끝을 빼냅니다. 톱날을 구멍에 통과시킨 다음 톱대에 다시 연결하고 톱날이 팽팽해질 때까지 손잡이를 조여줍니다. 고정핀의 위치를 정렬하여 날이 곧게 되도록 한 다음 조심스럽게 자르세요.

작업대에 부재를 클램프로 고정시키고, 양손을 사용하여 ― 한 손은 손잡이를 잡고, 다른 손은 반대쪽 톱날 끝을 잡습니다 ― 톱날의 경로를 조정하면 가장 좋은 톱질을 할 수 있습니다. 매우 복잡하게 잘라야 할 경우 톱날을 뒤집어서 당기는 톱질로 하기도 합니다. 이렇게 하면 부재 절단 중에 톱날이 팽팽한 상태를 유지하고 더 나은 조정이 가능해집니다.

스크류 드라이버, 렌치(screwdrivers and wrenches)

Q 무뎌져 쓸모없어진 드라이버들이 서랍에 가득 찼습니다. 드라이버의 끝날(tip)을 새로 쓸 수 있게 할 방법이 있나요?

A 예, 연마해서 다시 쓸 수 있죠. 一자 드라이버를 연마하려면 그라인더의 공구 받침대를 휠에 직각으로 맞춰준 다음에 끝이 평평해지고 흠집들이 없어질 때까지 연마

해줍니다. 공구 받침대를 다시 조정하여 면과 모서리를 비스듬하게 다듬어 당신이 원하는 크기로 만들어주세요. 十자 드라이버의 경우, 홑눈줄(single-cut file)로 드라이버 끝을 평평하게 한 다음 줄의 모서리로 네 개의 홈을 균등하게 갈아주는 방식으로 연마합니다. 사각 드라이버는 팁을 줄이나 그라인더로 네 면을 평평하게 연마한 다음 끝부분을 직각으로 가볍게 정리하여 올바른 크기로 복원할 수 있습니다. 팁을 과열되게 하면 경도를 잃어버리고 쓸모없어지게 되니 조심하셔야 합니다.

Q 자석 드라이버를 사용하지 않고도 드라이버에서 나사가 떨어지지 않도록 하는 방법이 있습니까?

A 가능하면 사각 나사못과 사각 드라이버를 사용해보세요. 드라이버의 테이퍼 팁과 나사의 테이퍼 진 홈이 꼭 맞게 포개져서 이상한 각도에서도 잘 떨어지지 않습니다. 一자나 十자 나사못을 사용해야 하는 경우라면, 드라이버에 고정용 왁스(tack wax)나 딱풀을 가볍게 발라 나사못을 고정합니다. 그래도 실패하면 드라이버에 나사못을 끼워놓고 마스킹 테이프를 나사못 끝에 찔러 넣은 다음 드라이버의 축을 테이프로 감싸 고정해보세요.

Q 왜 어떤 박스 렌치(box wrench)는 입구가 6각이고 어떤 것은 12각입니까?

A 대부분의 너트와 볼트는 6면체이므로 6각의 박스 렌치는 작업하는 동안 조이는 6면 모두에서 단단하게 고정할 수 있습니다. 그러나 볼트를 조였다가 렌치를 빼서 다시 조이려고 하면 렌치를 60° 회전시켜 끼워야 합니다. 좁은 장소에서는 매우 힘들죠. 12각 렌치는 작업할 위치를 두 배로 늘려줍니다. 또한 이것은 4각 볼트, 너트에도 사용할 수가 있죠. 단점도 있지요. 이것은 볼트, 너트를 꽉 잡을 수 없기 때문에, 볼트의 머리를 둥글게 뭉개지게 할 가능성이 있습니다.

> **TIP**
>
> **100원 동전과 스패너**
>
> 작업하기에 약간 큰 스패너(open-end wrench)가 있어 약간 난감한 경우라면, 스패너의 구멍과 볼트 머리 또는 너트 사이에 100원짜리나 다른 동전을 넣어 틈을 채우고 해보세요.

클램프, 클램핑

클램프(clamps)는 공방에서 가장 중요한 도구 중 하나입니다. 클램프를 최대한 활용하기 위한 열 가지 팁을 알아볼까요.

1. 접착제를 바르기 전에 항상 가조립을 먼저하고 '시험 클램핑'을 해보세요. 이렇게 하면 실수를 피하면서 클램프를 미리 맞춰볼 수 있는 기회가 주어지므로, 접착제로 조립하는 과정에서 클램프를 더 빨리 배치하고, 설치하고, 조일 수 있습니다.
2. 마스킹 테이프, 화살표 또는 분필을 사용하여 각 부재들이 올바른 위치에 놓이도록, 그리고 목재의 좋은 면들이 바깥쪽이나 위쪽으로 오도록 목재에 표시해놓으세요. 정신없이 작업하다 보면 무엇이 어디 위치였는지 알 수가 없게 되기 쉽습니다.
3. 잘 맞게 가공되지 않은 부재들은 클램핑(clamping)으로 힘을 가하지 마세요. 손대패나 수압대패 또는 다른 공구를 사용하여 휜 부분이나 잘못된 부분들을 먼저 손보세요.
4. 클램프는 너무 느슨하지도 않고 너무 꽉 조이지도 않고 딱 맞게 써야 합니다. 너무 과도하게 조일 경우 결합 부위에서 접착제가 짜내어져 부족해져버릴 수 있습니다. 또한 목재 섬유질들을 부수어 결합 부분이 약해질 수도 있습니다. 느슨하게 조일 경우에는 짜맞출 부위들이 적절하게 결합되지 못합니다. 적절하게 접착제와 클램프를 쓴 결구에는 접착제가 일정한 선처럼, 또는 작은 구슬들처럼 살짝 밀려나옵니다.
5. 접착제의 '작업 시간(working time)' 또는 '개방 시간(open time)'에 유의하세요. 이 두 가지는 비슷한 용어인데, 접착제를 바르고 나서 굳기 전까지의 시간입니다. 클램핑을 할 수 있는 여유시간인 것이죠. 접착제마다 유효한 작업 시간이 다르므로 설명서를 꼭 확인하세요. 한 번에 모든 부재들을 결합시키기에 충분한 시간도, 인내심도, 클램프도 없다면, 작업을 나눠 단계적으로 하세요.
6. 여러 개의 클램프를 사용하거나 클램프의 턱과 작업물 사이에 나무 블록을 배치하여 클램프 압력을 넓은 영역에 균등하게 분배하세요.
7. 작업물을 패임, 때, 접착제 얼룩 등으로부터 보호하세요. 날카로운 클램프 턱과 작업물 사이에 나무 블록을 놓습니다. 작업물을 작업대 바닥면 위쪽으로 올리세요. 그리고 금속 클램프 부품이 접착제에 닿지 않도록 하세요.
8. 클램프의 중심이 접착할 판재의 중심과 맞도록 클램프를 정렬해줍니다. 이렇게 하

창의적인 클램프

어떤 종류의 비싼 고급 클램프가 클램프의 전부는 아닙니다. 여기 당신이 사용할 수 있는, 경험에 의해 탄생한 여섯 가지 클램프를 예로 들어볼까요.

- **번지 코드**(bungee cords). 이상한 모양의 물체를 함께 묶어야 할 때 번지 코드를 사용해보세요. 긴 길이가 필요한 경우엔 두 개를 함께 연결하면 됩니다.

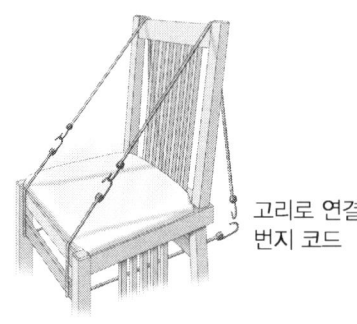

고리로 연결한 번지 코드

- **쥐덫**. 소규모 프로젝트에 가벼운 클램핑 압력이 필요한 경우에는 스프링으로 움직이는 옛날 쥐덫을 사용해보세요. 사용하지 않는 부분을 잘라내면 더욱 컴팩트하게 만들 수 있습니다.

- **마스킹 테이프**. 작은 프레임이나 몰딩 조각을 붙일 때, 마스킹 테이프는 종종 충분한 역할을 다합니다.

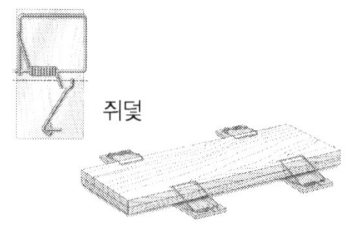

쥐덫

- **V 블록**(V-blocks). 판재를 세워서 잡아야 할 때 V자 쐐기로 고정해보세요. 나무 블록을 V자 모양으로 자르고 이것을 작업대에 고정시킨 다음, V자 홈의 옆면을 따라 판재를 놓고 삼각형 쐐기를 사용하여 판재를 제자리에 고정시킵니다.

- **확장 블록**. 작은 블록과 자투리 나무를 사용하여 C-클램프의 팔처럼 만들어주면 도달 범위를 확장시킬 수 있습니다.

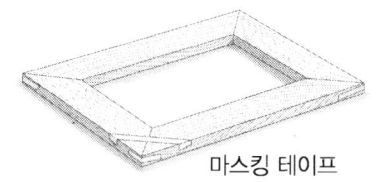

마스킹 테이프

- **실리콘 총**(caulk gun). 실리콘 총의 피스톤(plunger)이 조금씩 전진하는 라쳇 동작은 작은 나뭇조각에는 충분한 압력을 가할 정도로 강합니다.

빠르게 경화되는 최근의 접착제에 대해 생각해본다면, 가장 손쉽고 정확한 클램프 중 하나는 손가락입니다. 물론 나무와 나무를 붙여야지, 나무와 피부를 붙이면 안 되겠죠.

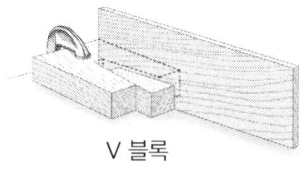

V 블록

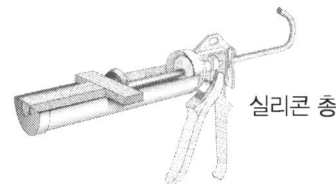

실리콘 총

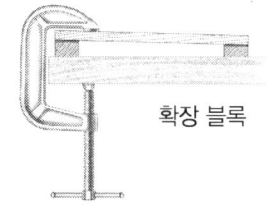

확장 블록

면 휨이나 움직임 또는 기타 문제들을 방지해줍니다.
9. 작업물이 직각에서 벗어나지 않도록 클램프의 턱을 작업물에 대해 직각이 되도록 하세요. 직각자나 줄자로 대각선을 확인하여 면들이 90°로 만나는지 확인하세요.
10. 클램프를 권장 시간 동안 체결해두세요(접착제 사용 설명서를 참조하세요).

Q 저는 나무로 만들어진 핸드 스크류 클램프(hand-screw clamp)를 사용하는 것이 좋은데, 풀고 조이는 데 오래 걸립니다. 그것을 조정하는 빠른 방법이 있을까요?

A 양쪽 손잡이를 잡고 자전거 페달을 돌리듯이 손을 돌리세요. 대략 적당한 거리에 턱이 놓이면 클램프를 위치시키고 손목을 비틀면서 마지막 조이는 힘을 가해주세요. 참고로, 목재가 나무 클램프에 달라붙는 것을 방지하려면 둘 사이에 기름종이를 놓아보세요.

Q 180cm 길이의 파이프 클램프가 필요한 프로젝트가 있습니다. 제가 이미 가지고 있는 짧은 나사식 파이프들을 사용할 방법이 있습니까?

A 필요한 길이를 얻기 위해 파이프의 두 부분을 함께 조일 수 있는 커플러를 구입하세요. 저렴하고, 사용하기 쉽고, 저장하기도 쉽습니다.

줄

Q 다른 공구들과 함께 줄을 사용하는 이유는 무엇입니까?

A 누군가 쓰던 중고 줄이나 목공용 줄들이 주로 벼룩시장이나 공구 상자의 바닥에서 발견되곤 하기 때문에 사람들에게 줄에 대한 첫인상이 그다지 좋지는 않습니다. 다른 공구들과 마찬가지로 이것들도 유지 보수가 필요하며 결국에는 무뎌집니다. 그리고 오래된 줄들 중엔 이미 사용 수명을 넘은 것들도 많습니다. 그러나 예리한 줄은 다른 공구로는 접근하기 어려운 곡면 작업이나 표면을 부드럽게 하는 작업 등에 매우 빠르게, 그리고 잘 조절하며 작업할 수 있게 해줍니다. 그리고 당신이 사포질을 할 때 60번(grit)부터가 아니라 180번부터 시작할 수 있게 해줄 수도 있습니다. 또한 줄의 돌기들이 나무를 얇게 깎는 게 아니라 잘라내는 것이기 때문에 결이 뜯길 위험도 적지요.

Q 일반 줄(file)과 목공용 줄(rasp)의 차이점은 무엇인가요?

A 목공용 줄은 수백 개의 개별 원뿔 모양의 돌기(teeth)들이 금속 막대에 튀어나와 있는 것입니다. 이것은 나무를 방해 없이 매우 강하게 제거하죠. 일반 줄은 평행하게 뻗어 있는 홈들이 금속 막대의 면에 줄눈으로 새겨져 있습니다. 홑날줄(Single-cut files)은 한 방향으로 대각선의 줄눈이 나 있고, 이중날줄(double-cut files)은 두 방향으로 줄눈이 있어 다이아몬드 모양의 격자무늬를 만듭니다(그리고 더 부드러운 날입니다). 일반적으로 돌기와 줄눈은 길이에 비례하여 커집니다. 그래서 도구가 길면 길수록 거친 작업을 하게 됩니다.

Q 줄, 목공용 줄은 어떻게 청소하나요?

A 나뭇조각에 대고 가볍게 두드려주면 보통 돌기에 붙어 있는 톱밥과 나뭇조각들은 제거됩니다. 아예 꽉 막혀버린 줄의 경우는 짧고 뻣뻣한 수백 개의 철선이 있는 쇠솔(card file)을 사용하여 찌꺼기들을 제거할 수 있습니다. 공구가 나무를 자르지 않고 나무를 가로 질러 미끄러지기 시작하면 공구를 닦아줘야 합니다. 청소로도 안 되면, 바꿔야겠죠.

Q '4-in-1 줄'은 무엇인가요?

A 네, 그것은 줄, 목공줄에 있어서 스위스 군용 칼과 같은 것입니다. 이름에서 알 수 있듯이 4개의 절삭면으로 구성되어 있습니다. 한쪽은 평평하고 다른 쪽은 둥글게 되어 있습니다. 그리고 각면의 절반은 일반 줄이고 나머지 절반은 목공줄입니다. 대부분 길이가 약 20cm이며, 거친 성형을 위한 훌륭한 다목적 공구입니다.

Q 줄을 주문하면 손잡이가 없이 오던데, 이유가 있습니까? 그것을 끼우는 것이 힘들까요?

A 대부분의 줄은 손잡이 없이, 한쪽 끝이 뾰족한 슴베(tang)로 처리됩니다. 그리고 사용자가 손잡이를 추가해야 합니다. 슴베가 노출되어 있는 줄을 사용하는 것은 불편하고 심지어 위험합니다. 매장에 저렴한 손잡이들이 많이 있습니다. 또는 목봉 끝부분에 구멍

> **TIP**
> **절대 부품을 잃어버리지 마세요**
> 바닥에 작은 공구 부품이나 조임쇠 등을 떨어뜨리면 이렇게 해보세요. 바닥에 손전등을 내려놓고 전등빛을 앞뒤로 쓸어 넘기듯 움직여보세요. 작은 물체조차도 크고 잘 보이는 그림자를 만들어낼 것입니다.

을 내어 몇 분 안에 쉽게 만들 수도 있습니다. 목선반 프로젝트로 멋진 수제 손잡이를 만들 수도 있습니다. 손잡이를 끼우려면 구멍에 슴베를 넣은 다음 슴베가 자리가 잡힐 때까지 단단한 바닥에 손잡이 끝을 두드려줍니다.

프로젝트 | 넉넉한 타공판(pegboard) 공구 캐비닛

목공 공구를 수납하는 목공 프로젝트입니다. 여기에 제시된 기본 아이디어를 사용하여 원하는 크기나 모양으로 만들 수 있습니다.

1. 1×6 구조목(19×140mm)을 사용하여 원하는 크기로 상자를 만듭니다. 뒤편 안쪽 모서리에 19×19mm 각재를 간격재로 길게 틀로 짜서 못질해 붙인 다음 6mm 타공판을 끼워 넣습니다.

2. 1×3 구조목(19×64mm) 상자 2개(각 1×6 상자 너비의 절반)를 만든 다음 각 상자의 중앙에 19mm 간격재를 틀로 짜서 붙여 넣으세요. 타공판을 잘라서 각 간격재 틀의 양끝에 설치해 넣으세요.

3. 긴 피아노 경첩을 사용하여 1×3 상자를 1×6 상자의 모서리에 고정하세요. 1×6 상자는 드릴, 대패 또는 기타 대형 공구를 보관할 수 있을 만큼 충분히 깊으며, 1×3 상자는 수공구들을 수납하고 정리하는 데 이상적입니다. 상자를 장착할 때에는 벽의 샛기둥에 나사못으로 고정하고, 무게를 지탱할 수 있도록 2×4(38×89mm) 구조목으로 턱을 만들어 벽에 단단히 고정시키세요.

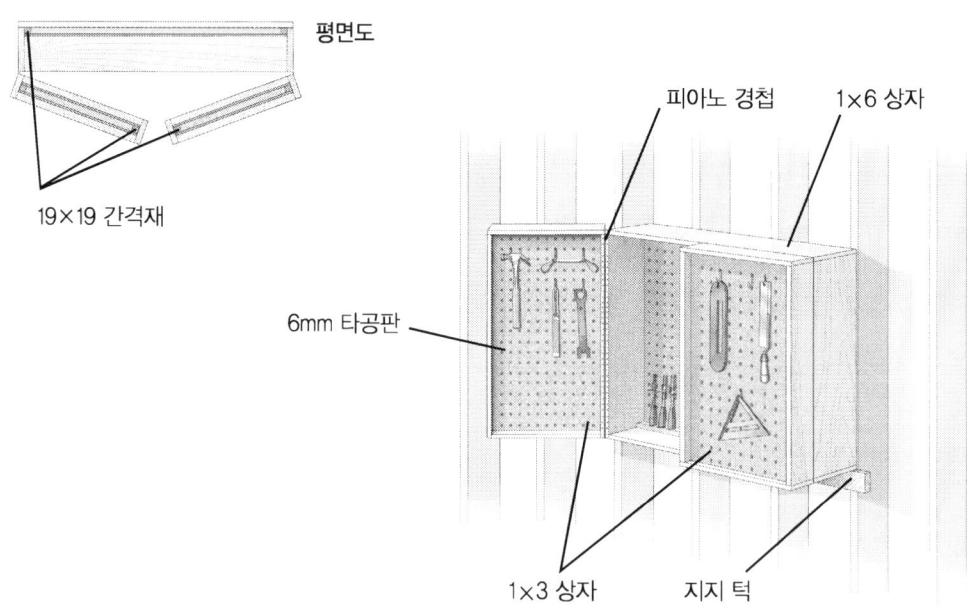

4. 휴대용 전동공구

동물로부터 인간을 구분하는 한 가지는 도구에 대한 욕망입니다.
그것은 당신이 완벽한 전기톱이나 천상의 망치를 들어 올릴 때
당신의 눈동자 뒤편에서 번쩍이는 번갯불이죠. 그 번개는 어디에서 내려칠까요?
당연히, 공구상점이죠.
―Vince Staten

    이동식이나 휴대용 전동공구는 놀라운 도움을 줍니다. 보관하기 쉽고, 취급하기 쉽고, 비교적 비싸지도 않습니다. 적절한 노하우를 통해 더 빠르고 정확하게 작업할 수 있으므로 더 멋진 프로젝트를 수행할 수 있습니다. 물론 대형 고정식 전동공구는 많은 작업을 빠르게 수행할 수 있지만, 대부분의 경우 휴대용 공구들을 대신할 수는 없습니다. 라우터, 벨트 샌더, 충전 드릴 등은 공구상에서 쉽게 찾을 수 있습니다. 여기서 우리는 이 작지만 믿음직한 일꾼의 기초적인 면모를 약간이나마 살펴볼 것입니다.

드릴

Q 스페이드 비트(spade bit)로 구멍을 뚫을 때마다 목재나 합판의 뒷면이 크게 뜯깁니다. 해결책이 있나요?

A 중간까지 구멍을 뚫고 나서 위에서 들여다보면 바닥에 뜯김이 없음을 알 수 있습니다. 그것은 당신이 드릴로 구멍을 뚫을 때, 비트 아래에서 나무의 섬유질을 지지하거나 '뒷받침'해주는 나무가 있기 때문입니다. 판재의 출구 쪽에 필요한 것은 비트가 빠져나올 때 마지막 섬유질을 지지하기 위한 뒷받침 목재입니다. 작업하는 판재의 바닥면에 다른 나무를 클램프로 단단히 고정하세요. 그러면 뜯기는 것이 확연히 줄어듭니다.

Q 한 친구가 급할 때는 못머리가 작고 가는 마감못(finish nail)을 드릴 비트처럼 사용할 수 있다고 하더군요. 정말 가능한가요?

A 예, 특히 자주 부러지거나 쉽게 잃어버릴 수 있는 작은 드릴 비트를 대신할 수 있습니다. 필요한 구멍 직경에 맞는 마감못을 찾으세요. 니퍼(side cutter)나 옥집게(end nipper)를 잡고 보안경을 착용하고요. 못에서 머리를 잘라냅니다(이게 획 날아올 수도 있습니다-보안경을 껴야 할 이유죠). 그런 다음 일반 비트처럼 드릴에 끼워 넣으세요. 나무가 부드러울수록 효과가 좋습니다. 이 즉석 비트는 쉽게 구부러지니까 너무 세게 누르지는 마세요.

Q 드릴 척 키(drill chuck key)를 맨날 찾아 헤매고 있네요. 키 없는 키레스(keyless) 척으로 교체할 수 있을까요?

A 아마도 가능할 텐데요. 그러나 드릴을 분해하기 전에 먼저, 제조업체에서 호환 가능한 키레스 척을 제공하는지 또는 적용 가능한 범용 키레스 척을 찾을 수 있는지부터 확인하세요. 키가 있는 척을 키레스 척으로 교체하려면,

1. 척의 이빨(jaws)을 벌리고 척을 드릴에 고정하는 척 나사를 제거하세요. 그것은 역 나사산이므로 시계 방향으로 돌리면 느슨해집니다.
2. 드릴을 단단한 바닥에 놓고, 척에 키를 끼운 다음 척이 반시계 방향으로 강제 회전되도록 나무망치나 플라스틱 망치로 때려줍니다. 풀어지려면 여러 번 작업을 해야 할 수도 있습니다.

3. 이전 척을 제거하고 새로운 키레스 척을 드릴 회전축(spindle)에 끼우고(손으로 조이면 됩니다) 척 나사를 다시 견고하게 설치합니다.

Q 무뎌진 스페이드 비트를 연마하려면 어떻게 해야 합니까?

A 바이스에 수직으로 비트를 고정하세요. 고운 줄(fine-tooth file)을 비트의 한쪽 一자 날에 올리고 가볍게 흔들어보며 기존 경사각을 찾으신 뒤, 약 5번 정도 갈아주세요. 다른 쪽에서도 똑같이 하세요. 一자 날들이 날카롭게 될 때까지 이것을 반복하세요. (경험적인 방법으로 연마도 검사를 한다면, 손톱 위에 날을 올려놓고 밀어보아 손톱이 살짝 깎이면 예리한 것입니다.) 날 옆면을 몇 번 빠르게 갈아주어 직각으로 만듭니다. 그런 다음 포인트 날의 양면을 연마하여 기존의 경사면을 되살려놓으시면 됩니다.

Q 나선형의 트위스트 비트도 날카롭게 연마할 수 있습니까?

A 예. 일반적인 트위스트 비트에는 여러 개의 날과 경사면이 복합되어 있기 때문에 조금 어렵지만, 최소한 무뎌진 비트보다는 잘 천공할 수는 있습니다. 시작하기 전에 연마할 각도를 결정하기 위해 연마하고자 하는 것과 비슷한 크고 예리한 비트의 끝날을 살펴보세요. 일반적으로 그렇듯 118°(한 방향으로 59°)인 것을 아실 수 있을 거예요. 그 끝날의 양쪽으로 경사면이 있고 그 경사면은 비트 주위로 감겨 있기 때문에 일반적으로 그 뒤에 다른 2차 경사면이 또 있습니다. 이 두 면을 연마하는 것에 집중하면 다시 쓸 만한 비트로 되돌릴 수 있습니다.

실제로 연마를 할 때는, 그라인더의 공구 받침대에 드릴 비트를 올려놓고 감각에 의지해서 59° 끝날각을 찾으세요. 비트를 시계 방향으로 돌리면서 샤프트를 아래쪽과 왼쪽으로 움직여 2차 경사면을 연마합니다. 이건 연습을 필요로 하긴 하지만, 결국에는 익숙해지실 거예요. 또한 시중에는 드릴 비트 연마기들이 많이 있답니다.

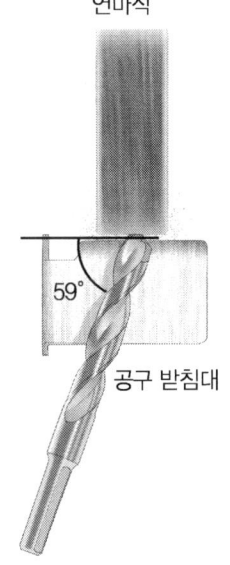

연마석

59°

공구 받침대

Q 제 이웃이 새로 작은 충전 드릴 하나를 샀던데요. 그게 너무 잘되니까, 더 이상은 나사를 박을 때 큰 전기 드릴은 사용하지 않아요. 뭘 산 걸 까요?

A 리튬 이온 배터리로 구동되는 임팩트 드라이버/드릴 중 하나를 구입했을 가능성이 크군요. 조정 가능한 척이 있는 일반 드릴과는 달리, 이 척은 표준 6mm 육각 샹크의 비트만 끼울 수 있습니다. 임팩트 드라이버/드릴은 나사못을 박는 데 탁월합니다. 처음에는 일반 드릴처럼 구동하지만 진입이 어려워지면 임팩트 모드로 자동 전환됩니다. 임팩트 기능은 더 나은 제어 기능을 제공하고 나사못 머리에서 미끄러질 가능성을 줄여주므로, 힘들게 밀면서 작업할 필요가 없습니다. 리튬 이온 배터리는 매우 가볍고 오래가며, 대부분의 공구에는 LED 조명이 내장되어 있어 자신이 하고 있는 것을 볼 수 있습니다. 잘 알려진 바와 같이, 이것은 석고보드용 나사부터 육각 나사(lag screws)까지 모든 작업을 할 수 있는 완벽한 공구입니다.

> **TIP**
> **똑바로, 정확하게 뚫기**
> 스페이드 비트로 수평 천공을 할 때 드릴을 똑바로, 정확하게 유지하려면 다음과 같이 해보세요. 비트의 샹크 위에 와셔를 밀고 비트를 척에 조입니다. 축을 따라 와셔를 중간 위치에 놓고 천공을 시작합니다. 와셔가 움직인다면 드릴이 위아래로 움직이는 중이라는 신호를 보내는 것입니다. 드릴의 좌우 정렬은 눈으로 봐서도 충분히 유지할 수 있죠.

Q 드릴 프레스 없이 정확히 90° 구멍을 뚫을 수 있습니까?

A 예. 두 개의 1×2(19×38mm) 구조목을 L자형으로 붙여서 휴대용 드릴 프레스로 만드세요. 이것을 사용하려면 드릴의 끝부분을 원하는 위치에 놓고 L자형 지그를 비트 옆면에 꼭 맞춰서 직선을 맞춘 다음, 지그(jig)를 제자리에 놓고 구멍을 뚫습니다. 지그가 허용하는 것보다 더 깊이 천공해야 하는 경우, 지그를 제거하고 이미 뚫어놓은 구멍이 나머지 천공 부분의 안내 역할을 하게 하면서 작업하세요.

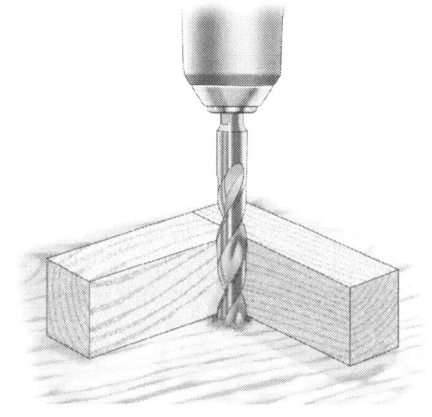

샌더와 휴대용 전동대패

914mm(36인치) 크기의 거대한 고정식 벨트 샌더이든 아니면 나뭇조각을 감싸는 사포 한 장을 가지고 있든 간에, 모든 샌더의 역할은 큰 흠집은 작게, 작은 흠집은 사라지도록 만드는 것입니다(적어도 육안으로는요).

Q 벨트 샌더(belt sander)를 사용할 때, 샌더가 흔들리거나 모서리가 둥글게 되지 않게 하면서 좁은 판재의 옆면을 샌딩할 방법이 있을까요?

A 판재 가장자리를 따라 2×2(38×38mm) 또는 2×4(38×89mm) 구조목을 클램핑해놓고 벨트 샌더가 닿는 면이 더 넓은 표면이 되도록 해보세요. 흔들림을 방지하고, 판재 옆면이 90°를 유지하도록 도울 것입니다. 클램프와 작업물 사이에 다른 나뭇조각을 끼워놓아, 클램프가 누른 흔적을 남기지 않도록 하는 것, 잊으면 안 되겠죠.

Q 저는 장난감들을 많이 만드는데, 부재들이 너무 작아서 샌딩할 때 클램프로 고정하기가 어려워요. 혹시 방법이 있을까요?

A 고정식 벨트 샌더나 디스크 샌더(disc sander)가 없다면, 작은 부재들을 다루기에 가장 적합한 전동 샌더 중 하나는 휴대용 벨트 샌더를 뒤집어서 사용하는 것입니다. 어떤 것은 상단이 평면으로 설계되어 있어 뒤집을 수 있습니다. 어떤 것들은 공구상에서 구입하거나 별도로 제작된 스탠드가 필요합니다. 어느 것이든 간에 장비가 작업대에 단단히 고정되었는지 확인해야 합니다. 벨트가 움직이는 방향에 유의하고, 벨트 모서리에 닿지 않도록 조심해야 하며, 작업물이 공중으로 튀지 않도록 해야 합니다. 플라이어(plier)나 핸드 스크류 클램프로 작은 부재들을 잡아줄 수도 있습니다.

거꾸로 뒤집은 벨트 샌더는 커다란 부재의 곡면 샌딩도 잘 합니다. 고정된 목재에 6kg짜리 벨트 샌더를 들고 작업하는 것보다, 고정된 벨트 샌더에 1kg짜리 나무를 움직이며 작업함으로써 더 나은 시야를 가지면서도 팔의 부담도 덜 수 있죠. 벨트 샌더 보관상자나 집진포 등을 아직 샌딩하지 않은 작업물들의 임시 보관 장소로 사용할 수도 있겠네요. 모서리의 직각을 유지하고 더 나은 제어를 하는 데 도움이 됩니다.

Q 크고 평평한 판재를 샌딩할 때 제가 사포 입도(grit)수를 높여가며 샌딩할 때 놓치는 부분 없이 잘 하려면 어떻게 해야 합니까?

A 연필로 판재 표면에 선들을 그려놓고 모든 자국이 없어질 때까지 샌딩을 하세요. 두 번째 선들을 다시 긋고, 사포를 더 고운 것으로 변경하여 다시 샌딩을 합니다.

Q 원형 샌더의 벨크로에 더 이상 사포가 붙지를 않네요. 왜 그럴까요? 해결될 수는 있나요?

A 샌딩 과정에서 샌더에 너무 많은 압력을 가하면 문제가 생길 수 있습니다. 과도하게 압력이 가해지면 벨크로의 고리들이 약해지고 잡아주는 힘을 잃을 수 있습니다. 따라서 압력을 가볍게 하고 샌더의 무게만으로 작업하셔야 합니다. 때때로 압축공기를 사용하여 패드에서 톱밥을 날려버리시고요. 톱밥은 과도한 열과 벨크로 성능 저하의 원인이 될 수 있습니다. 벨크로를 보호하기 위해 항상 사포를 부착해놓으세요. 패드가 완전히 못 쓰게 되었다면, 교체품을 구입하여 교체해주세요.

> **TIP**
>
> **신발 밑창과 벨트 클리너**
> (a belt cleaner with sole)
>
> 아마 샌딩 벨트에서 톱밥과 오물들을 제거하기 위해 구입할 수 있는 직사각형 모양의 클리너 스틱을 보았을 것입니다. 그러나 바로 코앞에, 또는 적어도 발밑에 더 값싼 대안이 있을지도 모르죠. 판매되는 벨트 클리너는 천연 크레이프 고무(natural crepe rubber)로 만들어졌습니다. 신발 밑창 제작에 사용되는 크레이프 고무 밑창과 같은 소재이죠. 다음에 샌딩 벨트나 디스크에 찌꺼기가 꽉 차면 샌더를 가동시키고 낡은 크레이프 신발 밑창으로 벨트를 가로질러 좌우로 움직여보세요. 곧바로 깨끗해질 거예요. 혹시 말려들지 않도록 끈부터 풀어두셔야 하겠지요.

Q 원형 샌더에 접착식 사포(pressure-sensitive paper)보다 벨크로 사포(velcro-backed sandpaper)를 사용하고 싶습니다. 변환할 수 있나요?

A 예. 기존 압력감지 디스크에 접착해서 쓰는 벨크로 패드로 구성된 변환 키트를 구입할 수 있습니다. 또한 당신의 공구가 두 유형의 패드를 모두 쓸 수 있도록 설계되었는지도 확인할 수 있습니다. 만약 그렇다면 오래된 패드를 교체하는 것은 보통 샌더 바닥에서 세 개의 작은 나사 또는 한 개의 중앙 나사(역나사산으로 되어 있을 수 있습니다)를 제거해서 할 수 있을 겁니다.

샌더 고르기

샌더의 기능은 간단합니다. 그렇다면 특히 휴대용 샌더에 왜 이렇게 많은 종류가 있을까요? 간단하게 요약해보죠.

벨트 샌더(belt sanders)는 신속하게 목재를 깎아내고, 대형 판재를 평탄하게 하며, 고르지 않게 접착된 결합 부위를 평탄하게 합니다. 가장 일반적인 크기는 3×21인치(3인치 폭, 둘레 76×533mm(21인치)의 벨트)이지만 76×457mm(3×18인치)에서 101×609mm(4×24인치)까지의 크기가 널리 사용되고 있습니다. 벨트 샌더는 강력하고 거칠어서, 주의를 기울이지 않으면 베니어를 뚫어버리거나 작업물을 파먹어버릴 수 있습니다. 또한 끌이나 수공구, 원예 도구 등의 거친 연마에도 탁월합니다.

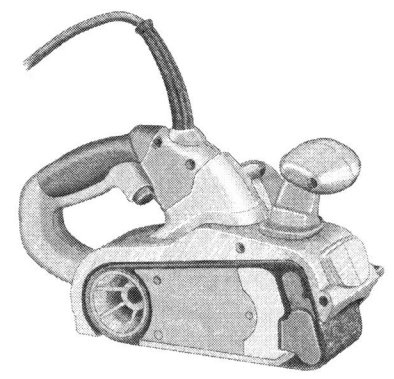

벨트 샌더

사각 샌더(sheet, palm, and finishing sanders)는 약간의 궤도 작용으로 앞뒤 진동 운동을 통해 느리고 제어된 샌딩을 위해 설계되었습니다. 이 제품은 한 손으로 사용하기에 충분히 가볍기 때문에 수직면을 샌딩하는 데 이상적이며, 모서리에 쉽게 들어갈 수 있습니다. 대부분은 표준 사포 한 장의 1/3 또는 1/4 장을 사용합니다.

원형 샌더(random orbital sanders)는 회전판과 궤도 작용을 결합한 것입니다. 다재다능하죠. 거친 사포로 빨리 울퉁불퉁한 부분을 제거하거나 고운 사포로 매끄러운 표면을 만들 수 있습니다. 널결(cross-grain)에 생기는 흠집을 최소화하기 때문에 캐비닛의 프레임이나 문짝과 판재가 직각을 이루는 목공 작업의 결구 부위를 매끄럽게 만드는 데 탁월합니다. 단 하나의 휴대용 샌더만 가질 수 있다면, 이것이 탁월한 선택입니다.

디테일 샌더, 프로파일 샌더(detail and profile sanders)는 작은 삼각형 또는 직사각형 샌딩 헤드를 사용하여 좁은 공간과 모서리에 들어갈 수 있습니다. 약간의 궤도 운동을 하죠. 어떤 것은 곡면이나 복잡한 표면을 샌딩하기 위해 다양한 모양의 헤드와 패드를 사용할 수 있습니다. '멀티 커터'에 다양한 절단용 날물뿐 아니라 샌딩 패드를 부착하여 사용하는 것도 같은 종류라 할 수 있습니다.

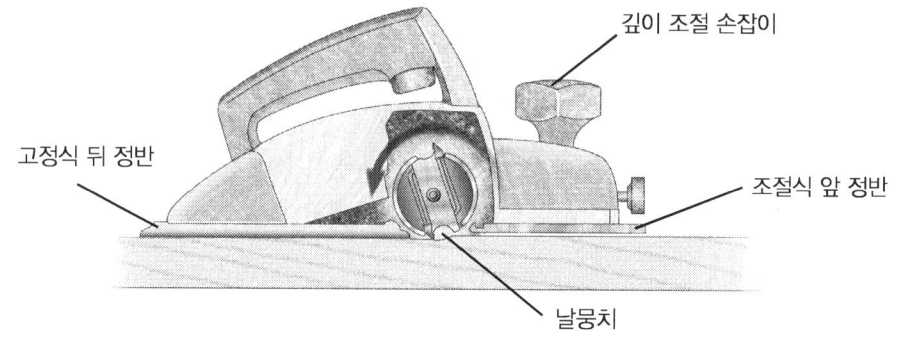

고정식 뒤 정반 / 깊이 조절 손잡이 / 조절식 앞 정반 / 날뭉치

Q 공구상에서 휴대용 전동대패를 봤습니다. 그것은 벨트 샌더나 손대패로는 할 수 없는 다른 것을 할 수 있나요?

A 휴대형 전동대패는 일종의 하이브리드 공구라 할 수 있습니다. 벨트 샌더의 일부이며, 손대패의 일부이고, 라우터의 일부, 수압대패의 일부라고 할 수 있습니다. 이것은 짧은 앞 정반, 뒤 정반과 그 옆에 회전 대팻날 뭉치를 가진 거꾸로 된 소형 수압대패처럼 설계되었습니다. 앞판을 조정하여 절삭 깊이를 제어하고, 고정식 뒤판이 수압대패의 뒷정반처럼 작업한 목재를 제공해주는 것이죠. 손대패보다 빠르게 작업할 수 있고, 벨트 샌더보다 똑바른 선으로 작업할 수 있습니다.

Q 제 공방에도 휴대용 전동대패가 필요할까요?

A 휴대용 전동대패는 거친 구조 목공에서부터 섬세한 목공예까지 두루 훌륭한 목공 공구로 사용할 수 있습니다. 다시 말하면, 대목에서 소목까지 모두 사용할 수 있는 공구이죠. 다음과 같은 작업에서 아주 탁월합니다.

- **모따기**(chamfering). 모서리에 붙여서 판재의 각진 가장자리를 부드럽게 하거나 경사지게 하는 것입니다. 대부분의 기계는 판재 모서리를 가운데에 위치시킬 수 있도록 하기 위해 바닥판에 긴 홈이 있습니다.
- **맞춤**(fitting). 이것은 문설주에 문을 딱 맞추기 위해 문짝 테두리를 다듬기에 가장 좋은 공구 중 하나입니다.
- **수평 조정**(leveling). 건식 벽체 시공이나 캐비닛 설치를 위해 수평을 맞춰야 할 경우, 전동대패는 굽어 있는 장선(joist)의 바닥이나 샛기둥(stud) 표면의 돌출부들을 신속하게 제거합니다.
- **테이퍼링**(tapering). 연습을 하면 테이퍼된 다리를 만들기 위해 비스듬한 선을 따라

대패질하는 데에 숙련될 수 있습니다. 또한 테이퍼된 시작점과 전환점을 만드는 것 같은 작업에도 유용합니다.

지그쏘

지그쏘(jigsaw)는 곡선을 절단하는 데 탁월하지만, 직선이나 경사 절단 또는 각도 절단을 하는 데에도 사용할 수 있습니다. 적절한 톱날을 사용하여 금속, 플라스틱 또는 기타 재료를 절단하는 데에도 사용할 수 있습니다. 당신이 목공 입문자라면 이것이 원형 톱보다 훨씬 덜 위험한 공구임을 알 수 있을 것입니다. 만약 자신의 첫 번째 톱을 구입할 생각이라면 지그쏘를 고려해보세요.

Q 지그쏘를 사용하여 월넛의 곡선을 자르려고 하는데 선을 보는 게 좀 어려워요. 어떤 좋은 방법이 있을까요?

A 마스킹 테이프를 작업물 위에 붙이고 그 위에 윤곽선을 그려보세요. 선을 더 잘 볼 수 있을 뿐만 아니라, 지그쏘 바닥판이 나무에 흠집을 내지 못하도록 해주기도 합니다. 그리고 합판을 자를 때는 마스킹 테이프가 뜯김을 최소화하는 데 아주 좋습니다.

Q 조리대 상판에 구멍을 뚫으려고 지그쏘를 쓸 때마다 표면의 래미네이트라고 부르는 박판이 자꾸 뜯겨 나오곤 합니다. 해결 방법이 있나요?

A 지그쏘의 톱날은 위쪽 방향으로 자르도록 설계되어 있습니다. 톱니는 작업물을 지그쏘의 바닥판 쪽으로 당기면서 움직이도록 하여 안정성을 높입니다. 톱니가 상향 운동을 하면서 무늬목이나 래미네이트들을 판재 밖으로 밀어 올리니까 뜯기는 것이죠. 쪼개짐을 피하려면 상판을 거꾸로 뒤집어서 작업하거나 아랫방향으로 자를 수 있도록 디자인된 역날(reverse-tooth) 톱날이나 래미네이트 전용 톱날을 사용하세요. 역날 톱날의 가장 큰 단점은 톱이 튀어오를 수 있다는 것입니다. 그러므로 작업물을 클램프로 잘 고정하고 단단히 잡고 작업해야 합니다. 만약 지그쏘가 마구 흔들리기 시작한다면 재빠르게 끄세요. 미세한 톱니를 가진 금속 절단용 톱날로 절단할 수도 있습니다. 시간은 더 오래 걸리지만 뜯김은 최소화됩니다.

Q 예전에 판재 중간에서부터 아래로 뚫어가는 톱질을 하는 플런지 절단(plunge cut)을, 합판에다 원형 톱으로는 해봤는데, 지그쏘로는 해본 적이 없네요. 어떻게 하면 될까요?

A 지그쏘 바닥판 앞부분을 합판 위에 놓고 앞으로 기울이고, 절단선 바로 위에 (닿지는 않도록 해야 합니다) 톱날을 배치하세요. 톱의 전원을 켜고 천천히 받침대를 아래쪽으로 회전시키세요. 천천히 해야 하고, 또한 꽉 잡으셔야 합니다. 그러나 톱날에 힘을 가하지는 마세요. 작업물은 망가지고, 톱날은 구부러진 채로 어이없게 끝나버릴 수 있습니다. 톱날이 합판을 절단하기 시작하는 데 10~15초나 걸릴 수도 있지만, 일단 시작됐다면 바닥판을 평평하게 놓고 톱질을 완료하세요. 짧은 톱날이 긴 톱날보다 흔들림 없이 안정적이니 짧은 톱날을 사용하세요. 플런지용 톱날을 사용할 수도 있습니다.

전에 플런지 절단을 해본 적이 없으시다면 먼저 자투리에다가 연습을 해보세요. 처음엔 시간이 좀 걸리겠지만 금방 요령이 생길 것입니다. 플런지 절단의 대안은 합판에 12mm 정도 되는 구멍을 뚫고(톱질 후 버려지는 쪽에 구멍을 뚫어야 하겠죠) 톱날을 구멍에 넣어 잘라내는 것입니다.

Q 지그쏘를 구매하려고 살펴보고 있는데, 어떤 것은 오비탈(orbital action) 기능이 있더군요. 그것이 무엇인지 궁금하네요. 그리고 그게 있어야 할 만한 기능인가요?

A 오비탈 모드에서는 톱날이 위아래로 움직일 뿐만 아니라 약간의 각도로 앞쪽으로도 움직입니다. 그 결과로 빠른 절단이 가능하죠. 오비탈 운동을 하는 대부분의 톱은 네 가지 설정을 가지고 있습니다. 0으로 설정하면 오비탈 동작이 없으며, 톱은 가장 깨끗하고 직선인 절단을 합니다. 숫자가 올라갈수록 오비탈 운동이 더 커지고 절단이 빨라지므로 두꺼운 재료에서 특히 편리합니다. 단점은 다소 거칠고 때로는 단면이 직각을 벗어나기도 한다는 것입니다.

Q 공구상에서 두 종류의 금속을 붙인 바이메탈 톱날을 판매하고 있더군요. 톱니를 하나의 재료로 만들고 톱날을 또 다른 재료로 만든 건가요?

A 일반적인 지그쏘 톱날은 탄소강이나 고속강으로 만들어집니다. 바이메탈 톱날은 두 가지 유형의 금속이 층으로 함께 결합되어 만들어집니다. 결과적으로 5~10배 오래 쓸 수 있고, 깨지거나 부서지지 않는 톱날입니다. 실수로 바이메탈 톱날을 바닥에 닿게 하여 구부러지면 펜치를 사용하여 똑바로 펴고 다시 작업할 수 있습니

다. 바이메탈 톱날의 경우 약 30% 정도 비싸긴 할 것입니다.

Q 지그쏘로 곡선 절단을 더 정교하고, 좀 더 쉽게 할 수 있는 좋은 방법이 있습니까?

A 더 좁은 날을 사용할 수도 있으며, 릴리프 컷(relief cut) 또한 도움이 될 것입니다. 릴리프 컷은 판재 가장자리에서 (자투리로 버려질 부분을 통해) 곡선 가장자리까지 잘라가는 것입니다. 이 방법은 다루기 힘든 하나의 커다란 덩어리가 아니라, 여러 개의 작은 조각들로 잘라나가도록 하는 것입니다. 이렇게 하면 톱날이 더 정교하게 움직일 수 있는 경로가 확보되죠.

원형 톱

Q 18mm 합판으로 서류 정리함을 만들고 있는데, 직선 절단만 수십 번을 해야 할 것 같습니다. 테이블쏘는 없는데 어떻게 하면 좋을까요?

A 12mm 합판으로 간단한 '직선 가이드'를 만드세요. 다음과 같이 해보세요.

1. 원형 톱(circular saws)을 사용하여 폭 400mm, 길이 1,200~2,400mm의 합판에서 폭 100mm의 긴 판재(공장 재단면(factory edge)이 있는 부분)를 잘라냅니다.
2. 접착제와 나사못을 사용하여 나머지 폭 300mm 판재 위에 잘라낸 100mm 판재를 고정시키고 그림과 같이 공장 재단면이 바깥을 향하게 하세요.
3. 원형 톱 바닥판의 넓은 부분을 공장 재단면에 놓고 아래쪽 부분을 잘라냅니다. 절단면은 완벽하게 직선이며 톱날의 안쪽 가장자리와도 일치합니다.

　이제 직선 가이드가 있습니다. 이를 사용하려면 작업물의 양끝에 표시를 하고, 가이드의 직선 절단면을 표시선에 정렬하고 가이드를 클램프나 나사못으로 고정하세요. 톱날을 작업물을 절단하기에 충분한 깊이로 설정합니다(가이드 두께가 18mm라는 것을 기억하고 있어야겠죠). 그런 다음 원형 톱의 바닥판의 넓은 부분을 이전에 했던 것과 같이 폭 100mm 판재의 공장 재단면에 대십시오. 똑바른 직선 절단이 이루어집니다. 이 지그를 계속해서 사용할 수 있으므로 '공구'라고 라벨을 붙이고 어딘가에 보관해놓으세요. 테이블쏘를 가지고 있는 목수들조차도 종종 테이블쏘로 무겁고 성가신 4′×8′(1,220×2,440mm) 합판 원장을 자르려고 씨름하기보다는 직선 가이드 사용을 선택하곤 합니다.

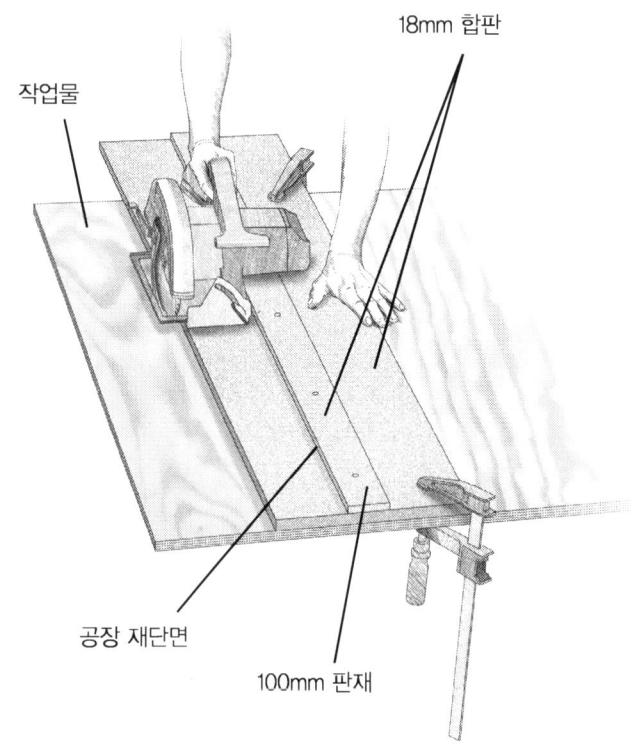

작업물
18mm 합판
공장 재단면
100mm 판재

Q 공구상에서 판매하는 직선 가이드에는 어떤 이점이 있습니까?

A 원형 톱 바닥판의 너비를 보정하기 위해 지그 가장자리에서 자르기 표시선까지 측정해야 하기 때문에 실제로는 공방에서 만들어 쓰는 것보다 덜 편리합니다. 그러나 어떤 것에는 라우터 부착대, 드릴 가이드 등의 악세서리나 전용 클램프와 같은 유용한 기능들이 추가되어 있는 것도 있습니다.

Q 원형 톱날 표면에 붙어 있는 짙은 찌꺼기들을 어떻게 청소할 수 있습니까? 그것 때문에 제가 뭘 자를 때마다 저항이 너무 심한 것 같아요.

A 톱날 세정제를 구입할 수도 있지만, 그 대신 다음과 같이 해보세요. 톱날을 분리하고 '포뮬라 409'와 같은 다용도 세정제/탈지제를

우연한 발명

많은 휴대용 전동공구의 숨겨진 역사들은 흥미롭습니다. 예를 들어 원형 톱은 1921년 Edmund Michel이 사탕수수를 자르는 더 빠른 방법을 개발하려고 하다가 발명됐습니다. 맥아유(malted-milk) 혼합기의 모터에 부착된 50mm 원형 톱날로 시작된 이것은 오늘날 대부분의 작업장에서 사용하고 있습니다.

뿌리세요. 5분 동안 그대로 둔 다음, 낡은 칫솔로 문지른 후에 헹궈주세요. WD-40을 사용해볼 수도 있습니다. 어떤 사람들은 오븐 세정제를 사용하지만, 가스가 너무 강력해서 일부 제조사들은 그것의 부식성 화학물질이 초경 톱니를 칼날에 결합시키는 데 사용되는 재료를 공격한다고 말합니다.

Q 정말 다양한 크기의 원형 톱이 있더군요. 2×4(투바이포, 38×89mm)를 잘라내는 가장 작은 것은 어떤 것일까요?

A 원형 톱은 장착 가능한 톱날 직경의 최대 크기에 따라 분류됩니다. 크기는 114.3mm(4.5인치) 원형 톱(트림쏘, trim saw)에서 조경이나 목재 골조에 사용되는 406.4mm(16인치) 원형 톱에 이르기까지 다양합니다. 톱과 그 최대 절단 깊이의 목록을 도표로 정리해보았습니다. 톱이 45° 각도로 설정되면 절단이 실질적으로 더 얕아지므로 작업 필요에 따라 계획하고 구매하세요. 가장 인기 있는 크기는 184.15mm(7¼인치) 버전으로, 45° 각도로 2×4 크기를 절단할 수 있을 만큼 충분히 크면서도, 약 4.5kg 정도의 무게라서 당신이 지치지 않고 쓸 수도 있을 만큼 충분히 가볍습니다.

원형 톱 절단 깊이

톱날 직경	최대 90° 절단	최대 45° 절단
4.5"(114.3mm)	31.7mm	25.4mm
5.5"(139.7mm)	44.5mm	33.34mm
6.25"(158.75mm)	53.975mm	39.69mm
7.25"(184.15mm)	60.325mm	44.5mm
8.25"(209.55mm)	73.025mm	57.15mm
10"(254mm)	95.25mm	69.85mm
16"(406.4mm)	158.75mm	107.95mm

Q 원형 톱으로 자를 때는 바닥판 전면에 V자로 홈파져 있는 노치(notch)를 사용하여 그어놓은 선을 따라가면서 톱질하는데, 보통은 절단 부위가 비뚤배뚤해요. 제가 뭘 잘못한 걸까요?

A 노치는 톱날을 처음에 선에 정렬하는 좋은 방법이지만, 일단 톱질이 시작되면 대부분의 목수들은 실제 톱날과 선을 보면서 톱을 조정합니다. 오른손잡이들은 보통 톱의 왼쪽에 서 있고 톱날은 일반적으로 톱의 오른쪽에 있으므로 톱날은 모터에 의해 가려 보이지 않게 되지요. 즉, 머리를 오른쪽으로 기울여서 날을 보거나 톱의 앞쪽에 있는 작은 공간을 통해 봐야 합니다.

Q 원형 톱을 사용하여 18mm 합판의 가운데 부분을 자르는 방법이 있나요?

A 이 기법을 '플런지 절단(plunge cutting)'이라고 합니다. 지그쏘 편에서도 한 번 다루었죠. 올바르게 수행하면 깨끗하고 선명하게 절단할 수 있습니다. 단호하게 작업하는 것이 핵심입니다. 절단 깊이를 약 22mm로 설정하세요. 톱을 기울여서 바닥판 앞부분을 합판에 단단히 누르고, 톱날 보호덮개를 당겨서 엄지손가락으로 잡고 톱날을 절단선과 잘 맞춰줍니다. 톱날은 자유롭게 회전하고 있기 때문에, 톱날이 나무 표면 위에 잘 있는지 확인하셔야 합니다. 방아쇠를 당겨 모터가 최고 속도로 돌 때까지 기다리다가, 점차적으로, 그러나 확신을 가지고 톱을 단단히 쥐어 회전하는 톱날을 합판에 천천히 내려 밀어줍니다.

  이 작업을 너무 소심하게 겁을 먹고 하면 톱날이 합판을 잡아당겨 톱이 당신을 향해 날아올 수 있습니다. 작업물과 작업자 모두 손상될 수 있으므로 '킥백(kickback)' 경로에서 벗어나도록 하세요. 톱날을 내리면 첫 플런지 절단은 톱날직경 정도의 길이로 될 것이므로, 선을 따라 톱을 잘 위치시켜서 첫 플런지 절단이 너무 앞이나 뒤로 절단하지 않도록 하세요. 먼저 자투리 합판에 연습해보시는 게 좋겠죠.

Q 원형 톱으로 절단할 때 하드우드 합판이 뜯기는 것을 어떻게 막을 수 있나요?

A 몇 가지 단계가 도움이 될 텐데요. 이 방법들을 많이 사용할수록 깨끗하게 절단하실 수 있을 겁니다.

- 톱을 적당한 깊이로 설정하세요. 재료 두께보다 약 3mm 정도 더 깊게 하면 좋습니다. 목재를 통과하는 톱날의 양이 적을수록 타거나 뜯기는 것, 그리고 킥백의 가능성이 줄어듭니다.

- 합판과 멜라민(melamine)을 절단하기 위해서는 별도로 디자인된 고운 날을 사용하거나 적어도 60~80개의 톱니가 있는 날을 사용하세요.
- 합판의 양면 중 좋은 면을 아래로 해서 자르세요. 그렇게 하면 톱니가 (좋은 면의) 표면 베니어를 합판 심재에서 먼 방향으로 밀어내 뜯기게 하지 않고, 위쪽으로 밀어 올립니다.
- 선을 표시할 때는 금긋기칼로 칼금을 그어서 표시하세요. 몇 번 긋는 것만으로도 전체 베니어 층을 잘라낼 수 있습니다. 그런 다음 그어진 칼금의 잘려 없어지는 방향으로 절단합니다. 칼금 표시는 뜯김을 방지해줍니다.
- 절단선 위에 마스킹 테이프를 단단히 붙여서 뜯김을 줄일 수도 있습니다. 테이프를 제거할 때는 절단선에 직각 방향으로 당겨서 떼십시오.

라우터

라우터(routers)는 판재 가장자리를 따라 여러 가지 모양의 프로파일(profile)을 만들기 위해 가장 많이 사용되지만, 판재 표면을 따라 홈을 파고, 몰딩을 만들고, 캐비닛의 문을 만들고, 주먹장을 가공하는 등 수십 가지 다른 작업에도 사용할 수 있습니다. 이것은 정말로 당신의 목공 기술을 한 단계 높여줄 수 있습니다. 라우터의 다재다능함과 유용성을 알고자 한다면, 사용 가능한 수백 개의 라우터 비트를 목공 카탈로그에서 찾아보세요.

Q 목공을 너무 하고 싶어졌고요, 지금은 라우터를 사려고 합니다. 어떤 걸 찾아보면 될까요?

A 현재에나 미래에나 당신이 요구하는 일들을 잘 처리해내는 일꾼을 원한다면 다음을 갖춘 것을 구입하세요.
- 최소 12A 또는 2.25마력은 되어야 합니다. 더 큰 것을 구입한다면 라우터 테이블을 설정하는 데 더 좋은 점이 있겠지만, 특정 크기를 초과하면 손으로 잡고 작업하는 것은 쉽지가 않습니다.
- 다양한 크기의 비트와 다양한 종류의 목재에 맞게 속도를 조정할 수 있도록 변속 기능이 있어야 합니다.
- 6mm, 12mm 샹크(shank)의 비트 모두를 위한 콜렛이 있어야 합니다. 콜렛 전환은

대개 1분 이내에 완료됩니다.

또한 라우터 모터 유닛과 고정 베이스, 플런지 베이스가 쉽게 교체될 수 있는 라우터를 고려하세요. 어떤 목수들은 라우터 테이블에 고정 베이스를 영구적으로 장착하고, 일상적인 라우터 작업을 위해 플런지 베이스를 사용합니다.

많은 목수들이 그들의 공구 창고에 라우터를 두 개 이상 보유하고 있으며, 판재 모서리에 모따기(chamfering)를 하거나 둥글게 가공하는 라운드오버(rounding-over)와 같은 반복적인 작업을 수행하는 사람들은 종종 특정 작업에 전용 라우터를 사용하기도 합니다.

Q 어떤 라우터 비트의 하단에는 롤러가 있던데, 이유가 무엇인가요?

A 거의 모든 라우터 작업에는 라우터 또는 작업물을 제어하기 위한 라우터 비트, 엣지 가이드 또는 펜스 같은 가이드가 필요합니다(한 가지 예외는 가이드가 없는 프리 헨드로 조각할 때입니다). 바닥에 롤러 베어링이 있는 비트를 베어링 비트(bearing-guided bit 또는 edge-guided bit)라고 합니다. 롤러가 판재의 가장자리를 따라가면서 위쪽의 커터날이 프로파일을 가공합니다. 이 비트는 일반적으로 손으로 들고 사용하는 라우터에서 쓰이며, 직선 또는 곡선의 옆면을 따라갈 수 있습니다. 이 비트는 그 설계 특징에 의해 판재의 옆면이나 마구리 부분에서만 프로파일을 가공할 수 있습니다.

롤러가 없는 것은 보통 홈 비트(groove-forming bit)라고 합니다. 이것들은 긴 홈(groove)이나 프로파일을 가공할 수 있을 뿐만 아니라 판재의 표면이나 옆면에서 다른 작업을 수행할 수도 있습니다. 이것들은 작업물에 고정된 직선 가이드나 템플릿

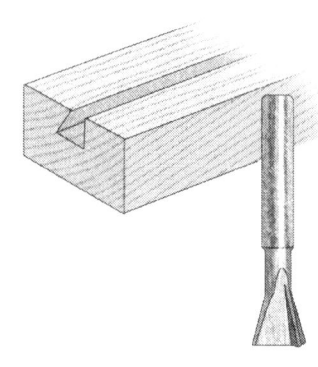

베어링 비트   홈 비트

베어링

에 의해 안내되거나 라우터 테이블에서 펜스와 함께 사용되어야 합니다. 대부분의 목수들은 두 가지 유형의 도구를 모두 보유하고 있습니다.

Q 라우터 작업을 할 때, 특히 판재의 마구리 부분 같은 곳의 작업일 때 쪼개짐을 방지하려면 어떻게 해야 합니까?

A 라우터 비트를 재료에 파고드는 회전하는 칼날이라고 생각해보면서, 판재를 따라 밀어 넣으세요. 비트가 잘 파고들고, 깨끗하게 밀고 나아가도록 할 수 있는 세 가지 방법이 있습니다.

1. 비트가 예리한지 확인하세요. 무디거나 이가 나가 있거나 탄(burned) 비트는 나무가 깨끗하게 가공되지 않고 뜯기는 경향이 있습니다.
2. 가공하고자 하는 프로파일이 깊거나 넓은 경우, 조금씩 깊이를 깊게 하며 여러 번에 걸쳐 가공하세요.
3. 마구리 부분을 먼저 라우터 가공하세요. 그런 식으로 하면, 마구리 한쪽 구석이 뜯기거나 하더라도 옆 부분을 라우터 가공하여 결함들을 제거할 수 있습니다.

Q 라우터를 움직이는 방향이 중요한가요?

A 예. 비트날이 나무쪽으로 회전하도록 라우터를 움직여 보다 부드럽고 잘 제어된 가공면을 얻을 수 있습니다. 라우터 비트는 (위에서 볼 때) 시계 방향으로 회전합니다. 비트가 나무에 파고들게 하고 싶다면(나무를 타고 휙 달려가거나 굴러가는 대신에 말이죠) 판재의 옆면을 마주보아 라우터를 그 옆면을 따라 왼쪽에서 오른쪽으로 움직이며 작업하세요. 잘려진 부위의 안쪽에서는 라우터를 시계 방향으로 움직이세요.

Q 라우터에 대구경 비트를 사용하면 종종 가장자리가 뜯기거나 고르지 않게 되곤 합니다. 제가 어떤 것을 잘못한 걸까요?

A 천천히 하셔야 해요. 비트가 크면 클수록 바깥쪽 테두리에서는 더 빠르게 돕니다. 예를 들어, 25,000rpm에서 작동하는 12mm 직경의 비트는 둘레 부분에서 시속 56km/h 정도로 회전한다면, 동일한 25,000rpm에서 회전하는 76mm 직경의 비트는 둘레 부분에서 시속 320km/h 이상으로 회전합니다. 둘레 속도가 160km/h를 초과하면 진동이 증가하고 타거나 뜯길 가능성이 높아집니다. 고속 회전은 또한 비트의 수명을 단축시킬 수 있습니다. 이러한 이유로 인해 속도 조절이 가능한 변속 라우

터를 구입하는 것이 좋은 것이죠. 다음은 라우터 비트의 크기에 따라 권장되는 대략적인 속도입니다.

- 외경 25mm(1″) 미만 — 최고 속도
- 외경 25mm(1″)~50mm(2″) — 16,000rpm
- 외경 50mm(2″)~75mm(3″) — 12,000rpm
- 외경 75mm(3″) 이상 — 10,000rpm

Q 여성 목수인 제 친구가 있는데, 전에 보니까 무늬가 많고 결이 복잡한 나무에 작업할 때 라우터를 권장 방향과 반대 방향으로 움직이더군요. 그건 위험한 거 아닌가요?

A 그녀는 '클라임 컷(climb cut)'이라고 부르는 역방향 라우팅을 하고 있는데, 몇 가지 상황들에서는 그것이 좋은 방법일 때가 있습니다. 우선, 한번 상상해보세요. 당신이 월넛 판재의 가장자리에 라우터 작업을 하는데, 비트가 판재를 아주 잘 깎아내며 작업을 하고 있어요. 그러다가 나뭇결이 소용돌이치기도 하고 방향이 바뀌며 아름다운 무늬를 만들고 있는 부분에 왔습니다. 만약 당신이 여기서 통상적인 방향으로 라우터를 진행한다면, 당신의 비트는 그 거친 엇결의 나뭇결을 움켜잡았다가 뭉텅이로 뜯어먹을 수가 있습니다.

그러나 결이 복잡하게 나 있는 판재 부분을 반대 방향에서 라우팅하면, 즉 역방향 라우팅(clmb cut)을 수행하면 비트는 단계적으로 복잡결 부분의 아주 작은 부분만 끊어낼 것입니다. 그런 다음 돌아가서 라우팅 안 된 부분을 일반적인 방법대로 왼쪽에서 오른쪽 방향으로 작업하여 완료하세요. 당신이 역방향 라우팅(clmb cut)된 복잡결 부분에 도착할 때, 뜯기거나 튕길 위험이 가장 큰 부분이 벌써 제거되었기에 보다 매끄러운 최종 가공면을 얻을 수 있습니다. 역방향 라우팅(clmb cut)을 할 때는 항

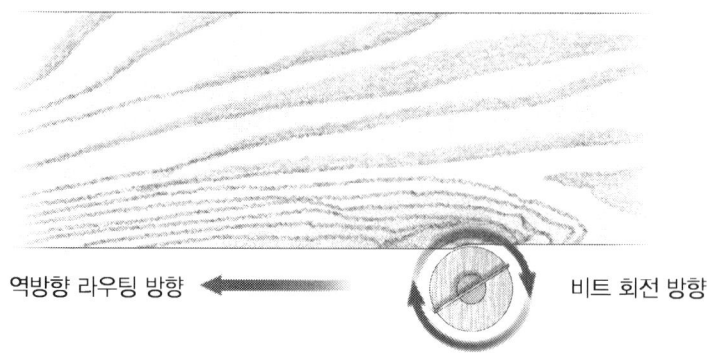

역방향 라우팅 방향 ← | → 비트 회전 방향

상 라우터를 단단히 잡고 움직여주어야 합니다. 라우터는 가공 방향으로 스스로를 밀어대는 것처럼 힘을 받습니다. 항상 가볍게 지나가게 해주어야 하고요. 전에 한 번도 해본 적이 없다면 자투리에 먼저 연습하는 게 좋겠죠.

Q 하드우드에 라우터 작업을 할 때는 조심한다고 해도 자꾸만 나무를 태우곤 합니다. 해결책이 있을까요?

A 체리, 하드메이플이나 일부 하드우드는 너무 빠르거나 너무 천천히 라우팅을 하면 탈 수가 있습니다. 당신은 아마도 깨끗한 가공을 위해 충분히 느리지만 동시에 타는 것을 피하면서도 충분히 빠른 어떤 행복한 절충점을 찾고 싶겠죠. 변속 라우터를 가지고 계시다면 속도를 조정해보세요. 그래도 문제가 해결되지 않으면, 원하는 깊이보다 작은 깊이로 라우팅을 하고, 다시 조금 더 깊게 조정하여 작업한 후, 마지막으로 타지 않도록 가볍게 라우터를 밀어주세요.

Q 저는 세워놓은 판재 옆면에는 라우팅 작업을 잘 하진 않지만, 어쨌든 해야 할 때마다 라우터 균형을 잡는 게 꽤 어려워요. 보통 이리저리 패이기도 하고 엉망이 되곤 하죠. 혹시 무슨 방법이 있을까요?

A 판재 옆면과 평행이 되도록 2×2 구조목이나 그 정도 크기의 각재를 가이드 블록으로 대놓고 클램핑해보세요. 넓은 표면이 라우터가 기울어지지 않게 해줍니다. 이상적인 해결책은 라우터 테이블을 사용하는 것입니다(다음 장을 참조하세요).

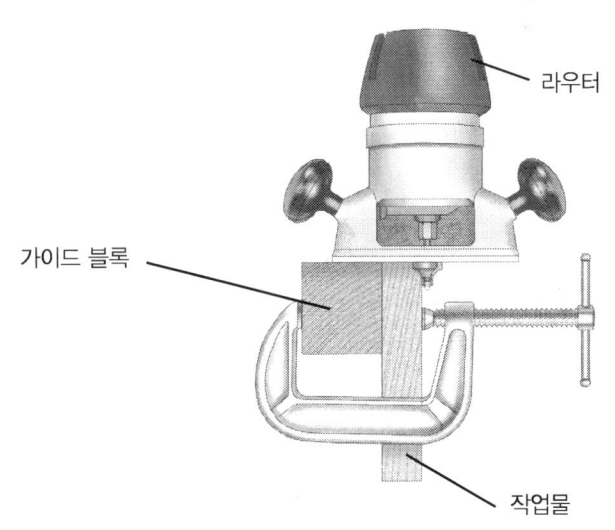

Q 라우터 비트가 미끄러져 빠져 나오면서 제가 의도한 것보다 더 깊게 파먹는 바람에 탁자 상판이 망가져버렸네요. 왜 그런 걸까요. 그리고 앞으로는 혹시 막을 수 있나요?

A 비트의 기둥 또는 자루 부분인 샹크(shank)를 잡아주는 콜렛(collet)이 충분히 조여졌다면, 확인해야 할 세 가지가 있습니다.

1. 비트를 올바르게 설치했습니까? 만약 샹크를 콜렛에 일부분만 물린다면 콜렛의 턱이 샹크를 물어주며 잡을만한 부분이 별로 없게 됩니다. 비트를 올바르게 설치하려면 샹크가 바닥에 닿을 때까지(또는 비트날이 콜렛의 끝에 닿을 때까지) 샹크를 삽입한 다음 약 3mm 정도 당겨 빼내주세요. 이렇게 조금쯤 당겨놓으셔야 합니다. 밑바닥이 닿은 비트는 바깥쪽으로 진동하여 가공 깊이를 증가시킬 수 있습니다. 또한 전달된 열은 모터를 손상시킬 수 있습니다.

2. 비트의 샹크는 깨끗하고 매끄러운가요? 피치, 녹, 오일이나 기타 찌꺼기는 비트가 미끄러지는 원인이 됩니다. 작게 튀어나오거나 묻어 있는 것들은 콜렛이 샹크를 전체 둘레로 잡는 것을 방해할 수 있습니다. WD-40으로 찌꺼기를 제거한 다음 고운 스틸울(steel wool)을 사용하여 샹크를 부드럽고 깨끗하게 닦아주세요. 사포는 절대 사용하지 마세요. 샹크에 긴 홈들이 생겨, 콜렛이 잡는 부분이 줄어들 우려가 있습니다.

3. 콜렛이 제대로 작동하고 있습니까? 먼저 깨끗한지 확인하세요. 콜렛 안의 구멍에서 피치, 오물, 녹을 제거하려면 고운 황동솔(작은 젖병 세척솔처럼 보입니다)을 사용하세요. 그런 다음 구멍을 검사하여 구멍의 중간보다 바닥이나 윗 부분이 더 많이 닳았는지 확인하세요. 나팔이 벌어진 것 같은 이런 벨마우스(bell-mouth) 형태는 콜렛과 샹크 사이의 접촉 영역이 적다는 것을 의미합니다. 이와 같은 손상이나 기타 손상이 있으면 콜렛을 교체하세요.

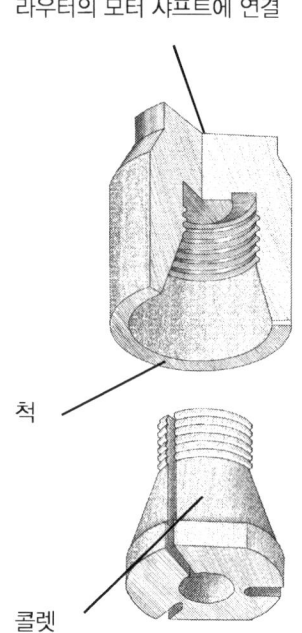

라우터의 모터 샤프트에 연결

척

콜렛

Q 무뎌진 라우터 비트를 연마할 수 있습니까?

A 예, 가능한데요. 다만 비트날의 평평한 면만을 연마합니다. 고속강 비트의 경우는 일반 기름숫돌이나 물숫돌을 사용하고요. 초경 비트의 경우 다이아몬드 숫돌을 사용하세요. 먼저 페인트 희석제(paint thinner) 또는 변성 알코올로 비트를 닦아줍니다. 숫돌에 한쪽 날의 평평한 면을 5~10회 갈아준 다음 다른 날도 동일한 횟수만큼 갈아줍니다. 비트날이 예리하게 복원될 때까지 반복하세요.

절대 라우터 비트의 경사진 날을 연마하려고 하지는 마세요. 가공 형상이 바뀔 수도 있고 비트의 균형에 영향을 미칠 수도 있습니다. 연마 전문가에게서 다시 형상을 잡거나 날카롭게 연마할 수는 있지만, 새것을 사는 것보다 비용이 많이 들 것입니다.

참고로, 라우터 비트의 날은 가끔씩 가볍게 손질해주는 것이 너무 무뎌진 비트를 오랫동안 연마하느라 고생하는 것보다 훨씬 좋겠죠.

Q 6mm 샹크를 가진 것과 비교해서 12mm 샹크를 가진 라우터 비트의 이점은 무엇입니까?

A 많은 라우터들, 특히 큰 라우터는 두 가지 샹크 크기를 다 쓸 수 있는 콜렛을 사용할 수 있습니다. 선택의 여지가 있는 경우라면 12mm 샹크의 비트를 구매하세요. 원둘레가 클수록 콜렛이 잡아줄 면적이 더 크고, 따라서 비트가 미끄러질 가능성이 낮아집니다. 또한 매끄럽게 작동하여 가공면이 더 깨끗합니다. 보통의 공구상에는 6mm 샹크의 비트가 주로 구비되어 있죠. 12mm 샹크 비트를 더 폭넓게 선택하려면 목공 전문 공구상이나 온라인으로 주문하세요.

Q 초경 비트(carbide bit)는 일반 비트보다 가격이 3~4배가 더 비싸더군요. 그만한 가치가 있나요?

A 네, 그렇습니다. 초경 비트는 일반 비트보다 25배 더 오랫동안 예리함을 유지합니다. 처음에는 비용이 더 많이 들지만 장기적으로는 훨씬 절약하게 되는 것이죠.

Q 나선형 비트(spiral bit)가 직선 비트(straight bit)보다 유리한 점은 무엇입니까?

A 직선 비트에는 회전하면서 목재를 자르는 하나 또는 두 개의 절삭날이 있습니다. 반면에, 나선형 비트에는 하나의 길고 연속적인 절삭날이 있으며, 한 부분은 항상

목재와 접촉하여 목재를 깎아냅니다. 이렇게 하면 더 깔끔하고 부드럽게 가공할 수 있습니다. 정날(up-cutting)과 역날(down-cutting) 스파이럴 비트 두 가지를 구입할 수 있는데요, 각각의 이점이 있습니다. 이 비트로 가공할 때 합판의 베니어를 합판에서 멀어지는 방향이 아니라 합판 쪽으로 눌러주며 가공하면서 뜯김을 방지해줍니다. 어떤 것을 사용할지는 합판의 좋은 면을 위로 둘 것인지 아니면 아래로 둘 것인지의 여부와 비트가 손으로 들고 작업하는 라우터에 쓰일 것인지 아니면 라우터 테이블에서 사용될 것인지 여부에 따라 다릅니다.

Q 75×75mm 크기의 코너 블록 모서리를 라우팅해야 합니다. 그런데 그게 너무 작아서 클램프로 고정시킬 수가 없네요. 어떻게 하면 움직이지 못하게 할 수 있을까요?

A 라우터 패드, 천연 고무로 만든 얇은 매트 또는 작업대에 달라붙는 미끄럼 방지 재료 같은 것에 작업물을 올려놓으세요. 사용하지 않을 때는 말아서 보관하고요. 따로 돈이 들지 않는 대안으로는 카펫 자투리가 있습니다(비록 접착성은 시간이 지남에 따라 줄어들고, 그 쿠션감은 견고한 바닥면을 제공하지 않지만요). 또한 임시로 작은 작업물을 고정할 수 있도록 바닥에 양면테이프를 붙일 수도 있습니다.

Q 어떤 작업을 할 때 플런지 라우터를 작동하려다 보니 손이 세 개는 있어야겠다 싶더군요. 두 손은 라우터를 고정하고 다른 한 손은 스위치를 켜는 것이죠. 뭐 좀 쉬운 해결책이 있을까요?

A 풋 페달 스위치를 사시는 게 어떨까요. 두 가지 종류가 있습니다. 표준 버전은 한 번의 클릭으로 ON, 다시 한번 클릭으로 OFF합니다. 페달을 밟아 라우터에 전원을 넣기만 하는 제품도 있습니다.

Q 라우터를 곧은 직각면을 만드는 수압대패처럼 사용할 수도 있다고 들었습니다. 그게 사실인가요?

A 예. 원형 톱의 직선 가이드와 비슷한 직선 가이드를 만들어보세요(117~118페이지 참조). 판재 옆면을 직선으로 만들려고 하면 라우터 비트가 목재를 약 3mm 정도 잘라낼 수 있도록 가이드를 배치하세요. 라우터에 긴 직선 비트를 삽입하고 라우터의 바닥판을 가이드를 따라 밀면서 라우팅을 하면 판재 옆면을 직선으로 만들 수 있습니다.

공구 관리와 유지 보수

Q 뒤뜰에서 큰 목공 작업을 할 때, 가장 가까운 콘센트가 12m 이상 떨어져 있네요. 공구에 무리를 주지 않으면서 연장 코드를 사용한다면 어떤 사이즈가 좋을까요?

A 콘센트에서 멀리 떨어져 있을수록, 공구의 암페어 수가 높을수록 필요한 연장 코드선은 더 커집니다. 두 개의 짝지어진 숫자를 보면, 게이지 번호가 작을수록 코드선은 더 고사양입니다. 15m 길이에서는 공구의 암페어 수를 기준으로 다음 크기의 연장 코드를 사용하세요. 권장 크기보다 강한(낮은 게이지) 연장 코드를 사용한다면 잘못될 것은 없습니다.
- 1~10A: 18게이지
- 11~14A: 16게이지
- 15~18A: 14게이지
- 19~20A: 12게이지

Q 제가 라우터의 무슨 부품을 잃어버려서 그런지 이상한 전선 타는 냄새가 나네요. 뭐가 문제인가요?

A 브러시(brush)를 교체할 때가 왔습니다. 브러시는 모터에 전류를 공급하기 위해 회전 정류자(commutator)를 누르는 작은 탄소 덩어리입니다. 작은 스프링이 브러시에 압력을 가하여 정류자에 안착하게 하며, 이로 인해 결국 브러시가 마모되어 짧아집니다. 50~100시간 사용 후에는 대부분의 브러시를 교체해야 합니다. 첫 번째 해야 할 일은 올바른 교체 브러시를 찾는 것이죠. 설명서를 참조하고, 공인된 공구상이나 웹사이트에서 구입하세요.

브러시를 교체하려면 공구의 플러그를 뽑고, 모터 양쪽에 있는 작고 둥근 브러시 홀더 뚜껑을 풀어줍니다. 마모된 브러시와 스프링을 제거하세요. 새것을 설치하고 스프링이 압착되지 않도록 확인한 다음 뚜껑을 다시 설치하세요. 브러시가 정류자에 대해 단단히 고정될 수 있도록 무부하로 라우터를 5~10분 동안 작동하세요. 공구의 브러시에 쉽게 접근할 수 없는 경우 수리점에 교체를 맡기세요.

Q 원형 톱의 전원 코드선을 잘랐는데요. 전선을 다시 연결하기 위해 전선 커넥터(wire nuts)를 사용하는 것이 좋은가요?

A 아닙니다. 코드 전체를 교체해야 합니다. 톱을 수리점에 가져가거나 다음의 방법대로 하세요.

1. 공구의 올바른 암페어 등급에 맞는 적절한 교체 코드를 구입하세요.
2. 톱의 플러그를 뽑으세요. 손잡이 케이스의 나사를 제거하고 케이스를 엽니다.
3. 코드와 배선의 경로가 어떻게 되고, 어떻게 스위치에 연결되는지 스케치해놓거나 사진을 찍어두세요.
4. 스위치에서 개별 배선들을 분리하지 말고 바꾸고자 하는 낡은 코드를 자유롭게 해두세요. 코드를 자유롭게 해두려면 코드 고정 장치를 제거해야 합니다.
5. 코드가 서로 섞이지 않도록 새 코드선을 이전 코드 옆에 놓고 배선을 한 번에 하나씩 교체하세요. 코드를 고정한 다음 손잡이 케이스를 다시 조립하세요.

> **TIP**
>
> **날려버리다**
>
> 에어 컴프레서를 가지고 있다면, 송풍기 노즐이나 에어건(air gun)을 사용하여 공구를 보관하기 전에 전동공구의 모터 통풍구에서 먼지를 날려버리십시오. 공구가 더 깨끗해지고 오래도록 사용할 수 있습니다.

프로젝트 | 라우터 거치대

라우터는 쓰면서 올려놓을 곳이 필요합니다. 이 라우터 보관대는 전원이 꺼진 후에 비트가 여전히 돌고 있는 경우에도 공구를 똑바로 세울 수 있는 공간을 제공합니다. 바닥판에 긴 홈을 파고 구멍을 내어 렌치, 콜렛, 부싱 또는 비트를 편리하게 보관할 장소를 만들 수도 있습니다. 라우터의 바닥판은 제조사별로 다양한 형태와 크기로 만들어지니까, 본인 라우터에 맞게 수정하여 만들어보세요. 몇 가지 요점을 적어보겠습니다.

- 모든 부재는 18mm 합판에서 자를 수 있습니다. 자투리를 사용할 수 있는 좋은 기회죠.
- 비스듬하게 각도를 주어 세운 측판이 V자 모양의 좌판 위에서 라우터를 잘 멈춰 세울 수 있도록 만드세요. 그렇게 하면 가장 큰 비트를 사용할 때도 주변 나무에 닿을 가능성이 없어지죠.
- 긴 비트를 자주 사용하는 경우라면 좌판을 더 높게 만드세요.
- 접착제와 나사못을 사용하여 라우터 놓는 판을 바닥판에 단단하게 고정하세요.

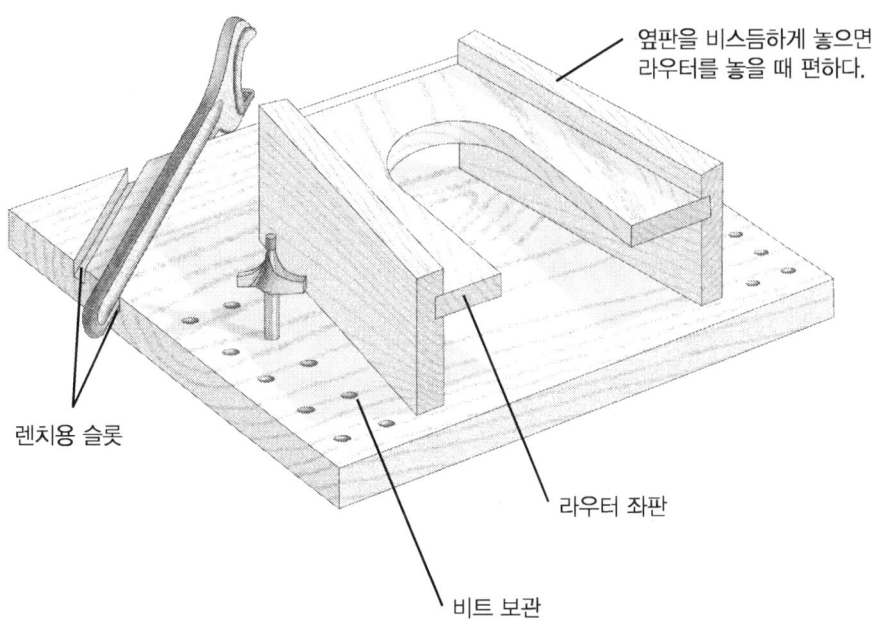

옆판을 비스듬하게 놓으면 라우터를 놓을 때 편하다.

렌치용 슬롯

라우터 좌판

비트 보관

4. 휴대용 전동공구

5. 고정식 전동공구

인간은 도구를 사용하는 동물입니다. 도구가 없으면 그는 아무것도 아니며,
도구가 있다면 그는 모든 것이 될 수 있습니다.
—Thomas Carlyle

당신의 목공 기술이 성장함에 따라, 크고 튼튼한 고정식 전동공구를 구매하고자 하는 욕구도 커질 것입니다. 합리적인 구매의 첫 번째는 무엇일까요? 테이블쏘입니다. 그럼 두 번째는 무엇일까요? 가장 보편적으로 각도 절단기, 드릴 프레스 또는 밴드쏘입니다. 거친 목재를 완제품 목재로 만들고자 하는 경우 조만간 수압대패와 자동대패가 필요합니다. 공간이 부족한 경우라면 작업대에 올릴 수 있는 공구들을 찾아보세요. 제조사들은 탁월하고 정확한 결과를 제공하는 큰 공구들의 공간 절약형 모델을 만드는 데 많은 노력을 기울였습니다. 이러한 전동공구를 사용할 때는 어떤 책임이 뒤따릅니다. 이 훌륭한 공구들과 함께 할 때 가져야 할 첫 번째 책임은 바로 '안전'입니다.

테이블쏘, 래디얼 암쏘

테이블쏘(table saws)는 판재와 합판을 일정한 폭으로 켜는 데 탁월하며, 래디얼 암쏘(radial arm saws)는 이러한 재료를 일정한 길이로 절단할 때 좋습니다. 올바른 지그(jig)와 기술, 노하우를 통해 두 기계가 다루는 '전문 분야'들을 서로 공통으로 충분히 다룰 수 있으며, 또한 수십 가지 다른 작업을 수행할 수도 있습니다.

Q 테이블쏘로 재단할 때 톱날의 높이는 판재 표면보다 얼마나 높여야 좋은가요?

A 3mm에서 6mm 사이로 맞춰 보세요. 이것은 톱밥이 절단면에서 배출될 만큼 충분히 높으면서도, 또한 톱날에 가해지는 압력과 잠재적인 위험을 최소화할 만큼 충분히 낮은 높이입니다.

Q 스플리터(splitter) 없이 테이블쏘로 작업하는 것은 위험하다고 들었습니다. 스플리터가 무엇이며, 어떤 역할을 하는 것입니까?

A 스플리터는 일반적으로 금속으로 된 얇은 조각으로 톱날의 바로 뒤쪽에 위치합니다(다음 질문도 참조하세요). 비슷한 기능으로 라이빙 나이프(riving knife)도 있습니다. 스플리터는 대개 정반에 고정되어 있고, 라이빙 나이프는 톱날과 함께 움직입니다. 이런 이유로 스플리터는 톱날을 올리고 내려도 그 위치에 그대로 있어서 톱날과 거리가 멀어질 수 있으며, 라이빙 나이프는 항상 일정한 거리로 떨어져 있죠. 상대적으로 라이빙 나이프가 킥백(kickback) 방지 기능이 더 뛰어나 대개의 테이블쏘는 라이빙 나이프 시스템을 갖추고 있습니다. 이것들 모두 두 가지 방법으로 킥백을 방지하는 데 도움이 됩니다.

첫째, 톱에 잘린 홈을 벌려서 절단면의 양 측면이 톱날의 뒤쪽을 끼게 하지 못하도록 하지요. 그게 판재를 당신이 있는 뒤쪽으로 날아가게 만드는 원인이거든요.

둘째, 일반적으로 덜 이해되는 스플리터의 기능은 판재를 조기대라고도 부르는 켜기용 펜스(rip fence)에 단단하게 밀착시키는 것입니다. 톱날 뒤쪽의 판재와 펜스 사이에 아주 작은 틈새라도 생긴다면 목재가 갑자기 회전(또는 회전하려고)할 수 있으며, 펜스와 톱날 사이에서 순간적으로 쐐기처럼 되어 당신을 향해 뒤로 날아올 수 있습니다. 킥백의 위험을 최소화하려면 펜스가 톱날에 평행하게 정렬되어 있는지 확인하고, 톱날 보호 덮개를 제 위치에 놓고, 판재를 테이블쏘 정반에 평평하게 유지할 수 있도록 밀대(push stick)를 사용하세요(39페이지의 밀대(Push Sticks and Shoes) 만들기를 참조하세요).

Q 두 옆면이 모두 굽어 있는 판재를 직선으로 켜려면 어떻게 하면 되나요?

A 직선으로 재단된 긴 합판에 판재를 올리고, 잘라내려고 하는 판재의 굽은 부분을 합판 가장자리 밖으로 내밀어놓은 상태로 나사못으로 고정하세요. 테이블쏘의 펜스를 합판의 너비에 맞추고 합판을 밀어서 판재의 굽은 부분을 잘라내 직선으로 켭니다. 두 옆면 모두 직선으로 재단하려 한다면 합판에서 판재를 분리하고 펜스를 조정한 후, 앞서 직선으로 자른 옆면을 펜스에 밀착시킨 채로 테이블쏘를 작동하여 잘라주세요.

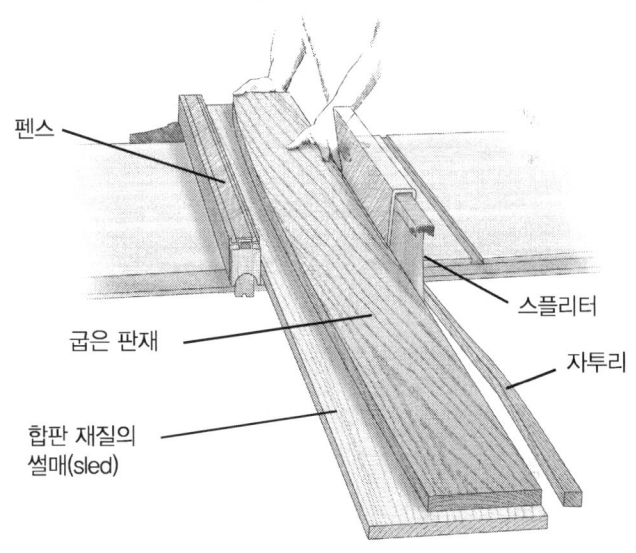

펜스
스플리터
굽은 판재
자투리
합판 재질의 썰매(sled)

Q 제 테이블쏘에 있는 마이터 게이지(miter gauge)가 슬롯에서 흔들흔들거리더군요. 흔들거림을 없앨 수 있을까요?

A 테이블쏘에서 켜기 작업은 펜스를 이용하고, 자르기 작업은 마이터 게이지를 이용하죠. 마이터 게이지는 테이블쏘의 정반에 톱날과 평행하게 나 있는 홈(slot, 슬롯)을 따라 앞뒤로 움직이게 됩니다. 마이터 게이지가 흔들린다면 정확한 각도로 절단이 되지 않을 뿐 아니라, 위험하기도 하겠죠. 만약 흔들림이 작다면 게이지를 작업대로 옮기고 펀치를 사용하여 마이터 게이지 막대의 한 모서리를 따라 여러 개의 홈

자국들을 만들어주세요. 패인 홈자국들은 막대를 확장시켜서 슬롯과의 간격을 메워줄 수 있습니다. 흔들림이 크다면 새로운 게이지나 슬롯에 꼭 맞게 조절할 수 있는 버전의 게이지를 구입해야 합니다. 많은 마이터 게이지의 슬롯 막대는 폭을 미세하게 조정할 수 있는 장치가 되어 있습니다. 펀치로 내려치거나 새로운 게이지를 사기 전에 먼저 확인해보세요.

Q 테이블쏘의 경사계는 0을 가리키고 있는데 판재를 켜보면 단면이 직각이 안 나와요. 이 문제를 어떻게 수정할 수 있을까요?

A 게이지로 읽는 것과 톱으로 자르는 게 항상 동일하지는 않습니다. 이것은 더 작은 테이블쏘에서는 특히 더 그런데요. 톱날이 테이블과 90° 각도를 이루고 있는지 확인하려면 톱날을 끝까지 올려서 작은 정밀 직각자로 각도를 확인하세요. 직각자의 한쪽 자가 톱니를 닿지 않고 톱날의 몸체에 평평하게 놓여 있는지 확인하세요. 그렇지 않으면 잘못된 정보를 얻을 수도 있습니다. 톱날을 테이블에 직각으로 조정한 후 게이지를 0점 조정하려면 기계의 사용 설명서를 참조하세요. 보통은 볼트와 잠금 너트를 조정해야 합니다. 디지털 각도계 제품도 있습니다. 톱날과 정반에 부착하여 정밀한 각도를 확인하고 조정할 수 있죠.

Q 테이블쏘로 얇은 단판을 켤 때, 여러 번 톱날과 덮개 사이의 틈으로 빠져버리더군요. 이런 예기된 사고를 피하려면 어떻게 해야 합니까?

A '제로-클리어런스 인서트(zero-clearance insert)'를 사용하세요. 이름에서 알 수 있듯이 톱날 주위에 틈이 없습니다. 목공 전문 매장에서 구입할 수 있습니다.

물론 직접 만들 수도 있죠. 스스로 만들어보려면, 테이블쏘를 살 때 함께 제공된 덮개판을 제거하고 덮개와 같은 두께의 합판이나 플라스틱 위에 모양을 따라 그려주세요. 나사 구멍도 표시하고요. 지그쏘나 밴드쏘를 사용하여 모양을 잘라낸 다음 드릴과 카운터싱크(countersink) 비트로 장착 구

사용하기 전에 적절한 높이로 맞춘다.

제로 클리어런스 인서트

멍을 뚫어주세요. 톱날을 제일 밑으로 낮추고 새 인서트의 크기와 두께가 맞는지 테스트하세요. 그것이 꽉 맞춰지고 평이 잘 맞으면, 새 판을 나사못으로 제 위치에 고정하고, 펜스를 톱날 위치에서는 벗어나게 해서 덮개판 위에 오도록 위치를 잡아주세요. 테이블쏘를 작동시키고 천천히 톱날을 들어 올려 덮개판에 통과시켜 톱날이 지나가는 홈을 만들면 '제로-클리어런스 인서트'가 만들어집니다.

Q 게임용 블록을 한 세트 만들고 있는데, 똑같은 크기로 한 100개는 잘라야 합니다. 펜스를 톱날에서 블록의 폭만큼 떨어뜨린 다음 나무를 자르기 위해 마이터 게이지를 사용했습니다. 첫 번째로 자른 블록이 벽을 따라 거의 발사되듯 날아가더군요. 어떻게 하면 안전하게 작업할 수 있나요?

A 펜스와 톱날 사이에 지지되지 않고 절단된 작은 목재가 끼이게 하는 것은 거의 재앙을 향해 돌진하는 것이라 할 수 있습니다. 여러 개의 작은 조각을 자르는 안전한 방법은 톱날 앞쪽 펜스에 멈춤 블록을 고정해놓는 것입니다. 멈춤 블록을 사용하여 절단 길이를 설정한 다음, 톱날 앞쪽에서 마이터 게이지를 사용하여 나무를 멈춤 블록에 맞추어 단단히 잡아줍니다. 작업물을 잘 잡고 유지해줄 충분한 길이를 확보하기 위해 보조 펜스를 마이터 게이지에 부착해야 할 수도 있습니다.

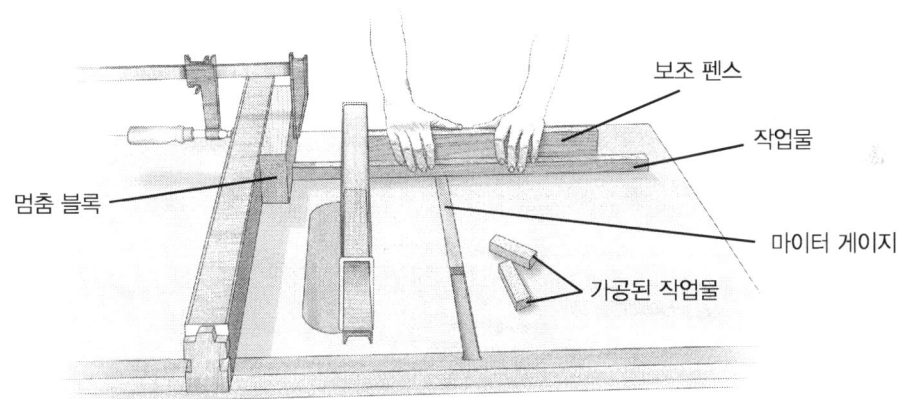

Q 초경 톱날을 연마하거나 바꿔야 할 때가 언제인지 어떻게 알 수 있습니까?

A 다음 경우에 톱날을 교체하거나 연마하세요.
- 절단면 양면에 계속해서 탄 자국을 만든다.
- 합판을 정상 속도로 밀어 넣는데 톱이 꼼짝을 하지 못한다.

- 톱밥보다 분진이 많이 나온다.
- 테이블쏘에 판재를 밀 때 마치 근육운동을 하는 듯 힘들다.

Q 새로운 초경 톱날을 구매하는 것하고, 오래된 톱날을 다시 연마하는 것하고 어느 것이 더 합리적일까요?

A 칼날이 새것이었을 때 성능이 아주 좋았다면, 다시 연마해도 좋을 높은 품질이었을 것입니다. 세 가지 선택지가 있겠네요.

1. 가까운 공구점에 가져가세요. 비록 현장에서 곧바로 연마해주기보다 나중에 배송해줄 가능성이 있지만요.
2. 인터넷에서 '톱날 연마'로 검색해 연마 전문점을 찾아보세요.
3. 전문 공구상을 통해 기계나 톱날을 구매하셨다면, 공구상 담당자에게 전화해보세요.

Q 테이블쏘로 정확한 45° 연귀 자르기(miter)는 어떻게 해야 하나요?

A 마이터 게이지만 사용하여도 어느 정도 정밀한 연귀 자르기를 할 수 있지만, 보다 진지하게 목공을 하려면 마이터 지그를 만드세요.

1. 테이블쏘 정반의 마이터 슬롯에 꼭 맞게 2개의 나무 막대로 레일을 만듭니다. 이

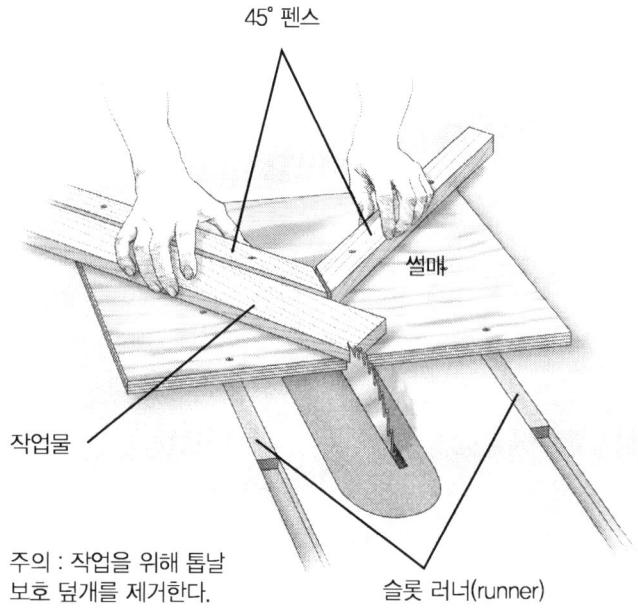

레일을 슬롯에 배치한 다음 12mm 합판을 올려 접착제로 붙이고 나사못으로 고정시키세요. 이때 합판 앞면이 슬롯 중앙에 오고 슬롯과 직각으로 놓이도록 하셔야 합니다.

2. 이것을 보통 '썰매(sled)', 슬레드라 부릅니다. 이 썰매를 톱날 쪽으로 밀어 넣어 15cm 정도 톱길을 만드세요.
3. 직각자나 삼각자를 사용하여 톱길에 45° 각도로 선을 그려놓습니다. 선에 맞춰 펜스를 나사못으로 조이세요.

이 지그를 사용하려면 판재를 지그에 올려놓은 다음 천천히 썰매를 톱날 안으로 밀어 넣어 자르고 나서 썰매를 다시 뒤로 당겨오면 됩니다. 톱날 보호 덮개를 분리할 경우 최대한 주의해서 작업하세요.

지그의 정확성을 테스트하려면 1×2 구조목(19×38mm)을 10cm 길이로 양끝을 연귀로 잘라 4개를 준비하세요. 4개를 프레임으로 조립하고 절단면에 틈이 있는지 확인한 다음, 그에 맞게 펜스를 조정하면 됩니다. 넓은 목재의 경우는 더 큰 썰매를 만드시고요.

Q 테이블쏘로 정확하게 직각 자르기(crosscut)를 하는 방법은 무엇입니까?

A 앞에 나왔던 연귀 자르기용의 마이터 지그를 만드는 방식과 유사한 직각 자르기 썰매를 만듭니다. 다만, 두 개의 펜스를 일정 각도로 고정하는 대신 톱날에 직각으로 단단한 펜스를 고정시킵니다. 마이터 슬롯 레일은 하나만 사용할 수도 있습니다. 썰매를 필요한 길이보다 25mm 정도 길게 만든 다음 톱날을 펜스의 높이까지 들어 올리고 썰매의 가장자리를 자르세요. 당신이 직각 자르기를 할 때, 단지 절단선을 썰매 가장자리에 맞추고 자르기만 하면 됩니다. 썰매에 멈춤 블록을 부착하거나 클

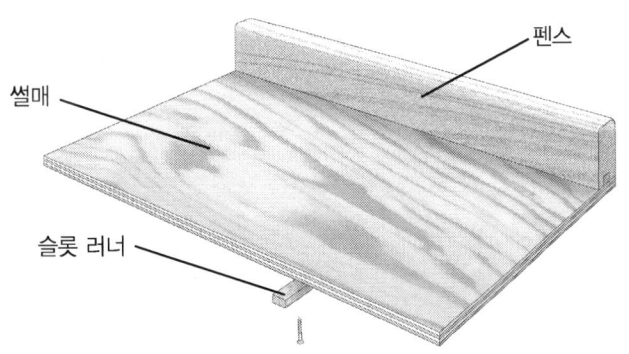

램프를 톱날로부터 원하는 만큼 떨어뜨려 펜스에 고정하면 똑같은 길이로 여러 조각을 쉽게 자를 수 있습니다.

Q 제가 지금 격자창을 만들고 있어요. 그래서 똑같은 수십 개의 얇은 삼나무 단판이 필요합니다. 펜스를 그때그때 조정하지 않고도 이 켜기 작업들을 안전하게 해낼 수 있을까요?

A 얇은 단판을 처음부터 내내 잡아주고 밀어주어야 하므로 일반적인 밀대는 사용하기가 어렵습니다. 따라서 특별한 지그와 밀대를 만들어야 합니다.

1. 적당한 크기의 합판 가장자리에 1×3 구조목(19×64mm)을 고정하여 L자로 만듭니다. L자 위쪽을 테이블쏘 펜스에 고정한 다음 펜스를 조정하여 지그 가장자리와 톱날 사이의 거리가 단판의 두께가 되도록 하세요.
2. 18mm 작은 합판 옆면에 30mm 너비의 얇은 단판을 고정시켜 높이가 낮은 특별한 밀대, 푸시 블록을 만드세요.
3. 지그를 임시 펜스로 사용하여 테이블쏘에 작업물을 밀어주고 푸시 블록을 사용하여 잘려진 단판을 톱날을 지나 안전하게 밀어냅니다.

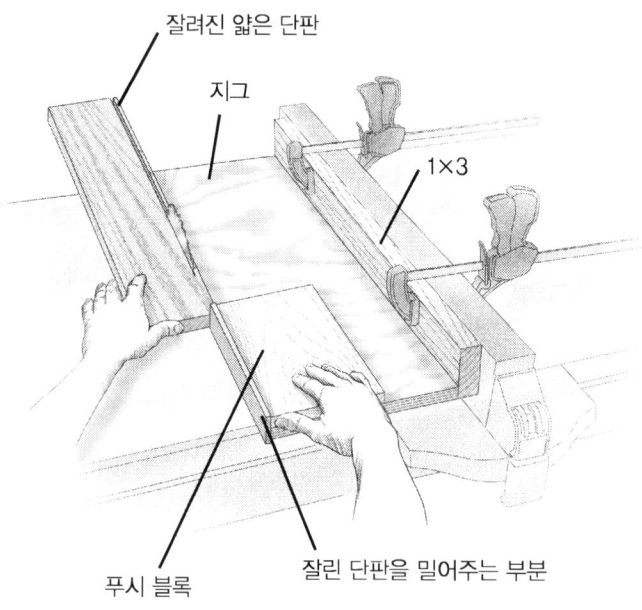

잘려진 얇은 단판
지그
1×3
푸시 블록
잘린 단판을 밀어주는 부분

주의 : 톱날 보호 덮개를 제거한다.

Q 테이블쏘를 사야 할지 래디얼 암쏘(radial arm saw)를 사야 할지 고민 중입니다. 래디얼 암쏘의 장단점은 무엇인가요?

A 최근 들어 래디얼 암쏘는 인기를 잃었습니다. 어떤 사람들은 안전 문제를 그 이유로 이야기하곤 하죠. 이동식 궤도를 타고 있는, 부분적으로 노출된 채 회전하는 큰 톱날이 일부 작업자의 손에 재앙을 초래해왔습니다. 또한 래디얼 암쏘와 마찬가지로 넓은 판재를 직각으로, 복합 각도로 절단을 하는데 탁월한 슬라이딩 각도 절단기의 출현은 래디얼 암쏘 시장을 다시 쇠퇴시켰죠.

> **TIP**
> **자물쇠를 채우세요**
> 호기심 어린 아이들과 사고에 노출될 수 있는 이웃들이 테이블쏘나 여러 가지 재미있는 전동공구를 가지고 노는 것을 막으려면, 작은 여행가방용 자물쇠를 플러그 단자 중 하나의 작은 구멍에 끼우고 잠가놓으세요.

그렇다 해도 래디얼 암쏘도 강점이 있습니다. 적절한 액세서리를 사용하면 드럼 샌딩이나 기타 작업에도 사용할 수 있습니다. 이 톱은 결에 직각방향으로 홈(dadoes)을 파거나 반턱(rabbet)을 가공하는 데에 이상적인데요, 사용자가 톱날에 가공선을 잘 정렬할 수 있고, 또한 절단 가공하는 그 움직임을 직접 볼 수 있기 때문이죠. 또한 이 톱의 디자인 특징 덕분에 대부분의 작업을 작업장 중간이 아닌 벽쪽에 배치하여 수행할 수 있습니다.

단점이라면, 이 톱은 판재를 폭으로 켤 때 문제가 됩니다. 켜기 능력은 팔의 길이 때문에 제한이 되죠. 판재(밀대도 마찬가지로)는 절단하는 동안 톱의 팔(arm)과 모터 아래로 지나야 합니다. 래디얼 암쏘에는 조정이 필요한 많은 부품들이 있으며, 캔틸레버식 팔은 특정 하중과 조건에서 구부러지거나 휘어질 수도 있습니다. 그래서 재주는 많지만 실속은 없다고들 합니다.

슬라이딩 테이블쏘는 래디얼 암쏘가 수행할 수 있는 작업을 대부분 해낼 뿐 아니라, 보다 정확하게 수행할 수 있습니다. 그러나 작업장은 좁고, 안전작업에는 자신이 있고, 완벽하게는 아니지만 여러 가지 작업을 수행할 수 있는 공구의 아이디어가 마음에 들면 래디얼 암쏘도 고려해보세요.

Q 제가 호기심에 어렵게 중고 래디얼 암쏘를 구했는데, 톱날은 새로 교체해야 하겠더라고요. 일반적인 테이블쏘 톱날을 사용할 수 있습니까?

A 아니요. 래디얼 암쏘의 톱날은 당신에게서 멀어지는 방향으로 돌고, 당신 쪽으로

당기면서 자르는 방식입니다. 이 때문에 톱날은 나무를 자르면서 나무 위로 올라타려고 합니다. 이 방식은 위험한 상황을 만들어내고 절단면이 거칠어집니다. 이러한 경향을 최소화하려면, 매우 낮은(또는 마이너스로 음수가 되는) 치후각(齒喉角, hook angle)을 가지고 있는, 덜 공격적인 톱니가 있는 톱날을 사용하세요. 대부분의 전문 목공 매장에서 판매합니다.

수압대패

수압대패(jointers)의 주요 임무는 표면의 평을 잡고, 옆면을 직선으로, 직각으로 가공하는 것입니다. 이렇게 하기 위해 대팻날 높이와 정확하게 맞춰진 고정식 뒤 정반(outfeed table)과 절삭 깊이를 조정할 수 있는 앞 정반(infeed table)이 있습니다. 펜스는 작업물을 정반에 직각으로 유지합니다.

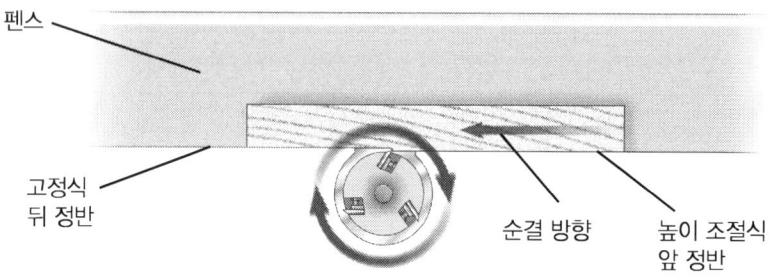

Q 수압대패에 판재를 밀 때 결 방향이 중요한가요?

A 수압대패에 판재를 밀 때에는 판재가 대팻날이 장착된 날뭉치인 커터 헤드(cutterhead)에 접근할 때 (그림을 참조하세요) 나뭇결이 아래 방향으로, 즉 높은 곳에서 낮은 데로 향하게 하세요. 이렇게 하는 것은 나무의 뜯김을 최소화하고 당신에게 매끄러운 가공면을 제공합니다.

Q 판재 집성을 하려고 하는데, 수압대패로 판재 옆면을 어떻게 가공하면 좋나요?

A 앞 정반 높이를 조절해 절삭 깊이를 약 0.8mm로 줄이세요. 판재 넓은 면의 한 면을 펜스에 단단히 밀착된 상태로 판재를 세워서 앞 정반에 놓으세요. 판재가 커터

헤드 위로 통과할 때 판재의 앞쪽에서 (지금은 바닥으로 놓여 있는) 판재 옆면에 압력을 가하고, 그런 다음 천천히 뒤 정반에서 압력을 가합니다. 천천히 작업하고 커터 헤드에서 손을 멀리해야 합니다. 이 작업에는 특별한 요령이 필요하므로 실제 작업을 하기 전에 다른 자투리 판재로 연습하는 게 좋겠죠.

Q 수압대패로 굽은 판재를 밀어 평을 잡으려고 하는데, 정반에 오목한 면을 올려야 하나요, 아니면 볼록한 면을 올려야 하나요?

A 오목한 면을 아래로 내려, 작업하는 동안 판재의 두 모서리가 바닥에 닿게 해야 합니다. 판재가 평평해질 때까지 여러 번 밀어주세요. 그런 다음 평평하게 만든 면을 아래로 향한 상태에서 자동대패에서 가공을 하세요. 이렇게 하면 균일한 두께의 판재가 만들어집니다.

Q 수압대패 사고는 어떻게 예방하나요?

A 항상 톱날 보호 덮개는 제 위치에 두세요. 수압대패 뒤쪽이 아니라 옆에 서세요. 그렇게 하면 만약 킥백이 일어나도 상해를 입을 수 있는 위험 방향에서 벗어나게 됩니다. 작업하는 판재가 짧을수록 전체 과정 내내 한 자리에서 할 수 있도록 위치를 잘 잡으세요. 밀대를 사용하여 일정한 하향 압력을 유지하고 커터 헤드 주변 영역에서 손을 멀리하세요. 길이가 30cm 미만인 판재는 작업하지 마세요. 복장도 중요합니다. 소매가 헐렁거리는 넓은 옷은 걷거나 토시를 착용하여 정비하세요. 흔히 목장갑이라 부르는 실이 풀어져 나올 수 있는 면장갑 종류는 안 끼는 게 좋습니다. 가능한 한 맨손으로 작업하는 게 좋습니다. 손에 가시가 박힐 수 있기도 하고 다른 사고 예방을 위하여 밀대를 사용하는 습관을 몸에 익히는 것이 좋습니다. 긴 머리는 고무줄로 묶어 흘러내리지 않도록 하세요. 그리고 모든 전동공구 작업할 때 귀마개와 방진 마스크는 필수이죠.

Q 판재의 나뭇결 방향이 바뀌거나 옆면에 옹이가 있을 때는 어떻게 수압대패 작업을 해야 하나요?

A 잔디를 깎을 때처럼 똑같이 하면 됩니다. 잔디 깎는 기계의 높이를 조정하여 한 번에 깎이는 양을 줄이고, 천천히 높이를 내리고, 날은 항상 예리하게 연마해두는 것과 같습니다. 좀 더 구체적으로는 다음과 같습니다.

- 한 번에 깊게 깎기보다 여러 번에 걸쳐서 조금씩 대패질을 하세요. 정반 높이를 조정하여 한 번에 약 0.4mm씩 깎도록 하세요.
- 당신이 수압대패의 속도를 조절할 수는 없지만, 판재를 밀어 넣는 속도를 늦추어 대팻날이 일정한 길이당 더 많이 깎을 수 있도록 해보세요. 뜯기는 것을 줄일 수 있답니다.
- 대팻날은 항상 날카롭게 유지하세요. 어떤 목수들은 펜스를 조정하여 25mm 폭 정도 되는 대팻날 부분을 일상적인 수압대패 작업에 사용하지 않는 영역으로 남겨놓곤 합니다. 이렇게 남겨놓은 대팻날 영역은 다루기 까다로운 판재를 부드럽게 대패질 할 때 사용하곤 합니다.

Q 수압대패 작업을 하고 나면 매번 작업면이 오목해지곤 합니다. 제가 뭘 잘못한 걸까요?

A 가장 일반적으로는 앞뒤 정반 설정 방법과 관련이 있습니다. 두 정반이 서로 평행하지 않거나 대팻날 근처에서 높거나 솟아 있으면 그 결과로 오목한 면이 만들어지게 됩니다.

자동대패, 샌더

Q 자동대패, 드럼 샌더, 광폭 벨트 샌더 중에 어떤 것을 사야 할지 고민하고 있습니다. 작업장의 공간을 생각하면 달랑 하나 밖에는 살 수 없고요. 어떤 것을 사야 할까요?

A 세 가지 공구 모두 매끄러운 표면과 균일한 두께를 가진 판재를 만드는 최종 목표를 달성하게 해주지만 그 방식은 서로 다릅니다. 자동대패는 회전하는 대팻날을 사용하여 표면 재료를 잘라내고, 드럼 샌더와 광폭 벨트 샌더는 연마재를 사용하여 샌딩합니다.

거칠게 제재된 많은 목재들의 표면을 평평하게 다듬으려면 자동대패가 아마도 가장 현명한 선택일 것입니다. 대부분의 소규모 작업장용 모델들이 381mm(15인치)로 되어 있고, 이것은 대부분의 판재 작업에 충분합니다. 이 기계들은 신속하게 작동되기도 하고, 한 번에 1.5mm 이상의 대패질을 할 수도 있습니다. 하지만 반대급부도 있죠. 기계 가공된 표면은 부드러운 느낌이 나기는 하지만, 희미한 굴곡이나 대팻날 자국을 없애기 위해 매끄럽게 해주는 작업이나 샌딩을 해줄 필요가 있습니다.

대패는 나무를 자르는 것이기 때문에 나뭇결 방향이 바뀌거나 복잡한 나뭇결의 판재에서는 표면이 뜯기는 경향이 있습니다.

드럼 샌더는 이미 평면작업이 된 목재로 작업을 수행하는 것이 더 합리적입니다. 대패처럼 신속하게 재료를 제거할 수는 없지만, 서로 직각으로 연결된 프레임의 표면이나 넓은 벌(burl)의 표면이나 결 방향에 상관없이 판재 또는 조립품들을 매끄럽게 할 수 있습니다. 한쪽이 개방되어 있는 드럼 샌더는 드럼 넓이의 두 배 이상이 되는 판재도 샌딩할 수 있습니다. 사포를 교체하는 데에는 시간이 소요되니까 보통은 이발소 회전 간판(barber pole)처럼 드럼 주위에 사포 띠를 감는 방식이 일반적입니다.

광폭 벨트 샌더는 드럼 샌더와 비슷한 방식으로 작동하지만 폭이 넓은 벨트를 사용합니다. 그것은 빠르고 정확하게 작동하며, 가격은 이를 반영합니다. 양쪽 끝이 닫혀 있으므로 45cm(18인치)에서 127cm(50인치) 또는 그 이상의 실제 용량(capacity)에 따라 제한됩니다.

Q 자동대패에 판재를 통과시키며 작업할 때 판재 끝부분이 오목하게 패이는 스나이프(snipe)를 안 생기게 하려면 어떻게 해야 하나요?

A 판재 끝이 자동대패에서 나오면서 잘 지지되는지 확인하세요. 판재 끝이 아래로 떨어지면 반대쪽 끝은 배출되면서 대팻날 쪽으로 올라와 얕게 패이게 됩니다.

그게 문제가 아니라면, 대패가 조정이 잘못되어 있을 가능성이 있습니다. 커터 헤드 바로 앞에 있는 칩 브레이커(chip breaker) 또는 커터 헤드 바로 뒤에 있는 누름쇠(pressure bar)가 너무 높게 설정된 경우, 패이는 일이 생길 수 있습니다. 송재롤러(infeed roller)나 배출롤러(outfeed roller)를 너무 높게 설정하여 스나이프가 생길 수도 있습니다. 사용 설명서에서 조정 절차를 확인해보세요.

보통 더 가볍고 저렴한 기계들은 조절하기가 어렵거나 불가능하여 만성적인 스나이프를 만듭니다. 만약 이런 경우라면 보완할 수는 있습니다. 판재를 충분히 길게 해서 스나이프가 생긴 끝부분을 자를 수 있도록 해주어야 합니다. 그리고 판재들을 끝과 끝을 붙여서 연속적으로 공급하여주세요. 그러면 판재가 개별적으로 공급되는 경우처럼 내부에 있는 부재가 시작과 끝부분에서 굽어지거나 하지 않습니다.

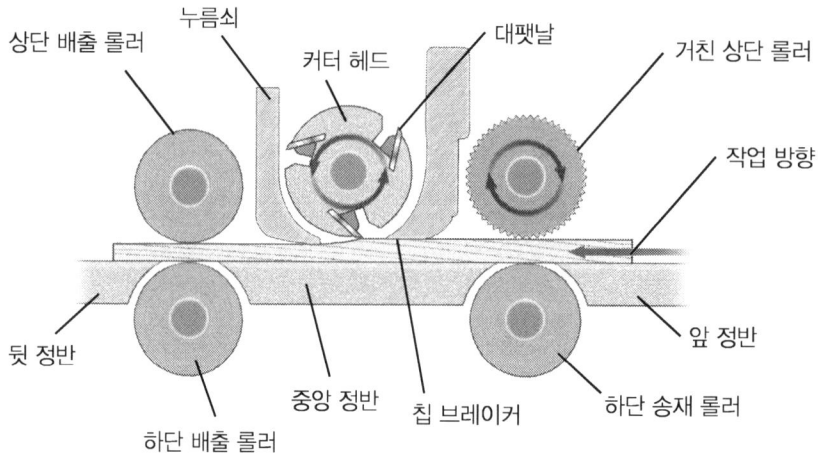

Q 제 자동대패로 여섯 번이나 판재를 밀었는데도 여전히 그 비틀린 게 없어지지 않아요. 제가 뭘 잘못한 걸까요?

A 뒤틀려 있거나 비틀린 판재를 자동대패에 밀면 더 얇은 뒤틀린 판재와 비틀린 판재를 만들 뿐입니다. 수압대패나 손대패로 먼저 한 면을 평평하게 만든 뒤에, 그 평면을 아래로 향하게 해서 자동대패에 넣어줘야 합니다.

Q 비틀린 판재를 자동대패만을 이용해 일정한 두께의 평탄한 판재로 만들 방법이 있을까요?

A 시간이 오래 걸리지만 할 수 있습니다. 비틀린 판재를 '있는 모양 그대로' 견고하게 지지할 수 있는 받침대를 만들어야 합니다. 그리고 자동대패에 여러 번 통과시켜 높이 솟은 곳을 낮추고 점차 평평한 윗면을 만듭니다.

1. 비틀린 판재와 동일한 너비와 길이의 평평한 18mm 판재를 준비하고 4개 면 모두에 1×2(19×38mm) 목재를 고정시켜 얕은 상자와 같은 상태로 만드세요.

2. 비틀린 판재를 상자 안에 넣고 검사하세요. 당신의 목표는 블록과 심을 비틀린 판재 밑에 고여 지지하는 것입니다. 어떤 사람들은 쉽게 조정할 수 있도록 카드들을 사용하기도 합니다. 그렇게 하여 판재가 자동대패를 통과할 때 롤러와 커터 헤드가 누르는 압력에 판재가 흔들리거나 굽어지지 않도록 합니다.

3. 블록과 심을 삽입하고 판재를 다시 넣은 다음 아래로 눌러줍니다. 만약 그것이 흔들거리면 판재를 들어내고 판재가 견고하게 지지될 때까지 심과 블록을 조정하세요.

4. 상부 표면이 평평해질 때까지 받침대와 판재를 반복하여 자동대패에 밀어주세요. 받침대에서 판재를 꺼내고 평평한 면을 아래로 하여 조금씩 올리세요. 결국 균일한 두께의 평평한 판재를 만들게 됩니다.

비틀린 판재가 충분히 두꺼운 경우에는 실제로 얇은 상자의 주변 1×2(19×38mm) 목재 벽면을 통해 나사못을 박고 판재를 제자리에 고정시킬 수 있습니다. 말할 필요도 없이 커터 헤드가 닿지 않도록 나사못을 박아야겠죠.

> **TIP**
> **하단자로 비틀림 찾기**
> 때로는 표면을 따라 단순히 보는 것만으로는 판재에 비틀림이 있는지 여부를 알기가 어렵습니다. 보다 정확한 방법은 한 쌍의 하단자(winding stick)를 사용하는 것입니다. 똑바르고 균일하다면 어떤 막대기든 사용할 수 있습니다. 판재의 양쪽 끝부분에 막대기를 놓고 한쪽 막대기 윗부분을 통해 다른 하나를 바라봅니다. 서로 평행하지 않으면 판재에 비틀림이 있는 것입니다. 하단자 아랫부분으로 바라본다면 판재가 얼마나 굽어 있는지에 대해서도 잘 알 수 있을 것입니다.

Q 판재를 자동대패에 통과시켰는데 길이 방향으로 약간 튀어나와 있는 선이 생겼습니다. 뭐가 문제일까요?

A 뭔가가 대팻날들에 이가 나가게 하였거나 흠이 생겼을 가능성이 있습니다. '모든' 대팻날이라고 말할 수 있는데, 왜냐하면 하나의 대팻날에 흠집이 있다 해도 다른 대팻날이 솟아 있는 부분들을 깎아내기 때문이죠. 일부 기계의 경우 대팻날 중 하나를 높이 조정할 수 있으므로 대팻날의 흠집들이 모두 정렬되지는 않습니다. 그런 식으로 조정한 대팻날은 다른 하나가 만드는 능선을 제거합니다. 그렇지 않으면 대팻날을 교체하거나 다시 연마해야 합니다.

Q 제 자동대패는 12mm보다 얇은 판재를 다루기 위한 조정이 안 돼요. 제가 작업을 완료할 수 있는 방법이 있을까요?

A 얇은 단판이 자동대패를 통과할 때 높이를 올리기 위한 '대패용 판재'를 만드세요. 18mm 멜라민 보드같이 평평하고 매끄러운 것을 사용하세요. 대패용 판재는 고정된 상태를 유지해야 하므로 앞정반의 가장자리에 '대패용 판재'를 걸 수 있는 멈춤턱을 부착할 수 있을 정도로 충분히 길게 만드세요. 얇은 소재에서는 스나이프가 특히 뚜렷하기 때문에 필요한 것보다 15cm에서 20cm 더 긴 목재를 사용하고 나서

손상된 끝부분을 잘라내세요.

각도 절단기

사각형 액자를 만들거나 8각 테이블 상단에 몰딩을 설치하는 경우, 각도를 정확하고 신속하게 자를 수 있는 톱이 필요합니다. 이런 작업을 위한 것으로는 각도 절단기(miter saws)보다 더 좋은 공구가 없습니다.

Q 각도 절단기로 긴 몰딩을 자를 때 작업대 위에 제가 잘라낸 부분을 정반 위에 평평하게 유지하는 것도 어려운데, 잘라낸 부분은 자꾸 여기저기로 떨어져 내려요. 어떻게 하면 좋을까요?

A 안전성, 정확성, 속도 그리고 당신의 평정심 유지를 위한다면 잘린 끝부분을 잡아주기 위한 어떤 지지대를 사용해줘야 합니다. 그 지지대는 각도 절단기의 절단면(각도 절단기의 정반과 같죠)과 같은 높이여야 합니다. 이 목적을 위해 특별히 제작된 각도 절단기용 스탠드나 조정 가능한 배출 롤러(outfeed roller) 또는 목재 자투리를 사용하여 적절한 높이를 만들 수 있습니다.

다음에 나와 있는 간단한 보조 스탠드를 만드는 것도 고려해보세요. 그것은 2×12(38×286mm) 구조목이나 그 정도 크기의 판재로 만들면 되고, 양면에 지지대가 있으며, 움직이는 것을 방지하기 위해 각도 절단기 정반에 맞닿아 있습니다. 약 한 시간 이내로 만들 수 있고, 작업이 끝나면 벽이나 선반에 보관할 수도 있습니다.

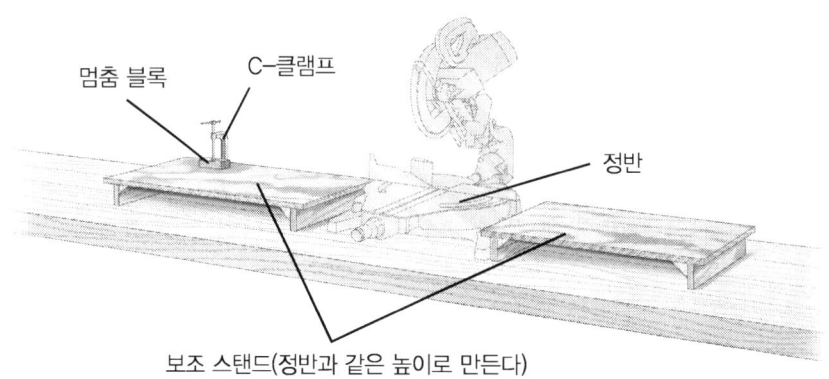

Q 데크 난간에 쓸 난간동자를 만들려고 하는데, 똑같은 크기로 80개를 잘라야 해요. 가장 빠르고 정확한 방법이 뭘까요?

A 앞의 그림에 보이는 것처럼 각도 절단기 보조 스탠드와 멈춤 블록을 사용하세요. 하나의 난간동자를 자로 재보고 표시한 다음, 표시선이 톱날 바로 아래 오도록 하여 각도 절단기에 잘 올려놓으세요. 멈춤 블록을 가져 와서 난간동자의 반대쪽 끝에 붙이고 블록을 지지 테이블에 고정하세요. 멈춤 블록이 올바르게 배치되었는지 시험 절단을 해보고, 잘 맞게 됐으면 자르는 작업을 시작하세요. 톱날과 멈춤 블록 사이에 있는 작업물은 튈 수 있으므로 항상 꽉 잡아주거나 클램프로 고정하여 작업하셔야 합니다. 많은 작업을 하는 경우에는 멈춤 블록과 보조 스탠드를 간단한 경첩으로 뒤쪽에서 연결하여, 처음에 측정할 때 블록을 내려 측정하고, 자를 때에는 뒤로 젖혀두면 튈 경우에 대한 걱정 없이 작업을 할 수 있습니다.

Q 각도 자르기를 할 때면 때때로 나무가 움직이거나 가려지는 경우가 있더군요. 피할 방법이 있나요?

A 톱이 정확하게 조정되어 있고 날이 예리한 경우, 절단하는 동안 조각이 움직이지 않도록 할 더 나은 방법이 필요합니다. 어떤 톱은 함께 제공되는 홀드다운 클램프(hold-down clamp)를 사용하여 목재를 정반에 고정할 수 있지만, 사용하는 데 시간이 많이 걸리고 모든 형상의 작업물에 사용할 수 있는 것도 아닙니다. 펜스의 왼쪽과 오른쪽에 미끄럼 방지 테이프를 붙이세요. 이것은 작업물이 움직이지 않도록 제법 충분히 잡아주곤 한답니다.

Q 각도 절단기가 직각으로 절단하고 있는지 확인하기 위한 간단한 방법이 있습니까?

A 톱을 90°로 설정하고 1×2 구조목(19×38mm)과 같은 목재를 반으로 자르세요. 평평한 표면에 두 조각을 놓은 다음 한 조각을 뒤집어서 두 번째 조각의 잘라진 끝에 서로 맞대세요. 두 개의 반쪽이 똑바로 직선으로 되면 각도 절단기가 올바르게 조정된 것입니다. 두 개의 목재가 약간 굽어 있으면 톱을 조정해야 하죠. 대부분의 각도 절단기는 펜스를 고정하는 나사를 풀고 펜스를 약간 돌려서 조정할 수 있습니다. 사용 설명서를 참조하세요.

뒤집어서 확인한다.

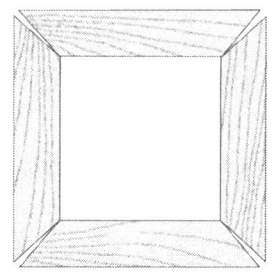
바깥쪽에 틈이 있으므로
절단 각도를 늘려야 한다.

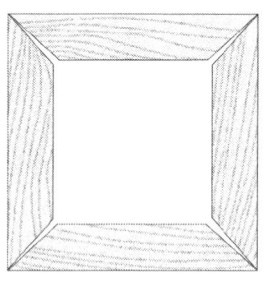
안쪽에 틈이 있으므로
절단 각도를 줄여야 한다.

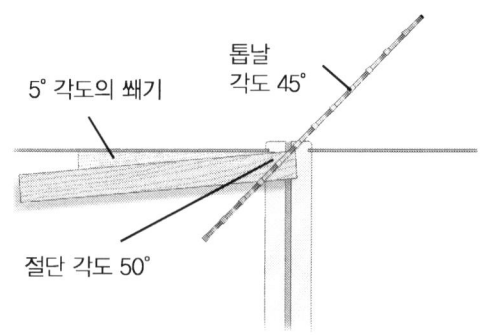
5° 각도의 쐐기
톱날 각도 45°
절단 각도 50°

Q 제 각도 절단기가 45° 각도로 잘 자르고 있는지 확인하려면 어떻게 합니까?

A 가장 간단한 방법은 톱을 45° 각도로 설정하고 4개의 목재(모두 동일한 길이로, 톱날의 왼쪽이나 오른쪽의 같은 방향으로)를 잘라서 작은 시험용 프레임을 만드는 것입니다. 절단한 조각을 정사각형으로 모으고 접합 부의 틈새를 확인하세요. 안쪽에 틈이 있으면 각도를 줄이세요. 바깥쪽에 틈이 있으면 각도를 늘리시고요. 대부분의 경우 조정해야 하는 각도는 0.5° 미만입니다.

Q 각도 절단기로 50° 각도를 자르는 방법은 무엇입니까?

A 각도 절단기를 5° 각도로 설정하고 18mm 합판을 올려 그 끝을 긴 쐐기 형태로 잘라내세요. 톱을 45° 각도로 다시 설정하고, 쐐기를 펜스에 대고, 자를 판재를 쐐기에 댄 뒤에, 클램프로 고정하고 잘라냅니다. 클램프 체결이 중요합니다. 절단 각도가 클수록 톱날이 작업물을 잡아 당기는 경향이 커지기 때문이죠.

Q 제 각도 절단기는 1×8 구조재(19×184mm)는 자르지를 못하네요. 목재를 뒤집지 않고 서도 자를 수 있는 방법이 있을까요?

A 당신은 톱날에서 여분의 절단 능력을 약간 끌어낼 수가 있습니다. 판재를 블록 위에 올려 톱날의 중심에 가깝게 올리면 톱날 직경의 더 많은 부분을 사용하여 절단 작업을 할 수 있습니다.

Q 각도 절단기를 사용하여 각이 진 작은 조각이나 자투리 몰딩을 자를 때 보통은 잘 깨져버리더군요. 이것을 막으려면 어떻게 하면 될까요?

A 짧은 조각들은 잘려나가 자유롭게 된 뒤에 톱 펜스를 따라 미끄러지거나 톱날에 걸려 찢기거나 튕겨나가거나 하는 경향이 있습니다. 이것을 막으려면 펜스에 보조 펜스(sacrificial backer board)를 대어놓고, 몰딩을 보조 펜스에 붙여서 절단하세요. 보조 펜스는 잘린 조각을 가만히 놓이도록 지지할 수 있습니다. 또한 잘라야 할 작은 조각을 보조 펜스에 테이프로 붙여놓으면 튕겨 날아오는 것을 방지하는 데 도움이 될 것입니다. 자르고 나면 톱날이 회전을 멈출 때까지 톱날을 그대로 내려놓으세요. 톱날이 여전히 회전하고 있는데 톱날을 그냥 들어 올리면 작업물이 튕겨 날아올 수가 있습니다.

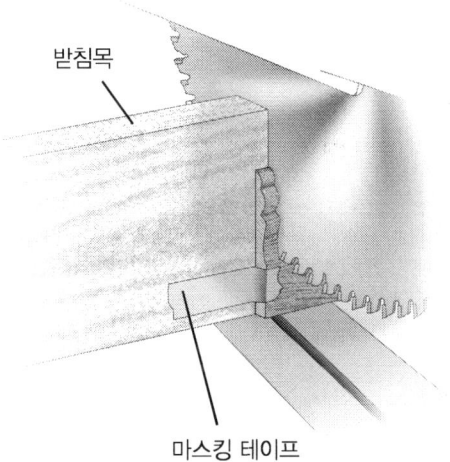

받침목

마스킹 테이프

스크롤쏘

스크롤쏘(scrollsaw)는 재봉틀 비슷한 기계에 실톱날이 끼워진 공구로, 톱날이 위아래로 빠르게 움직입니다. 그래서 복잡한 절단가공이나 곡선절단을 쉽게 할 수 있습니다.

Q 톱날을 끼울 때 얼마나 꽉 조여졌는지 어떻게 정확히 알 수 있나요?

A 한 스크롤쏘 전문가는 톱날을 튕길 때 중간 '도'음 위의 옥타브에 속하는 소리가 날 때까지 톱날을 조여준다고 하더군요. 그런 완벽한 표준음을 알 수 없는 경우에는 튕겨볼 때 선명한 음색이 느껴질 때까지 또는 톱날 중앙을 눌렀을 때 톱날의 3mm 이상이 흔들리지 않을 때까지 조여줍니다. 충분한 장력 없이 설치하면 톱날이 둔탁한 소리를 내며, 너무 강하게 조이면 더 자주 톱날이 걸립니다.

Q 무뎌진 스크롤쏘 톱날을 더 활용하기 위한 팁이 좀 있을까요?

A 매끄러운 18mm 합판이나 MDF로 보조용 테이블을 만들어보세요. 무딘 톱날을 사용할 땐 이 보조 테이블을 스크롤쏘 정반 위에 고정하세요. 이렇게 하면 작업물의 높이를 높여서 톱날의 잘 사용하지 않는 부분으로 톱질을 하게 돼서 더 쉽게 톱질이 될 것입니다.

Q 제 공방에는 수십 종류의 톱날이 있어요. 그것들은 서로 어떻게 다른 건가요?

A 스크롤쏘 톱날은 다양한 형태와 너비, 톱니 모양이 있습니다. 톱날은 일반적으로 숫자 척도로 표시되어 있습니다. 숫자가 작을수록 톱니 간격이 좁아지고 인치당 톱니 수(TPI, Teeth Per Inch)가 많아집니다. 가장 얇은 것은 0 앞에 오는 번호로 표시됩니다(#2/0은 #2보다 좁습니다). 얇은 소재나 곡선반경이 매우 작은 작업의 경우 더 작은 번호의 날을 사용하세요. 일반적인 톱날과 그 특성은 다음과 같습니다.

- **표준 톱날**(standard blades)은 하향 스트로크에서만 자르기 때문에 느리지만 부드럽게 자를 수 있습니다.
- **역방향 톱날**(reverse-tooth blades)에는 하향 스트로크로 자르는 톱니뿐만 아니라 아래쪽에 상향 스트로크를 자르는 톱니가 있습니다. 결과적으로 위아래 양면 모두 매끄럽게 자릅니다. 이 톱날은 자르는 나무를 더 많이 튀게 하기 때문에 작업할 때 나무를 더 세게 눌러줘야 합니다.

- **나선형 톱날**(spiral blades)은 전체 둘레를 따라 자르는 톱날을 가지고 있어 작업물을 회전시키지 않고도 방향을 바꿔가며 절단할 수 있습니다. 회전하기에는 너무 크거나 다루기 힘든 판재로 작업할 때 편리한 기능이죠. 대신 틈이 더 넓고 거친 절단면이 만들어집니다.
- **스킵형 톱날**(skip-tooth blades)은 톱니 수는 적지만 하드우드에서 열 발생이 적게 잘 잘립니다.
- **왕관형 톱날**(crown-tooth blades)은 하나는 상향 스트로크로, 다른 하나는 하향 스트로크로 절단하는 한 쌍의 톱니를 가지고 있습니다. 쓰다가 좀 무뎌지면, 이 날은 뒤집어서 새로운 날처럼 쓸 수가 있습니다.

Q 먹지(carbon paper)를 대고 그리는 것 말고, 스크롤쏘 작업 패턴을 목재에 옮겨 그리는 다른 방법이 있을까요?

A 몇 가지 해볼 수 있는 방법이 있네요.

    연필로 투사하기(soft pencil tracing). 작은 작업물의 경우에 연필로 패턴 뒷면 전체를 칠한 다음 디자인이 있는 면을 위로 뒤집어서 나무에 붙입니다. 볼펜을 사용하여 선을 따라 그리면 뒷면에 칠한 연필심의 흑연을 통해 패턴을 목재로 옮길 수 있게 됩니다.

    신문지로 투사하기(newspaper tracing). 더 큰 작업물의 경우 인쇄가 많이 되어 있는 (안내 광고 페이지가 좋아요) 페이지를 찾아 나무에 붙입니다. 신문지 위에 패턴을 붙인 다음 볼펜을 사용하여 꾹꾹 눌러가며 패턴을 따라 그리세요. 신문지의 잉크가 패턴을 나무에 전달합니다. 안내 광고를 사용한 경우 옮겨 그려진 패턴은 선이 아니라 일련의 대시로 표시되므로, 연필을 사용하여 점들을 연결해줘야 합니다. 이 방법은 이미 도장되어 있는 면에 적용하기 좋습니다. 신문지는 흑연이나 먹지를 쓸 경우에 생길 수 있는 것과 같은 얼룩이 남을 가능성이 적기 때문이죠.

    복사(photocopy). 패턴을 복사하고, 다리미를 사용하여 최대한 빠르게 그 잉크를 목재에 옮기는 방법도 있습니다. 이 방법은 빠르고 간단하지만 대신 이미지는 거꾸로 반전됩니다.

밴드쏘

Q 밴드쏘(bandsaws) 톱날이 자를 수 있는 가장 작은 회전 반경은 어떻게 되나요?

A 톱날 폭이 좁을수록 절단할 수 있는 반경이 작습니다.
대략적인 절단 한계는 다음과 같습니다.
- 19.05mm(3/4″) 톱날 – 반경 63mm
- 12.7mm(1/2″) 톱날 – 반경 31mm
- 6.35mm(1/4″) 톱날 – 반경 19mm
- 3.175mm(1/8″) 톱날 – 반경 6mm

Q 25mm의 반지름을 가지는 곡선을 만들어야 하는데, 제 밴드쏘에는 12.7mm(1/2인치) 톱날만 있네요. 더 얇은 톱날로 바꾸지 않고도 이 정도 작은 반경의 곡선 절단을 할 수 있는 방법이 있을까요?

A 톱날의 뒤쪽 가장자리를 약간 둥글게 하면 더 급격한 회전을 할 수 있습니다. 가장자리에 숫돌을 놓고 톱날 뒤쪽에 45° 각도로 붙인 뒤에, 톱을 켜고 숫돌을 톱날에 가볍게 누르세요. 반대편 모서리에도 반복한 다음 숫돌을 회전시키듯 움직여서 톱날 뒷면을 둥글게 만듭니다. 에폭시 접착제로 숫돌을 나뭇조각에 붙여, 길게 생긴 막대 지그를 만들면 손가락과 톱날 사이의 안전거리를 확보할 수 있습니다. 이렇게 톱날 뒤를 둥글게 만들어놓으면 일반적으로 톱날이 더 부드럽게 자르는 데 도움이 될 수 있습니다.

Q 매일 저녁마다 밴드쏘 톱날의 장력을 느슨하게 해줘야 하나요?

A 어쩌면 매일 저녁은 아니지만, 며칠 동안은 사용하지 않을 예정이라면 장력을 풀어 놓으세요. 그렇게 하면 톱날이 조기에 파손되는 것을 방지하고 휠 타이어 고무밴드가 일찍 납작해지지 않게 하는 데 도움이 될 것입니다. 또한 밴드쏘의 인장 스프링 수명을 연장시킬 수도 있죠.

Q 38×200mm 월넛 판재를 더 얇은 판으로, 세로 켜기 작업인 리쏘잉(resawing)을 하려고 합니다. 가장 좋은 방법은 어떤 것인가요?

A 판재 세로 켜기, 리쏘잉을 위해서는 19mm(3/4인치) 너비의 톱날을 장착하세요. 자

표준 켜기 펜스 　　　　　　　한 점 켜기 펜스

르는 도중에 톱날이 휘어지거나 흔들리는 것을 방지하기 위해 노치(notch)로 톱날의 장력을 높이세요. 세로 켜기를 하는 동안에 판재를 수직으로 유지하기 위해 몇 가지 형태의 켜기용 펜스가 필요합니다. 펜스에는 일반적으로 두 가지 유형이 있습니다.

표준 켜기 펜스(tall resawing fence). 긴 수직 펜스는 수평 받침대에 연결된 직각 블록에 의해 지지되고 고정됩니다. 받침대는 밴드쏘 정반에 클램프로 고정하고, 펜스는 세로 켜기 할 때 목재를 가이드하는 데 사용됩니다. 이 수직 세로 켜기 펜스의 단점은 톱날이 편향되어(drift) 있거나 흔들려 움직이기 시작하면 판재를 조종할 수 있는 다른 방법이 거의 없다는 것입니다. 톱날이 일정한 방식으로 움직이거나 틀어지면, 움직임에 대한 보완으로 펜스의 각도를 조정할 수 있습니다.

한 점 켜기 펜스(single-point rip fence)입니다. 단면이 총알 모양으로 생긴 이 수직 펜스는 지지 블록에 의해 견고하게 직립으로 유지됩니다. 한 점 켜기 펜스로 세로 켜기 하려면 작업물에 더 많은 주의를 기울이고 잘 유도해야 하지만, 일단 톱날이 편향되기 시작하면 판재 뒤쪽을 움직이면서 절단 과정을 조정할 수 있게 됩니다.

두 가지 유형의 펜스를 모두 실험해보세요. 당신 자신과 당신이 가지고 있는 밴드쏘, 톱날 그리고 켜려고 하는 목재의 종류에 가장 잘 맞는 펜스를 찾아보세요.

Q 제 밴드쏘로 150mm보다 넓은 판재를 세로 켜기 하려고 할 때마다 정말 속이 탑니다. 톱날은 왔다 갔다 하고 모터는 과부하가 걸리고, 판재는 휘거나 타버리고 맙니다. 하아, 어떻게 해야 할까요?

A 150mm 폭의 재료를 톱질하는 것은 쉬운 일이 아니며, 밴드쏘는 그런 작업을 하기에 충분한 힘이 없을 수도 있습니다. 이 작업을 쉽게 하기 위해서는 테이블쏘로 사

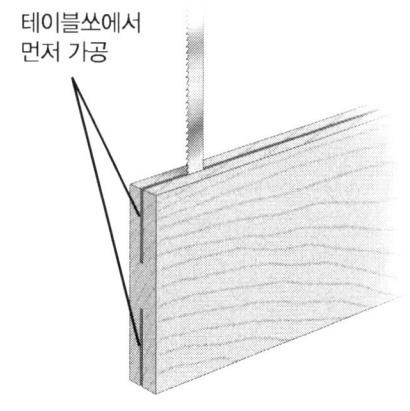

테이블쏘에서
먼저 가공

전 작업을 해보세요. 테이블쏘 톱날을 높게 올리고, 테이블쏘에서 판재를 세워 양쪽 옆면에 깊게 톱질을 하세요. 가운데에 50mm 정도 남아 있는 부분은 밴드쏘로 자르면 됩니다. 이렇게 톱질홈(kerf)을 만드는 또 다른 이점은 이 홈이 밴드쏘 톱날이 자르는 과정의 가이드 역할을 해준다는 것입니다. 이 방법의 단점은 테이블쏘 톱날이 두꺼워 자르는 과정에서 넓게 자르기 때문에 더 많은 재료를 낭비한다는 것입니다. 또한 서로 다른 두께의 톱날로 잘랐기 때문에 잘린 표면을 평평하게 하려면 자동대패나 드럼 샌더에서 잘린 면을 다시 다듬어줘야 합니다.

Q 측면의 가이드와 뒤쪽의 추력 베어링(thrust bearing)은 톱날에서 얼마만큼 떨어져 있어야 하나요?

A 0.5~0.75mm 정도 되도록 조정하세요. 공책 종이 한 장 두께 정도 됩니다.

Q 밴드쏘 톱날을 끼울 때 위아래 휠 타이어 가운데에 배치해야 하나요?

A 톱날 자체가 아닌 톱니 골(tooth gullet)의 가장 깊은 부분을 휠 중심에 놓습니다. 그렇게 해서, 휠은 톱질을 하는 동안 톱니와 톱날 부분을 지탱해줄 것입니다.

Q 밴드쏘의 쿨 블록(cool blocks)은 무엇입니까?

A 쿨 블록은 제품으로 나와 있는 많은 가이드 블록 중 하나의 브랜드 이름입니다. 이것은 톱날이 좌우로 빗나가는 것을 방지하는 가이드인데, 흑연 함침 페놀 수지로 구성된 복합 재료로 만들어졌으며, 대부분의 밴드쏘에 달려 있는 원래의 금속 블록을 대체하기 위한 것입니다.

수지 블록의 구성으로 인해, 금속 가이드 블록 같은 금속과 금속이 접촉하는 것보다 차갑게 작동합니다. 즉, 쿨 블록(Cool Blocks)을 실제로 톱날에 닿을 수 있도록 조정할 수 있으므로 더 나은 지지와 안정성을 확보할 수 있습니다. 또한 톱날의 수명을 연장하는 데에도 도움이 됩니다. 볼 베어링과 세라믹을 포함하는 여러 가지 가이드 시스템 제품들이 있습니다. 어떤 목수들은 티크목(teak)이나 유창목(lignum vitae) 같은 밀도가 높고 기름진 목재로 가이드 블록을 직접 만들기도 합니다.

목선반

목선반 작업의 기본 개념은 매우 간단합니다. 둥글게 만드는 기계에 나뭇조각을 장착하고 둥근 무언가로 만들어질 때까지 절삭 공구로 누르는 것이죠. 그러나 일단 이러한 기본적인 것을 넘어서보면 상황이 복잡해집니다. 연마하기, 그릇 깎기, 접합목기 깎기(segmented turning) 그리고 기타 여러 가지 활동들은 부분적으로는 예술이기도 하며 부분적으로는 과학이기도 합니다. 공예를 배우는 것은 어려울 수는 있지만, 그 결과는 환상적이지요. 2.4m 현관 기둥에서부터 2.5cm 길이의 와인병마개까지 모든 것을 만들 수 있습니다. 여기서는 기본 사항 중 일부를 소개하겠습니다만, 많은 좋은 책과 DVD의 도움을 받아 기술을 향상시켜보실 것을 권장합니다.

> **TIP**
>
> **왁스=마찰 감소**
>
> 두꺼운 나무나 곡선 부재를 자르기 전에 밴드쏘를 켜고, 테이블에 파라핀 블록을 놓은 후 톱날이 움직일 때 그 양쪽에서 눌러주세요. 윤활 처리된 톱날은 더 빨리 냉각되고 더 빠르게 자릅니다. 마감 작업을 할 때 왁스로 오염이 되지 않도록 나중에 작업물 가장자리를 샌딩해주셔야 하고요.

Q 선반의 기본 부품에는 무엇이 있고, 어떤 일들을 합니까?

A 표준적인 선반에는 네 가지 주요 구성 요소가 있습니다.

- **정반**(bed)은 목선반의 바닥입니다. 다른 구성 요소들이 그 길이 방향으로 미끄러질 수 있도록 슬롯이 뚫려 있습니다. 무겁고 단단한 정반일수록 좋습니다.
- **심압대**(tailstock)는 작업물의 한쪽 끝을 고정시키고, 다양한 길이의 목재에 적용할 수 있도록 정반을 따라가며 배치할 수가 있습니다. 여기에는 라이브 센터(free-spinning center)가 포함되는데, 이것은 보통 피스톤에 연결되어 있으며 작업물을 제자리에 고정하도록 조정할 수 있습니다.
- **주축대**(headstock)는 목선반의 모터가 달린 끝부분이며 작업물의 다른 쪽 끝을 고정합니다. 테이퍼(taper)져 있는 스퍼 센터(spur center)를 수용하기 위해 테이퍼진 중공 구동 스핀들(hollow drive spindle)을 포함하고 있습니다. 스퍼 센터는 구동 스핀들에 삽입되기 전에 먼저 작업물 끝에 박아놓습니다. 모터 속도는 전자식으로

조정하거나 구동 벨트를 풀리(pulley)로 재배치하여 조정할 수 있습니다.
- **공구 받침대(tool rest)**는 슬라이딩 베이스(sliding base)와 공구 받침대의 두 가지 요소로 구성됩니다. 슬라이딩 베이스는 정반을 따라 어디든지 배치할 수 있으며, 작업물의 직경에 따라 앞뒤로 움직일 수 있습니다. 공구 받침대는 공구를 지탱해주지요. 여러 가지 다양한 모양과 크기가 있으며, 위아래로 높이를 조정할 수 있는 샤프트(shaft)가 있습니다.

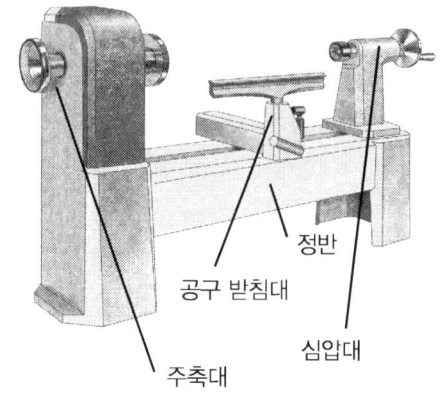

Q 목선반 '스윙(swing)'과 '센터 사이 거리(distance between centers)'라는 것은 무엇을 말합니까?

A 스윙은 선반에서 회전시킬 수 있는 가장 큰 직경의 원통을 말합니다. 400mm(16인치) 스윙을 갖춘 선반은 구동축 중심과 정반 사이가 200mm(8인치)를 약간 넘고, 최대 직경이 400mm(16인치)인 목재를 깎을 수 있다는 것입니다. 센터 사이 거리 또는 용량은 목선반이 수용할 수 있는 목재 한 개의 최대 길이를 나타냅니다. 대부분의 표준 크기의 목선반은 810~1,060mm(32~42인치)의 용량을 가지고 있습니다. 테이블 다리를 깎을 수 있을 만큼 충분히 긴데, 대부분의 사람들이 돌릴 수 있는 가장 긴 물건이 테이블 다리겠죠.

Q 어떤 사람은 목선반 받침대에 모래주머니를 쌓아놨더군요. 왜 그런 건가요?

A 모래주머니는 공구에 중량과 안정성을 추가하여 진동을 줄이고 목선반을 더 부드럽고 조용하게 작동하도록 만들어줍니다.

Q 목선반 작업을 시작해보고 싶어요. 그런데 공구상에 가서 수십 개의 목선반 공구들을 보고 있노라면 정말 압도당하고 말죠. 제가 시작하면서 가지고 있어야 할 정말 필요한 공구는 무엇이 있을까요?

A 목선반 작업 공구에는 기본 형상을 만들기 위해 다량의 재료를 제거하는 절삭 공구

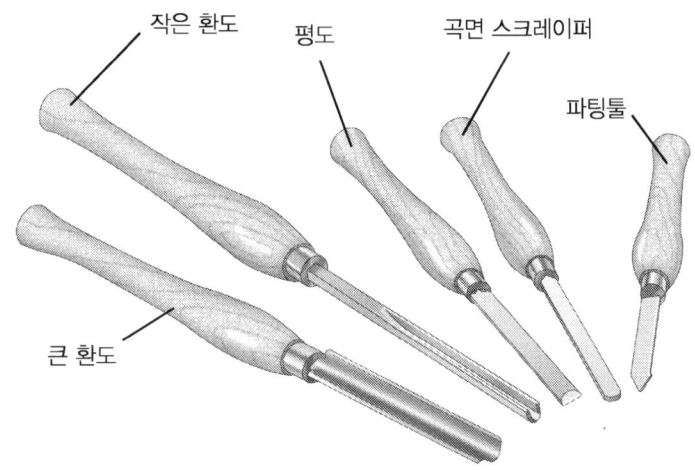

(cutting tool)와 소량의 재료를 제거하고 부드럽게 하기 위해 일반적으로 사용되는 스크레이핑 공구(scraping tool)의 두 가지 기본 유형이 있습니다. 당신이 목선반 작업을 시작하고 대부분의 기본적인 작업을 수행할 수 있도록 해줄 다섯 가지 기본 공구를 알아볼까요.

- 30mm 큰 환도, 러핑 가우지(roughing gouge). 사각형의 목재를 원통형으로 깎아 기본 모양을 만들기
- 12mm 작은 환도, 볼 가우지(bowl gouge). 모양을 더 곱게 다듬고, 오목한 모양 가공하기
- 25mm 평도, 스큐 치즐(flat skew chisel). V-홈이나 작은 볼록한 구슬 모양 가공하기
- 곡면 스크레이퍼(round nose scraper). 오목한 코브(cove)나 속을 파내는 작업과 다듬기
- 4mm 파팅툴(parting tool). 모양을 만들어가는 작업을 시작하기 전에 미리 파내어 깊이 참조점을 설정

큰 환도만 가지고도 얼마나 많은 섬세한 작업들을 할 수 있는지 놀라게 될 것입니다. 한 목선반 전문가는 그것으로 12mm 크기의 팽이도 만들더군요. 우선은 이 다섯 가지 공구로 시작한 다음 필요에 따라 공구를 추가해보세요.

Q 목선반 칼들을 다시 연마해야 할 시기가 언제인지 어떻게 알 수 있나요?

A 잘 연마된 공구는 훨씬 쉽게 깎아나갈 수 있습니다. 만약 공구에 힘을 억지로 주고 있다거나 큰 크기의 칩이나 얇게 깎여 나오는 나무 대신에 톱밥 같은 것이 만들어

진다면 그때가 연마를 해줘야 하는 때입니다. 나뭇결이 뜯겨진다면 그것도 공구가 무뎌진 또 다른 신호입니다.

Q 목선반 칼을 연마하는 건 그 자체로 대단한 기술이라고 알고 있습니다. 기본적인 것은 어떤 것이 있나요?

A 연마는 두 단계 과정입니다. 먼저 그라인딩을 통해 절삭날(공구가 오래된 것이든 새것이든)의 정확한 모양을 설정(또는 재설정)해야 합니다. 올바른 모양이 되었으면 절삭날(cutting edge)을 올바른 경사각도로 연마해야 합니다. 대부분의 사람들은 그라인더에 36-번(grit)의 연마석을 사용하여 모양을 만들고, 60 또는 80-번(grit)의 연마석을 사용하여 예리하게 만듭니다.

절삭날을 그라인딩할 때, 날아오는 불꽃을 지켜보세요. 불꽃이 목선반 칼 위로 길게 날아오기 시작하면 거의 올바른 각도에 도달했음을 알 수 있습니다.

Q 목선반은 너무 크고 빠르고 위험해 보여요. 목선반과 관련된 안전 문제는 어떤 것들이 있나요?

A 목선반은 절삭 공구를 당신이 직접 제어하고, 당신의 반대 방향으로 밀며 하는 작업이기 때문에 상당히 안전합니다. 또한 목선반의 속도를 조절할 수 있습니다. 그러나 목선반이 그리 많은 소음을 내지 않기 때문에 사람들은 안전에 만족하지 못합니다. 주목할 세 가지 영역이 있죠.

걸리는 물건들. 헐렁한 옷, 보석, 장갑, 긴 머리 또는 회전하는 작업물에 걸릴 수 있는 여러 물건들을 조심하세요.

먼지. 어떤 목재는 피부나 호흡 반응을 일으킬 수 있는 톱밥을 만듭니다. 미세한 톱밥이 아닌 얇게 깎인 부스러기를 만드는 예리한 공구를 사용하면 위험을 줄일 수 있습니다. 또한 어떤 종류의 집진 시스템을 사용하고 좋은 호흡 마스크를 착용해야 합니다(1장을 참조하세요).

충격. 경우에 따라 작업물이 목선반에서 튀어나올 수 있습니다. 이것은 가공 전 원목 블랭크(blank) 상태에서 처음 작업을 시작할 때 가장 자주 발생합니다. 목선반 작업을 시작하기 전에 모든 레버가 단단히 조여졌는지 확인하세요. 작업물을 손으로 회전시켜 그것의 일부가 정반이나 공구 받침대에 부딪치지 않도록 하세요. 모터가 목재의 크기에 맞는 속도로 설정되어 있는지 확인하세요. 그릇이나 판을 깎는 경우, 블랭크가 면판(faceplate)에 견고하게 고정되었는지 확인하세요. 선반을 처음 켤 때는 '위험 영역(red zone)'의 측면에 서 있어야 합니다. 위험 영역은 작업물이 날아올 만한 부채꼴의 궤적 범위를 말합니다. 항상 안면보호대와 보안경을 착용하세요.

Q 목선반 작업할 때 공구 받침대는 어디에 배치해야 합니까?

A 대부분의 목선반 작업의 경우, 목선반 칼의 칼날이 작업물의 중심선과 같은 높이가 되도록 공구 받침대의 위치를 정하고, 약 3mm 정도 작업물과 떨어지게 합니다. 따라서 작업물의 크기가 줄어감에 따라 여러 번 다시 조정해줘야 합니다.

Q 1.8m짜리 네 기둥이 있는 침대를 만들고 있습니다. 제 목선반이 깎을 수 있는 건 90cm까지인데 이런 경우 어떻게 해야 하나요?

A 기둥을 두 조각으로 나눠 깎은 다음 두 조각을 결합하세요. 한 조각의 끝에 5~7.5cm 길이의 둥근 장부를 만들고 다른 한 조각 끝에 동일한 직경의 장붓구멍을 만들어 견고한 결구를 만드는 방법입니다.

Q 아웃보드 터닝(outboard turning)이란 게 무엇입니까?

A 큰 그릇이나 큰 접시를 깎고 싶을 때 목선반의 정반이 방해가 됩니다. 아웃보드 터닝이 이 문제를 해결해주죠. 어떤 목선반에는 회전시킬 수 있는 헤드가 있고, 어떤 것은 모터의 반대쪽에 블랭크를 장착할 수 있도록 설계되어 있으며, 어떤 것은 아웃보드 터닝 전용으로 설계되어 있고, 다른 어떤 것들은 이를 허용하지 않고 있습니다. 목재는 주축대에만 장착되기 때문에 작업물 안정하게 고정해줄 심압대가 없으므로 특별한 척(chuck)이나 면판(faceplate)이 필요합니다. 어떤 것은 나무를 나사못으로 조이기도 하고, 큰 드릴척과 같은 것으로 물리는 것들도 있습니다. 또한 공구 받침대도 다르게 설치를 해줘야 합니다.

Q 새 목선반이나 중고 목선반을 구입할 때 고려해야 할 사항은 무엇입니까?

A 먼저 '내가 깎아야 할 가장 큰 작업물은 뭐지?'라고 스스로에게 물어보세요. 대답이 '펜, 와인 마개 또는 작은 그릇'이라면 탁상용 목선반이나 미니 목선반으로 구할 수 있겠죠. 당신의 대답이 '50cm짜리 샐러드 그릇'이라면 당신은 아웃보드 터닝을 할 수 있는 크고 무거운 목선반이 필요합니다.

신품이든 중고 기계이든 심압대와 공구 받침대의 잠금장치가 제대로 견고하게 작동하는지 확인하세요. 심압대를 주축에 밀어 넣고, 스핀들의 점이 정확하게 정렬되는지도 확인하고요. 스핀들을 흔들어 베어링에 문제가 없는지 확인하세요. 금이 간 주물이 있는지 육안으로 검사해야 합니다. 오래된 목선반 중에서도 아주 튼튼한 구성 요소를 가진 주철로 된 좋은 것을 찾을 수도 있습니다.

Q 공예 박람회에서 바둑판무늬의 그릇이 몇 개 있는 것을 보았습니다. 어떻게 만든 건가요?

A 접합 목기(segmented turning)는 여러 개의 목재로 구성된 작업물로 시작하며, 대개 두 개 이상의 수종으로 이루어집니다. 가장 일반적인 유형은 링 구조(ring construction)입니다. 이것은 몇 개의 구멍튜브를 쌓아놓은 것처럼 여러 개의 나무 링을 서로 이어 붙여놓은 것입니다. 각각의 링은 원 모양을 만들기 위해 함께 붙여놓은 각진 끝이 있는 여러 개의 나뭇조각으로 만들어집니다.

다른 일반적인 유형은 널 구조(stave construction)로 불리며, 긴 목재 조각이 통널처럼 옆면끼리 함께 붙어 있습니다. 이것은 목선반에서 원통으로 만들어집니다.

드릴 프레스

Q 드릴 프레스(drill press)의 정반이 척(chuck)과 직각이 되도록 하려면 어떻게 해야 합니까?

A 철사 옷걸이를 약 20cm 정도 잘라내어 두 번 90°로 굽히세요. 척에 한쪽 끝을 조인

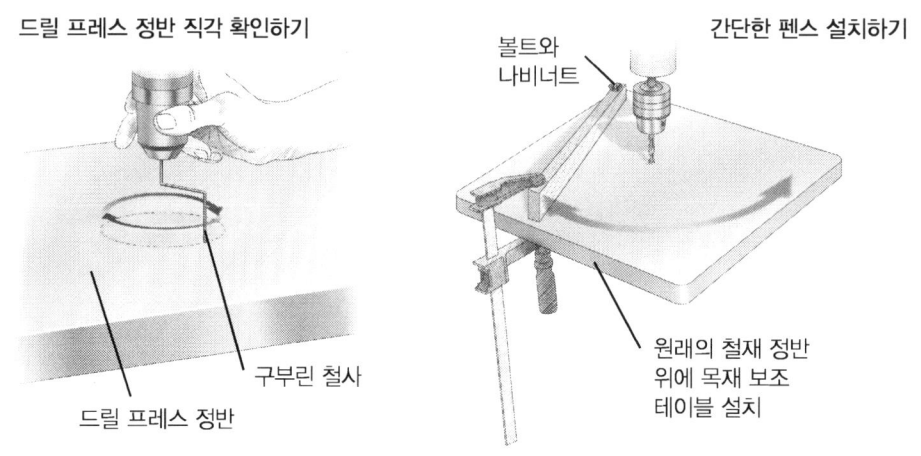

다음 철사의 다른 끝이 테이블에 거의 닿을 때까지 정반을 들어 올리세요. 천천히 손으로 척을 돌리며 철사와 정반 사이의 틈새를 확인하세요. 철사가 360° 회전할 때 전체적으로 일정한 거리를 유지할 때까지 정반을 조정하세요.

Q 유용한 액세서리는 무엇이 있나요?

A 펜스는 필수입니다. 그것은 일관되게 정렬된 구멍을 뚫을 수 있게 해주며, 그리고 안전 조치로 드릴 비트에 작업물이 물려서 빙글 돌아버릴 때 돌지 않도록 목재를 잡아줍니다. 펜스를 만들 때 유일하게 조정해야 하는 것은 비트와의 거리이므로 한쪽 끝을 회전할 수 있도록 중심축을 만들고, 다른 쪽 끝은 클램프로 조일 수 있게 하면 좋습니다.

Q 제가 가진 드릴 프레스는 정반이 너무 작아서 큰 작업물에 사용할 때 좀 어렵습니다. 해결책이 있을까요?

A 대부분의 드릴 프레스는 금속 가공 공구로 설계되었으며, 목공작업에 편리하게 사용할 수 있도록 그 이상의 진화를 이루지 못했습니다. 합판으로 만든 보조 테이블을 추가하여 원래부터 달려 있는 금속 정반의 크기를 확장할 수 있습니다. 클램프로 고정하거나 나사못으로 조이거나 바닥에 멈춤턱을 추가하여 기존 정반 위에 놓을 수 있습니다. 만약 실수로 구멍을 내어도 문제가 생기지 않도록 해주기도 하고, 여러 가지 지그(jig)와 액세서리를 쉽게 추가할 수도 있습니다.

Q 대형 목봉이나 튜브의 측면에 구멍을 뚫을 때 중심을 정확히 뚫을 방법이 있나요?

A 테이블쏘를 사용하여 V자형 지그를 만드세요. 드릴 프레스 척에 작은 드릴 비트를 끼우고 V자 바닥에 비트 중심이 오도록 위치를 맞춥니다. 지그를 제자리에 고정하고 원하는 드릴 비트로 갈아 끼우세요. 그런 다음 목봉이나 튜

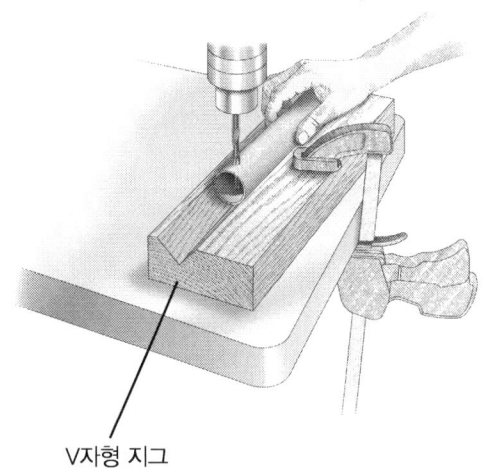

V자형 지그

브, 파이프 등을 지그 위에 올리고 구멍을 뚫습니다. 만약 일련의 연속적인 구멍을 계속 뚫어야 하는 경우에는 드릴 프레스 정반에 펜스를 설치하여 고정한 다음, 펜스를 따라 지그와 목봉 등의 작업물을 밀어내면서 구멍을 뚫어주면 됩니다.

Q 드릴 프레스용 각끌기 장치는 어떻게 작동합니까?
A 이 부속 장치를 사용하면 둥근 구멍에 사각 못을 끼워 넣을 수도 있고, 적어도 둥근 구멍을 정사각형 구멍으로 바꿔줍니다. 이 시스템은 네 모서리에 날카로운 경사날이 있는 사각으로 된 속이 비어 있는 각끌날과 그 내부에 꼭 맞는 오거비트(augertype drill bit), 그리고 각끌날을 배치하고 날이 회전하지 못하도록 드릴 프레스(척 위)에 부착되는 각끌날 홀더로 구성됩니다. 드릴 비트가 구멍을 뚫으면 각끌날은 바로 그 뒤를 따라가며 목재를 잘라내어 사각 모서리를 만듭니다. 파내어진 목재 부스러기는 각끌날의 측면을 통해 빠져 나갑니다. 드릴 프레스는 둥근 구멍을 뚫는 역할을 하고, 당신의 팔이 나무에 각끌날을 밀어 넣는 역할을 합니다.

면치기, 라우터 테이블

면치기(shaper)는 라우터 테이블(router tables)의 강화 버전으로 생각하면 될 것 같습니다. 이것들은 둘 다 판재의 가장자리와 표면을 따라 프로파일을 가공하는 공구이지만, 면치기는 모터, 펜스, 날물(cutter)과 기타 모든 것들이 훨씬 크고 육중합니다. 테이블 장착형 라우터는 표준 라우터 비트를 사용하지만, 면치기는 날물이 장착되고 잠금 너트로 고정되어 상단 위로 튀어나온 굵은 12mm(1/2인치), 19mm(3/4인치) 또는 더 큰 회전축(spindle)을 가지고 있습니다. 생산 작업에 탁월하죠. 대부분의 목수들은 라우터 테이블을 사용하여 잘 처리합니다. 가장 부드럽고 깨끗한 결과를 얻으려면 12 mm 샹크가 있는 비트를 사용하고, 비트 직경이 커짐에 따라 속도를 낮게 조정하세요(4장의 라우터 참조).

Q 라우터 테이블에서 작은 조각목들을 가공할 때마다 바짝 얼어붙게 돼요. 손가락은 안전하게 하면서도 단단하게 붙잡고 통제력을 유지할 수 있는 좋은 방법이 있습니까?
A 25,000rpm으로 회전하는 비트로부터 손가락을 안전하게 떨어뜨리고 싶으신 거죠. 작업물을 붙잡는 두 가지 좋은 방법이 있습니다.

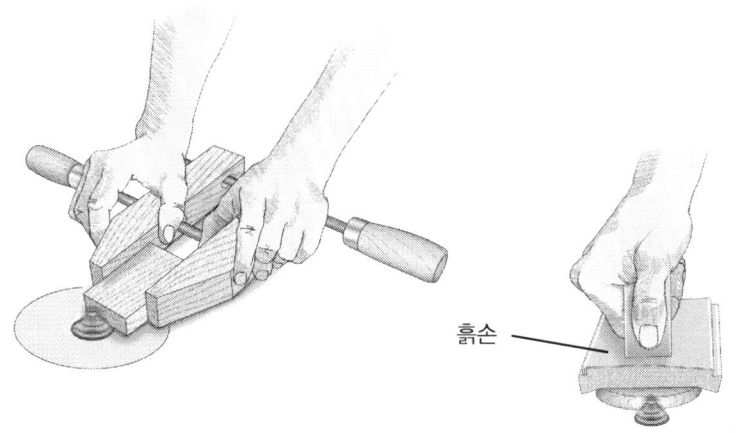

흙손

1. 가공물이 직사각형인 경우 핸드 스크류 클램프(wooden handscrew clamp)로 조이고, 이를 사용하여 가공할 조각목이 비트에 닿아 작업될 수 있도록 할 수 있습니다.
2. 곡선이나 불규칙한 모양의 조각의 경우 고무바닥으로 된 밀대나 그라우트 메지 작업을 하는 흙손(grout float)으로 조각을 잡고 해보세요. 고무바닥이 손과 비트 사이에 장벽을 만들면서 잘 잡아줍니다.

Q 라우터 테이블에서 원판 모서리를 둥글게 깎는 작업을 하려고 했는데요. 비트에 원판이 처음 닿는 순간 손에서 튕겨 나가더군요. 어떻게 하면 막을 수 있습니까?

A 시작 핀이 필요하군요. 비트에서 5~7cm 떨어진 곳에 라우터 테이블에 구멍을 뚫고 하드우드로 만든 단단한 목심을 임시로 끼우세요. 핀에 작업물을 먼저 지지해준 다음 천천히 비트로 밀어 넣어요. 작업물을 움직여서 커터와의 사이에서 회전을 시키는 것이죠. 안전을 위해서 핀과 비트 사이에 작업물이 끼이게 하면 안 됩니다.

프로젝트 | 간단한 공방 카트

고정식 전동공구는 시간을 절약해주는 존재인데요, 공방 카트를 추가해주면 더욱 효율적으로 사용할 수 있습니다. 60×75cm 크기의 바퀴 달린 카트는 공방에서 한 장의 합판을 나를 수 있을 정도로 충분히 크기도 하고, 사용하지 않을 때는 구석에 숨겨놓을 수 있을 정도로 충분히 작기도 합니다. 자동대패 작업을 하거나 테이블쏘로 많은 판재를 반복 작업하는 경우와 같이 제작 작업에 적합합니다. 또한 미니 작업대가 필요할 때도 유용합니다. 테이블쏘와 같은 높이로 만들면 바로 사용할 수 있는 아웃 피드 테이블을 갖게 됩니다. 수납을 위해 낮은 선반을, 그리고 안정성을 위해 잠금장치가 있는 바퀴를 포함시키세요. 주요 세부 구성 정보는 다음과 같습니다.

- 먼저 캐스터(caster)라 불리는 바퀴를 구입하세요. 특히 테이블쏘와 같은 높이로 카트를 만들려고 하면 그래야 하죠. 지름이 75mm(3인치) 이상인 회전식 바퀴는 가장 매끄러운 주행을 제공합니다.
- 상부와 하부 선반의 2×4(38×89mm) 프레임을 연결하기 위해 4×4(89×89mm) 크기 다리의 양면에 다도홈을 만드세요. 2×4(38×89mm) 프레임을 홈에 끼운 뒤에 단단한 고정을 위해 접착제를 바르고 나사못으로 고정하세요.
- 18mm 상부 선반은 접착제를 사용하지 말고 나사못으로만 고정시키세요. 그러면 나중에 쉽게 교체할 수 있습니다.

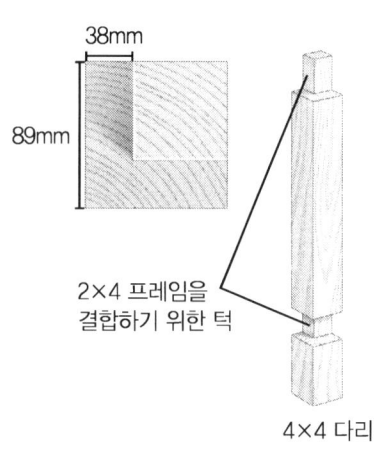

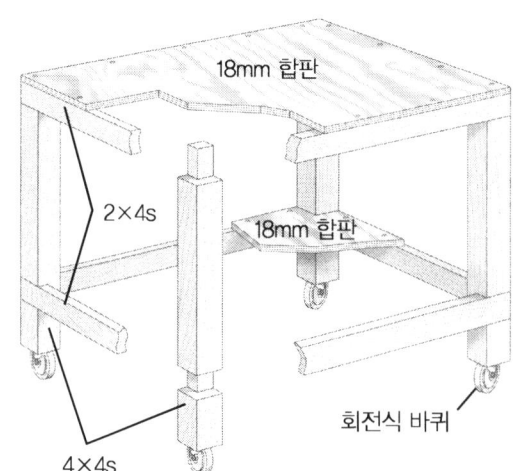

6. 접착제와 패스너

작은 일을 잘 하는 것이 큰일을 더 잘하는 첫걸음입니다.
—무명씨

어떤 사람들은 건축 목수(carpenter), 캐비닛 제작자(cabinetmaker), 가구 제작자(furniture builder)의 주된 차이점은 판재를 서로 고정하는 데 사용하는 방법에 있다고 말합니다. 건축 목수는 못과 나사못을 사용하고, 캐비닛 제작자는 접착제, 꽂임촉과 비스킷을 사용하며, 가구 제작자는 목재 자체로 만든 결구법을 사용합니다. 목수들을 분류해보는 흥미로운 방법이긴 하지만, 예외 없는 규칙이란 없는 것이죠. 여기에서는 접착제, 기계적 패스너 그리고 그것들과 가깝게 연관되어 있는 것들을 살펴보겠습니다.

결구법 결정하기

두 개의 나무를 서로 고정시키는 기술은 망치를 사용하여 한 움큼의 못을 박는 것부터 정교한 톱을 사용하여 복잡한 주먹장을 가공하는 것까지 다양합니다. 사용하기에 가장 좋은 패스너 또는 결구법을 결정하는 데는 여러 가지 요인이 있습니다. 가장 먼저 물어야 할 질문은 이것입니다. "나사못, 못, 꽂임촉, 접착제, 장부, 비스킷 또는 결구 중 어느 것이 그 부분의 역할을 위해 가장 튼튼한 것인가?" 이 질문에 대한 답이 구해지면(항상 한 가지 이상의 정답이 있죠), 선택지는 얼마나 오래 걸릴지, 비용은 얼마나 될지, 그리고 미관은 어떨지 등과 관련된 질문에 의해 더 좁혀집니다. 누군가는 벽장 벽의 틀을 만들기 위해 큰 못 대신에 주먹장을 사용할 수 있습니다. 누군가는 수입산 탄산수를 사용하여 세차를 할 수도 있습니다. 문제는 '추가 비용과 노력이 차이를 낳는가?'입니다. 그러한 것이 패스너와 관련된 의사 결정 프로세스입니다.

나사못

Q 나사못(screws)의 적절한 길이 선택을 위한 경험적인 방법이 있습니까?

A 위쪽 판재(결합되는 판재)의 두께보다 3배 긴 나사못을 사용하세요. 18mm 판재의 경우 55mm 나사못을 사용하세요. 나사못은 서로 결합되는 두 목재들의 두께를 더한 것보다 6mm 정도 더 짧은지 확인해보세요. 자칫하면 뾰족한 끝이 튀어나와서 깜짝 놀랄 수도 있습니다. 나사못의 길이는 실제로 나무로 들어가는 나사 부분에 의해 정해집니다.

Q 왜 전통적인 목공용 나사못용으로 3개의 다른 크기의 구멍을 뚫어야 한다고 하나요?

A 나사못을 미니 클램프라고 생각해보세요. 나사못이 효과적으로 클램프 역할을 하기 위해서는 나사못 머리가 위쪽 판재를 아래쪽 판재에 단단히 밀착시킬 수 있어야 합니다. 위쪽 판재가 나사못의 나사산에 의해 움직임이 방해받고 있다면, 단단히 밀착되지 않을 것입니다. 이 문제를 해결하려면 다음처럼 해보세요.

- **파일럿 홀**(pilot hole)은 나사못을 박을 때 나사산이 나무의 아래쪽 부분에 잘 맞물릴 크기로 합니다.

목공인들이 많이 쓰는 나사못 네 가지

나사못을 온라인으로 판매하는 회사들은 120종의 나사류 제품군을 보유하고 있으며 각 제품군에는 최대 25종류의 나사못이 포함되어 있습니다. 그렇다 해도 조금만 알고 있다면 올바른 나사못을 선택하는 것은 간단한 작업으로 끝낼 수 있습니다. 그러나 일단 이런 복잡한 것을 간추려보면 대부분의 목공 작업에서 쓰일 4종류의 나사못을 찾을 수 있습니다. 각 종류별로 다양한 길이의 나사못을 가지고 있다면 철물점에 자주 왔다 갔다 하지 않아도 되겠죠.

1. **표준 목공용 나사못**(standard wood screw). 이것은 목공 영역에서 전통적으로 많은 역할을 해왔습니다. 다양한 크기와 길이, 머리 모양(평면, 원형, 타원형)이 있으며, 대부분은 一자나 十자 나사못이죠. 이것은 두세 번의 지름의 변화가 있는 파일럿 구멍을 필요로 합니다. 최근에 생산되는 나사못은 전통적인 것보다 더 깊은 나사산을 가지고 있으며, 하나의 파일럿 구멍만 있어도 되도록 만들어집니다.

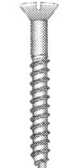
목공용 나사못

2. **석고보드용 나사못**(drywall screw). 이 나사못은 나사산 구성이나 취성으로 인해 하드우드를 다루는 대부분의 목공 작업에는 적합하지 않지만, 가격이 저렴하여 지그 조립, 템플릿 고정, 보관 선반이나 상자를 제작할 때 좋습니다.

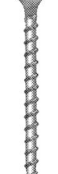
석고보드용 나사못

3. **냄비머리 나사못**(pan head screw). 서랍 레일을 부착하고, 지그를 만들거나 재료들을 함께 조이기 위해 나사못 머리의 바닥에 평평한 표면이 필요한 여러 작업에 이상적입니다.

냄비머리 나사못

4. **원피스 커넥터**(confirmat-style screw). 이 나사못은 MDF와 파티클보드로 만든 판재(멜라민 코팅된 판재 포함)를 서로 결합하는 데 전문적으로 쓰입니다. 독특한 나사산과 머리가 결합되어 당기는 힘에 저항하는 일종의 강철 도웰을 만듭니다. 물론 합판에 사용해도 좋습니다.

원피스 커넥터

- **위쪽 판재의 클리어런스 홀(clearance hole)** 은 나사못 샹크(shank)의 매끄러운 부분이 구멍에 들어가지만 끼지는 않도록 치수가 정해져 있습니다.
- **카운터싱크 홀(countersink hole)** 은 나사못 머리가 목재 표면과 평행하게 또는 그 아래에 위치하도록 공간을 만듭니다.

여러 개의 비트를 쓰거나 그림과 같은 이중 드릴 비트를 사용하여 구멍을 뚫을 수 있습니다.

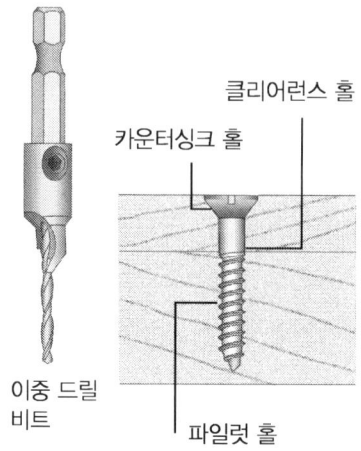

클리어런스 홀
카운터싱크 홀
이중 드릴 비트
파일럿 홀

Q 목공작업에 석고보드용 나사못(drywall screw)을 사용하지 않는 이유는 무엇입니까?

A 여러 가지 이유가 있는데요. 나사못의 전체 길이에 걸쳐 나사산이 있어 위쪽 판재 속에 들어간 나사산이 위쪽 판재가 아래쪽 판재와 단단히 결합하는 것을 방해할 수 있습니다. 또한 부러지기 쉬워 나사못을 박다가 부러질 수도 있습니다. 마지막으로, 석고보드용 나사못은 카운터싱크(countersink) 비트의 모양을 따르지 않는 나팔형 머리를 가지고 있습니다.

Q 제 친구는 一자나 十자 나사못 같은 건 다 버리고, 이제는 사각 나사(Robertson, 또는 square-drive, screws)만 사용합니다. 그것들이 왜 좋은 건가요?

A 一자나 十자 나사못들의 홈은 매우 얕으며, 따라서 드라이버로 조일 때 큰 힘을 내기 위한 충분한 표면적을 제공하기에는 부족합니다. 이런 이유로 드라이버가 나사못 밖으로 미끄러져 빠져나오기 쉽습니다(나사못 머리의 홈이 망가지는 것이죠). 사각 나사(Robertson screw)는 깊고 테이퍼진 오목부를 가지고 있어 드라이버 비트의 네 면이 최대 힘을 내기 위

> **TIP**
> **쏟아진 나사못들을 보면서 한숨 쉬지 않기**
>
> 엎질러진 못이나 나사못을 상자에 다시 넣을 때 이 팁을 사용하여 시간과 좌절감을 줄여보세요. 천이나 플라스틱 손가방을 뒤집어서 안쪽에 자석을 놓습니다. 흘린 나사못들 위에 자석을 넣은 가방을 가져가 모아주고 나서 다시 바르게 뒤집어 자석을 떼어냅니다. 흘렸던 못과 나사못은 '가방 안에' 있게 되겠죠.

해 홈(slot)의 네 면을 밀어낼 수 있도록 합니다. 또한 나사못 머리의 테이퍼(taper)진 홈이 테이퍼 비트에 꼭 맞고 떨어질 가능성이 적기 때문에 한손으로도 쉽게 사용할 수 있습니다.

Q 장식용 경첩을 설치할 때 파일럿 구멍을 뚫어도 황동 나사못 머리가 자주 망가집니다. 이 문제를 어떻게 방지할 수 있을까요?

A 경첩, 걸쇠 또는 기타 장식용 하드웨어와 함께 제공되는 황동 나사못은 부드럽고 머리가 쉽게 망가집니다. 이를 방지하기 위해 올바른 크기의 파일럿 구멍을 뚫고 황동 나사와 동일한 직경의 철제 나사못을 조였다가 제거한 후 황동 나사못을 박아 보세요.

못

Q 어디에선가 못(nails) 규격을 보았는데, 'd'나 '페니(penny)'라는 게 있던데, 이건 무엇을 말하는 건가요?

A 가장 일반적인 설명을 해볼까요. 'd'는 로마인들이 영국을 점령하고 통화 단위가 영국 페니(penny)와 같은 가치가 있는 '데나리우스(denarius)'였던 시대로 거슬러 올라갑니다. 100개의 3.5인치 못은 16페니의 비용으로 16d개의 손톱을 만드는 것으로 추측됩니다. 비록 그 이름이 구식이지만 용어가 여기에 머물러 있는 것 같습니다.

Q 한 쌍의 톱 작업대(sawhorse)를 만들고 있는데, 못 길이를 얼마로 해야 할지 모르겠네요. 못 길이에 대한 경험적인 가이드 같은 게 있나요?

A 항상 얇은 판재를 더 두꺼운 판재 위에 못 박아 고정하고, 위에 올라가는 얇은 판재 두께의 3배 정도 되는 못을 사용하세요(물론 아래쪽 판재를 관통하지 않는 길이로 해야겠죠). 15mm 판재를 사용한다면 45mm 길이의 못을 사용해야겠죠. 나사못에 사용하는 일반적인 기준과 같습니다.

Q 왜 어떤 못에는 길이 방향이나 나선형으로 홈이 파여 있나요?

A 못이 박힐 때 나무의 섬유질들이 홈에 끼어 못의 지지력이 증가합니다. 나선형의

꽈배기못은 두드려 박히면서 회전하기 때문에 지지력이 훨씬 높아집니다. 마루용 못, 건식 벽체용 못이나 보트 못(boat nail)은 거의 항상 링(ring-shank)이나 리브(rib)가 붙어 있어 목재의 불가피한 운동, 팽창이나 수축 같은 환경에서 그 운동에 저항합니다.

Q 마감못(finish nail)을 박기 전에 미리 드릴링해야 한다면 구멍 크기는 얼마로 해야 하나요?

A 못 지름의 75~85% 굵기로, 못 길이의 약 2/3 정도를 뚫어주면 됩니다.

Q 못을 박을 때 나무에 망치자국이 자꾸 나네요. 어떻게 피할 수 있을까요?

A 망치 머리를 목재 표면에 직각으로 유지하고 못이 약 6mm 정도 될 때까지 못을 박아줍니다. 구멍에 퍼티를 바를 예정이면 못머리를 표면 아래로 3mm 더 넣어줍니다. 목표로 한 깊이까지 다 박았으면 얇은 플라스틱 조각 같은 것으로 보호 덮개를 만들어보세요. V자 모양의 슬롯을 만들고 못 옆에 밀어 넣어 망치질할 때 나무를 보호하는 것입니다. V자 안쪽에 더 작은 홈을 만들어 망치질하는 동안 작은 무두못 등을 잡아줄 수도 있죠.

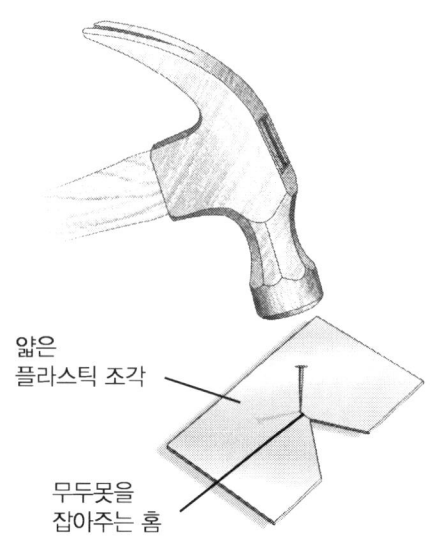

얇은 플라스틱 조각

무두못을 잡아주는 홈

Q 마감못을 거꾸로 세우고 망치로 뾰족한 끝부분을 무디게 해주면 못질하는 동안 나무가 쪼개질 가능성이 적다고 하는 이야기를 들었어요. 사실인가요?

A 때때로 이런 주장은 못끝을 무디게 하여, 못이 나무를 쪼개는 쐐기처럼 작용하는 것이 아니라 나무 속을 지날 때 그 지나가는 길을 분쇄하며 간다는 그런 것입니다. 이것은 소나무나 삼나무와 같은 침엽수에서만 효과가 있으며, 심지어 판재의 옆면이나 마구리면에 못질하려면 먼저 드릴로 구멍을 뚫어 사용해야 합니다.

Q 공방에서 쓸 타정기(finish nailer)와 에어 컴프레서를 구입하려 합니다. 컴프레서는 용량을 얼마짜리로 사야 할까요?

A 흔히 '타카'라고 부르는 작은 타정기(finish gun, brad nailer)만 사용할 것 같다고 예상된다면 8~10L 탱크가 있는 약 1마력 정도의 작은 것을 구하면 될 것 같습니다. 마감재 스프레이 작업이나 에어 샌더 작업을 위해 컴프레서를 사용하려면 송풍량이 더 큰 탱크를 사용해야 합니다. 이 경우 공구의 송풍량 요구 사항을 확인하고 이를 기반으로 컴프레서를 구입하세요.

Q 오일리스 컴프레서(oil-less compressor)와 오일 윤활 컴프레서(oil-lubricated compressor)의 차이점은 무엇입니까?

A **오일 윤활 컴프레서**는 자동차와 마찬가지로 베어링과 크랭크 축에 공급할 윤활유를 담는 크랭크 케이스를 가지고 있습니다. 이것은 일반적으로 오일리스 컴프레서보다 조용하며, 과열 없이 오랜 시간 동안 작동할 수 있는 능력으로 최근까지 오일리스 컴프레서보다 우위에 있었습니다.

　오일리스 컴프레서는 마찰을 줄이기 위해 밀폐 베어링과 테프론 코팅 피스톤 링을 가지고 있습니다. 이것은 비용이 적게 들고 유지 보수가 덜 필요하며, 오일 윤활 처리된 것과 같이 평평한 표면에 놓을 필요가 없습니다. 그리고 품질이 높아지면서 수명도 길어졌죠. 이러한 이점 때문에 오늘날 판매되는 가정용 컴프레서는 대부분이 오일리스 컴프레서입니다.

접착제

Q 노란색 접착제(yellow glue)와 흰색 접착제(white glue) 중 어느 것이 더 좋은가요?

A 흰색 접착제는 여러 상황에 적합하게 쓸 수 있습니다만, 노란색 접착제가 가장 안전한 방법입니다. 이유는 다음과 같습니다. 많은 종류의 흰색 접착제가 있으며 구성이 크게 다릅니다. 어떤 것은 접착력이 약하고 녹는점이 낮은 학생 실습용 접착제(school glues)여서 전동샌더로 강하게 샌딩하면 눌어붙어 더러워지기 쉽습니다. 다른 흰색 접착제에는 노란색 접착제처럼 역할을 하도록 하는 첨가제가 들어가기도 하지만, 소비자가 라벨만으로 어떤 것들인지 파악하는 것은 어렵습니다.

노란색 접착제는 포장에서 구별하기 위해 염색을 합니다. 이것은 목공 작업에 더 우수하고, 샌딩에 대한 내열성이 더 높으며, 판재가 시간이 지남에 따라 약간 움직이거나 미끄러지는 경향을 말하는 '접착제 크리프(glue creep)'에 덜 취약하게 만드는 첨가물을 가지고 있습니다. 즉, 어떤 작업에 흰색 접착제와 같은 더 묽은 점도가 필요한 경우, 노란색 접착제를 일반 수돗물로 5%까지 희석하여 묽게 할 수 있습니다. 작업 시간이 늘어나고 수분 저항이 더 큰 것을 포함하여 많은 특수 접착제들이 있습니다. 설명서를 읽어보고 당신의 작업에 가장 적합한 것을 찾아보세요.

Q 두 개의 판재를 붙일 때 접착제를 어느 정도 양으로 사용해야 합니까?

A 다행스럽게도, 대답은 간단하군요. 충분히 사용하세요. 그런데 불행하게도 '충분하다'는 것이 얼마나 많은지 아는 것은 경험을 통해서입니다. 당신의 목표는 클램핑 후에 결합면을 따라 접착제가 고르게 분포된 작은 구슬이나 얇은 선처럼 나오도록 하는 것입니다. 굵기는 실의 굵기 정도를 가지는 게 이상적입니다. 너무 많은 접착제를 사용하면 문제가 생길 수 있습니다. 접착제를 낭비하는 것 외에도 정리 작업이 더 어려우며, 접착제는 접착하는 동안 미끄러져 움직이는 경향이 있기 때문이죠.

Q 저는 작업물을 접착할 때 항상 젖은 천으로 여분의 접착제를 닦아내는데요. 그런데 제가 스테인을 칠할 때 종종 그 부분에 밝고 얼룩덜룩한 곳이 생기는 경우가 많아요. 제가 뭘 잘못하는 걸까요?

A 젖은 천으로 빠르게 문지르는 것은 마르지 않은 접착제를 제거하는 최악의 방법일 수 있습니다. 헝겊은 용해된 접착제로 포화되어 주변에 얼룩이 남습니다. 그 접착제는 나무의 관공을 막아 스테인이 목재에 균일하게 흡수되는 것을 방해합니다. 젖은 천으로 접착제를 닦아내려면 닦을 때마다 깨끗한 천(또는 천의 깨끗한 면)을 사용하여 여러 번 닦으세요. 더 나은 방법은 수세미를 적셔 접착제를 제거하고, 깨끗하고 마른 천으로 닦아내시는 겁니다.

많은 목수들은 접착제가 빠져나올 때까지 약 1시간 정도 기다린 후, 끌이나 뻣뻣한 퍼티 나이프를 사용하여 접착제를 긁어냅니다. 당신도 접착제가 완전히 굳을 때까지 기다렸다가 날카로운 끌로 제거할 수 있지요. 그러나 접착제를 제거할 때 나무를 파먹거나 나뭇결에 상처를 낼 위험을 감수해야 하기도 합니다.

사실 스테인 문제를 확실히 방지할 수 있는 다른 방법도 있습니다. 목재 마감을 먼저 마치는 겁니다. 이 방법을 사용하면 좁고, 작업이 곤란한 곳에도 균일하게 마감을 적용할 수 있습니다. 접착을 할 부분은 마스킹 테이프를 붙여서 마감을 피해야 합니다. 그렇게 하지 않으면 섬유질들이 밀봉되어 접착제로 작업할 수가 없게 됩니다.

Q 자단(rosewood)이나 기타 유분이 많은 목재로 작업할 때 강한 접착 면을 만드는 데 어려움이 있었습니다. 해결책은 어떤 것일까요?

A 많은 열대산 목재의 유분과 수지는 접착제가 좋은 결합을 형성하는 것을 막을 수 있습니다. 문제를 최소화하려면 가벼운 샌딩으로 표면을 청소하거나 수압대패에서 밀어줍니다. 그런 다음 유분이 표면으로 다시 옮겨오기 전에 접착을 합니다. 또한 나프타(naphtha)로 결합할 표면을 가볍게 닦아낼 수 있습니다. 나프타는 빨리 증발하며 표면의 유분을 없애줍니다. 다시 말하면, 표면으로 유분이 더 많이 스며 나오기 전에 가능한 빨리 부재들을 붙여주는 것입니다. 에폭시(epoxy)나 우레탄(urethane) 접착제를 사용하면 더 강하게 결합하는 데 도움이 됩니다.

Q 함몰 결합부(sunken joints)는 무엇인가요? 또 어떻게 하면 피할 수 있나요?

A 함몰 결합부는 집성한 판재의 결합 부위를 따라 생길 수 있는 작게 패이는 부위를 말합니다. 접착제가 접합 부위를 팽창시켜 일시적으로 솟아오른 부분을 만들면서 이런 일들이 생기는데요. 나무가 아직 젖은 채로 팽창되어 있을 때 솟아오른 부분을 사포나 대패로 평평하게 만들면 목재가 건조되면서 정상적인 모양으로 돌아갈

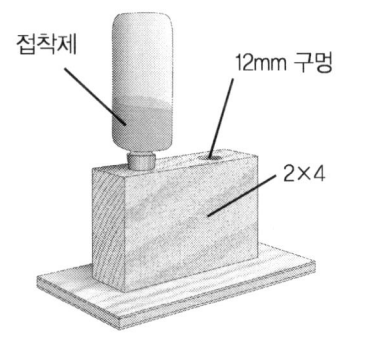

TIP

접착제 준비

당신도 케첩 병을 냉장고에 거꾸로 세워놓으면 케첩이 빨리 나오던 것을 경험해봤겠죠. 접착제 병도 똑같이 하면 됩니다. 2×4(38×89mm) 각재에 12mm 구멍을 뚫고 사용 후 밀봉한 병을 노즐을 아래로 해서 거꾸로 넣어놓으세요. 얼마나 많은 시간을 절약할 수 있는지 깜짝 놀랄 것입니다.

때 움푹 들어간 함몰 부분이 생기는 것이죠. 이를 방지하려면 집성한 판재를 샌딩하기 전에 하루나 이틀 정도 기다려줘야 합니다.

Q 노란색 접착제나 흰색 접착제로 작업할 때 개방 시간(open time), 클램핑 시간(clamping time) 그리고 경화 시간(curing time)의 차이점은 무엇입니까?

A **개방 시간**은 접착제를 바르고 작업 부재를 위치시키고 클램핑하는 사이에 얼마나 많은 작업 시간을 갖는가 하는 것입니다. 접착 대기 시간이라 할 수 있죠. 대부분의 목공용 접착제는 5~10분입니다. 접착제를 너무 오랫동안 개방 방치(open)하면서 생기는 문제는 결합력이 약해진다는 것입니다.

클램핑 시간은 클램프를 제자리에 고정해두어야 하는 시간입니다. 대부분의 목공 접착제의 경우 약 1시간입니다.

경화 시간은 접착제가 최대 강도에 도달하는 데 걸리는 시간입니다. 목재 접착제의 경우 약 24시간입니다.

Q 제가 집성할 때 옆면에 접착제를 칠하고 클램핑을 한 뒤에 접착한 면을 따라 검은색 자국이 생기는데 왜 그런 건가요?

A 철제 클램프가 굳지 않은 접착제와 접촉하면 종종 검은색 얼룩이 생깁니다. 얼룩은 접착제 안에서뿐만 아니라 목재 내에서 일어나는 화학 반응의 결과이기 때문에, 얼룩을 제거하기 위해서는 목재를 샌딩하거나 긁어내거나 대패질을 해야 합니다. 접착제 사용량을 최소화하는 것이 첫 번째 단계입니다. 클램프의 막대와 나무 사이에 완충재를 둘 수도 있습니다. 클램프 막대(bar)에 마스킹 테이프를 붙이거나 접착제를 바르기 전에 왁스 페이퍼(wax paper)를 50mm 조각으로 자르고 접어서 클램프 바 위에 놓아주는 방법도 있습니다.

Q 지난 겨울에 노란색 접착제를 그대로 창고에 두었습니다. 아마도 여러 번 얼었다 녹았다 했을 거예요. 그런데 여전히 사용해도 될까요?

A 접착제 제조업체는 배송 중에 발생할 수 있는 한두 번의 동결 현상은 견딜 수 있도록 노란색 접착제를 만듭니다. 하지만 대부분 반복적인 동결을 견딜 수 있도록 설계되진 않았죠. 접착제에 덩어리가 생기고 '코티지 치즈' 같아지면 그냥 버리세요. 위험을 짊어지고 가는 것보단 그게 낫습니다. 생생한 접착제를 사용하고 있는지 확

인하려면 병에 구입 날짜를 표시하고, 1년이 넘은 접착제는 폐기하세요. 그리고 실내에 보관하고요.

Q 어떤 가구 제작자나 악기 제작자는 다시 원래대로 되돌릴 수 있기 때문에 아교를 사용한다고 들었습니다. 그게 무슨 뜻입니까?

A 전통적인 아교는 동물의 피부, 조직이나 뼈에서 발견되는 단백질로부터 접착력을 얻습니다. 그것들은 열이나 습기의 적용에 의해 다시 부드러워질 수 있다는 점에서 원래대로 되돌릴 수 있다는 것입니다. 어떤 사람이 부러진 의자 다리를 교체해 달라거나 나머지 부분을 손상시키지 않으면서 새 바이올린 넥을 교체해달라고 의뢰하는 경우에 이는 매력적인 기능입니다.

전통적인 아교는 과립 형태로 제공되며 냄비에 넣어 가열해야 합니다. 가열하거나 혼합하지 않고 바로 사용할 수 있는 액상 아교도 있으며, 또한 막대형 아교도 있습니다. 기존의 아교들처럼, 바로 사용할 수 있는 아교도 긴 개방 시간(open time)을 제공하며 나중에 쉽게 분해할 수 있습니다. 단점 중 하나는 보관 수명이 짧다는 것입니다. 습기에 취약하기 때문에 옥외 작업이나 습기가 많은 곳에서는 아교를 사용하지 마세요.

> **TIP**
> **물티슈**
> 클램프, 공구, 손이나 작업물에서 굳지 않은 접착제를 제거하기 위해 물티슈 용기를 작업장에 보관해놓으세요. 이것은 항상 촉촉하고 적당한 크기를 가지고 있으며, 또한 젖은 천들보다 세척력이 더 좋아요.

> **TIP**
> **보수작업에 핫멜트 접착제**
> 핫멜트 글루건을 간단한 공예 도구 정도로만 생각할 수도 있지만, 일반 목공 작업에도 사용하기 편리합니다. 이것은 작은 프로젝트 목업(mock-up)을 만들고, 부품을 임시로 고정하고, 클램핑하기 적당하지 않은 물건을 고정하는 데 완벽합니다. 핫멜트로 접착한 조각을 분해하려면, 그것을 꺾거나 당기지 말고 비틀어주면 가장 쉽게 (그리고 최소한의 손상으로) 분해할 수 있습니다.

Q 폴리우레탄 접착제의 사용지침에 따르면 목재의 수분 함량을 8% 이상으로 유지해야 접착력이 제대로 발현한다고 합니다. 수분 측정기가 없다면 이것을 어떻게 결정해야 합니까?

A 폴리우레탄 접착제는 제대로 경화되기 위해 습기가 필요합니다. 안전하게 하려면 젖은 헝겊으로 결합할 표면 중 하나 또는 모두를 닦아냅니다(나무가 약간 어두워지면 습

접착제 편하게 바르기

접착제를 바르는 것은 목공의 필수적인 부분입니다. 따라서 작업을 보다 쉽고, 깔끔하고, 빠르게 할 수 있는 방법을 찾는 게 좋습니다. 다음은 접착제를 바르는 몇 가지 팁입니다.

- **좁은 표면**. 낡은 칫솔을 사용하세요. 크기가 적당하고, 접착제가 고르게 펴지고, 쉽게 청소됩니다. 여행용 칫솔 케이스에 보관하여 먼지가 묻지 않도록 보관해보세요.
- **넓은 표면**. 접착제를 충분히 묻힌 75mm 페인트 롤러를 사용하세요. 무늬목 접합 작업을 할 때도 롤러를 사용하죠. 톱니 가위를 사용하여 만료된 신용카드를 톱니 모양으로 잘라 접착제를 균일하게 바를 수도 있습니다.
- **내부 모서리**. 조립하기 전에 접착부 양면에 마스킹 테이프를 미리 붙여놓아 새어나오는 접착제를 잡아보세요. 마지막으로 빨대 끝을 살짝 오므려서 숟가락처럼 사용하여 새어나온 접착제를 떠내듯이 제거하세요.
- **갈라진 틈**. 갈라진 틈을 따라 접착제를 발라놓은 다음, 빨대를 사용하여 틈새 깊숙이 불어넣으세요. 대안으로 접착제를 결합부 안으로 빨아들이기 위해 진공청소기를 사용해보세요.

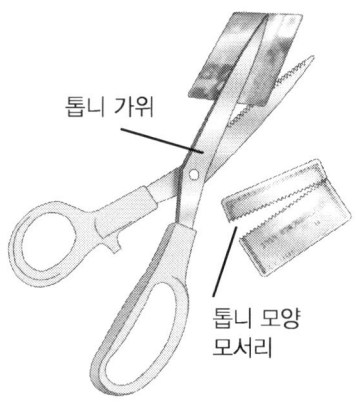

톱니 가위

톱니 모양 모서리

기가 충분하다고 할 수 있어요). 그러고 나서 접착제를 바르고 부재를 서로 결합하세요. MDF나 합판에 폴리우레탄 접착제를 사용하려 하는 경우에도 똑같이 하세요. 하지만 수분 함량은 충분하지 않을 수 있습니다.

Q 캐비닛 문짝을 장부맞춤(mortise-and-tenon joints)으로 만들려고 했는데, 장부(tenon)를 너무 작게 가공했어요. 폴리우레탄 접착제는 틈새를 메워주니까 결구를 꽉 맞추는 데에 가장 좋은 접착제가 아닐까요?

A 아닙니다. 폴리우레탄 접착제는 팽창됨에 따라 틈새를 채울 수는 있지만 그 틈새 충진 물질은 약합니다. 폴리우레탄 접착제가 실제로 접착되도록 하려면 노란색 접착제를 사용하는 경우보다 큰 차이가 없어야 합니다(공책 종이 한 장보다 두껍지 않게). 최선의 방법은 에폭시 접착제를 사용하는 것입니다. 1.5mm 정도 크기의 틈새도 접착할 수 있습니다.

꽂임촉

최근에 많은 신기한 패스너가 출현하고 있기는 하지만, 그럼에도 불구하고 여전히 꽂임촉(dowel)은 두 개의 나무를 서로 결합시키는 효과적인 방법으로 남아 있습니다. 꽂임촉 맞춤을 하려면 단지 몇 가지 간단한 공구, 기술, 단계만 있으면 됩니다. 작업을 완료하기 위한 다양한 지그와 방법이 있습니다. 가장 간단한 지그는, 꽂임촉 구멍을 뚫을 때 드릴날이 중심에 오도록, 그리고 수직을 유지하도록 해주는 슬리브관(sleeve)이면 충분할 수도 있습니다. 더 복잡한 버전에는 구멍 위치를 조절하기 위한 기능과 적절한 구멍 간격을 유지하기 위한 핀들이 포함됩니다.

Q 프레임을 만들 때 몇 개의 꽂임촉을 사용해야 하나요? 그리고 간격은 얼마나 띄워야 하나요?

A 결합부가 돌아가지 않게 하려면, 항상 적어도 두 개의 꽂임촉을 사용하세요. 그리고 판재를 직각으로 결합할 때에는 75mm 이상

> **TIP**
> **꽂임촉 직접 만들기**
>
> 둥근 꽂임촉 막대를 세로로 홈이 파져 있는 맞춤형 꽂임촉으로 만들려면 먼저 바이스에 꽂임촉을 똑바로 세워서 고정하세요. 꽂임촉 둘레에 바이스 플라이어(locking plier)의 턱을 조절하여 잠근 다음 망치를 사용하여 플라이어를 아래쪽으로 가볍게 쳐 내리세요. 톱니 모양의 턱이 작은 세로 홈들을 내줄 것입니다. 꽂임촉 둘레의 모든 면에 세로 홈을 내려면 플라이어를 돌려가며 반복하세요. 또 다른 것으로는 꽂임촉보다 내경이 약간 작은 12각 소켓 렌치(12-point box wrench)를 끼워 두드리는 방법입니다. 렌치의 각 포인트들이 작은 홈을 만들어줍니다.

기본적인 꽂임촉 맞춤

간단한 도웰링 지그(doweling jig)를 사용하여 기본적인 꽂임촉 맞춤을 하는 방법은 다음과 같습니다.

1. 판재를 서로 가깝게 위치시키고 단단히 붙인 다음, 맞댄 부위를 가로질러 선을 그려 꽂임촉 위치를 표시하세요.

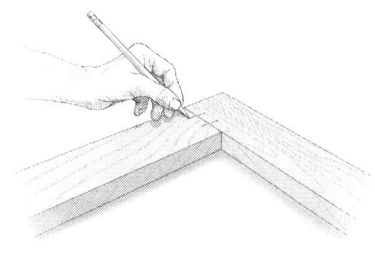

2. 판재를 분리하고 표시한 곳에 도웰링 지그를 배치하고, 목공용 드릴날인 브래드포인트 비트(bradpoint bit)를 사용하여 구멍을 뚫습니다. 브래드포인트 비트는 중심에 뾰족한 핀이 나와 있어 원하는 지점을 정확히 맞출 수 있습니다. 깊이는 꽂임촉 길이의 절반보다 1.5mm 정도 더 깊게 구멍을 뚫습니다.

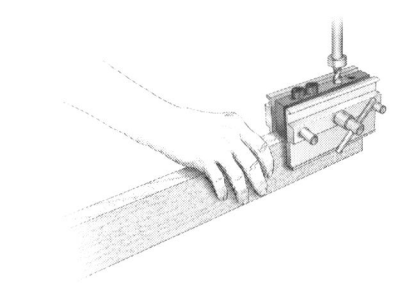

3. 작은 브러시를 사용하여 꽂임촉, 구멍, 판재의 접착 부위에 접착제를 바르세요. 한쪽 구멍에 꽂임촉을 끼운 후 결합할 판재를 꽂임촉에 끼우고 클램프로 서로 조여줍니다.

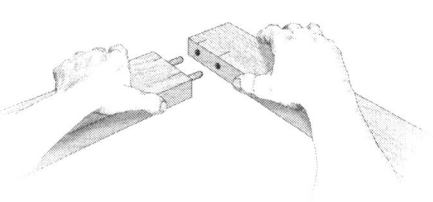

떨어뜨려야 합니다. 100mm보다 넓은 판재에는 3개의 꽂임촉을 사용하고요. 판재의 옆면 모서리에서 최소 3mm 안쪽에 꽂임촉을 삽입하세요(6mm가 더 좋습니다).

Q 18mm 두께의 판재를 연결할 때 꽂임촉의 크기는 어느 정도여야 하나요?

A 경험적으로는 꽂임촉의 직경은 결합되는 판재 두께의 절반을 넘지 않아야 합니다. 길이는 꽂임촉 직경의 약 5배 정도여야 합니다. 18mm 판재의 경우라면, 8×40mm

꽂임촉을 사용하세요.

Q 꽂임촉에는 나선형이나 길이방향으로 홈이 파여 있던데 왜 그런 건가요?

A 꽂임촉에 나 있는 세로 홈이나 나선형 홈은 삽입할 구멍이 길어질 때 구멍을 따라 균일하게 접착제를 분배하고 과도한 접착제와 공기를 빼낼 수 있는 경로를 제공하며 나무를 갈라지게 하지 않고 꽂임촉이 약간 팽창할 수 있는 공간을 제공해주죠. 꽂임촉을 잘라서 쓸 때에는 절단된 꽂임촉 모서리가 구멍의 옆면을 긁고 들어가면서 구멍의 바닥 쪽으로 접착제를 끌고 들어가는 경향이 있다는 것도 알아두시면 좋습니다.

Q 하나의 판재에 꽂임촉을 끼워 넣은 뒤에 두 번째 판재의 구멍에 끼워야 하는데 맞추기 어려울 때가 있습니다. 이 작업을 쉽게 하기 위한 손쉬운 방법이 있을까요?

A 칼이나 사포, 연필깎이 등을 사용하여 꽂임촉 끝을 약간 비스듬히 다듬어보세요. 이것이 충분하지 않다면 카운터싱크 비트(countersink bit)를 사용하여 구멍 주변 1.5mm 정도 모따기를 해보세요. 이 마지막 단계는 구멍 가장자리에서 작은 거스러미나 조각들을 제거해주고 과도한 접착제를 모아주는 미니 저장소 같은 역할을 해줍니다.

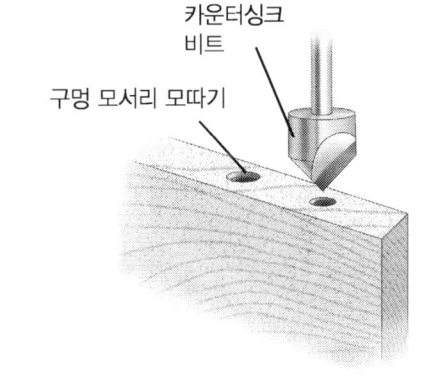

Q 도웰 포인트(dowel point)는 어떻게 사용합니까?

A 서로 맞추는 두 개의 판재 중 하나의 마구리 또는 측면에 꽂임촉 위치를 표시한 다음 드릴 프레스, 지그 또는 손으로 잘 고정하여 구멍을 뚫습니다. 도웰 포인트를 구멍에 삽입하고 두 개의 판재를 정렬한 다음 판재 중 하나를 가볍게 두드리면 센터 마크가 짝이 되는 판재에 살짝 찍히면서 옮겨지게 됩니다. 이

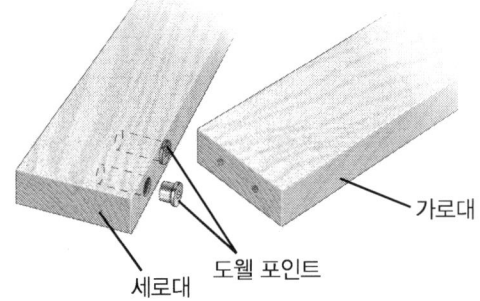

> **TIP**
>
> **도웰 포인트가 없을 때**
>
> 도웰 포인트를 어딘가에 놓고 못 찾고 있다면 이렇게 해보세요. 한쪽 판재의 끝부분에 꽂임촉 구멍의 중심점을 표시한 다음, 못을 사용하여 오목하게 위치 표시를 해주는 것입니다. 오목하게 표시된 표면이 수평으로 놓인 상태에서 각각의 홈에 작은 BB탄을 놓고 조심스럽게 결합할 판재를 놓은 다음 나무망치나 고무망치로 가볍게 두드려 한 판재에서 다른 판재로 중심점 위치 표시를 옮겨주면 됩니다.
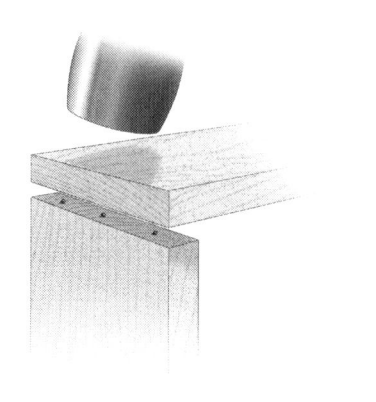

제 짝이 되는 판재에 구멍을 뚫어주면 되겠네요.

Q 공구상에서 파는 꽂임촉은 종종 라벨에 쓰여 있는 사이즈보다 큽니다. 균일한 지름으로 맞추려면 어떻게 하면 될까요?

A L자형 꺾쇠나 경첩 같은 단단한 금속 조각을 찾아서 드릴로 당신이 원하고 있는 꽂임촉 크기에 맞는 구멍을 뚫어줍니다. 구멍이 뚫려 있는 부분을 모서리 바깥쪽으로 내어놓은 상태로 금속을 단단한 평면에 고정시킨 다음 드릴에 꽂임촉을 끼우고 방아쇠를 당겨 회전하는 꽂임촉을 구멍에 밀어 넣습니다. 금속에 뚫어놓은 구멍의 모서리가 꽂임촉을 원하는 크기까지 깎아주는 것이죠. 꽂임촉이 너무 큰 경우에는 단계적으로 작아지는 두 개의 구멍을 뚫어서 두 구멍을 통해 줄여가며 크기를 줄여줘야 합니다.

비스킷 결합

비스킷 결합(biscuit joinery)과 꽂임촉 결합은 가까운 사촌관계입니다. 둘 다 판재를 서로 연결하기 위해 작은 구멍에 작은 나뭇조각을 끼워 붙이는 것이죠. 하지만 그것이 비슷한 것은 그게 끝입니다. 비스킷 결합은 결합하는 두 목재의 짝이 되는 각 부분에 특별한 슬롯을 가공하고 럭비공 모양으로 생긴 압착된 너도밤나무(비스킷) 조각을 삽입합니다.

비스킷은 접착제의 수분을 머금어 약간 팽창하며 결합을 더 강하게 만들어줍니다.

Q 흔들의자를 만들고 있는데요. 다리, 좌판 틀, 락커 그리고 팔걸이를 비스킷으로 결합해볼까 해요. 이게 충분히 강할까요?

A 비스킷은 캐비닛, 책장, 작은 테이블 또는 기타 고정적인 가구들을 만드는 데 적합하지만, 일부 목수들은 의자나 응력이 크고 움직임이 많은 가구들에 사용하는 것은 조심스러워 합니다. 시험 결과에 따르면 장부맞춤은 비스킷보다 5배 강하고, 꽂임촉 맞춤은 약 3배 더 강합니다. 시험 조건에 따라 결과가 많이 변하긴 합니다. 더 강한 결합 방법을 로커에 적용하고 안전하게 사용하세요.

Q 공구상에서 세 가지 크기의 비스킷을 판매하고 있던데요, 이유가 무엇인가요? 크기를 바꾸려면 제 비스킷 조이너를 조정하거나 톱날을 바꿔야 하는 건가요?

A 세 가지 표준 비스킷 크기는 #0, #10 그리고 #20입니다. #0 비스킷은 15×47, #10 비스킷은 19×53, #20 비스킷은 23×56mm입니다. 크기에 관계없이 모두 두께가 4mm로 동일합니다. 비스킷 조이너는 각 슬롯의 적절한 깊이를 쉽게 조정할 수 있습니다.

일반적으로 다이얼을 돌리면 됩니다. 왜 크기가 다를까요? 비스킷이 클수록 결합력이 강해집니다. 그러나 슬롯이나 비스킷이 판재 가장자리를 넘어가지 않도록 작은 비스킷을 사용해야 할 때가 있습니다. 예를 들어, #20 비스킷을 수용하기 위해 필요한 슬롯은 너비가 거의 75mm 정도입니다. 너비가 50mm인 경우 슬롯과 비스킷의 일부가 노출되어 보이게 되겠지요.

Q 합판으로 캐비닛 케이스와 같은 것을 만들 때 비스킷 간격은 어느 정도로 하는 것이 좋은가요?

A 결합 부위를 따라 150mm마다 비스킷 1개를 사용하고 가장 바깥쪽 비스킷은 가장자리에서 50mm 이상 떨어지게 하세요.

Q 사용하기에 가장 좋은 접착제는 무엇이고, 어떻게 바르는 게 좋은가요?

A 흰색과 노란색 접착제가 가장 좋습니다. 그 안에 있는 수분이 비스킷을 부풀게 해서 더 단단하게 결합부가 되도록 합니다. 비스킷이나 슬롯 둘 중 하나에 바를 수 있

비스킷 조이너 기초

판재에 반달 모양으로 생긴 슬롯을 가공하려면 비스킷 조이너(biscuit joiner)라는 특별한 공구가 필요합니다. 비스킷 조이너에는 작업을 수행하기 위한 작고 두껍고 앞뒤로 움직일 수 있게 한 톱날이 들어 있습니다. 이 공구에는 조정 가능한 펜스와 정반이 있어서 다양한 구성의 다양한 크기로 비스킷 슬롯을 뚫을 수 있습니다. 슬롯은 비스킷보다 약간 넓으므로 클램핑하기 전에 비스킷을 좌우로 조정할 수 있습니다. 이것은 꽃임촉이나 다른 유형의 결합 방법이나 패스너로 얻을 수 없는 이점이죠. 판재 집성을 하는 일반적인 작업을 예로 들어 설명하면 다음과 같습니다.

1. 판재를 길이에 맞게 자른 다음 최종 모양에 맞게 나란히 놓으세요.
2. 연결부를 따라 150mm마다 직각으로 작게 표시선을 긋고 판재를 나눕니다.
3. 비스킷 조이너의 중심 표시선을 미리 그어놓은 각 표시선 위에 놓고 상단 펜스가 판재 위에 오도록 확인한 다음 방아쇠를 당기고 조이너를 앞으로 밀어 슬롯을 가공합니다.
4. 모든 슬롯이 가공되면 슬롯과 결합 표면에 접착제를 바르고 비스킷을 넣은 후 판재를 정렬하고 함께 클램핑하세요.

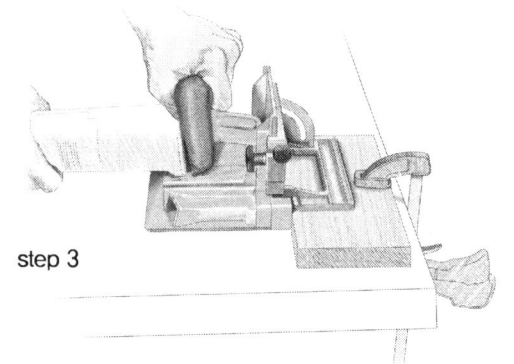

step 3

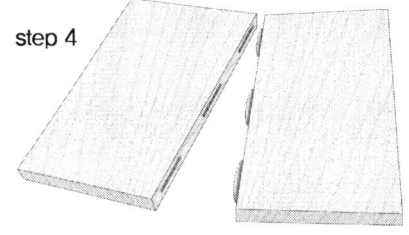

step 4

습니다만, 대부분의 목수들은 슬롯에 바릅니다. 접착제가 묻어 있는 비스킷이 팽창하기 시작하여 슬롯에 넣기 어렵게 되거나 좀 난감해질 수 있기 때문이죠. 끝이 넓고 타원형으로 생긴 접착제 도포용 공구가 있다면 접착제를 슬롯 안에도 고르고 깔끔하게 바를 수 있습니다. 맞닿는 목재 표면에도 접착제를 발라줘야 하고요.

Q 제 비스킷 조이너로 프레임을 하나 만들었어요. 그런데 면이 평평하지 않게 됐네요. 어떻게 된 건가요?

A 몇 가지 가능성이 있습니다. 슬롯을 가공하는 동안 조이너가 흔들렸을 수도 있고, 정반 밑에 나무 부스러기들이 끼어 있어 목재 표면에서 살짝 떨어져 있었을 수도 있고, 조립하는 동안 실수로 한쪽 목재를 뒤집은 채로 슬롯을 가공하여 표면과 약간 다른 높이가 되었을 수도 있습니다.

Q 큰 상자를 연귀맞춤으로 만들고 있습니다. 비스킷을 써서 결합하려고 하는데, 사용할 수 있는 간단한 기술이 있을까요?

A 원하는 길이로 목재를 자른 다음 45°로 절단한 끝부분을 V자 모양으로 서로 마주보게 만들어 클램프로 고정하세요. 한쪽 판재의 슬롯을 가공하기 위해 다른 쪽 판재의 45° 연귀 가공면을 조이너가 놓일 바닥면으로 사용하고, 반대쪽 판재의 가공에도 동일하게 작업하세요. 자투리 목재로 미리 연습해보고 비스킷의 위치와 크기가 정확한지 확인하는 것이 좋겠죠.

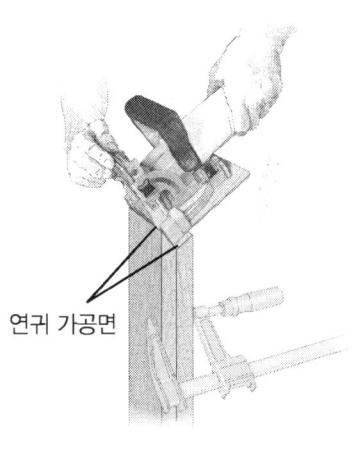

연귀 가공면

Q 테이블 상판을 집성할 때 비스킷 조이너를 사용했습니다. 그런데 지금 보니까 표면에 럭비공 모양으로 움푹 들어간 곳이 있네요. 이게 어떻게 된 거죠?

A 판재를 집성할 때, 보통 비스킷은 강도를 높이는 데 필요하지는 않지만, 판재를 정렬하고 표면을 평평하게 유지하는 데에는 유용합니다. 아마도 당신의 문제는 접착제를 바른 후 너무 빨리 샌딩이나 대패질을 해서 생겼을 것입니다. 비스킷은 초기에 팽창하면서 판재 표면에 조금 솟아오른 럭비공 모양의 혹을 만들어냅니다. 비스킷과 판재가 부풀어 올랐을 때 판재 윗부분을 샌딩해버리면 나무가 정상 크기로 수축한 다음에는 럭비공 모양으로 살짝 패이게 되는 것이죠.

포켓홀 결합

캐비닛 전면 프레임을 만들고, 테이블 다리를 에이프런에 부착하거나 고정 선반을 설치할 때 빠르고 안전한 방법을 찾고 있다면 포켓홀 시스템보다 더 나은 방법을 찾기가 어려울 것입니다. 이 시스템은 사용하기도 쉽고, 보통은 필요한 모든 지그, 비트, 나사 그리고 액세서리 등이 하나의 패키지에 들어 있는 키트 형태로 판매됩니다.

Q 책장의 중간 선반을 옆판의 제가 원하는 위치에 정확하게 고정시키는 방법이 있을까요?

A 선반 끝부분에서 7.5cm나 10cm마다 포켓홀을 뚫습니다. 선반 상단의 위치를 책장의 옆판에 살짝 표시한 다음, 해당 선에 1×2(19×38mm) 구조목 같은 각재를 클램핑하세요. 각재에 선반을 붙이고 포켓홀 나사못을 박으세요. 각재가 선반을 올바른 위치에 고정시켜서 움직이지 않게 해줍니다.

Q 포켓홀 결합용 세목 나사못과 거친 나사못(fine-thread and coarse-thread screws)을 팔던데요. 언제 어떤 것을 사용하는 건가요?

A 소프트우드, 합판 또는 MDF에는 거친 나사못을 사용하세요. 하드우드에는 세목 나사못을 사용하고요. 거친 나사못의 깊고 넓은 나사산은 부드러운 소재에 더 잘 맞습니다.

Q 큰 타원형 구멍이 보이면 어떻게 숨기거나 채워야 하나요?

A 가장 쉬운 방법은 전용 플러그를 사용하는 것입니다. 나무로 만든 플러그를 사서

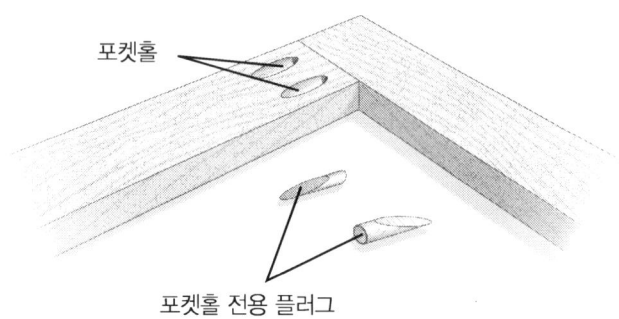

포켓홀
포켓홀 전용 플러그

포켓홀 지그 기본 사항

다음은 포켓홀 시스템 사용과 관련된 기본 단계입니다.

1. 특수 지그를 사용하여 판재 한쪽에 15°의 가파른 기울기로 구멍을 뚫습니다. 이 비트는 끝까지 관통하지 않고, 이 판재가 다른 판재를 당길 수 있도록 나사못 머리가 머무는 공간인 '포켓(pocket)'을 남깁니다.
2. 결합 부분에 접착제를 바르고 두 판재를 함께 클램핑합니다.
3. 긴 드라이버 비트를 사용하여 특수 나사못을 포켓을 통해 다른 쪽 판재에 박아 넣습니다.

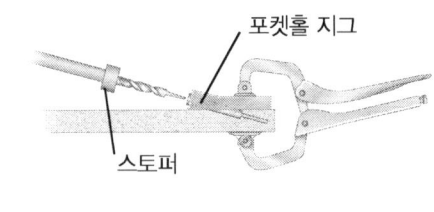
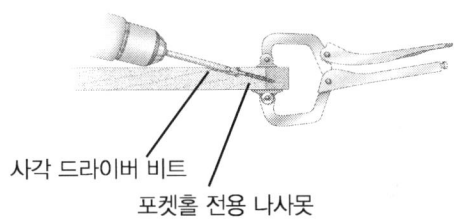

결과적으로 놀라울 정도로 강한 결합입니다. 드릴 비트의 스토퍼(stop collar)로 깊이를 조정하고 적절한 길이의 나사못을 사용하여 다양한 두께의 목재를 서로 결합할 수 있습니다. 아마도 이 시스템의 가장 큰 단점은 타원형의 큰 구멍이 생긴다는 것입니다. 하지만 캐비닛 전면 프레임이나 여러 작업들에서 거의 보이지 않는 부분의 작업일 경우 일반적으로 문제가 되지 않습니다.

접착제를 발라 제자리에 두드려 넣을 수도 있으며, 플라스틱 플러그를 구입하여 구멍에 끼울 수도 있습니다. 나무 플러그는 소나무, 오크, 체리 또는 기타 일반적으로 사용되는 목재를 사용할 수 있으며, 플라스틱 제품은 다양한 색상으로 제공됩니다. 나무 플러그로 채울 때 표면에서 약간 솟아오르게 남겨두고서 샌딩하거나 대패질을 해서 매끄럽게 만들기만 하면 잘 보이지도 않고 최상의 결과를 얻을 수 있습니다.

Q 포켓홀 결합을 다른 작업에도 사용할 수 있나요?

A 이 방법은 직각으로 만나는 목재를 결합하는 것에 뛰어나지만, 다음과 같은 일반적인 용도도 있습니다.
- 합판 선반 앞면에 원목을 붙일 때
- 캐비닛 상자에 앞면 프레임이나 모서리 블록을 고정할 때
- 팔각형 거울 프레임과 같이 클램핑이나 다른 결합방법이 어려운 이상한 모양의 물건을 결합할 때
- 문짝 설치 전에 측면이나 상부 몰딩을 서로 고정시킬 때(연귀이음이나 맞댐이음 모두)
- 계단 옆판에 디딤판과 수직판을 고정할 때(아래에서 접근 할 수 있는 경우)

딴혀 장부 시스템

Q '딴혀 장부 시스템(loose tenon systems)'이라고 홍보하는 공구를 알게 됐습니다. 이건 무엇이죠? 좋은 건가요?

A 당신이 말하는 딴혀 장부 시스템은 두 개의 목재 각각에 장붓구멍을 만들고, 두 목재를 연결하기 위해 그 구멍에 삽입되는 별도의 장부를 사용하는 것입니다.

'BeadLOCK'이란 제품은 3개 또는 5개의 겹쳐진 구멍으로 만들어진 슬롯을 뚫기 위한 드릴링 가이드인데, 간단한 지그를 사용합니다. 구멍에 대응되는 3개 또는 5개의 볼록한 굴곡이 있는 별도의 딴혀 장부가 결합을 하는 데 사용됩니다(물론 접착제를 바르죠). 지그는 상대적으로 저렴하며, 자신이 라우터 비트를 직접 딴혀 장부를 만들 수도 있습니다.

'Festool Domino' 시스템은 타원형의 장붓구멍을 뚫기 위해 특별한(값이 비쌉니다) 공구를 사용합니다. 딴혀 장부와 유사하게 생긴 도미노(domino)에 접착제를 발라서 판재를 결합시키는 것입니다.

두 시스템 모두 견고하고 내구성 있는 결합입니다. 딴혀 장부는 접착제로 접합하는 실질적인 면적을 제공해주고, 결합 부위가 뒤틀리는 것을 방지하며, 결합 부위의 압력을 균등하게 분산시키는 데 도움을 줍니다.

Q 이 딴혀 장부맞춤은 얼마나 강합니까?

A 시험 결과 비스킷 결합보다는 강하고, 장부맞춤보다는 약하고, 고품질의 꽂임촉 시스템과 같은 강도를 나타냅니다. 이것들은 어떤 종류의 가구에도 사용하기에 충분히 내구성이 있습니다.

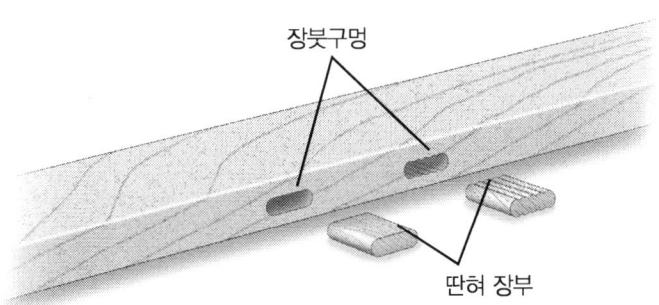
장붓구멍
딴혀 장부

7. 결구법과 여러 기술들

가구와 관련된 논쟁은 별로 생산적이지 않습니다.
—Kehlog Albran

    캐비닛이나 가구는 사용되는 결구법의 강도에 따라 견고함이 달라집니다. 주먹장이나 사개맞춤 같은 일부 결구법은 그 기능뿐만 아니라 디자인의 매력적인 한 부분이 될 수도 있습니다. 6장에서 살펴본 비스킷이나 꽂임촉, 금속 패스너와 같은 것들은 강하면서도 간편한 유형이죠.
    통상적으로는 일을 위해서는 가장 간단한 결구법을 사용하라고 하지만, 고려해야 할 것이 많습니다. 외관도 중요하고, 잘 맞는 결구를 만드는 것이 깊은 만족감을 줄 수도 있습니다. 또한 시간이 많이 걸릴 수도 있습니다. 작업에 맞는 최상의 결구법을 찾는 것은 시간을 많이 소비하게 됩니다. 이 장에서는 프로젝트를 진정으로 독특하게 만들어줄 수 있는 몇 가지 기초 기술인 목재 벤딩(bending), 적층(veneering), 조각(carving) 작업에 대해서도 살펴볼 것입니다.

판재 집성

10명의 목수를 한 방 안에 모아서, 테이블 상판을 집성하는 가장 좋은 방법을 물어보면 열 가지 다른 답변을 얻을 수 있습니다. 그리고 그 열 개의 대답이 모두 맞는 것이라 할 수 있습니다. 어떤 기술을 써서 당신이 원했던 결과를 얻을 수 있다면, 그 기술이 가장 좋은 겁니다. 다음은 집성에 대해 자주 제기되는 질문입니다.

Q 어떤 글을 읽어보니까, 탁상 상판을 집성할 때 나이테 방향을 하나씩 위아래로 바꾸라고 하더군요. 그런데 또 다른 글에서는 그것이 중요하지 않다고 말해요. 어느 것을 믿어야 하는 건가요?

A 나이테 방향을 번갈아 집성하는 사람들은 이렇게 하는 것이 평평한 판재를 유지한다고 주장합니다. 이 이론은 나이테 방향을 하나씩 다른 방향으로 집성하면(alternating board) 서로 다른 방향으로 판재가 굽어지기(cup) 때문에, 하나의 큰 호(arc)를 만드는 대신에 여러 개의 작고, 쉽게 평평해지며, 눈에 덜 띄는 물결 같은 형태의 판재를 얻게 될 것이라고 합니다.

그러나 고려해야 할 다른 요소가 있는데, 외관이 그 첫 번째입니다. 나이테를 번갈아 집성하다가 표면의 나뭇결무늬가 어울리지 않는 배치가 될 수도 있고, 어떤 것은 옆면만 좋아 보이는 것으로 그칠 수도 있습니다. 어떤 사람들은 이 기술이 인공 건조한 하드우드보다 더 굽어지기(cup) 쉬운, 완전 건조되지 않은 소프트우드나 목재에 더 많이 적용된다고 문제제기할 수 있습니다. 세 번째 반론은, 상판 판재는 보통 프레임에 의해 제한되거나 또는 테이블의 가로대인 에이프런(apron)에 고정될 가능성이 높으므로 어쨌든 활처럼 휠(bowing) 기회가 적다는 것입니다. 만약에 모든 조건이 동일하다면 나이테를 번갈아 배치하세요. 그렇지 않다면 다른 고려 사항들을 고려하세요.

Q 집성을 할 때는 접착제를 바르고, 클램핑을 하고, 판재를 정렬하는 작업들을 할 만한 충분한 시간이 없는 것 같아요. 좀 빠르게 줄일 수 있는 지름길 같은 게 없을까요?

A 대단한 지름길은 없지만, 좋은 요령 같은 것은 있습니다. 판재를 가조립하여 맞닿는 면들의 틈이나 모양을 확인한 다음, 어떤 면이 위로 올라가는지 어떤 순서로 배치하는지 기억하기 위해 판재들 표면을 가로질러 분필로 큰 삼각형을 그립니다.

바 클램프(bar clamp)를 작업 표면에 배치하여 바깥쪽 클램프가 각 판재의 끝에서 약 20cm 정도 떨어지도록 하고, 다른 클램프는 그 사이에 균등한 간격이 되게 하세요. 클램프의 턱 사이의 거리를 조정하여 손잡이를 약간만 조여도 힘이 가해질 수 있도록 해두세요. 마지막으로 굳는 시간이 긴 접착제를 사용하여 조금 더 많은 작업 시간을 확보해보세요.

Q 큰 판재에 접착제를 바르고 클램핑을 하기 위한 기본 단계는 어떤 것인가요?

A 일단 준비 작업과 가조립을 완료하면 기본 단계는 다음과 같습니다.
- 모든 판재의 양쪽 옆면에 접착제를 가볍게 도포하세요(물론 두 개의 바깥 면은 제외죠).
- 판재를 일정한 간격으로 바 클램프 위에 놓습니다. 상향이나 하향의 휨(bow)을 방지하려면, 클램프 턱의 압력 지점이 판재의 중심에 정렬되도록 하고요, 나뭇조각을 사용하여 판재를 클램프 턱의 중심에 오도록 받쳐놓으면 좋습니다.
- 한 클램프를 가볍게 조인 후 옆으로 이동하여 다른 클램프를 가볍게 조여줍니다. 손가락 끝으로 결합 부위들을 살펴보고, 판재가 평평해질 때까지 위아래로 밀거나 두드려 주세요. 모든 판재가 평평해지면 각 클램프를 단단히 조이세요. 클램핑을 더 강하게 하려고 한다면 하나씩 교대로 위쪽에서 클램프를 추가하세요.
- 나무 조각접착제가 마를 때까지 판재를 작업대에 평평하게 놓거나 수직으로 세워두세요.

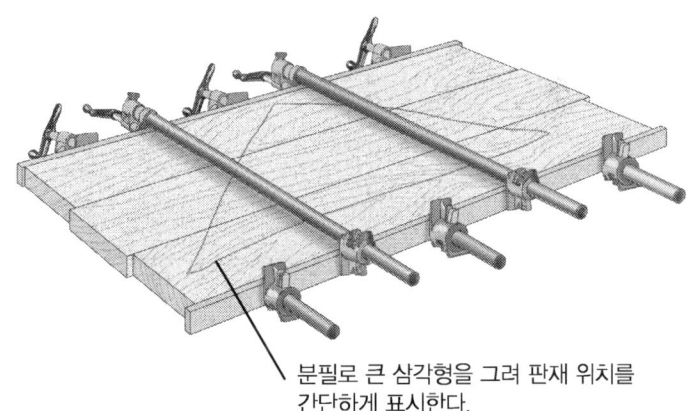

분필로 큰 삼각형을 그려 판재 위치를 간단하게 표시한다.

Q 판재에 접착제를 바르고, 서로 클램핑을 할 때 판재들이 미끄러져 움직입니다. 뭘 잘못한 건가요?

A 접착제를 너무 많이 사용해서 그럴 수 있습니다. 각각의 표면에 접착제를 살짝 바

른 다음, 판재를 서로 몇 번 앞뒤로 문질러줍니다. 접착제가 약간 끈적거려지는 것을 느끼실 수 있을 것이고요, 그렇게 하면 클램핑을 하는 동안 판재가 고정되도록 도움을 줄 것입니다. 이렇게 하면 여분의 접착제를 제거하기 쉽고, 골고루 도포된 얇고 강한 접착 면을 만들 수 있습니다.

Q 180cm 길이의 테이블 상판을 집성하려고 하는데, 몇 개의 클램프가 필요합니까? 판재의 위아래 양쪽에 다 붙여야 하나요?

A 경험적으로는 대략 30cm당 하나의 클램프를 사용합니다. 판재의 위아래 양쪽에 클램프를 체결하고, 그 간격을 일정하게 하는 클램핑 간격을 구하려면 전체 길이를 30cm로 나눈 다음, 그 값을 홀수로 올림을 하면 됩니다. 즉, 180 나누기 30은 6이 되니까, 그 다음 홀수인 7이 되는 것이죠. 그래서 180cm 테이블의 경우 7개의 클램프를 사용하는 것입니다. 판재 아래에 4개, 위쪽에 3개의 클램프를 사용합니다.

Q 테이블 상판을 집성했는데, 클램프를 제거하니까 두 판재 사이에 틈이 생겼어요. 왜 이런 문제가 생겼나요? 앞으로는 어떻게 해야 이런 일이 안 생기게 할 수 있나요?

A 접착제, 클램핑 강도, 인내심, 적절한 재료 준비 등 무언가가 부족했나보네요. 접착제를 도포하기 전에는 항상 가조립을 하세요. 이렇게 하면 옆면이 직각으로 만나는지, 휘어 있거나 굽어 있거나 틈이 없는지 확인할 수 있습니다. 클램프는 접착 중에 판재를 함께 고정하기 위한 것이지, 휘거나 울퉁불퉁한 면들을 바로잡기 위해 억지로 힘을 가하기 위한 것이 아니라는 점을 기억하세요.

장부맞춤

장부맞춤(mortise-and-tenon joints)은 목조주택에서부터 커피 테이블에 이르기까지 수 세기 동안 사용된 목공 세계의 필수 요소입니다. 이것을 가공하는 많은 방법이 있다는 것이 놀랄 만한 일은 아닌 것이죠!

Q 그러면, 어떻게 장붓구멍(mortise)을 가공할 수 있습니까?

A 세 가지 방법이 있는데 다음과 같습니다.

드릴과 끌. 장붓구멍의 가장자리를 표시한 다음 구멍 크기와 동일한(또는 미세하게 작은) 포스너 비트를 드릴에 장착하세요. 드릴 가이드나 도웰링 지그를 사용하여 양쪽 끝에 구멍을 뚫은 다음, 중간에 서로 겹쳐지게 구멍들을 뚫으세요. 폭이 좁은 끌을 사용하여 장붓구멍의 끝을 직각으로 만들고, 넓은 끌을 사용하여 측면을 직각으로 가공합니다.

플런지 라우터(plunge router). 이 방법을 사용하려면 라우터 정반에 템플릿 가이드를 설치하고 이를 가이드해주는 간단한 지그를 만들어야 합니다. 지그에 템플릿 가이드와 같은 너비의 슬롯을 만들고 장붓구멍의 너비와 같은 지름의 라우터 비트를 사용하세요. 지그를 작업물에 고정하고 점차적으로 깊이를 더해가면서 장붓구멍을 가공합니다.

각끌기 날 부착(hollow chisel mortising attachment). 이것은 장붓구멍과 같은 너비를 가진 정사각형 끌과 그 크기에 맞춘 드릴 비트로 구성된 특수 비트라 할 수 있습니다. 속이 비어 있는 이 사각 끌은 끝이 날카롭게 연마되어 있죠. 드릴 비트가 재료의 대부분을 제거할 때, 사각형 끌은 구멍의 측면을 깨끗하고 직각이 되게 가공합니다. 장붓구멍의 길이에 따라 자리를 옮겨가면서 이 작업을 반복하세요. 이 작업에는 전용 각끌기 또는 드릴 프레스에 이 날을 부착할 수 있는 장치가 필요합니다. 드릴 프레스에 부착하여 사용하는 방식은 대부분의 하드우드 작업에도 사용 가능하긴 하지만, 전용 각끌기보다는 가공속도가 느립니다.

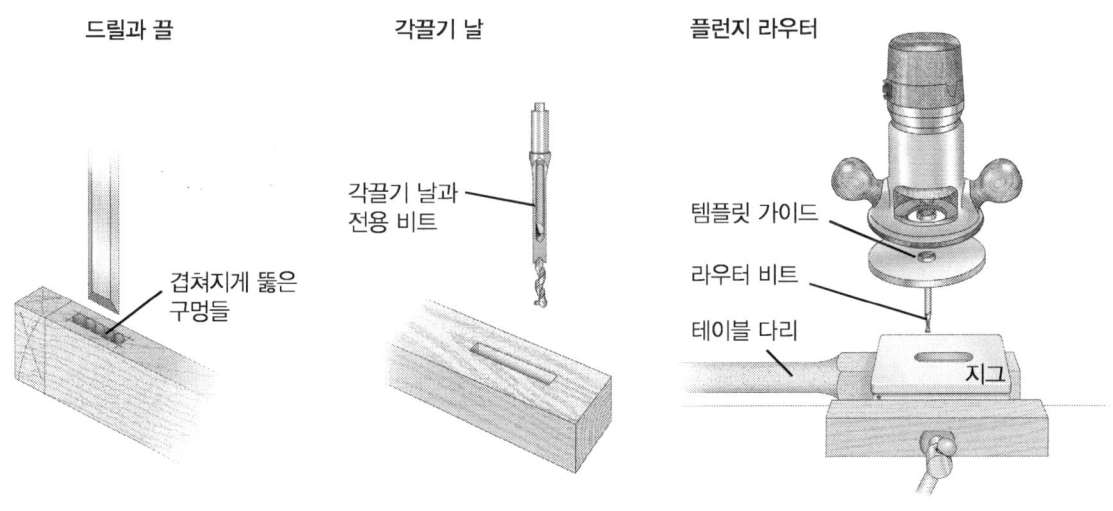

Q 장부촉(tenon)은 어떻게 가공하나요?

A 다시 세 가지 공통된 방법이 있습니다.

등대기톱(tenon saw). 부재의 마구리와 옆면에 장부촉의 윤곽선을 표시하세요. 부재를 바이스에 45° 각도로 놓고, 표시한 선의 버리는 쪽을 따라 톱질을 하면서 절단합니다. 부재를 돌려서 바이스에 다시 물리고 반대편에서 반복하세요. 부재를 수직으로 놓고 어깨를 잘라내어 톱질 가공을 마칩니다. 마지막으로, 어깨선을 따라 남은 부분이 있으면 제거해줍니다. 톱질에 익숙해지면 한 번에 자를 수도 있습니다. 부재를 세워서 톱질하는 방법과 눕혀놓고 톱질하는 방법이 모두 유효하니까, 다양하게 연습해보고 자신에게 가장 맞는 방법을 찾는 것도 목공의 즐거움 중의 하나이죠.

테이블쏘(table saw). 장부촉 가공 지그를 사용하여 부재를 수직으로 고정하고 (장부촉 길이로 높이를 설정한) 톱날 뒤까지 밀어서 장부촉을 가공합니다. 그런 다음 마이터 게이지를 이용하여 장부촉의 옆면(cheek) 깊이로 높이를 설정한 톱날 뒤로 부재를 밀어 장부 어깨를 자릅니다. 회전하는 톱날에 의해 부재 뒷부분의 나뭇결이 밀려나오며 뜯기는 일을 막기 위해, 보조목을 덧대거나 미리 표면의 결을 잘라놓거나 하는 방법을 고민해볼 필요도 있습니다. 새 톱날이나 잘 연마된 톱날은 비교적 덜 하지만, 오래 사용하던 톱날은 그럴 가능성이 늘어나죠.

라우터 테이블(router table). 라우터 테이블의 펜스를 조정하여 비트의 바깥쪽 날까지의 거리를 장부촉의 길이와 동일하게 설정하세요. 그리고 비트 높이를 장부 옆면의 깊이에 맞도록 조절하세요. 설정을 마친 다음, 마이터 게이지를 사용하여 부재가 비트를 지나가도록 밀어줍니다. 같은 자리의 가공마다 최소한 두 번은 통과해주세요. 미리 시험 가공을 해보는 것은 언제나 좋은 습관입니다.

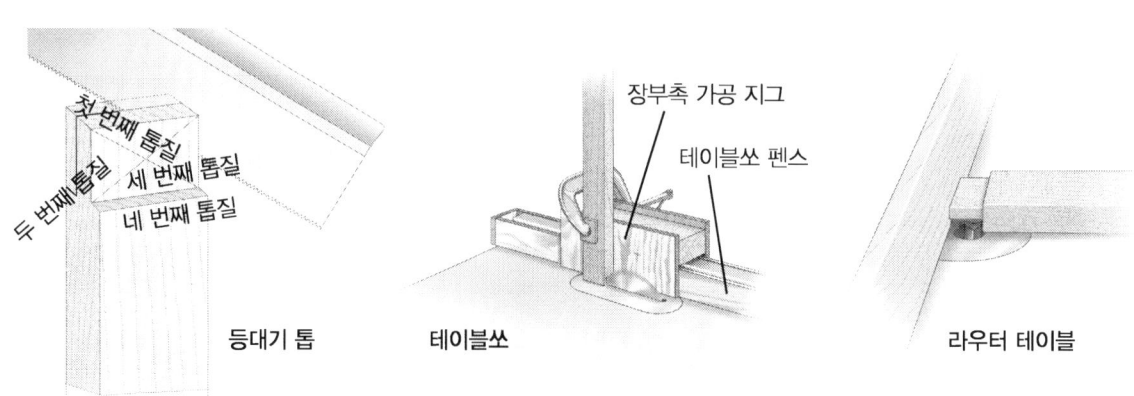

등대기 톱　　　테이블쏘　　　라우터 테이블

Q 너무 얇아진 장부를 좀 더 두껍게 해주려면 어떻게 해야 합니까?

A 장부촉의 양 옆면에 얇은 나뭇조각, 단판 또는 대팻밥을 붙여줍니다. (양쪽 면에 모두 해서 장부가 중앙에 오도록 해야 합니다.) 접착제가 굳으면 턱대패(rabbet plane)나 샌딩 블록을 사용하여 필요한 두께를 맞춥니다. 어깨의 모서리가 둥글게 되지 않도록 주의하세요. 그렇지 않으면 조립된 결구가 깔끔하게 잘 만들어진 것으로 보이지 않게 됩니다.

Q 관통 장부와 숨은 장부의 차이점은 무엇입니까?

A 숨은 장부는 작업물의 중간 부분까지만 들어가도록 가공됩니다. 장붓구멍의 깊이는 장부촉의 길이보다 2mm가량 더 깊게 만들어 접착제가 머물 공간을 만들어야 합니다.

관통 장부는 작업물을 관통해 장붓구멍을 만들므로 장부촉 끝이 반대쪽에서도 보입니다. 이것은 일반적으로 강도의 필요성보다는 장식적인 요소로 사용됩니다. 장붓구멍 깊이보다 2mm 더 길게 장부를 만들어 조립 후 잘라내고 평평하게 샌딩합니다.

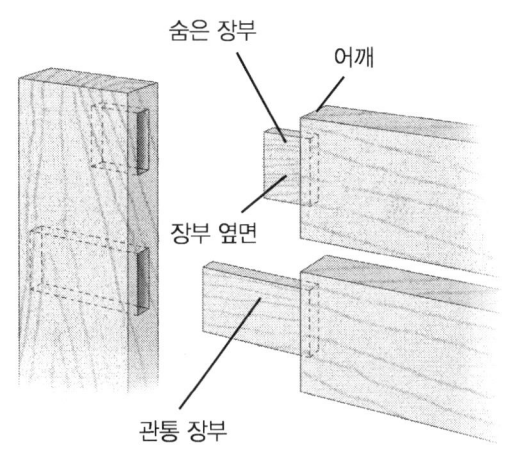

Q 장부촉이나 장붓구멍 중 어느 것을 먼저 가공하는 것이 좋은가요?

A 완벽한 세상에서라면 별로 중요하지 않겠죠. 그러나 목공의 세계에서는 먼저 장붓구멍을 가공하는 것이 좋습니다. 실수를 하였을 때 장부촉의 폭을 조정하는 것이 더 쉽기 때문이죠.

Q 양날 그무개(mortise gauge)가 어떤 건가요?

A 양날 그무개는 두 개의 조정 가능한 송곳이나 칼날이 달려 있는 작은 공구로, 장붓구멍과 장부의 모서리를 한 번에 표시합니다. 위치를 조정할 수 있는 받침대(stop block)를 사용하여 작업물에 정확하게 위치시킬 수 있습니다.

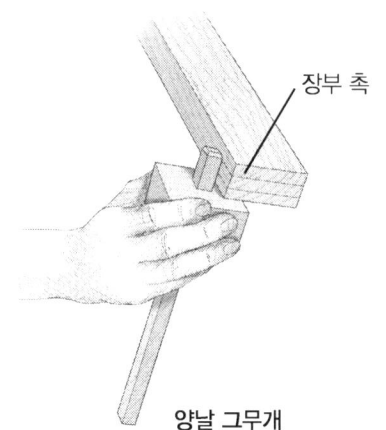

장부 촉

양날 그무개

Q 장붓구멍의 폭을 결정하는 일반적인 기준이 있나요?

A 일반적으로는 부재의 두께에 따라 1/3~1/2의 범위에서 선택을 합니다. 실제로는 더 편하고 빠른 작업을 위해서 그 범위를 참고하여 자기가 가지고 있는 끌이나 각끌기 날의 폭으로 결정하기도 합니다. 이렇게 하여 적정한 강도의 장부촉과 적정한 두께의 측벽을 가진 장붓구멍이 만들어지죠. 당신이 만약 18mm 두께의 부재를 사용한다면, 장붓구멍 넓이는 6~9mm 사이로 검토하겠지요. 통상적으로는 6mm로 맞추는 것이 대부분입니다.

참고로, 장부맞춤과 관련한 크기들을 결정하는 일반적인 기준들을 살펴볼까요.

- 장부의 높이, 또는 장붓구멍의 길이. 가로 부재가 세로 부재의 중간에 결합되는 경우에는 가로 부재의 폭과 같게 합니다. 그러나 세로 부재의 끝부분에서 결합되는 경우에는(테이블의 다리에 결합되는 에이프런 같은 경우죠) 일반적으로 가로 부재 폭의 2/3로 정합니다. 세로 부재의 마구리 부분을 보호해야 하기 때문에 1/3을 남겨놓은 것이죠.
- 장부의 길이. 관통 장부가 아닌 숨은 장부의 경우에는 세로 부재 폭의 1/2~2/3로 정합니다. 장붓구멍은 장부길이보다 2mm 더 깊게 가공해주어야 합니다.

Q 접착 전에 장부는 서로 어느 정도로 빡빡하게 맞아야 하나요?

A 만약 끼워 맞추는 게 너무 빡빡하면 장부촉은 삽입될 때 장붓구멍의 바닥으로 접착제를 끌고 들어가버립니다. 따라서 결합력이 빈약한 장부가 되어버리죠. 만약 너무 헐렁하다면 접착제가 틈을 메울 수 없어 좋은 결합을 만들기 어렵겠죠. 그럼 어느 정도가 좋은 것인지 어떻게 알 수 있을까요? 손으로 직접 느껴볼 때, 손의 힘으로

장부를 쉽게 밀어 넣을 수 있고, 손을 떼었을 때 떨어지지 않는다면 잘 맞은 것으로 볼 수 있습니다.

Q 제 친구는 부재 끝부분에 장붓구멍을 가공하는 경우, 목재를 재단할 때 몇 센티미터 더 길게 재단하더군요. 그리고 장붓구멍을 가공하고 나서 나중에 남아 있는 부분을 잘라내더군요. 그 친구는 왜 그렇게 한 걸까요?

A 길게 재단된 나머지 부분(앞에서 장붓구멍 가공 중에서 '드릴과 끌' 그림을 참조하세요)은 장붓구멍이 만들어지는 동안 부재 끝부분이 깨져 떨어져나가는 것을 막아줍니다. 수공구들과 끌로 작업할 때 특히 중요해요.

Q 장부의 어깨를 약간 깊게 가공하는 언더컷(undercut)을 하면 더 단단하게 결합된다고 들었습니다. 무엇을 이야기하는 건가요?

A 언더컷은 어깨면을 약간 아래로 깎아 어깨의 바깥쪽 모서리만 장붓구멍이 나 있는 부재와 접촉하도록 하는 것입니다. 이것은 결합을 약화시키는 것이 아니라, 오히려 보다 조밀한 결합을 만듭니다. 장붓구멍을 장부보다 2mm 정도 더 깊게 파주는 것도 언더컷의 일종이죠. 언더컷은 여분의 접착제가 머물 공간을 제공해주기도 하며, 어깨면을 정확히 90°로 평탄하게 맞추는 것보다 더 적은 노력과 시간으로 빈틈없이 잘 맞는 결구를 만들 수 있습니다.

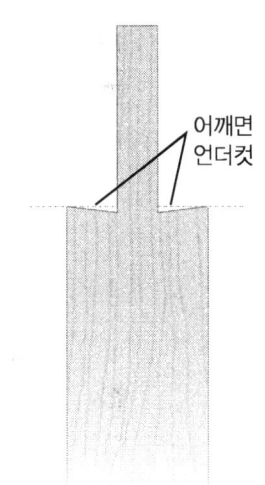

어깨면 언더컷

다도와 반턱맞춤

Q 다도(dado)와 반턱(rabbet)의 차이점은 무엇입니까?

A 다도는 판재의 표면에서 결 방향을 가로지르며 직각으로 가공한 홈입니다. 반턱은 판재의 옆면이나 끝부분에서 한 면을 들어가게 L자로 가공한 것입니다. 참고로, 다도는 결 방향을 가로지르는 것이지만, 결 방향을 따라 직각으로 가공한 홈을 '그루브(groove)'라고 합니다.

Q 망했어요! 책장을 만들면서 선반을 놓을 다도홈을 십여 개 가공했는데, 너무 넓은 거 있죠. 혹시 해결할 수 있을까요? 아니면 처음부터 다시 시작해야 하나요?

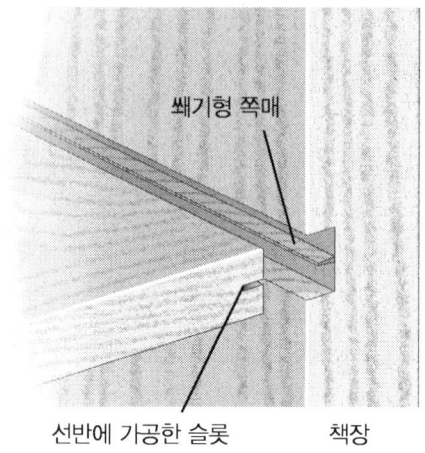

A 선반을 다시 두껍게 만들거나 다도홈을 좁히거나 해야겠네요. 두 가지 방법이 가능한데요. 어떤 방법을 사용하든지, 원하는 결과를 얻을 수 있는지 먼저 실험해보세요.

만약 간격이 1.5mm보다 작으면 선반들의 두께를 두껍게 할 수 있습니다. 테이블쏘나 라우터의 슬롯 커터(slot cutter) 비트로 선반 마구리에 12mm 깊이의 슬롯 홈을 가공하세요. 양쪽 모두 5° 경사를 이루며, 좁은 부분의 두께가 슬롯의 폭과 동일한 긴 쐐기 모양의 쪽매(spline)을 만듭니다. 쪽매를 슬롯의 중간 부분으로 가볍게 두드려 넣은 다음, 선반을 다도홈 안으로 가볍게 두드려 넣어줍니다. 쪽매가 선반 끝부분을 확장시켜 딱 들어맞게 해줄 것입니다.

틈이 그보다 더 넓다면, 다도홈 폭을 좁히는 게 낫겠죠. 틈의 폭과 같은 두께의 나무 띠판(strip, veneer)을 만듭니다. 그런 다음 선반을 제자리에 놓고 접착제를 바르고 각각의 선반 아래에 띠판을 삽입하세요. 접착제가 굳으면 날카로운 칼로 모서리와 끝부분을 잘라내세요.

Q 저는 어쩌다 한번씩 다도를 가공하는데, 그래서 다도날(dado blade) 구매 비용을 감당할 맘이 생기질 않네요. 테이블쏘의 표준 날을 사용하여 다도를 만들 수는 없나요?

A 예. 예리한 눈으로 더 많은 시간을 할애해야 하지만, 간단한 지그와 연습을 거치면 정확한 다도를 만들 수 있습니다.

- 지그를 만들려면 마이터 게이지에 18×60mm 정도 크기의 곧은 판재를 펜스 역할로 단단히 고정하세요. 톱날의 높이를 작업물보다 6mm 정도 높게 조정한 다음, 지그를 톱날에 밀어서 펜스에 톱날 자국(kerf)을 만들어줍니다. 펜스에 이 톱날 자국의 바깥쪽에서 '다도 폭'을 표시하세요.
- 톱날을 '다도 깊이'로 낮추고, 먼저 자투리 목재로 시험 가공을 해봐서 정확하게

조정되었는지 확인하세요.
- 판재의 다도를 가공할 반대쪽 면에 다도의 위치와 두께를 표시합니다.
- 작업물에 있는 표시선을 펜스에 있는 톱날 자국과 표시선에 맞추고 첫 번째 톱가공을 하세요. 작업물을 옮겨, 다도의 다른 쪽 표시선이 펜스의 표시와 일치하도록 한 다음, 두 번째 톱가공을 합니다.
- 다도의 양쪽 모서리를 가공했으면 이제 그 사이에 있는 목재를 제거하기 위해 계속 테이블쏘에 밀어주면 됩니다.

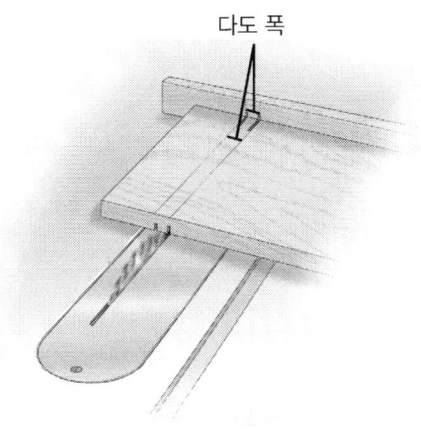

Q 다도와 반턱을 둥근톱만을 사용해서도 만들 수 있나요?

A 예. 가능합니다. 시작은 작업물 위에 다도나 반턱의 위치와 너비를 표시하는 것부터 하겠죠. 둥근톱을 원하는 다도 깊이로 설정한 다음 삼각자나 직선 가이드를 사용하여 톱의 정반을 안내하면서 표시선 사이에 계속 톱길을 냅니다(톱길 사이가 가까울수록 더 좋죠). 다도나 반턱과 같은 너비의 예리한 끌을 사용해서 남아 있는 부분들은 제거하세요.

주먹장맞춤과 사개맞춤

Q 관통 주먹장과 반턱 주먹장의 차이점은 무엇입니까?

A **관통 주먹장**이 둘 중 더 폭이 넓고 더 강합니다. 두 판재를 강하게 결합하거나 양쪽에서 결구의 아름다움을 드러내고자 할 때 훌륭한 선택이 됩니다.

반턱 주먹장은 결구의 반쪽만 보이도록 만들어집니다. 서랍 앞판이나 결구의 일부가 감춰져야 하는 어떤 작업들에는 좋은 선택이 되죠.

주먹장은 주먹을 쥔 것처럼, 또는 비둘기 꼬리처럼 끝쪽이 넓게 쐐기 형태로 가공되어 한쪽으로는 빠지지 않는 매우 튼튼한 결구법입니다. 가공되는 두 장부 형태를

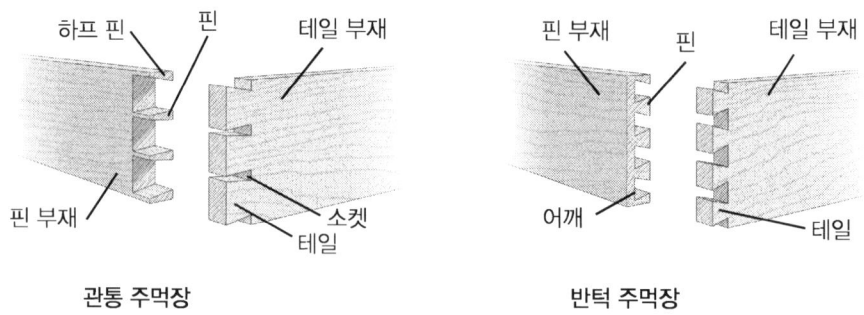

관통 주먹장   반턱 주먹장

각각 테일(tail)과 핀(pin)이라 합니다. 핀과 테일은 간혹 혼란스럽지만 쉽게 찾는 방법이 있습니다. 작업물의 표면을 보고 새꼬리 모양의 돌출부를 보면, 그것이 테일입니다. 직사각형이 보이면 그것이 핀입니다.

Q 제가 서랍장을 만들고는 싶은데, 수십 개의 주먹장 장부를 만들기에는 아직 공구도 기술도 준비가 안 되어 있는 것 같아요. 그것들이 꼭 필요한가요?

A 다른 어떤 결구법들도 주먹장과 같은 신비를 지니고 있지 않습니다. 보기에도 아름답고, 참나무만큼 강하며, 장인들에게는 자신만의 서명 같은 것이기도 합니다. 그러나 적절한 역사적 맥락에서 이 결구법을 보는 것이 도움이 됩니다.

주먹장맞춤은 수백 년 동안 존재해왔습니다. 이것은 못이 비싸고 나사못은 암탉의 이빨만큼이나 희귀한 시대에 만들어졌죠. 주먹장은 서랍 레일 같은 부드럽게 하는 장치들의 도움 없이 온갖 종류의 팽창이나 마구 잡아당기고, 마구 사용하는 상황들에 놓여 있는 서랍을 만드는 데 사용되었어요. 그리고 이것은 대서양을 가로지르는 범선의 화물창에 몇 주 동안을 머물 수 있는 상자를 만드는 데 이상적인, 견고하고 절대 안전한 결구법이었습니다. 오늘날 못과 나사는 매우 저렴해졌고, 볼베어링 서랍레일은 우리가 새끼손가락으로도 서랍을 열 수 있게 해주며, 우리 대부분은 해외여행을 할 때 바퀴들 위로 짐을 실을 수 있습니다.

그러나 이것들 중 어느 것도 주먹장을 덜 매력적이거나 약하게 만들지 않습니다. 단지 덜 필수적이게 만들 뿐이죠. 만약 당신이 현대 세계에서 생존할 수 있는 단지 기능적이기만 한 결합방법이 필요하다면, 더 간단한 대안들이 있습니다. 하지만 만약 전통적인 주먹장을 만들고 싶다면, 사용할 수 있는 많은 지그들이 있으니, 그중 하나를 사용하세요.

사개맞춤 기본 사항

사개맞춤(box joint, finger joint)은 가까운 사촌과 같은 주먹장맞춤처럼 매력적이고 기능적입니다. 서로 맞물린 '사개(finger)'라고 부르는 여러 개의 장부가 견고한 결합을 위해 수많은 접착 면을 만듭니다. 또한 단지 다도날(dado blade)과 직접 만든 지그를 사용하여 간단하게 사개를 만들 수 있습니다. 이 간단함의 핵심은 사개와 같은 폭을 가진 다도날을 사용하여 사개와 사개홈을 똑같은 크기로 만드는 것입니다. 지그를 만들기 위해서는 다음과 같이 하세요.

1. 18×60mm 정도로 만든 펜스에 사개의 너비와 정확히 맞는 크기의 나무 핀을 부착하세요.
2. 이 핀이 다도날에서 사개 하나의 너비만큼 떨어져 있도록 하여 펜스를 마이터 게이지에 단단히 고정하세요.
3. 첫 번째 톱질을 한 다음 잘려진 사개홈을 핀에 끼우고 두 번째 톱질을 합니다. 모든 사개홈 톱질을 마칠 때까지 핀에 판재를 계속 끼워가며 작업하세요.

톱날 폭과 핀 위치를 조정하여 정확하게 사개맞춤을 하려면 몇 번 시행착오를 겪겠지만, 일단 올바르게 정렬해놓기만 하면 결구를 가공하는 것은 간단합니다.

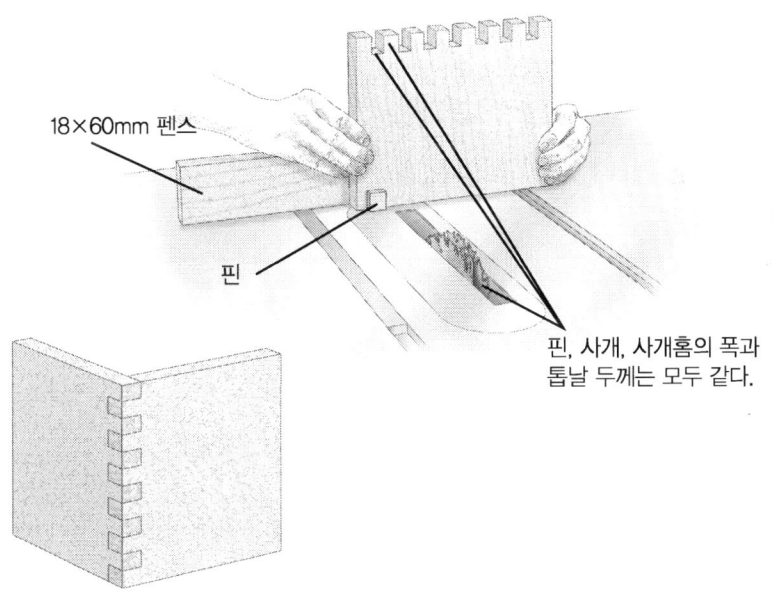

Q 주먹장 지그의 기본적인 주의사항은 무엇인가요?

A 주먹장 지그는 특수 라우터 비트와 부싱을 가이드하는 일련의 홈이 포함되어 있는 조절식 템플릿입니다. 주먹장맞춤의 양쪽 장부를 정확하게 가공할 수 있죠. 지그가 정확한 간격, 너비와 깊이로 설정되면 두 부재를 정렬하고 라우터 가공을 합니다. 모든 지그에는 좋은 지침서가 딸려오고, 어떤 것에는 DVD가 포함되어 있기도 합니다. 정확한 설정이 핵심이므로 지침서를 따르세요. 성공의 열쇠는 다음과 같습니다.

- 이 지그는 잘 계획된 시스템이라는 것을 기억하세요. 키트에 제공된 라우터 비트, 라우터 가이드와 템플릿을 사용해야 합니다.
- 사용할 판재가 평평하고, 직각이며, 치수가 올바른지 확인하세요. 모든 부재들을 동시에 재단하세요. 부재들이 일정하면 결과물들도 일정합니다.
- 큰 실수를 피하기 위해서는 모든 부재들에 라벨을 붙이세요.
- 작업물과 치수가 같은 자투리 목재로 시험 가공을 하세요.
- 라우터 속도를 낮게 조정하세요. 타버린 핀(pin)과 테일(tail)은 보기도 좋지 않고, 잘 접착되지도 않으며, 단단하게 맞춰지지도 않습니다.

Q 서랍 모서리에 하트 모양의 주먹장맞춤이 되어 있는 것을 보았어요. 이런 건 어떻게 만드나요?

A 어떤 주먹장 지그 제작자들이 이 공예작업을 완전히 새로운 수준으로 끌어올렸습니다. 적절한 템플릿과 비트, 부싱을 사용하면 개뼈다귀 모양, 화살촉 모양이나 심지어 '테디 베어' 모양의 주먹장을 만들 수도 있습니다. 이것들도 일반적인 주먹장과 동일한 기본 단계들을 따라 만들게 됩니다.

목재 벤딩

흔들의자용 로커(rocker), 등받이용 곡선 등살(slat) 또는 나무 보트의 앞부분 가장자리인 거널(gunnel) 같은 것을 만들려고 한다면, 조만간 직선이 아닌 다른 종류의 목재가 필요하게 될 것입니다. 당신은 하나의 나무에서 곡선 부재를 잘라 내거나 아니면 증기(steam)을 가하거나 적층(laminate)을 하거나 안쪽에 톱질자국(kerf)을 내고 나무를 구부려서 형태를 잡을 수 있습니다. 이 기술들을 배우는 것은 더 나은 목공인이 되기 위한 여정의 이 정표입니다. 다음은 몇 가지 기본 사항입니다.

Q 쉽게 구부러지는 나무와 그렇지 않은 나무는 어떤 것들이 있나요?

A 어떤 나무들은 세포와 나뭇결의 구조 때문에 다른 것보다 잘 구부러집니다. 최고의 벤딩 목재는 화이트 오크, 레드 오크, 애쉬, 히코리(hickory)와 같은 것들의 긴 결(long-grained)의 나무들입니다. 느릅나무, 단풍나무, 월넛, 체리는 구부릴 수는 있지만 좀 더 어렵습니다. 피해야 하는 나무는 전나무, 소나무, 가문비나무 같은 소프트우드, 유창목(lignum vitae)이나 아프리카 마호가니와 같은 밀도가 높거나 유분이 많은 열대 수종 같은 나무들입니다. 어떤 목재가 되었든 곧은결의 옹이가 없는 것으로 선택하세요.

Q 구부릴 수 있을 정도로 유연해지기 위해 나무는 얼마나 오랫동안 증기를 가해야 하나요?

A 경험적으로는 25.4mm(1인치) 두께당 1시간 동안 증기를 가합니다. 시간이 너무 짧으면 형태를 잡는 데 문제가 생길 수 있으며, 너무 많은 시간이 지나면 나무는 다루기가 더 까다로워질 수 있습니다.

Q 증기로 목재를 구부리는 스팀 벤딩(steam-bending) 과정에서 목재에는 무슨 일이 생기나요?

A 목재 섬유는 세포를 둘러싸고 있는, 일종의 접착제 같은 물질인 리그닌(lignin)으로 결합되어 있습니다. 목재를 87~107°C의 온도로 증기 가열하면 리그닌이 부드러워져서 벤딩 과정에서 섬유질이 늘어나거나 압축됩니다. 나무가 차가워지면 리그닌은 다시 단단해지고 목재 섬유는 다시 새로운 모양으로 고정됩니다.

Q 건조된 목재보다 갓 자른 생재(生材, green wood)가 스팀 벤딩하기 쉬운가요?

A 예. 생재는 더 유연하게 될 것이고, 자른 시간이 얼마 안 될수록 더 좋습니다. 작업성의 측면에서 그 다음은 천연건조된 목재이고, 그 다음이 인공 건조(kiln-dried)한 목재입니다.

Q 흔들의자용 등살(slat)을 휘고 싶은데요. 작고 단순한 스팀 벤딩 장치를 만드는 방법이 있습니까?

A 대부분의 스팀 벤딩 상자는 그저 간단한 것들을 모아놓은 것이기에, 직접 장치를 고안해본다는 생각은 좋은 것 같습니다. 필요한 것은 증기를 공급하는 열원과 상자 뿐입니다. 가장 간단한 열원은 전기 주전자입니다. (스팀 벽지 제거기(wallpaper steamer)라는 것이 있는데, 이것도 거의 유사하게 선택할 수 있는 대안입니다.) 제작하기에 가장 쉬운 증기실은 18mm 합판으로 만든 상자입니다. 다음은 몇 가지 기본 사항입니다.

- 증기가 증기실 전체를 가열해야 효과적이므로 상자를 필요한 정도의 크기로 만드세요.
- 목재를 보관할 선반을 만들기 위해 목봉이나 막대를 달아, 사방에서 골고루 증기가 쏘일 수 있도록 합니다.
- 증기를 공급원으로부터 상자로 유도할 수 있는 간단한 장치를 설치하세요. 이것은 보통 PVC 파이프와 몇 개의 부품으로 할 수 있습니다.
- 증기실을 밀폐하지 마세요. 증기와 물이 빠져나갈 수 있고, 온도계로 온도를 확인할 수 있도록 6mm 구멍 몇 개를 뚫어주세요.
- 여분의 물이 빠져나갈 수 있도록 상자를 약간 기울여주세요.

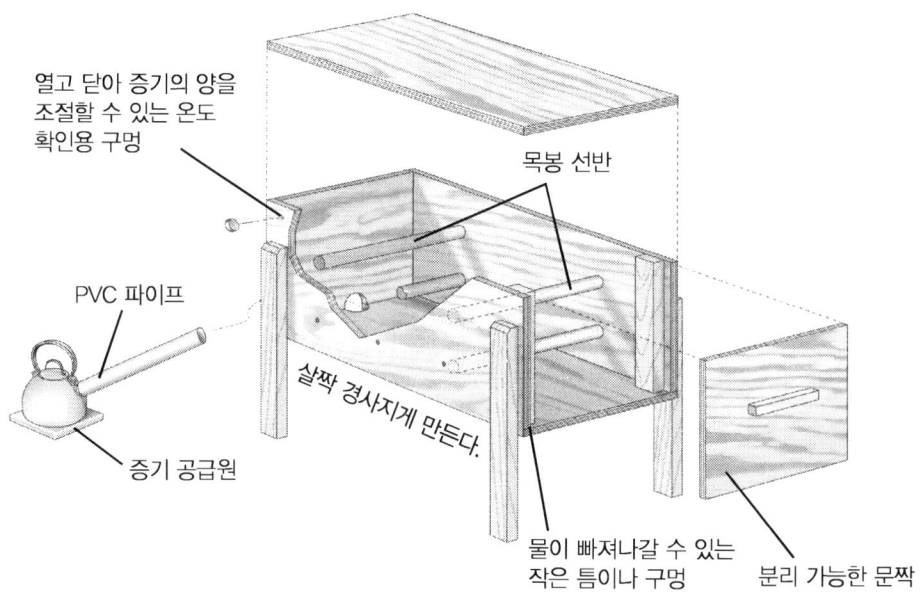

Q 증기로 찐 목재를 성형하는 벤딩폼(bending form)을 만들려면 어떻게 해야 합니까?

A 18mm 합판이나 원목을 나란히 여러 겹을 붙여 기본 벤딩폼을 만듭니다. 폼의 하단의 끝부분에 각도가 있는 블록을 끼워서 클램프가 견고하게 표면을 잡을 수 있도록 합니다.

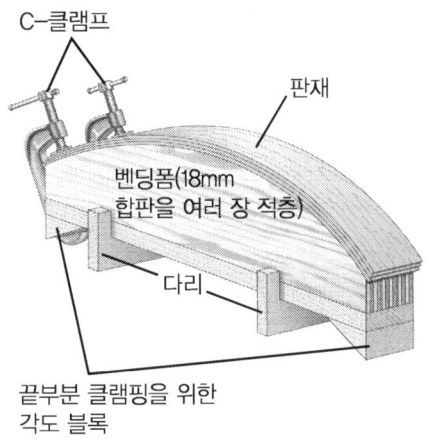

장갑을 끼고 스팀 상자에서 작업물을 꺼내세요. 폼 위에 작업물을 올려놓고 한쪽 끝을 아래로 조여주는데, 보조목을 사용하여 판재의 너비 방향으로도 균일하게 압력을 분산시켜줍니다. 다른 쪽 끝을 아래로 누르고 동일한 방식으로 클램핑하세요. 작업물을 스팀 상자에서 꺼내자마자 벤딩폼에 곧바로 올려놓는 것이 가장 좋습니다.

Q 등받이가 아치형으로 생긴 후프백(hoop-back) 의자들을 만들고 있는데요, 두꺼운 부재 하나를 스팀 벤딩하는 것보다 얇은 단판을 여러 겹 접착하는 편이 나은 것 같습니다. 둥근 아치의 후프를 만들려면 단판은 얼마나 얇게 해야 하죠? 그리고 접착하기 전에 나무를 어떻게 준비해야 합니까?

A 대부분의 목재는 3mm 정도나 그 이하의 두께로 가공해야 유연해집니다. 얇은 판을 절단하려면 필요한 수량의 적층 단판들의 두께에 그 수량만큼 톱날 두께를 더한 치수보다 충분히 두꺼운 목재로 시작하세요. 그리고 필요한 길이보다 더 긴 목재로 작업을 시작하고, 후프를 성형한 후에 최종 길이로 자르세요.

고운 톱날이 장착된 테이블쏘에서 하나의 단판을 잘라서 옆에 두세요(140페이지 참조). 나머지 목재의 옆면을 수압대패에서 곱게 대패질하고 나서 다음 단판을 자르고, 이를 계속 반복합니다. 다음 단판을 켜기 전에 목재를 수압대패에서 대패질해주면 각 단판의 한 면이 매끄러운 접착 면을 갖게 됩니다. 이렇게 자른 단판들은 잘린 순서와 방향대로 쌓아두세요.

Q 적층 폼(laminating form)을 만들어 사용하려면 어떻게 해야 합니까?

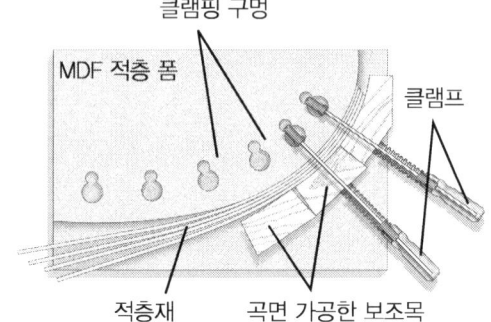

A 합판이나 MDF를 만들고자 하는 곡선 형태의 내부 모양으로 절단하여 폼을 만듭니다. (실제로는 벤딩 후에 되돌아오는 성질인 스프링-백(spring back)을 고려하여 약간 작게 만듭니다.) 적층재들의 넓이를 고려해서 두 겹 또는 세 겹을 함께 고정해야 합니다. 스페이드 비트(spade bit)를 사용하여 가장자리에서 몇 cm 뒤에 클램프로 잡기 위한 구멍을 만듭니다. 이것을 합판 위에 고정시킵니다.

여러 개의 두터운 보조목을 만들어 곡면으로 가공하고 적층재들 바깥쪽에 대어주면 클램핑 압력을 분산시키는 데 좋습니다. 적층 단판들에 접착제를 바르고, 차곡차곡 붙여서 한쪽 끝을 폼에 고정하세요. 단판들을 폼에 맞춰 힘을 가해주는 동안 클램프와 보조 블록을 계속 추가해주세요. 적층 단판들의 옆면을 가볍게 두드려주어 옆면이 평평하도록 맞춰주세요. 클램프는 하룻밤 두고 나서 제거하세요.

Q 적층할 때 사용할 최고의 접착제는 어떤 것이죠?

A 단단하게 붙여줄 접착제를 찾으시는 것이죠? 에폭시(epoxy), 폴리우레탄(polyurethane), 레조르시놀(resorcinol) 수지 접착제 그리고 요소 수지 접착제(plastic resin glue)가 모두 좋은 후보들입니다. 레조르시놀 수지 접착제는 어두운 목재에는 적합하지만 밝은 빛깔의 목재에 사용하면 눈에 띄는 짙은 접착선이 드러납니다. 더 밝은 나무에는 밝은 색으로 조색한 레진 접착제를 사용하는 것이 좋습니다. 레조르시놀이나 요소 수지는 독성이 강하므로 작업을 할 때는 방독 마스크와 장갑을 반드시 착용해야 합니다.

Q 대부분 벤딩을 한 나무들은 벤딩폼에서 제거하면 '스프링-백(spring back)'이 약간 일어난다고 알고 있습니다. 어떻게 하면 보완할 수 있을까요?

A 정확한 공식은 없습니다. 온도, 벤딩폼에 머무는 시간, 나무의 종류와 두께, 굴곡 정도 또는 기타 요인들이 두루 작용하기 때문이죠. 나무를 벤딩할 때 덜 굽히는 것(underbend)보다 좀 더 많이 굽히는(overbend) 것이 좋습니다. 너무 많이 벤딩된 목재

는 헤어드라이어로 가열하거나 폼에서 제거한 후 굽어진 안쪽 오목한 부분에 젖은 수건을 놓으면 약간 곧게 펼 수 있습니다. 그러나 일단 냉각되면 이 작업물에 추가 벤딩을 가하는 것은 어렵습니다. 가장 좋은 방법은 실제 작업을 진행하기 전에 시험 벤딩을 해보는 것입니다.

> **TIP**
>
> **섬유 유연제와 따뜻한 물**
>
> 얇은 단판 한두 개 정도를 완만한 곡선으로 벤딩하는 경우, 섬유 유연제를 섞은 따뜻한 물이 담긴 욕조에 나무를 담가보세요. 목재 섬유질을 이완시키는 데 도움이 됩니다.

Q 톱질자국을 내어서 나무를 벤딩하는 건 어떻게 하는 겁니까?

A 톱질로 자국을 내어 나무를 굽히는 것을 '커프 벤딩(kerf bunding)'이라 부르는데, 이름에서 알 수 있듯이 판재의 폭방향으로 일련의 톱질자국(kerf) 혹은 톱길을 내어 굴곡이 가능하도록 유연하게 만드는 것입니다. 보통 톱길은 12mm에서 25mm 정도의 간격을 두고(곡선 크기에 따라 다릅니다), 나무 표면으로부터 약 3mm 정도 남겨둔 깊이로 냅니다. 이 방법에는 단점이 있는데요. 톱길이 판재 옆면을 따라 보이게 되니까 어떻게든 가려줘야 합니다. 또한 톱길이 완벽하게 일정한 간격과 올바른 깊이로 가공되지 않으면, 나무가 틀어질 수 있습니다.

Q 흔들의자 하나 만들면서 단지 로커 두 개 만드는데, 스팀 박스나 벤딩폼까지 만들고 싶진 않네요. 그냥 원목에서 잘라서 만들면 안 될까요?

A 예, 가능하죠. 두꺼운 종이를 사용하여 로커 템플릿부터 만드세요. 곧은결의 흠이 없는 하드우드를 선택하고 템플릿을 그 위에 놓습니다. 곡선과 나뭇결의 관계를 조사하세요. 나뭇결이 로커의 곡선에 대해 수직에 가까워질수록(즉, 로커 끝부분에 가까워질수록), 이들 부분이 더 취약해질 수 있습니다. 곡선이 완만한 경우 문제가 되지 않을 수도 있습니다. 일단 템플릿 패턴이 최적으로 배치되면 나무에 대고 그리세요. 급격한 곡선의 경우, 끝부분을 공처럼 둥글게 만드는 '볼엔드

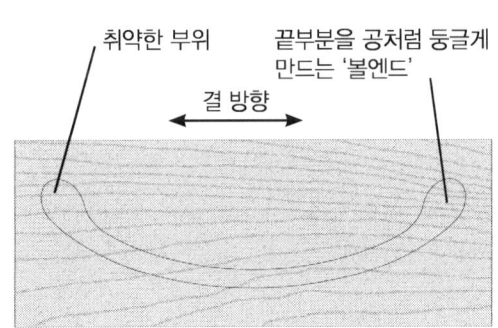

(ball end)' 방법을 사용하여 이 부분을 두껍게 만들 수 있습니다. 이렇게 하면 강도를 높여주는 목재의 양이 늘어나고, 둥그렇게 가공하여 작은 조각들이 떨어져나갈 가능성을 줄여줍니다.

무늬목, 밴딩, 상감

Q 저는 나비 날개처럼 대칭되어 있는 북매칭(book matching)된 무늬목(veneering)을 좋아합니다. 이걸 제가 직접 할 수 있을까요?

A 예, 할 수 있죠. 첫 번째 해야 할 일은 동일한 원목에서 연속하여 잘라낸 두 장의 무늬목 시트를 찾는 것입니다. 무늬목에 무늬가 많을수록 그것들이 만드는 패턴이 더욱 흥미롭습니다. 이어 붙이려 하는 모서리끼리 가능한 한 가깝게 정렬되도록 자리를 잡으세요. 직선자와 날카로운 칼을 사용하여 가능한 한 원재료가 적게 제거되도록 하여 양쪽 무늬목의 가장자리를 완벽하게 직선으로 자릅니다.

상단 부분을 뒤집어서 (책의 페이지를 돌리는 것처럼) 두 개의 직선 가장자리를 서로 맞대세요. 가장 좋은 패턴이 되도록 두 무늬목을 잘 정렬하고 잇댄 자리에 틈이 없는지 확인한 다음 짧게 자른 마스킹 테이프(예민한 표면에 쓸 수 있는 고품질을 사용하는 것이 가장 좋습니다)를 당겨서 이음매를 단단히 이어주도록 7.5~10cm 간격으로 붙여주세요. 그 다음에 잇댄 자리 전체 길이에 걸쳐 마스킹 테이프를 길게 붙여주면 북매칭 무늬목을 접착할 준비가 된 것입니다.

Q 무늬목을 붙이기 위해 '접촉 접착제(contact adhesive, contact cement)'를 사용하는 것에 대한 의견들이 다양한 것 같습니다. 무슨 이야기인가요?

A 이미 무늬목으로 배접되어 있는 단판이나 종이로 배접한 무늬목에 접촉 접착제를 사용하는 것은 안전하지만, 많은 목수들은 원목 무늬목에 접촉 접착제를 사용하지 않으려 합니다. 접촉 접착제는 단단하게 굳지 않습니다.

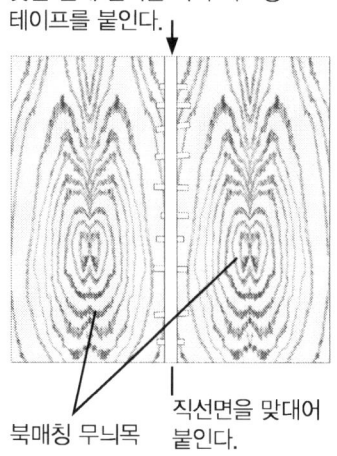

잇댄 전체 길이를 따라 마스킹 테이프를 붙인다.

북매칭 무늬목

직선면을 맞대어 붙인다.

즉, 무늬목이 팽창하고 수축할 때(무늬목도 나무이기에 목재의 움직임을 가집니다) 접착 면에서 떨어져 나와 찢어져 균열이 생기거나 쭈글쭈글해질 수 있습니다. 그리고 일단 두 작업물에 접촉 접착제를 발랐다면 위치를 바꿔주기는 불가능해집니다. 많은 목수들이 노란색 접착제를 사용하지만 이것도 역시 문제가 있습니다. 접착제의 점도가 낮아서 무늬목이 미끄러져 움직일 수 있고, 바깥으로 배어나오거나 변색될 수도 있습니다. 원목 무늬목의 경우 특수한 '냉압 무늬목 접착제(cold-press veneer glue)'를 사용하는 것이 가장 안전합니다.

Q 우상문양(羽狀紋樣)이라고 불리는 Y자 모양의 아름다운 크로치 패턴(crotch pattern)이 들어 있는 38mm 두께의 월넛 판재가 생겼습니다. 이 판재를 제가 만들고 있는 찬장 전면에 댈 수 있도록 늘려보고 싶은데요, 제가 직접 무늬목 단판으로 가공할 수 있을까요?

A 예, 할 수 있죠. 수천 년 전에 이집트인들이 석관(石棺)들을 장식하는 데 목재를 사용한 이래로 목수들은 무늬가 있는 나무들을 최대한 활용하기 위해 무늬목을 가공해왔습니다. 전문점에서 구매할 수 있는 무늬목 두께는 0.1~0.6mm까지 다양합니다. 그렇게 얇은 무늬목을 직접 만드는 것은 어렵겠지만, 밴드쏘를 사용하여 1.5~3mm 범위의 무늬목을 만들 수는 있습니다. 당신이 직접 만든 무늬목은 다루기도 쉽고, 내구성도 더 강하겠죠.

먼저 드럼 샌더로 판재 한 면을 부드럽게 샌딩해줍니다. 수압대패나 자동대패를 사용할 수도 있지만, 무늬가 화려한 나무에는 드럼 샌더가 뜯김이 적습니다.

밴드쏘의 펜스를 무늬목 두께만큼 톱날에서 떨어뜨려 조정해놓으세요. 그런 다음, 날카로운 세로 켜기(resawing)용 톱날을 사용하여 조심스럽게 무늬목 단판 하나를 잘라 한쪽에 놓으세요(넓은 폭의 켜기에 대해서는 154~155페이지를 참조하세요). 판재를 다시 드럼 샌더에 통과시켜 방금 무늬목 단판을 잘라낸 면을 곱게 샌딩하고 나서 계속 반복 작업하세요.

무늬목들을 잘라낸 순서대로 쌓아놓으세요. 각 무늬목 단판들은 한 면은 거칠고 한 면은 매끄럽게 되어 있어서 부분 부분 두께가 일정하지 않을 거예요. 다시 드럼 샌더를 사용하여 거친 절단면을 매끄럽게 샌딩해주고 두께도 일정하게 맞추세요. 이렇게 하려면, 짧은 양면테이프 두 개를 사용하여 무늬목 단판 끝부분을 MDF(무늬목의 거친 면을 위로 해서)에 붙이고, MDF를 썰매로 사용하여 드럼 샌더를 통과시키세요. 모든 작업이 잘 되면, 38mm 두께의 판재로 10개에서 12개의 아름다운 무늬목 단판을 만들 수 있을 것입니다.

Q 무늬목을 써서 큰 테이블 상판을 만들 때 주의해야 할 사항은 무엇입니까?

A MDF나 파티클보드, 또는 발트해산(産) 고품질 자작합판 같은 안정적인 접착 기반을 가진 재료를 사용하세요. 원목과는 달리, 이러한 소재는 뒤틀림이나 수축, 팽창이 적고, 따라서 넓은 무늬목에 문제가 생길 수 있습니다. 안정성을 높이려면, 상판 아래쪽에도 포플러 같은 값싼 무늬목을 붙여서 샌드위치처럼 만들어, 윗면과 아랫면이 균일한 특성을 갖도록 합니다.

조각

Q 목조각에 손을 대보고 싶어요. 어떤 나무를 사용해야 좋은가요?

A 가장 좋은 방법은 버터넛(butternut), 배스우드(basswood) 또는 월넛 같은 곧은결의 하드우드를 사용하는 것입니다. 소나무와 같은 소프트우드는 소재의 강도로만 보면 쉽게 조각할 수 있지만, 거친 나뭇결로 인해 결 방향으로 조각할 때 쪼개지거나 결을 가로질러 조각할 때 뜯기는 경향이 있습니다. 배스우드와 같이 나뭇결무늬가 선명하지 않고, 고운 질감의 나무들은 결들이 작업물에서 잘 떨어져나가지 않기에 선호됩니다.

조각(carving)의 주제를 보완해주는 목재를 선택하세요. 갈매기를 조각할 때는 배스우드가 좋은 선택일 테고, 곰을 조각할 때에는 월넛이 더 좋은 선택일 수 있습니다.

Q 조각을 시작해보기에 적합한 도구는 어떤 것들이 있나요?

A 조각 작업에는 칩카빙(chip carving), 낮은 부조(浮彫, low-relief carving), 환조(丸彫, Carving in the round), 서각 등 다양한 종류의 방식이 있습니다. 그래서 하나의 정답을 제시하는 것은 불가능하죠. 작고 섬세한 조각을 위해서는 주먹 조각도(palm tools)를 쓰는 것이 좋고, 더 큰 작업의 경우 큰 끌이나 둥근 끌이 필요합니다. 가장 좋은 조언을 얻으려면 당신이 조각하고자 하는 것과 유사한 물건이나 패턴을 찾아 전문 목공방이나 공구상점에 가져가서 그것을 조각하려면 어떤 공구가 필요한지 물어보는 것

이 좋습니다. 조개껍질 문양인 쉘패턴(shell)이나 꼭대기 장식인 피니얼(finial) 같은 일반적인 장식 요소를 조각하고자 한다면, 목공구 전문 업체에서 판매하는 초보자용 세트를 확인해보세요. 당신이 원하는 조각작업을 해나가는 데 필요한 모든 공구가 포함되어 있을 것입니다.

Q 조각하는 동안 작업물을 고정할 수 있는 적절한 클램프를 찾는 게 어렵네요. 추천해 주실 게 있을까요?

A 만약 당신이 환조를 조각하는 경우라면 '조각가용 벤치 스크류(carver's bench screw)'라는 것을 사용해보세요. 한쪽 끝에 굵은 나사산이 있는 긴 막대기로, 작업하는 목재 바닥에 나사 부분을 꽂는 것입니다. 고운 나사산이 있는 다른 쪽 끝은 작업대의 구멍에 삽입되고 큰 너트로 고정됩니다.

이것의 다른 변형 형태로 '피봇 클램프(pivoting clamp)'라는 것이 있습니다. 이것은 비슷한 방식으로 작동하지만 볼-소켓 방식(ball-and-socket mechanism)으로 되어 있어 어떤 각도에서도 조각을 기울이고 고정할 수 있습니다.

Q 제가 사용할 수 있는 다른 망치가 많은데요, 왜 '조각가용 망치'라는 말렛(carver's mallet)이라는 것을 사야 한다는 것인가요?

A 나무로 만든 말렛은 금속 망치 머리보다 끝이나 둥근 끝의 나무 손잡이에 사용하기가 더 쉽습니다. 또한 더 가볍고 짧은 손잡이를 사용하여 장시간 사용하기가 더 쉽죠. 말렛의 둥근 머리는 균형이 잘 잡혀 있어 핸들을 다시 바꿔 잡을 필요 없이 어느 각도에서든 공구를 타격할 수 있습니다. 오늘날 많은 조각가용 말렛은 고밀도 폴리우레탄으로 만들어져 있지만, 전통적인 너도밤나무와 유창목 말렛은 그 자체로도 작은 예술 작품입니다.

8. 가구 제작

나무는 다시 살아가기를 열망하고 있습니다.
사람에게 봉사하기 위한 아름다움과 힘과 기능을 제공하고,
위대한 예술적 가치를 지닌 대상이 되기까지 말입니다.
—George Nakashima

어떤 사람들에게는 목공과 가구 제작이라는 용어가 동의어입니다. 그리고 확실히 좋은 가구를 만들 때 가장 예리한 공구, 최상의 목재와 가장 엄격한 표준을 사용하게 됩니다. 가구 제작에 관한 일반적인 질문 중 많은 부분이 다른 섹션에서 다루어집니다. 색인과 목차를 사용하여 필요한 정보를 찾아보세요. 여기에서는 특정 가구에 관한 몇 가지 질문을 살펴보겠습니다.

계획하기

Q 제가 나무 상자를 만들려고 책에 나와 있는 재료표에 따라 모든 부재들을 미리 재단해놓았어요. 그런데 뚜껑을 조립할 때 이게 딱 맞질 않네요. 일이 제대로 되지 않는데 재료표가 무슨 소용인거죠?

A 책이나 잡지에서 당신이 찾을 수 있는 프로젝트의 재료표는 일반적으로 실제 완성된 가구에서 가져온 치수를 기반으로 합니다. 그러나 어떤 경우에도 두개의 프로젝트, 판재, 공구나 목수가 같은 수 없죠. 당신의 나무가 머리카락 하나 굵기 정도로 더 두꺼울 수도 있고, 당신의 다도홈이 조금 더 깊어졌을지도 모르며, 테이블쏘에서 켜놓은 단판이 조금 더 넓게 되었을 수도 있습니다. 이런 작은 차이들이 합쳐질 때쯤, 특히 끝이 가까울수록 결국 불일치가 생기기 쉽습니다. 주어진 치수를 사용하는 것은 좋지만, 정확하지는 않은 지침으로 참고하는 것이 가장 좋습니다. 제작해가면서 자르고 맞추어주면 더 잘 맞는 부재를 사용할 수 있게 됩니다.

Q 제가 좋아하던 책장의 설계도면을 보았는데요, 저희 집 거실 구석에 맞도록 크기를 수정하고 싶어요. 그런데 이게 비율이 맞는지 어떻게 확신할 수 있을까요?

A 몇 시간만 투자하여 판지, MDF 또는 경질 폼보드로 간단한 모형을 만들어보세요. 이런 것을 '목업(mockup)' 작업이라 부르지요. 실물모형인 목업을 만들어보면 작업물에 적합한 비율을 알 수 있을 뿐만 아니라, 거실에 잘 맞는지도 알 수 있습니다. 심지어 작품을 구성하는 가장 좋은 방법과 필요한 재료의 양에 대한 단서를 제공해주기도 합니다. 시간을 쓴 게 얼마나 잘한 일인지 아시게 될 거예요.

테이블과 책상

Q 식당 테이블을 만들기 위한 주요 치수는 무엇입니까?

A 테이블의 크기와 디자인은 식사를 즐겁게 하거나 누군가를 소화불량에 걸리게 하거나 정강이를 부딪치게 할 수도 있습니다. 다음은 몇 가지 기본 지침입니다.
- 표준 높이: 700~750mm
- 1인당 최소 활동 여유공간(elbow room): 600mm

실수 없는 가구 제작을 위한 다섯 가지 규칙

버드나무를 굽혀서 만든 흔들의자와 전통소목가구를 만드는 데 사용되는 기술은 실제로 다릅니다. 그럼에도 불구하고, 이 두 프로젝트는, 특히 실수를 최소화하고 수명을 극대화하는 것과 관련하여 몇 가지 기본 원칙을 공유합니다. 당신이 어떤 프로젝트를 시작하든지 이 팁들을 명심하세요.

1. 올바르게 시작하고, 그대로 유지하세요. 목재가 균일하고 결구들이 매 단계마다 단단히 결합되어 있는지 확인하세요. 그러면 끝까지 실수를 부르지 않을 것입니다.
2. 두 번 측정하고, 두 번 표시하고, 한 번 자릅니다. 하나는 절단선을 표시하는 것이고, 다른 하나는 잘라서 버리는 쪽을 표시하는 것입니다. 다른 곳을 자르는 실수와 길이를 못 맞추는 실수를 피할 수 있게 해줍니다.
3. 공구를 세팅했으면 자투리 목재에 먼저 시험하세요. 다도홈을 3mm 더 깊게 파거나 장부촉을 6mm 더 길게 만들었다면 처음부터 다시 시작해야 할 수도 있습니다. 만약 당신이 테이블을 만든다면 다리를 5개(하나의 시험용 다리와 네 개의 실제 사용할 다리) 만드는 것을 고려해보세요. 여러 실수들을 예견하고 피함으로써 실제로 시간과 재료를 절약할 수 있습니다.
4. 두 단계 앞을 생각하고 계획하세요. 최종 조립 전에 가조립을 하고 각 부재마다 라벨을 붙이세요. 여러 가지 사소한 실수가 합쳐져서 큰 문제를 만듭니다.
5. 가장 강한 결구를 만들면서 가장 적은 양의 나무를 제거하려고 노력하세요. 가구의 수명은 모두 견고한 결구에 관한 것입니다. 그것들을 조심스럽게 다듬으세요.

- 다리를 뻗을 수 있는 최소 여유공간(leg room)(테이블 상판 지지용 가로대와 바닥 사이): 600mm
- 수평 무릎 간격(테이블 상단의 가장자리에서 테이블 다리 또는 기타 장애물까지 측정): 250mm
- 6인용 직사각형 테이블의 최소 크기: 1,000×1,500mm
- 원형 테이블 크기: 직경 1,000mm 테이블은 4명이 편안히 앉을 수 있으며, 직경 1,200mm는 6명, 직경 1,500mm는 8명이 앉을 수 있습니다.

또한 방의 크기도 고려해야 합니다. 테이블 상판의 가장자리에서 벽이나 다른 가구들까지 최소한 700mm 공간이 있어야 합니다. 그래서 사람들이 일어서기 위해

의자를 뒤로 밀 수 있는 충분한 공간이 있어야 하죠. 사람들이 앉아 있는 식당을 지나갈 수 있도록 공간을 두고자 한다면 최소 900mm가 필요합니다. 테이블 크기를 고려할 때에는 기존의 다른 테이블들을 참고하는 것이 가장 좋고, 인터넷이나 상품 카탈로그의 다른 테이블들을 많이 살펴보시면 좋습니다.

Q 목수인 친구가 테이블 끝부분에 변죽(breadboard ends)을 붙이는 것이 어떤지 이야기 하더군요. 그게 뭐죠? 그리고 어떤 기능이 있는 건가요?

A 변죽은 테이블 상판에서 긴 길이 방향에 직각방향으로 붙이는 나무입니다. 이름 그대로 빵도마에 쓰이며, 또는 테이블이나 전통가구인 경상(經床) 상판 끝부분에도 쓰이는 방법입니다. '브레드보드 조인트(breadboard joint)'로 부르기도 합니다. 이것은 두 가지 역할을 하죠. 테이블 상판 마구리를 덮고 보호하며, 상판을 평평하게 유지하는 데 도움이 됩니다.

변죽은 제자리에 접착하거나 나사못으로 조일 수 없습니다. 나무는 결을 따르는 길이방향보다 결에 직각인 폭방향으로 훨씬 더 수축·팽창합니다. 따라서 변죽을 테이블 상판에 직접 접착하면 균열이 생깁니다. 도전 과제는 변죽이 본연의 역할을 할 수 있도록 만드는 동시에, 상판이 독립적으로 수축, 팽창되도록 하는 것입니다. 이를 위한 몇 가지 효과적인 방법이 있으며, 대부분은 상판의 끝부분이 움직일 수 있게 하면서 변죽을 중간에서 고정시키는 것입니다. 이것은 꽂임촉(dowel), 옆으로 긴 슬롯 구멍(slotted holes), 제혀맞춤(tongue-and-groove joints) 그리고 장부맞춤(mortise-and-tenon joints) 등을 사용하여 할 수 있습니다.

테이블 변죽

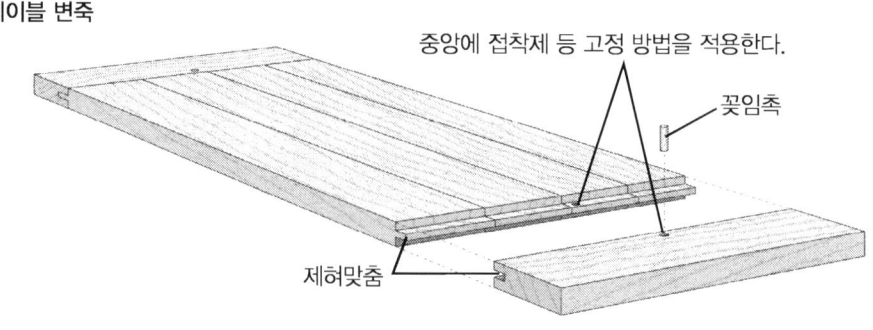

Q 2.4m 길이의 오크 판재 5장을 집성하여 760mm 폭의 책상 상판을 만들었습니다. 벨트 샌더로 제대로 곱게 만들려고 하면 며칠은 걸릴 것 같아요. 시간도 줄이고, 제 팔도 덜 고생하고, 벨트 샌더도 아낄 수 있는 좋은 방법이 있을까요?

A 최고로 좋은 방법은 다른 사람이 작업을 하도록 하는 것이겠지요. 지역에 있는 공방들에 문의하여 당신의 책상 상판 작업을 하기에 충분히 넓은 드럼 샌더나 광폭 벨트 샌더가 있는지 확인해보세요. 비용이 꽤 들긴 하겠지만, 벨트 샌더를 직접 산다면 더 많은 돈을 쓸 수도 있습니다. 하지만 그런 샌더로 몇 번만 작업해도 당신이 직접 하는 것보다 더 평평하고 곱게 만들 수 있습니다. 샌더에 밀어 넣기 전에 먼저 판재 양면의 접착제 잔재들을 긁어내야 합니다.

Q 테이블 에이프런에 원목 상판을 붙일 때, 수축, 팽창에 대해 독립적으로 움직일 수 있도록 하려면 어떻게 해야 합니까?

A 테이블 상판은 가로대인 에이프런이나 하부의 구조들과 수축, 팽창하는 양이 다르므로 올바른 고정 시스템을 사용해야 할 필요가 있습니다. 다음 두 가지 일반적인 방법이 있습니다.

    나무 버튼 방식(tongue-and-groove system)은 에이프런의 상단 가장자리 근처에 홈을 가공한 다음, 한쪽에 작은 혀(tongue)가 있는 블록을 만듭니다. 혀(tongue)가 홈(groove)에 끼워지도록 테이블 상판 아래쪽 바닥면에 블록을 설치하세요. 최근에 주로 사용하는 Z-철물이 이와 같은 방식입니다.

    브래킷 방식(bracket system)은 L자 모양의 금속 꺾쇠를 에이프런과 상판에 고정시키는 작업입니다. L자 브래킷의 상단에 있는 확장 슬롯이 테이블 상판이 균열 없이 수축, 팽창할 수 있도록 해줍니다.

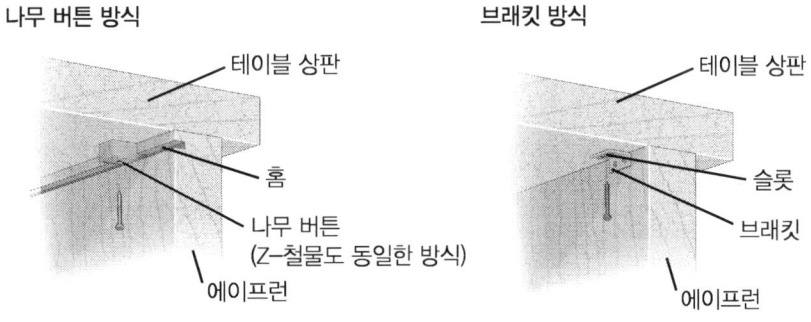

Q 아주 굵은 다리가 있는 테이블을 만들고 있는데요. 원목 140×140mm짜리를 사용할 수 있을까요?

A 할 수는 있지요. 하지만 목재를 충분히 건조하지 않으면 이렇게 큰 덩어리의 원목은 뒤틀리거나 쪼개지기 쉽습니다. 좋은 대안을 생각해보자면, 18mm 두께의 판재를 사용하여 속이 비어 있는 다리를 만드는 것입니다(조립 방법은 331페이지를 참조하세요). 다리가 더 안정되고, 나뭇결이 보다 균일해지며, 테이블을 옮길 때 크레인을 불러야 하는 불상사를 막을 수도 있겠네요.

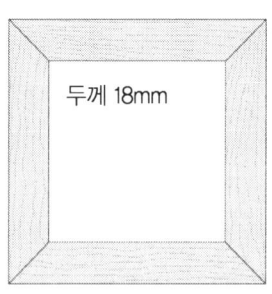

속이 비어 있는 원목 다리

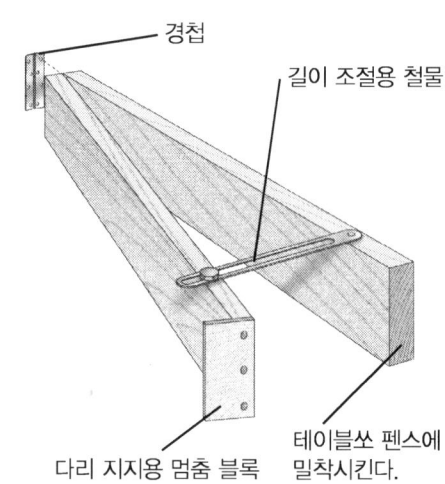

Q 테이퍼(taper) 가공된 다리로 책상을 만들고 싶습니다. 테이퍼가 일관되도록 어떻게 자를 수 있습니까?

A 테이퍼 지그와 테이블쏘를 사용하세요. 지그를 구입할 수도 있고, 두 개의 1×4(19×89mm) 구조목이나 그 정도 크기의 판재에 경첩을 붙여 직접 만들 수도 있습니다. '수대'(stay)라고 흔히 부르는 '스테이' 같이 길이 조절이 되는 보강 철물을 사용하여 각도를 조정할 수 있도록 하고, 테이블쏘에 가공할 다리를 밀어주기 위한 멈춤 블록을 추가하세요.

지그를 사용하려면 원하는 모양의 테이퍼(시험 가공을 해보는 것이 현명하겠죠)에 맞춰 각도를 조정한 다음, 지그의 한쪽 팔을 테이블쏘 펜스에 대고 밀어주면서 다른 쪽 팔을 사용하여 다리를 톱날에 밀어 가공하는 것입니다. 다리의 반대쪽 면을 테이퍼 가공한다면, 반대쪽 면에 일관된 테이퍼를 얻기 위해 지그의 각도를 조정해야 합니다.

Q 타원형 커피 테이블을 만들고 싶습니다. 전에 타원을 그리기 위한 복잡한 방법을 보았는데, 그런 복잡하고 어려운 것 말고 보통 사람들이 쉽게 사용할 수 있는 방법은 없나요?

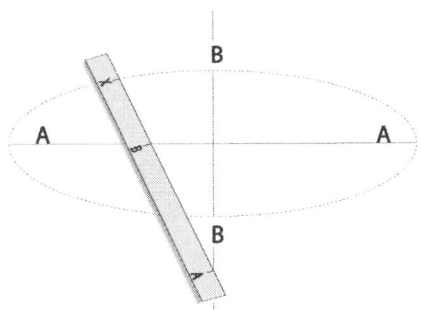

A 예, 방법은 다음과 같습니다.

1. 테이블 상판 위에 수직선과 수평선을 교차하여 그립니다. 타원의 길이를 가로축으로 측정하고 두 점에 A라고 표시하세요. 타원의 너비를 세로축으로 측정하고 두 점에 B라고 표시해놓으세요.

2. 긴 막대를 준비하고, 한쪽 끝 근처에 표시를 하고 ×라고 표시해놓습니다. 가로축 선과 세로축 선이 교차하는 지점(중심점)에서 가로축 선의 A까지 측정한 다음, 막대에서 ×로부터 그 길이에 해당하는 곳에 A를 표시하세요. B도 똑같이 하세요.

3. 막대의 A 표시를 상판에 그려놓은 세로축 수직선의 아무 지점에라도 오게 하고, B가 가로축 수평선에 오도록 막대기를 놓습니다. ×가 가리키는 곳에 점을 찍습니다. A를 수직축에, B를 수평축에 유지하면서 막대기를 조금씩 자리를 옮겨줍니다. × 옆에 다른 점을 추가하세요. 점선으로 타원이 만들어질 때까지 이 작업을 계속 한 다음 점을 연결하세요.

Q 600mm 직경의 오크 협탁을 두 개 제작하고 있는데요. 상판을 완벽한 원으로 자르려면 어떻게 하면 될까요?

A 원형 지그와 라우터로 잘라냅니다.

1. 먼저 최소 12×250×500mm 크기의 합판을 준비하세요. 한쪽 끝에 라우터를 올립니다(플런지 라우터를 사용하면 전체 작업이 훨씬 더 쉬워집니다). 그런 다음 1×2(19×38mm) 구조목이나 그 정도 크기의 판재로 4면을 단단히 고정하세요. 다른 방법으로는 라우터의 베이스 플레이트를 제거하고 라우터를 합판에 직접 끼워 넣는 것입니다. 라우터 비트가 통과할 수 있도록 합판에 구멍을 뚫어줍니다.

2. 일자 비트를 삽입하고 비트가 합판 지그의 6mm 아래로 내려가도록 비트 깊이를 조정하세요. 그 다음에 지그의 올바른 반경을 설정합니다. 직경 600mm 상판의 경우, 비트 안쪽 날에서 300mm를 측정하여 합판에 작은 회전 중심 구멍을 드릴

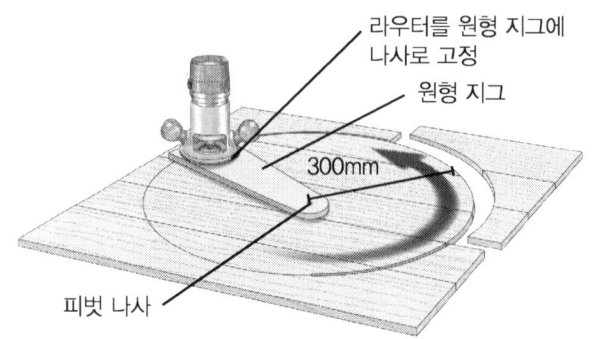

라우터를 원형 지그에 나사로 고정
원형 지그
300mm
피벗 나사

로 뚫어줍니다. 테이블 상판에 중심점을 표시한 후 이 중심점과 지그의 회전 중심 구멍에 피벗 나사를 박아줍니다.

3. 비트가 상판에 닿지 않도록 라우터를 들어주세요. 만약 플런지 라우터를 사용하고 있다면 단순히 비트를 위로 빼주기만 해도 되겠죠. 라우터를 켜고 목재에 내려놓은 다음 첫 번째 회전에서 6mm 깊이의 원형 홈을 파줍니다. 비트를 6mm 이하로 조금씩 낮추면서 나무를 완전히 자를 때까지 추가 라우팅을 합니다. 상판에 구멍이 생겼으니, 구멍 난 면을 바닥으로 가게 뒤집어주거나 끝나고 나서 목재 퍼티로 중심점을 메꿔주세요.

Q 50mm 두께의 거칠게 제재된 크로치 문양의 월넛 우드슬랩(wood slab)이 생겼는데, 제가 테이블 상판으로 쓰고 싶어요. 이 우드슬랩을 상판용으로 준비하는 데 사용해야 할 특별한 기술이 있나요?

A 먼저 표면을 미네랄 스피릿(mineral spirit)으로 흠뻑 적셔 나뭇결을 도드라지게 하세요. 이렇게 하면 전반적인 나뭇결 패턴에 대한 느낌을 얻을 수 있습니다. 이 방법은 우드슬랩의 어느 부분을 자르거나 제거할 때 특히 중요합니다. 다음은 몇 가지 일반적인 지침입니다.

- 껍질을 보존할지 제거할지 결정하세요. 그것을 제거하려면 느슨한 부분은 떼어 버리고, 단단히 붙어 있는 부분은 그라인더를 사용하면 됩니다. 원래대로의 자연스러운 모서리인 라이브 엣지(natural edge)가 더욱 자연스럽게 보이도록 나무의 결과 윤곽을 자세히 살피세요. 껍질을 손상시키지 않고 유지하려면 에폭시나 순간접착제로 포화시켜 가장자리에 붙어 있는 물질들을 안정화시킬 수 있습니다. 이 접착제들은 빨리 굳고, 단단하게 붙으며, 강한 냄새가 나기 때문에 제조업체의

안전주의 사항을 따르세요.
- 당신의 슬랩은 결 방향이 자주 바뀌는 나무에서 나온 것이죠. 따라서 상판을 곱게 다듬으려면 대패 대신에 넓은 벨트 샌더로 슬랩을 다듬으면 결들의 뜯김이 덜 할 것입니다. 어느 쪽이든 너무 크다면 벨트 샌더를 떼어내고 220번(grit) 사포를 붙인 원형 샌더로 마무리하세요.
- 테이블 상판을 마감할 때, 윗면과 같이 바닥과 옆면도 여러 번 칠하세요.
- 다른 넓은 원목 상판들과 마찬가지로, 이 우드슬랩 상판도 하부 구조에 패스너로 고정할 때 상판의 수축, 팽창에 지장 없도록 해주세요.

Q 테이블 상판에 나비넥타이(bowtie)나 나비 모양의 문양이 박혀 있는 게 보기 좋던데요. 그것을 만드는 것은 많이 힘들까요?

A 이런 방법을 나비장이라고 부르는데, 오래된 방법을 사용하자면, 끌을 사용하여 오목한 홈을 가공하고, 톱으로 나비 모양의 나무판을 잘라서 만들 수 있습니다. 그러나 공구상에서 파는 라우터 템플릿 시스템 중 하나를 사용하여 빠르고 정확한 결과를 얻을 수도 있습니다('나비장 템플릿', '나비장 지그'로 인터넷 검색해보세요). 이 시스템은 나비 모양의 템플릿, 템플릿을 따르는 라우터 가이드 부싱과 라우터 비트로 구성됩니다. 대부분의 시스템에서는 홈과 판을 모두 가공할 수 있습니다.

끼우는 판은 결합부나 균열이 나 있는 것을 단단히 붙들 수 있는 강도를 지니기 위해 적어도 6mm 두께로 만들고, 길이는 75mm 이하로 유지하여 나비장 자체의 수축, 팽창이 문제가 되지 않게 하세요.

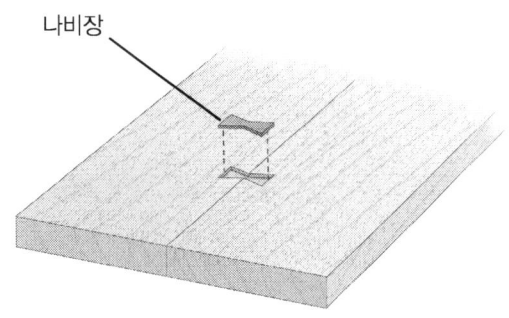
나비장

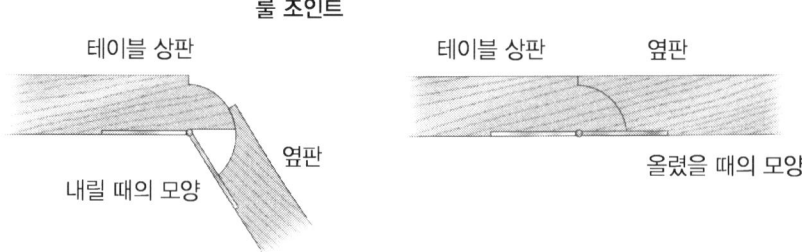

Q 테이블 옆판이 접히고 펴지는 드롭 리프 테이블(drop-leaf table)을 만들려고 합니다. 경첩만으로 테이블 상판과 만나는 옆판(leaf)을 지지하는 것이 충분히 강할까요?

A 옆판을 상판에 결합하는 가장 튼튼한 연결을 위해 룰 조인트(rule joint) 방법을 사용해보세요. 옆판을 올렸을 때, 상판의 볼록한 옆면이 옆판의 오목한 옆면을 지탱하여 경첩에 가해지는 긴장을 최소화합니다. 이 방식은 라운드오버 비트와 코브 비트의 조합으로 만듭니다. 상판의 볼록한 옆면은 라우터와 라운드오버 비트(roundover bit)를 사용하여 만들 수 있으며, 옆판의 오목한 옆면은 서로 짝이 맞는 코브 비트(cove bit)로 만들어집니다.

의자와 스툴

Q 식당 의자 세트를 만들려고 해요. 편의와 유용성을 위한 지침이 있나요?

A 잘 만들어진 식당 의자는 아름다운 물건입니다. 130kg이 나가는 사람을 앉히기에도 충분히 견고하고, 아이가 움직일 수 있을 만큼 가볍기도 합니다. 의자는 외관이 주는 좋은 느낌과 동시에 다양한 높이와 너비를 수용할 수 있습니다. 기본 지침은 다음과 같습니다.

- 표준 시트 높이: 380~450mm(앞쪽 가장자리에서)
- 표준 시트 폭: 430~450mm(앞쪽에서, 팔꿈치 편안함을 위해 뒤쪽으로 좁아지게)
- 표준 시트 각도: 5~8도(뒤쪽으로 경사지게)
- 팔걸이 높이: 좌석에서부터 위로 200~250mm
- 등받이 각도: 수직에서 20~25°
- 등받이의 높이: 매우 다양하지만, 요추나 척추 영역(좌판 위로 200~300mm)을 지탱하는 것이 편안함을 위해 중요합니다.

합판으로 의자 실물 모형인 목업(mockup)을 만들어 높이와 각도들을 여러 가지로 실험해보고, 당신과 당신의 가족을 위한 완벽한 디자인을 찾아보세요.

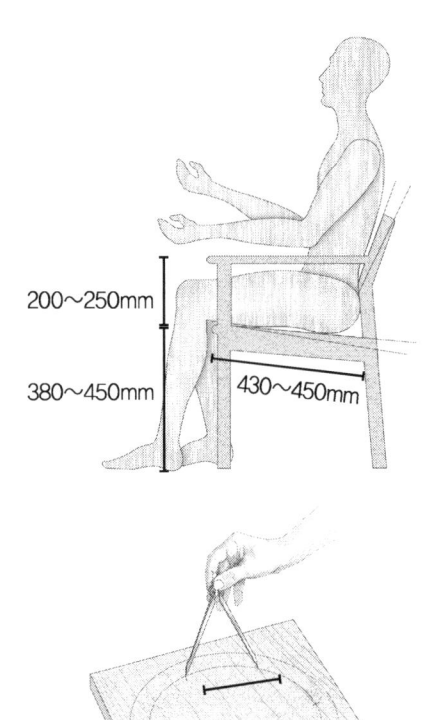

Q 다리가 세 개 있는 둥근 스툴을 만들 때 다리 위치는 어떻게 결정합니까?

A 컴퍼스를 사용하여 두 개의 원을 그리세요. 하나는 좌판 용도이고, 다른 하나는 다리 반경을 나타냅니다. 작은 내부 원에 대한 컴퍼스 설정을 변경하지 않은 채로, 내부 원의 아무 곳이나 선택해서 거기에서부터 여섯 개의 작은 호(arc)를 그립니다. 마지막 호는 출발점과 정확히 교차해야 하죠. 이 눈금 표시들은 다리 위치를 나타냅니다. 하나씩 건너뛰어 세 개를 선택하면 되겠죠.

컴퍼스로 내부원 6등분 분할하기

Q 사각 다리 끝부분에 둥근 장부촉을 만드는 간단한 방법이 있습니까?

A 내경이 사각형 다리를 꼭 잡을 수 있는 크기인 파이프를 찾아보세요. 테이블쏘의 펜스를 조정하여 톱날 바깥쪽 가장자리와 펜스까지의 거리가 장부 길이와 같도록 맞추고, 톱날 높이를 조정하세요. 장부에 꼭 맞는 직경을 얻기 위해 톱날 높이를 실험해봐야 합니다. 마이터 게이지를 사용하여 톱날에 직각으로 파이프를 고정하고, 둥근 장부촉이 만들어질 때까지(파이프를 회전시키며, 앞뒤로 움직이면서) 다리 끝부분을 톱날에 계속 밀어주세요. 적절한 크기의 파이프를 찾을 수 없다면 다리 끝부분에 구멍을 뚫고 꽂임촉을 접착제로 붙여 장부를 만드세요.

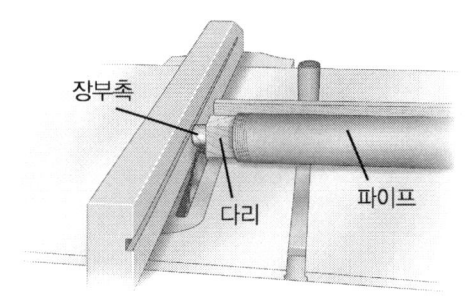

Q 제가 의자 다리로 만들고 싶은 카브리올레 다리(cabriolet legs)는 양쪽 방향으로 곡선을 이루고 있어요. 밴드쏘로 어떻게 하면 자를 수 있나요?

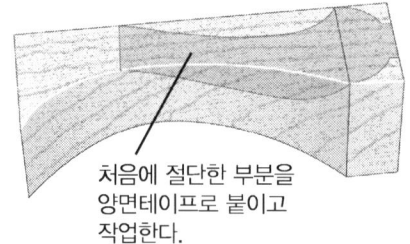
처음에 절단한 부분을 양면테이프로 붙이고 작업한다.

A MDF나 판지로 패턴을 만들고, 다리를 만들 각재의 두 인접면에 패턴을 옮겨 그립니다. 다리 각재의 한쪽 면을 패턴대로 잘라내고 잘려나간 것을 보관해두세요.

양면테이프로 잘려나간 부분을 원래 위치에 고정시킨 다음 다른 쪽 면의 모양을 잘라냅니다. 이렇게 해도 이제 겨우 시작한 거예요. 다리를 완성하는 데까지는 수많은 수작업이 필요하죠.

Q 스툴 몇 개를 만들었는데요, 그중 몇 개가 약간씩 까딱거리네요. 이 문제를 어떻게 해결하죠?

A 테이블쏘를 사용하세요. 다리를 짧게 자르는 용도가 아니라, 미세 조정 작업을 하기 위한 평평한 플랫폼으로 사용하는 것입니다. 톱날을 내리고, 펜스를 제거한 다음, 정반 위에 흔들거리는 의자를 올려놓습니다. 흔들림을 없애기 위해 어느 다리를 짧게 해줘야 하는지 결정하세요. 거친 사포를 정반에 붙인 다음 긴 다리를 앞뒤로 움직여 재료를 제거하고, 다리 아래에 사포를 치운 상태에서 다시 확인하세요. 이것은 또한 다리의 바닥을 올바른 각도로 설정하는 좋은 방법입니다.

Q 왜 대부분의 윈저 체어(windsor chair)는, 특히 오래된 것들은 검은색으로 칠해졌나요?

A 전통적인 윈저 체어는 몇 가지 다른 종류의 나무로 만들어졌으며, 각기 고유한 특성을 가지고 있습니다. 페인트는 의자가 마감하지 않은 상태에서는 알아볼 수 있는 나뭇결과 색깔의 뒤범벅 상태를 가려줍니다. 두꺼운 슬랩으로서 안정적이고 유용한 목재인 포플러(poplar)는 굴곡진 좌판(scooped-out seat)에 사용됩니다. 곧고 고운 결을 가진 단풍나무는 다리를 만들기 위해 사용됩니다. 아주 강한 강도를 지닌 히코리(hickory)는 등살 같은 스핀들(spindle)에 전통적으로 사용됩니다. 그리고 물푸레나무는 강하고, 구부리기 쉽기 때문에 곡선 등받이나 다른 곡선 부분에 사용됩니다.

책장과 거실 장식장

Q 책장을 만들고 있습니다. 선반이 처지지 않는 한 가능한 넓게 하고 싶은데요. 일반적인 선반의 길이(span)는 어떻게 되나요?

A 재료의 종류와 두께, 그리고 선반 제작 방법에 따라 다릅니다. 당신의 선반이 30cm 당 9~11kg을 지지하는 것으로 계산하세요. 외관을 위해, 선반들은 처짐이 3mm 미만으로 되어야 좋습니다. 18mm 선반 전면이나 또는 전면과 후면에 18×30mm 에이프런을 추가하면 강도가 증가하고, 따라서 권장 길이가 확연히 증가합니다. 에이프런은 곧은 단판이나 한쪽에 반턱가공한 나무를 사용할 수 있습니다. 다음에 나와 있는 도표는 250mm 깊이의 선반에 대한 다양한 재료들의 권장 최대 길이를 보여줍니다.

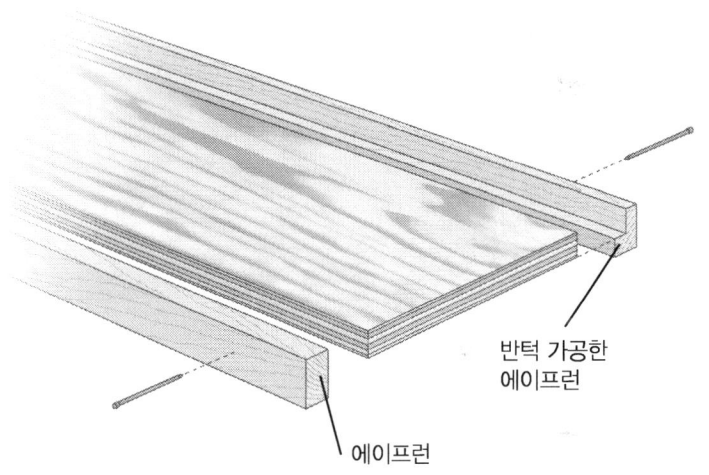

반턱 가공한 에이프런

에이프런

Q 제가 만들고 있는 책장은 선반을 지지하기 위해 핀을 사용합니다. 모든 구멍의 위치와 간격을 정확히 확인하려면 어떻게 해야 합니까?

A 균등한 간격으로 일렬로 뚫어진 6mm 구멍들이 필요합니다. 타공판(pegboard)은 균등한 간격의 6mm 구멍들이 줄을 이루고 있습니다. 책장 옆면에 맞게 파공판을 자르세요. 타공판 템플릿에 상단을 명확하게 표시한 다음, 두 개의 세로 열과 가로 행을 표시(선반 간격을 설정)하세요. 템플릿을 책장 옆면에 고정하고 뚫어줍니다.

최대 선반 길이				
		권장 길이		
수종	두께	선반만 설치	전면 에이프런	전면&후면 에이프런
파티클보드	18mm	600mm	750mm	900mm
멜라민	18mm	750mm	n/a	n/a
하드우드 합판	18mm	750mm	1,050mm	1,200mm
소나무	18mm	800mm	1,150mm	1,300mm
소나무	38mm	1,500mm	n/a	n/a
레드 오크	18mm	1,000mm	1,300mm	1,500mm
레드 오크	38mm	1,800mm	n/a	n/a

Q 책장 옆면에 뚫어주는 선반 핀 구멍을 동일한 깊이로 가공하려면 어떻게 해야 합니까?

A 비트에 마스킹 테이프를 감싸서 붙이는 오래된 기법을 사용하여 올바른 깊이를 나타낼 수 있습니다. 그러나 수십 개의 구멍을 뚫고 나면 테이프가 미끄러지고 너덜너덜해질 수 있습니다. 비트를 삽입하여 조이는 금속 드릴 스토퍼를 사서 쓸 수도 있어요. 하지만 이것 역시 미끄러질 수 있습니다.

확실한 방법은 작은 나무 블록으로 자신의 스토퍼를 만드는 것입니다. 12mm 깊이의 구멍이 필요하고 척의 끝부분에서 비트가 50mm 나와 있다면, 38mm 길이의 블록에 구멍을 뚫고, 블록을 비트에 끼운 채 드릴로 구멍을 뚫어줍니다. 타공판이나 다른 재료를 가이드로 사용하는 경우, 블록으로 스토퍼를 만들 때 재료의 두께를 고려하세요.

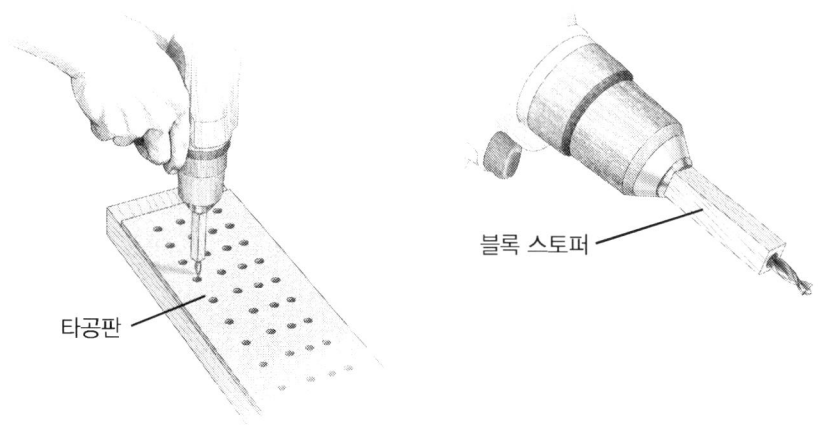

타공판

블록 스토퍼

주방 수납장에서 거실 장식장까지

주문 제작하든 완제품을 구매하든, 거실장을 살펴보면 하부장, 상부장, 선반 그리고 서랍으로 구성되어 있다는 것을 알 수 있습니다. 주방 수납장과 동일한 구성이죠. 만약 당신이 장식장을 새로 만드는 일에 주저하고 있다면, 오히려 많은 노동 시간을 아낄 수도 있고, 남는 수납장과 약간의 합판, 약간의 독창성을 사용하여 자신의 거실장 전체나 일부를 제작할 수 있습니다. 제조업체의 카탈로그에서 유용한 구성 요소들을 연구하세요. 주문할 때 필요한 모든 것이 바로 거기에 있을 거예요.

Q 빌트인 거실장을 만들고 있는데, 오디오는 안 보이도록 문을 달고 싶어요. 그런데 문이 열려 있을 때 방해가 되지 않도록 하려면 어떻게 해야 하나요?

A 플리퍼 도어 슬라이드(flipper door slide)와 경첩을 설치하세요. 이 메커니즘을 사용하면 일반 문과 같이 문을 좌우로 열 수도 있고, 벽면을 따라 문을 캐비닛 내부로 밀어 넣을 수도 있습니다. 캐비닛이 문 너비를 수용할 만큼 충분히 깊고, 문과 장치의 두께를 수용할 만큼 충분히 넓은지 미리 계획을 세우세요. 시작하기 전에 먼저 하드웨어를 구입하여 설치 공간이 충분한지 확인하세요.

TIP

짧게 자른 프레임 부재 길이 늘이기

사각 프레임을 만들려고 45°로 연귀 가공한 부재 하나가 너무 짧게 되어버렸나요? 게다가 마지막 남은 목재였나요? 두려워하지 마세요. 때로는 판재를 늘려서 서로 맞도록 해줄 수도 있습니다. 손대패나 톱으로 짧은 부재의 안쪽 면을 1.5mm 미만으로 얇게 제거하세요. 이렇게 하면 가장자리가 효과적으로 길어집니다. 부재들을 서로 맞춘 후 인접한 부재들의 모서리 끝부분을 사포질해주면 딱 맞는 프레임이 되겠죠.

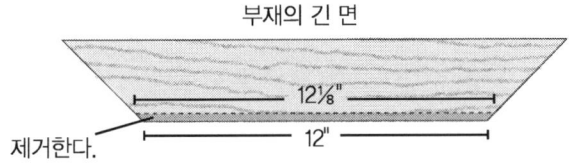

Q 라우터로 책장 옆판에 다도(dado) 가공을 하는 가장 쉽고 정확한 방법은 무엇입니까?

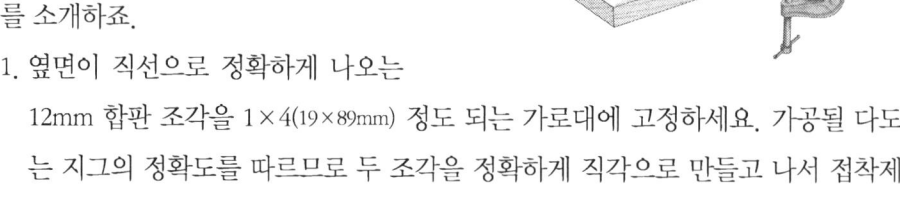

A 다도 지그를 쓰면 일관된 결과를 얻을 수 있습니다. 만드는 방법 중 하나를 소개하죠.

1. 옆면이 직선으로 정확하게 나오는 12mm 합판 조각을 1×4(19×89mm) 정도 되는 가로대에 고정하세요. 가공될 다도는 지그의 정확도를 따르므로 두 조각을 정확하게 직각으로 만들고 나서 접착제를 바르고 나사못으로 조입니다.
2. 라우터의 정반을 합판의 직선 옆면을 따라 밀며 지그의 가로대에 홈을 만듭니다.
3. 책장의 다도를 가공하려면, 지그 가로대의 홈을 책장 옆판의 각 선반 위치에 맞춥니다. 지그를 책장 옆판 부재에 단단히 고정한 다음 다도를 가공하세요. 가장 똑바른 다도를 만들려고 한다면 가공 중에 라우터 바닥을 회전시키지 마세요. 비트가 정반의 정확히 중심에 있는 게 아닐 수도 있습니다.

Q 책장 양쪽 옆판에 가공한 다도홈이 정확하게 일치하는지 어떻게 알 수 있을까요?

A 가장 좋은 방법은 옆판 부재의 최종 폭보다 두 배 넓은 목재로 작업하는 것입니다. 다도를 모두 가공한 뒤에 판재를 반으로 켜서 최종 폭에 맞는 두 장의 옆면 부재를 만드는 것이죠. 시간도 절약되고, 다도도 일정하게 가공됩니다.

다른 가구들

Q 손녀를 위한 침대를 만들고 싶습니다. 분리했다 끼웠다 할 수 있는 것으로 가장 간단하게 설치할 수 있는 종류의 하드웨어는 무엇인가요?

A 견고하고, 숨겨져서 눈에 안 보이는 시스템 중 하나가 침대 레일 고정 장치(bed-rail fastener)입니다. 슬롯이 있는 브래킷의 일부는 침대 머리판에 얕은 홈을 파서 끼우고, 돌출부(finger)가 있는 금속판은 레일, 즉 침대 가로대의 마구리 부분에 얕은 홈을 파서 장착합니다. 침대를 조립할 때 돌출부가 슬롯에 끼워지는 방식입니다. 힘

을 가해주면 2개의 부품은 더 단단하게 함께 쐐기처럼 끼워집니다.

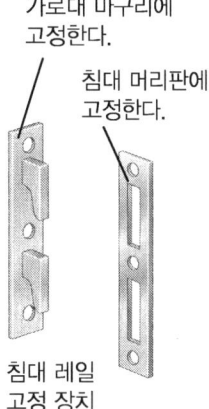

가로대 마구리에 고정한다.
침대 머리판에 고정한다.
침대 레일 고정 장치

Q 서랍장 안쪽에 사용할 수 있는 가장 좋은 마감 방법은 무엇입니까?

A 데니시 오일이나 오일 바니시 같은 일부 마감재는 서랍에 갇히게 되면 몇 달 동안이나 냄새가 나기도 합니다. 많은 목수들은 옷이나 여러 내용물에 마감재나 냄새가 묻을 수 있는 위험을 감수하기보다는 서랍 안을 마감하지 않은 채로 둡니다. 그래도 어떤 종류든 마감을 하고자 한다면, 셸락(shellac)이나 수성 코팅재를 사용해보세요.

Q 서랍 높이가 거의 30cm 정도 되는 옷장을 만들고 있습니다. 서랍 레일을 하부, 중간 아니면 상부, 어디에 설치해야 합니까? 손잡이는 또 어디에 다나요?

A 서랍 레일과 손잡이가 거의 같은 높이에 있을 때 서랍은 가장 좋은 느낌으로 가장 매끄러운 동작을 보입니다. 만약 당신이 손잡이를 서랍 중간에 설치하고자 한다면 레일도 그 높이에 나란히 놓으세요.

Q 책상을 만들고 있는데, 밴드쏘로 1.5mm 두께의 월넛 무늬목을 만들고 이것을 상판에다 써보려고 해요. 그런데 일부분에 작은 실금들이 나 있네요. 미관을 해치지 않고 균열을 수습할 수 있는 간단한 방법이 있습니까?

A 220-번 사포로 표면을 가볍게 샌딩하세요. 먼지를 쓸거나 날려버리지 마시고요. 그것을 균열이 생긴 틈새 안에 들어가게 하세요. 주사기나 접착제 뚜껑의 작은 구멍으로 순간접착제를 그곳에 떨어뜨립니다. 접착제가 마를 때까지 기다렸다가 다시 샌딩하세요. 이렇게 직접 만드는 수제 메꾸미는 원래의 무늬목과 잘 조화를 이룹니다. 무늬목을 책상 상판에 붙이기 전이나 후에나 어느 때이든 이 작업을 할 수 있습니다. 같은 나무가 있다면, 따로 사포에 문질러 가루를 낸 후, 문방풀이나 밥풀에 개어서 틈을 메꾸어주는 전통적인 방법도 사용할 수 있습니다. 색을 잘 맞춘 우드 필러를 사용할 수도 있죠.

Q 90×90mm 각재로 거실 램프의 긴 다리를 만들고 있어요. 중간 부분에 1.3m 길이의 긴 구멍을 뚫어야 하는데, 어떻게 해야 하죠?

A 긴 샹크의 스페이드 비트와 샹크 연장 막대를 사용하여 양쪽 끝부분에서 드릴로 구멍을 뚫을 수는 있지만, 가이드를 하고도 중간에서 만나도록 하는 것은 매우 어렵습니다. 가장 쉬운 방법은 테이블쏘를 이용하는 것입니다. 테이블쏘로 절반씩 두 번 켜서 각재를 반으로 가릅니다. 톱날을 내리고, 45° 각도로 조절하고, 톱날에서 약 40mm 정도 떨어진 곳에 펜스를 놓고, 한쪽에서 톱질을 하고 뒤집어 다른 반쪽에 톱질을 하여 중앙에 V-홈을 만듭니다. 다시 접착제로 붙이세요. 조심해서 작업하면 절단선은 안 보일 것입니다.

프로젝트 | 나뭇결이 이어지는 상자 만들기

언뜻 보기에는 불가능한 것처럼 보입니다. 한 개의 판재에서 결무늬가 연속적으로 이어지는 상자를 만듭니다. 두 판재가 만나는 코너에서도, 끊어짐 없이, 끝이 없이 이어지게 하는 것이죠. 그런데 판재에는 양쪽 끝이 있어서 불가능하겠죠? 이런 식으로 하면 어떻게 될까요?

1. 두께는 만들고자 하는 상자 두께의 두 배, 길이는 두 변의 길이를 합한 길이가 되는 목재를 준비합니다.
2. 테이블쏘나 밴드쏘로 판재를 길이방향으로 세로 켜기(resawing)를 합니다. 세로 켜기 한 안쪽 면이 상자의 외부 표면이 됩니다.
3. 그림과 같이 45° 연귀선을 그립니다.
4. 연귀 가공을 합니다. 테이블쏘에서 썰매 지그를 이용하면, 바깥쪽 모서리에서 재료를 거의 제거하지 않고 자를 수 있습니다.
5. 그림과 같이 네 면을 다시 붙입니다.

이렇게 결이 끊어지지 않은 상자를 만듭니다. 결이 더 또렷할수록(스팔티드(spalted)나 크로치(crotch) 무늬가 있는 나무를 생각해보세요) 상자가 더 '불가능! 대단!'해 보이겠죠.

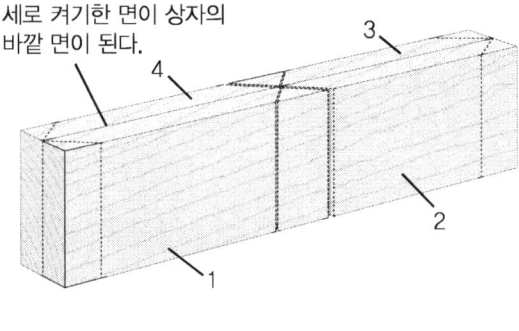
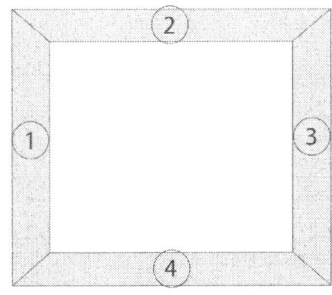

9. 캐비닛과 조리대

아, 만들고 만들기! 그것은 모든 예술 중에서 가장 고귀한 것입니다.
—Henry Wadsworth Longfellow

캐비닛 만들기(Cabinetmaking)는 목수들 사이에서도 매우 인기 있는 활동이며, 캐비닛 자체가 엄청나게 인기가 많기 때문일 가능성이 큽니다. 우리는 캐비닛을 부엌, 욕실, 거실, 작업실, 세탁실 또는 집에 있는 거의 모든 방에서 사용합니다. 스타일, 크기, 형상, 문짝과 서랍 디자인, 하드웨어 또는 목재 수종 등 캐비닛에 포함될 수 있는 모든 변수를 고려한다면 수천 가지 가능성들을 떠올릴 수 있습니다. 이것은 축복이자 저주입니다. 당신의 요구와 미적인 취향에 맞는 캐비닛을 만들 수 있다는 점에서 축복입니다. 그러나 어디서부터 시작해야 할지를 아는 것은 어렵다는 점에서 저주입니다. 이 장은 여러분의 출발을 돕기 위해 정리하였습니다.

설계 고려 사항

Q 저희는 부엌을 싹 걷어내고 처음부터 다시 시작하려고 합니다. 캐비닛 배치나 제작에 대해 몇 가지 가이드라인이나 기준 같은 것을 이야기해주실 수 있나요?

A National Kitchen and Bath Association(NKBA) 웹사이트에는 '더 좋은 주방을 위한 서른한 가지 방법(Thirty-One Ways to a Better Kitchen)'을 포함하여 디자인 결정에 도움이 될 풍부한 정보가 있습니다. 그 외에도 인터넷 검색을 통해 많은 정보를 살펴보세요. 몇 가지 기본 사항은 다음과 같습니다.

표준 하부장 높이는 87.5cm이며, 이는 조리대 상판이 대부분의 사람들에게 편안한 작업 높이인 90~91.5cm가 되는 것입니다. 표준 하부장의 깊이는 60cm입니다. 두 가지 치수는 모두 키가 크거나 더 작은 사용자를 위해 조정될 수 있습니다.

- 표준 상부장의 깊이는 30cm입니다(삽입형 문짝을 다는 캐비닛에는 33cm나 35.5cm가 일반적입니다). 조리대 상판과 상부장의 바닥 사이는 최소 45cm의 공간을 확보하세요.
- 캐비닛들과 식기 세척기, 오븐, 냉장고를 정리해서 문을 열었을 때 서로 방해하지 않게 합니다. 모서리에 특히 주의하세요. 때로는 혼잡을 줄이기 위해 두 개의 좁은 문 대신 하나의 넓은 문으로 대신할 수 있습니다.
- 적어도 조리대의 한쪽 면에 60cm, 다른 쪽 면에 45cm의 여유공간(landing area)을 두세요. 냉장고 옆이나 바로 건너편에 38cm 이상의 여유공간을 두고, 가스레인지 같은 조리 공간의 한쪽 면에 30cm 이상, 다른 한쪽에 38cm 이상의 여유공간을 두세요. 전자레인지는 위나 아래, 또는 옆에 38cm의 여유공간을 둡니다.

Q 제 친구가 주방 수납장은 도자기 장식장을 만들 때만큼 견고하게 만들 필요는 없다고 주장하더군요. 그것들은 둘 다 캐비닛이잖아요. 왜 똑같은 주의를 기울여 만들지는 않아도 된다고 하는 것이죠?

A 그 친구는 도자기 장식장이 옆으로 기울거나 바닥을 가로질러 끌리거나 트럭에 적재되어 수백 킬로미터를 운반할 때도 견딜 수 있도록 만들어야 한다는 생각을 언급했던 것 같네요. 주방의 수납장들은 주로 그냥 거기에 앉혀져 있습니다. 그것은 벽에 고정되어 있고, 내구성 좋은 물건으로 상부가 덮여 있고, 종종 다른 캐비닛에 의해 양쪽으로 지지됩니다. 그러나 수납장의 케이스는 마모와 손상이 많이 일어나지 않을 수도 있지만, 다른 구성요소들은 그렇지 않을 것입니다. 주방 수납장의 경우,

일상적인 사용과 험하게 다루어지는 상황을 견딜 수 있도록 견고하고 부드럽게 작동하는 문과 서랍을 만들기 위해 더 많은 시간과 힘을 쏟으세요.

캐비닛: 문과 하드웨어

Q 캐비닛 케이스 제작에 필요한 재료의 두께는 얼마입니까?

A 측면과 바닥에 12mm 두께의 소재를 사용할 수 있지만, 18mm 소재를 사용하면 더 깊은 다도(dado)와 반턱(rabbet)을 가공할 수 있고, 비스킷과 포켓홀 결합을 사용할 수 있고, 하드웨어를 장착할 때 더 긴 나사못을 사용할 수 있습니다. 선택의 측면에서 18mm 소재를 사용하면 더 많은 선택 사항과 보다 쉽게 사용할 수 있는 재료가 있습니다. 18mm 소재가 12mm보다 50% 두껍긴 하지만 50% 더 비싸지는 않습니다.

> **TIP**
> **캐비닛을 어떻게 사용하겠습니까?**
> 표준적인 하부장에는 15cm 높이의 서랍 공간과 50cm 높이의 문짝 공간이 있습니다. 하지만 캐비닛을 만들기 전에 먼저 내부를 어떻게 할지 생각해보세요. 욕실 화장대에 화장품을 보관하기 위해 모두 서랍으로 만들 수도 있고, 주방 수납장에는 빵 굽는 베이킹 시트를 위한 세로 칸막이를 만들 수 있으며, 작업장 수납장에는 페인트를 보관하는 인출 선반을 17cm 간격으로 만들고자 할 수도 있습니다. 장소와 용도에 따라 맞춤 제작하는 것이 현명합니다.

Q 캐비닛 뒷면에도 18mm 두께의 재료를 사용해야 합니까?

A 그건 너무 과한 것이네요. 캐비닛 뒤판은 많은 손상을 받지 않으며, 행잉 스트립(hanging strip)(다음 질문 참조)이 있어서 많은 무게를 지탱할 필요는 없습니다. 뒤판은 본체 상자를 감싸고 캐비닛을 직각으로 고정합니다. 6mm나 9mm 소재를 대신 사용하세요. 더 얇은 재질은 가볍고 저렴하며, 제자리에 고정할 반턱가공도 더 작게 할 수 있습니다.

Q 행잉 스트립(hanging strip)은 무엇입니까?

A 대부분의 상부장의 뒷면은 얇기 때문에 물건이 가득 찬 선반의 무게를 지탱할 수 없죠. 그래서 캐비닛 뒤쪽에 이런 일을 대신할 행잉 스트립을 설치합니다. 이것은 일반적으로 상단과 하단 근처의 캐비닛 측판에 단단히 고정된 폭이 좁은 18mm 목

문과 서랍의 네 가지 기본 유형

캐비닛의 문과 서랍이 본체 상자와 상호 작용할 수 있는 네 가지 기본 방법이 있습니다. 그것들은 캐비닛 전면 프레임을 덮으며 바깥으로 나오거나 안쪽으로 들어가 개구부에 앉혀지거나 두 가지 모두를 조금씩 할 수도 있습니다. 문과 서랍의 유형과 스타일, 설치 방법은 캐비닛의 모양과 작동 방식 또는 제작 방법에 영향을 줍니다. 문과 서랍의 유형을 선택하는 것은 캐비닛 작업을 시작할 때 가장 먼저 결정해야 할 사항 중 하나입니다. 네 가지 기본적인 문과 서랍의 형상은 다음과 같습니다.

1. **부분 오버레이**(partial overlay)형(形) 문과 서랍은 캐비닛의 전면 프레임과 9.5~12.5mm 정도 겹치게 됩니다. 경첩은 노출될 수도, 숨겨질 수도 있습니다. 이것은 전통적인 모양을 가지고 있으며 가장 일반적인 캐비닛 유형입니다.

2. **전체 오버레이**(full overlay)형(形) 또는 유럽 스타일의 문과 서랍은 개구부의 틀과 완전히 겹칩니다. 캐비닛 본체의 전면은 일반적으로 프레임이 없으며(두께는 18mm), 옆면 네 면이 드러나 있습니다. 경첩은 항상 숨겨져 있죠. 간소한 래미네이트 문짝을 사용하면 모양이 매끄럽고 현대적으로 보입니다.

3. **인셋**(inset)형(形) 문과 서랍은 개구부 안쪽으로 들어가서, 캐비닛의 전면 프레임과 평평하게 됩니다. 특별히, 이 스타일은 경첩을 노출하여 사용하는 경우 매우 전통적인 – 심지어 빈티지한 – 모양을 제공합니다. 문과 서랍 주위의 틈새에 모두 편차가 있기 때문에 구성 요소들이 정확하게 맞아야 합니다. 이것은 만들기 가장 어려운 유형의 캐비닛입니다.

4. **반턱**(lipped)형(形) 문과 서랍은 옆면에 9.5mm 반턱(rabbet) 가공을 하여 전면 프레임에 중첩되며, '오버레이'와 '인셋' 스타일이 교차되는 그 사이의 일종이며, 특별한 L자 경첩(offset hinge)이 필요합니다. 외관은 깨끗하고 일반적으로 전통적인 성향을 보입니다. 1950년대와 60년대의 많은 캐비닛들이 이 스타일로 만들어졌습니다.

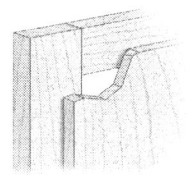 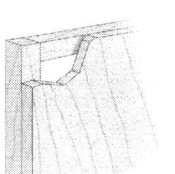

부분 오버레이형 문   전체 오버레이형 문

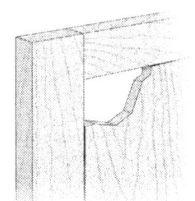 

인셋형 문   반턱형 문

재 스트립으로, 노치(notch)나 다도(dado) 또는 나사못으로 고정합니다. 상단 스트립은 일반적으로 캐비닛의 상단 내부에 꼭 맞습니다. 하단 스트립은 캐비닛 내부 또는 캐비닛 아래에 조금 뒤로 물러난 자리에 합니다.

하부장은 일반적으로 상단 근처에 단 하나의 스트립이 있어서 상판의 뒤쪽을 지지하는 역할도 겸합니다. 캐비닛을 벽의 샛기둥(stud)에 장착할 때는 항상 행잉 스트립에 패스너를 달아 사용하세요.

Q 프레임이 없이 부엌 캐비닛의 본체 상자를 만들려고 하는데, 사용하고 있는 합판의 옆면이 노출되네요. 어떻게 안 보이게 막아주죠?

A 사용할 소재와 적용 시기나 방법에 따라 몇 가지 옵션이 있습니다. 가장 간단한 해결책은 한 면에는 핫멜트 접착제가 있고 다른 한 면에는 무늬목이나 래미네이트가 있는 무늬목 테이프(veneer tape)나 엣지 밴딩(edge banding)을 사용하는 것입니다(68페이지를 참조하세요). 한 손으로 그것을 밖으로 굴려서 붙이고, 다른 손을 사용하여 가정용 다리미(중간 온도로 설정)를 밀어주면서 접착제를 활성화하고 모서리에 밴딩을 부착합니다.

다음으로 간단한 것은 3mm 두께의 목재 스트립을 옆면에 접착하는 것입니다. 보통 마스킹 테이프를 잘라서 몇 센티미터마다 단단히 잡아당겨서 붙여 고정시킬 수 있습니다. 넓은 폭의 원목 코(nosing)는 접착제, 패스너들이나 비스킷을 이용해서 붙일 수 있습니다.

캐비닛을 제작한 후에 옆면 처리를 할 수도 있지만, 부재의 원장을 원하는 폭으로 켜고 2,440mm 전체 길이에 걸쳐 옆면 처리를 해놓고 나서 각 부재들을 최종 길이로 자른 다음 캐비닛을 조립하는 것이 더 쉽습니다.

Q 캐비닛 상자를 만들 때 모든 부재들의 균형을 유지하고 정렬하려면 손이 3개는 필요하더군요. 작업을 쉽게 하기 위한 좋은 방법이 있습니까?

A 자투리 목재를 이용해서 그림과 같은 간단한 판재 조립 지그(panel holder)를 만들 수 있습니다. 18mm 간격으로 고정된 2개의 직각 삼각형 지지대와 1×4(19×89mm) 바닥판으로 구성됩니다. 삼각형 지지대는 합판이나 1×6(19×140mm), 2×6(38×140mm) 구조목 등으로 만들 수 있습니다. 이 지그를 만드는 데는 단지 몇 분이 걸릴 뿐이지만, 이러한 도움의 손길로 더 빠르고 정확하게 일할 수 있습니다.

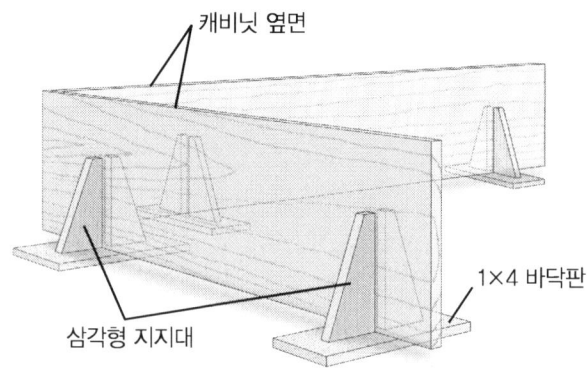

캐비닛 옆면
1×4 바닥판
삼각형 지지대

Q 왜 주방 가구에는 프레임에 알판이 끼워져 있는 형태의 문을 자주 사용하는 것이죠? 그것이 좋아 보이기 때문인가요, 아니면 무언가 좋은 점이 있어서인가요?

A 알판 구조 또는 울거미(frame-and-panel)라 부르는 이런 형태의 문은 분명 매력적이지만, 문을 이처럼 만든 진짜 이유는 나무의 움직임을 다루려는 것입니다. 일반적인 캐비닛의 문은 높이가 50~75cm, 폭이 40~50cm입니다. 원목 판재로 이 정도 크기의 문을 만들 때에는 몇 가지 문제가 있습니다. 첫째, 마구리가 윗면과 아랫면에서 노출되는데, 별로 매력적이지 않거니와, 수분과 물을 흡수하기 쉽죠. 그러나 더 큰 문제는 나무가 움직이는 방식과 관련이 있습니다. 캐비닛의 문을 하나의 원목 판재로 만들면 눈에 띄는 정도로 수축, 팽창하며, 어떤 구속이 없으면 휘어지고 뒤틀릴 수 있습니다.

알판 구조는 이러한 문제를 해결합니다. 단단한 프레임, 즉 울거미가 판재가 뒤틀리는 것을 방지하고, 옆면을 따라 마구리가 노출되는 것을 최소화합니다. 판재의 모서리가 프레임의 홈 안에서 자유롭게 수축, 팽창할 수 있기 때문에 균열도 최소화됩니다. 그것이 창고 문에서부터 보석 상자에 이르는 많은 작업에 알판 구조가 사용되는 이유입니다.

Q 제가 본 캐비닛 문의 대부분은 세로대(stile)가 바닥부터 위쪽까지 길게 세워져 있고, 그 사이에 수평으로 가로대(rail)가 끼워져 있습니다. 그걸 반대 방향으로 만들 수도 있습니까?

A 아니오. 우선은 연속적으로 이어져 있는 세로대는 문을 달 때 단단한 뼈대 역할을 해주고, 경첩이 세로대 끝부분에서 약간 떨어져 설치되어 갈라짐이 적도록 해줍니다. 마지막으로, 세로대가 약간 수축하더라도 가로대의 끝이 돌출되지 않습니다.

가로대가 돌출되면 어색해 보이기고 하고, 경첩이 올바르게 작동하지 않습니다.

Q 일반적으로 문의 알판에 어떤 재료가 사용됩니까?

A 합판이나 원목이나 모두 사용할 수 있습니다. 합판을 사용하는 경우라면, 문틀의 홈에 꼭 맞는 두께인지 확인하세요. 표준은 6mm입니다. 원목을 사용하는 경우에는 알판, 또는 복판이라고 부르는 이 판재의 가장자리를 홈에 맞춰 6mm로 줄여야 합니다. 이 작업에는 일반적으로 '레이즈드 패널 라우터 비트(raised-panel router bit)'를 사용합니다. 그러나 테이블쏘 톱날을 15° 각도로 설정하고 알판 판재의 네 옆면을 수직으로 밀어서 경사지게 가공할 수도 있습니다.

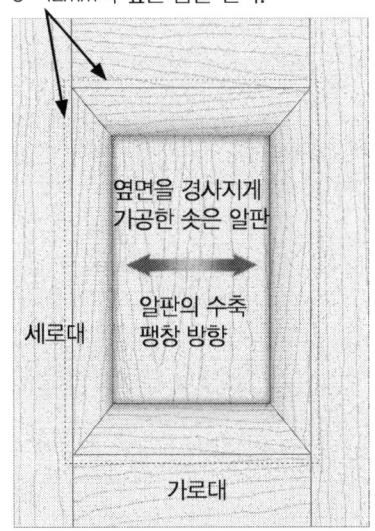

Q 솟은 알판(raised panel)을 문틀의 홈 중앙에 끼우고 덜거덕거리지 않게 할 수 있는 방법이 있습니까?

A 알판의 수축, 팽창을 허용하는 울거미의 큰 홈으로 인해 때로는 판재가 너무 자유롭게 움직일 수 있습니다. 알판을 중앙에 유지하려면 문을 조립하기 전에 문틀의 홈에 6mm짜리 고무공을 삽입하세요. 판재와 함께 압축되거나 확장되어 두 문제를 해결합니다. 알판 양쪽에 넣을 2개만 있으면 됩니다. 폼 비즈, 고무줄이나 기타 즉석으로 구할 수 있는 재료를 사용할 수도 있죠.

Q 레일 비트(rail bit)와 스타일 비트(stile bit)가 있는 라우터 테이블로 캐비닛 문짝을 만들 수 있다고 들었습니다. 어떻게 하는 것이죠?

A 실제로 참 독창적인 시스템입니다. '종횡식 제혀쪽매접합'이나 '코프&스틱(cope&stick)', 이라고도 불리는 이 제품은 캐비닛 제작자가 알판 구조 문짝의 울거미 부분을 만드는 데 사용됩니다. 이 두 개의 비트와 라우터 테이블 또는 면치기(shaper)가 필요합니다. 스타일 비트는 문짝 울거미의 네 부재 안쪽 면을 따라 홈을 가공합니다. 또

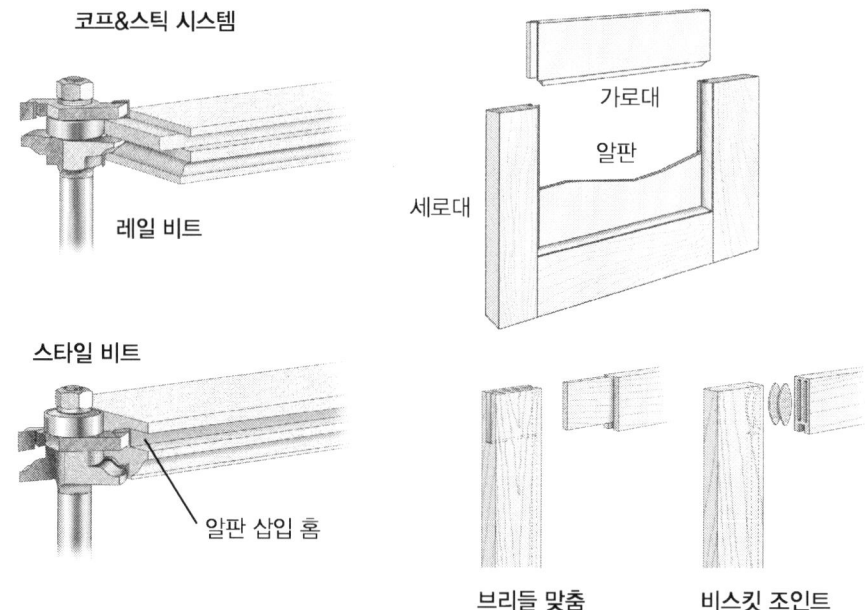

한 이 비트는 대개 전면부의 비드(bead), 베벨(bevel) 또는 다른 장식 프로파일을 가공하기도 합니다. 레일 비트는 가로대의 끝부분을 가공하여 스타일 비트가 만든 홈과 일치하는 프로파일의 혀(tongue) 부분을 만들죠. 이렇게 하여 스타일 비트로 만든 프로파일에 꼭 맞게 맞춰집니다. 울거미는 알판 주위에 조립되고, 4개의 부재는 함께 접착되고 클램핑되어 알판 구조의 문이 됩니다. 라우터 비트의 높이를 정확하게 설정하는 것이 울거미를 튼튼하고 평평하게 만드는 데 가장 중요합니다.

Q 알판 구조 문짝 결합방식에 다른 방법으로는 어떤 것들이 있습니까?

A 음, 생각해볼까요? 장부맞춤, 꽂임촉, 연귀맞춤, 그리고 포켓홀 결합(만약 당신이 문짝의 뒷면에 플러그나 구멍이 있는 것을 신경 쓰지 않는다면요) 등을 사용할 수 있겠네요. 결구가 강할수록 좋습니다. 이것은 일반적으로 접착 면의 양에 따라 결정되죠. 그러나 약한 결구조차도 홈들에 합판을 접착할 때 강도가 더해질 수 있습니다.

간단한 맞춤 방법 두 가지는 막장부짜임의 하나인 브리들 맞춤(bridle joint)과 비스킷 결합입니다. 브리들 맞춤은 한쪽이 열려 있는 장붓구멍과 장부촉으로 구성되는 결구법인데, 테이블쏘로 모두 가공할 수 있습니다(197페이지 참조). 비스킷 결합은 큰 비스킷을 쓸수록(만약 가능하다면 이중 비스킷) 강해지고, 알판으로 쓰는 합판을 홈에 끼울 때 접착하면 더 강하게 만들 수 있습니다.

Q 지하실의 놀이방에 캐비닛을 짜 넣으려고 하는데요. 간단하고, 싸고, 빠르게 만들고 싶어요. 어떤 방법들이 있을까요?

A 세 가지 옵션을 말해볼까요. 간단한 것, 더 간단한 것, 가장 간단한 것이 있죠.

간단한 버전은 포켓홀을 사용하여 1×3(19×64mm) 구조목이나 그 정도 크기의 판재로 울거미를 만드는 것입니다. 라베팅 비트(rabbeting bit)를 사용하여 뒷면 안쪽 가장자리에 반턱을 가공한 다음 합판 패널을 설치하고, 접착제와 작은 몰딩으로 고정시키세요. 이것은 쉐이커 스타일(Shaker style)과 유사한 문을 만드는 빠른 방법입니다.

더 간단한 버전은 문띠장(batten)으로 고정된 'T&G 패널(Tongue-and-Groove, 흔히 '루바'라고 부르고 있죠)'입니다. 시골풍의 외관을 원한다면, 문띠장을 정면에 두세요. 더 세련된 외관을 원한다면 T&G 비드 보드(bead board)를 사용하고 뒤쪽에 문띠장을 붙이세요. 처짐을 막으려면 아래쪽 경첩 모서리에서 반대쪽 상단 모서리까지 교차하는 대각선 문띠장을 붙이세요. 더 깔끔하게 하려면 처음과 마지막 패널의 노출되는 옆면의 가공면들을 직각으로 잘라내면 좋습니다.

가장 간단한 버전은 합판을 쓰는 것입니다. 더 깔끔하게 보이게 하고 싶다면 얇은 나무 단판으로 옆면을 덮어서 가려주면 좋겠죠. 이런 방법을 밴딩(banding) 또는 엣징(edging)이라 합니다. 약간의 활기를 더해주려면 작은 걸레받이 몰딩이나 허리 몰딩을 사용하여 각 문면에 장식 프레임을 만드세요.

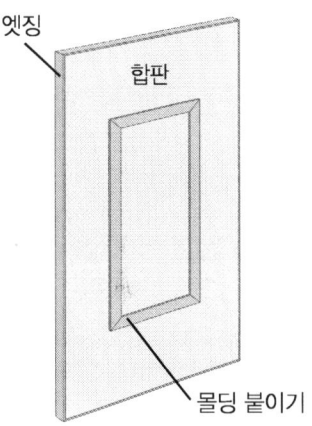

가장 간단한 버전
엣징
합판
몰딩 붙이기

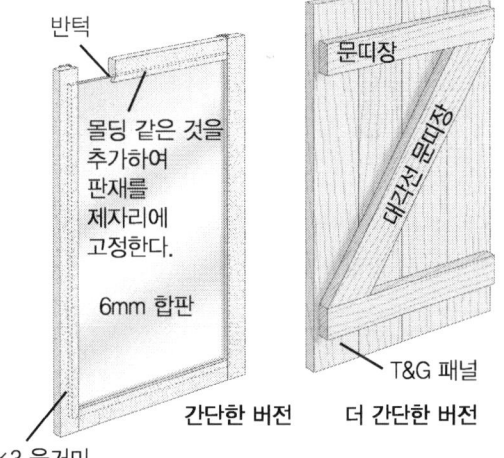

반턱
몰딩 같은 것을 추가하여 판재를 제자리에 고정한다.
6mm 합판
1×3 울거미
간단한 버전

문띠장
대각선 문띠장
T&G 패널
더 간단한 버전

Q 인셋형 문과 캐비닛 본체의 전면 프레임 사이에 남겨둘 공간은 어느 정도여야 하나요?

A 지갑에서 동전을 꺼내, 네 면에 동전을 끼워 동전 두께 하나의 공간을 두고 문 크기를 결정하세요. 계절별 습도 변화에 대해 충분한 공간을 확보할 수 있습니다. 치수 계산을 위해서는 사방으로 각각 2mm씩 작게 해주세요. 팽창되어 있는 한 여름에는 틈이 더 작아도 좋으며, 수축되어 있는 한 겨울에는 약간 더 커도 좋습니다. 하나의 판재인지, 알판 구조인지에 따라 달라지겠죠.

Q 유리문을 만드는 가장 쉬운 방법은 무엇이죠?

A 문의 프레임을 만든 후, 문 뒤쪽에 있는 프레임의 안쪽 둘레에 라우터로 약 9mm 깊이, 12mm 너비의 반턱을 가공하세요. 끌을 사용하여 모서리를 직각으로 만들어 줍니다. 양방향으로 약 3mm 정도 작게 유리를 주문하고, 가공한 반턱 장부에 올린 다음 투명 실리콘, 작은 목재 몰딩과 무두못으로 제자리에 고정하세요. 캐비닛 안의 내용물을 희미하게 가리고 싶다면 무늬 유리나 반투명 유리를 사용하세요. 안전을 중요시한다면 강화 유리를 사용하고요.

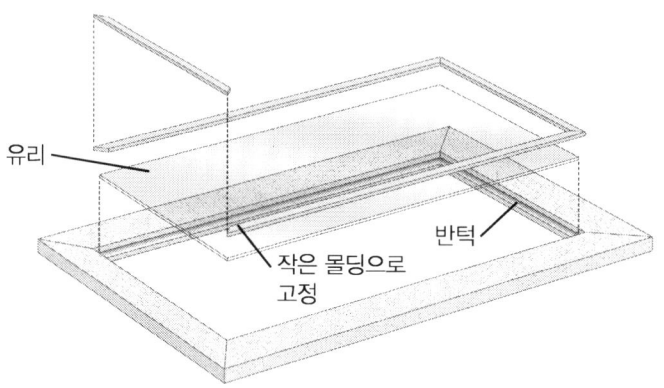

Q 숨겨져서 안 보이는 경첩을 사용하고 싶습니다. 장점은 무엇인가요? 그리고 설치하기 어려울까요?

A 컵 힌지(cup hinge), 유로 힌지(euro hinge), 또는 싱크 경첩이라고도 하는 숨은 경첩(concealed hinges)은 처음엔 신기하게 보일 수 있지만, 일단 이해하고 나면 그것의 아름다움을 발견하게 됩니다. 이 경첩은 위아래로, 안팎으로, 그리고 좌우로 세 방향으로 문을 조정할 수 있습니다. '컵 홀(cup hole)'을 뚫기 위한 35mm 포스너 비트와

드릴 프레스(또는 휴대용 수직 드릴링 지그)가 필요하지만, 일반 드릴이나 스크류 드라이버로 설치할 수도 있습니다.

간단하게 정리하면, 경첩의 컵 부분을 문짝에 구멍을 내어 설치하고, 베이스 판을 캐비닛의 측면에 고정하는 것입니다. 그렇게 설치해놓은 두 부분을 서로 결합합니다. 모든 조정은 스크류 드라이버로 할 수 있습니다.

> **TIP**
>
> **기존 문에 유리 추가하기**
>
> 기존 문에서 패널을 제거하고 유리를 추가할 수는 있지만 몇 가지 추가 단계가 필요합니다. 둥근톱(톱날을 매우 조금만 내어 얕게 절단되도록 설정하세요)과 예리한 끌을 사용하여 패널을 제자리에 고정하는 다도홈의 뒤턱만 제거하고 오래된 패널을 제거하세요. 패널을 제거한 후에 끌을 사용하여 새로 만들어진 반턱을 깨끗이 정리합니다. 새로운 문을 설치할 때와 마찬가지로 유리를 설치하세요.

Q 옷장에 손잡이를 달려고 하는데, 두 구멍이 76mm 떨어져 있네요. 제가 어떻게 하면 손잡이가 문짝에 직선으로 잘 맞도록 구멍을 정확하게 위치시키고 드릴링할 수 있을까요?

A 간단한 드릴링 지그를 만드세요. 손잡이 위치를 결정하고 문짝 하나에 장착 구멍 위치를 표시하세요. 손잡이는 대개 문짝의 아래쪽 또는 위쪽 가장자리에서 5~7.5cm 떨어진 곳에 수직으로 세로대의 가운데에 위치합니다. 드릴링 지그는 1×4(19×89mm) 구조목 자투리나 그 정도 크기의 목재에 1×2(19×38mm) 구조목 정도의 나무를 붙여 양면에 약간의 턱을 만들어주면 됩니다. 문짝의 구멍 위치를 지그에 옮겨 그리고 두 개의 나사 구멍을 위한 두 개의 가이드 구멍을 뚫습니다. 상부, 하부, 좌측이나 우측 문에 손잡이 구멍을 뚫기 위해 필요에 따라 지그를 이리저리 뒤집어주시면 됩니다.

Q 똑같은 서랍 손잡이를 서랍들의 가운데에 정확히 오도록 좌우로, 위아래로 구멍을 뚫으려면 어떻게 하면 될까요?

A 서랍이 몇 개만 있는 경우에는 짧은 마스킹 테이프 몇 조각을 각 서랍 면에 붙인 다음, 줄자를 사용하여 가운데를 찾고 구멍 위치를 표시하세요. 서랍이 많은 경우에는

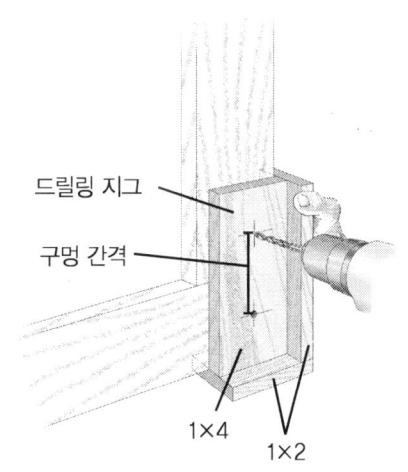

목공 전문 공구상에서 서랍 손잡이용 지그를 구입하거나 다음과 같이 직접 지그를 만들 수도 있습니다.

1. 1×6(19×140mm) 구조목 정도 크기의 목재에 중심선을 표시하고, 양쪽으로 손잡이 나사못의 위치를 그려줍니다. 예를 들어, 76mm 나사못 간격을 가진 손잡이를 설치하려면 중심선의 양쪽으로 38mm 떨어진 수직선을 그려줍니다.
2. 서랍의 높이를 측정하고, 그 값을 반으로 나눠, 그 값만큼 평행선을 긋고 수직선과 만나는 곳에 십자(+) 표시를 하세요.
3. 손잡이의 나사 구멍 크기와 간격에 맞는 가이드 구멍을 쌍으로 뚫습니다.
4. 중앙에 중심선이 보이도록 노치를 만든 6mm 두께 정도 되는 합판 조각을 지그 상단에 붙여줍니다.

지그를 사용하려면 서랍 앞판 윗면에 중심점을 표시하고, 지그를 서랍에 걸고 중심 표시를 정렬한 다음, 서랍 높이에 맞는 올바른 가이드 구멍을 이용하여 구멍을 뚫어줍니다. 그림에 있는 서랍을 예로 들면, 서랍 높이가 200mm인 경우, 아래쪽 구멍을 드릴 가이드로 사용하는 것입니다.

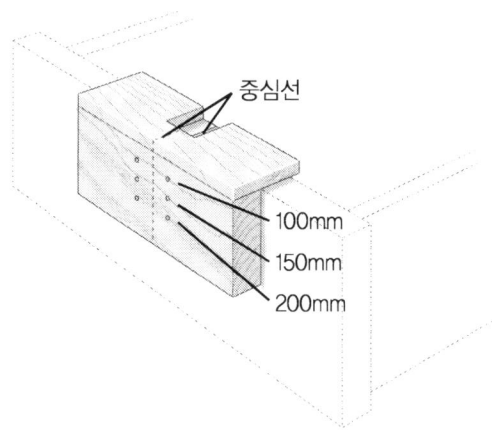

서랍

Q 서랍(drawers) 앞판을 그대로 이용하여 서랍 상자를 만들기도 하고, 어떤 것은 서랍 상자와는 다른 별도의 앞판을 붙이기도 한다는 것을 알게 됐네요. 어떤 게 더 나은 건가요? 그리고 각각 어떤 때에 사용하는 거죠?

A **일체형**(integral front) 서랍과 **덧판형**(applied front) 서랍을 이야기하신 거군요.

일체형 서랍은 외관이 전통적이고, 무게가 가벼워 가구에 자주 사용됩니다. 이 방식은 주로 기계식 레일 없이 설치되며, 조정할 레일이 없기 때문에 서랍을 입구에 조심스럽게 맞추는 것이 중요합니다. 덧판이 없다는 것은 결구나 패스너를 숨길 수 있는 것이 아무것도 없음을 의미하기 때문에, 만들기 위해 더 많은 주의를 기울여야 합니다. 결구법은 단순한 반턱맞춤에서 주먹장까지 다양합니다.

덧판형 서랍을 사용하면 서랍 상자와 서랍 앞판을 독립적으로 만들 수 있습니다. 대부분 서랍 상자보다 큰 덧판형 서랍 앞판은 서랍을 닫았을 때 기계식 레일이 보이지 않게 효과적으로 숨겨줍니다. 레일을 조정하여 인

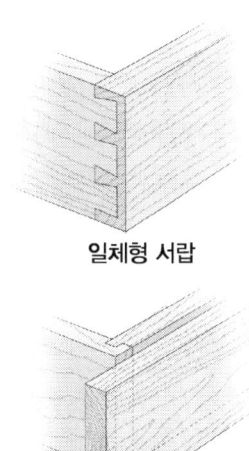

일체형 서랍

덧판형 서랍

접한 문이나 다른 서랍들과 정렬할 수 있습니다. 그리고 서랍 앞판을 상자에 고정시킬 때 다시 정렬할 수 있는 기회도 있죠. 서랍 앞판이 손상되었을 때는 완전히 새로운 서랍을 만들 필요 없이 앞판만 교체할 수 있습니다. 덧판형 서랍 앞판은 또한 상자 구조를 숨기므로 비스킷 조인트와 같은 기능적인 결합방식을 사용할 수도 있습니다.

Q 표준적인 서랍 레일이 들어갈 수 있도록 하려면 서랍 옆면과 캐비닛 옆면 사이에 얼마만큼의 공간을 두어야 합니까?

A 서랍 레일의 업계 표준 두께는 한쪽이 12.7mm(0.5인치)이므로, 서랍을 캐비닛 상자의 내부 크기보다 25.4mm(1인치), 실제로는 26mm(13mm×2) 작게 하세요. 여기서 실수를 한다면, 간격이 모자라는 것보다 간격이 많이 남는 게 차라리 낫습니다. 간격이 넓으면 레일과 장착 표면 사이에 얇은 심을 넣어 큰 틈새를 언제든지 메울 수 있습니다. 하지만 간격이 너무 작으면 서랍이 꽉 끼이게 되므로, 부품 중 하나를 수정하여 레일이 부드럽게 작동하는 데 필요한 공간을 만들어줘야 합니다.

Q 주방에 빈티지 스타일의 아일랜드 식탁을 만들고 있는데요. 눈에 보이는 하드웨어는 사용하고 싶지 않습니다. 서랍이 더 부드럽게 작동하도록 금속 레일 말고는 무엇을 사용할 수 있나요?

A 목공 공구상에서 레일 테이프(low-friction nylon tape)를 구입해 사용해보세요. 이 접착 테이프는 서랍 옆판 바닥이 닿는 서랍 입구의 바닥에 붙입니다. 입구의 옆면에 붙여주면 큰 서랍이 더 부드럽게 열리도록 도울 수 있습니다. 테이프의 두께는 일반적으로 약 0.3mm이고 12mm나 18mm 폭에서 유용합니다.

Q 현재 사용 중인 부엌 서랍은 약 2/3 정도만 열리기 때문에 뒤쪽에 물건을 넣기가 어렵습니다. 새 부엌 수납장을 만들 때는 이 낭비되는 공간을 어떻게 하면 없앨 수 있습니까?

A 통상 2단 볼레일은 부분 인출형으로 2/3 정도만 열립니다. 전체 인출 서랍 레일을 사용하면 서랍이 모두 노출되어 서랍 앞에서 뒤까지 다 이용할 수 있습니다. 3단 볼레일을 통상적으로 많이 사용하며, 최근에는 스스로 부드럽게 닫히는 댐핑레일도 많이 사용합니다. 서랍 상자 전체가 상판 바깥까지 완전히 빠져나오기를 원한다면 초과 인출형(overtravel) 레일을 구매하실 수도 있습니다. 이 레일은 더 두껍지는 않지만 더 넓게 만들어졌으며, 또한 매우 비쌉니다.

Q 어떤 서랍 레일은 다른 것보다 훨씬 비싸던데, 그 이유가 무엇이죠?

A 다들 제값만큼 역할을 하는 것이죠. 서랍 레일의 가격은 품질, 무게 용량, 확장 범위 그리고 길이의 네 가지로 결정됩니다. 예를 들어, 주방 수납장을 위한 간단한 바닥 레일은 약 1,000원대에 구입할 수도 있지만, 무게 용량이 작고 볼레일만큼 부드럽게 작동하지 않으며, 서랍 길이의 2/3만 확장됩니다. 이 외에도 2단 볼레일, 3단 볼레일 등이 있으며, 댐핑레일, 푸시레일, 고하중 레일 등 매우 다양한 기능을 가진 레일들이 있습니다. 또한 제조사마다 품질과 가격이 많이 차이나기도 하죠. 서랍을 어떻게, 얼마나 자주, 어떤 용도로 사용할 것인지 고민해보고 레일을 선택하세요. 서랍 레일은 첨단 시스템으로 진화하면서 놀라운 제품들이 새롭게 만들어집니다. 새로운 제품들을 확인하려면 제품 카탈로그나 인터넷을 검색해보세요.

간단한 서랍 만들기

서랍을 만드는 방법은 수십 가지가 있습니다. 이 방법은 다도날이 장착된 테이블쏘와 몇 가지 기본 공구가 필요합니다.

1. 서랍 부재의 원재료를 한쪽 면에서 6mm 안쪽으로 6×6mm 홈을 가공합니다. (12mm 발트해산 자작합판이 서랍을 안정적이고 매력적으로 만들 좋은 재료입니다.)

2. 서랍 재료를 옆면 길이에 맞게 자른 다음 각 끝에 6×12mm 반턱 가공합니다. 앞면과 뒷면 서랍 부재를 길이대로 자르고, 서랍 뒷면은 바닥으로부터 12mm 잘라내서 홈을 제거하세요.

3. 서랍 상자를 조립하고 각각의 모서리에 접착제를 바르고 못을 박아줍니다. 6mm 두께의 서랍 바닥판을 상자 바닥 부분의 홈 안으로 밀어 넣어서(뒤판 홈을 제거한 이유죠) 서랍을 위로 올린 다음 바닥판을 서랍 뒷면 바닥에 못 박으세요. 강도를 높이기 위해 바닥판을 홈 속에 접착할 수도 있으며, 또는 접착제를 생략해 나중에 쉽게 교체할 수 있게 할 수도 있습니다.

4. 서랍 앞판을 서랍 상자 앞면 뒤쪽에서 4개의 나사못으로 고정시키세요. 서랍 상자 앞면에 큰 구멍을 뚫고, 접착제는 사용하지 마세요. 필요할 경우 나중에 앞판을 조절할 수 있습니다.

5. 서랍 손잡이를 장착하세요. 손잡이를 구입할 때 대부분은 나사가 포함되어 있습니다. 서랍 상자와 앞판을 통과할 수 있는 긴 나사를 요청하세요.

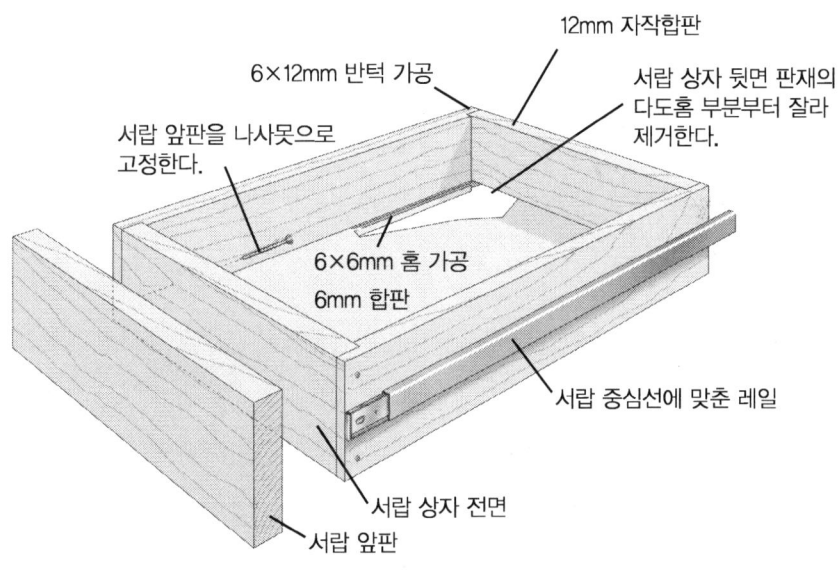

캐비닛 설치

Q 어떤 캐비닛을 먼저 설치해야 합니까? 상부장인가요, 하부장인가요?

A 식품 저장 공간인 높은 팬트리(pantry)나 하부장과 상부장이 서로 붙어 있는 높은 캐비닛이 있는 경우, 그러한 캐비닛이나 하부장부터 시작해야 합니다. 그렇지 않으면 어느 쪽으로든 할 수 있으며, 각각의 장단점이 있습니다.

하부장을 먼저 설치해야 한다고 주장하는 사람들은 하부장을 넣고 수평을 잘 맞추어놓으면 상부장을 설치하기 위한 좋은 기준점이 된다고 합니다. 하부장에 구조목 지지대를 설치하면 상부장을 설치할 때 그 위로 올려놓을 수 있으며, 하부장 위에 합판을 잘라 걸쳐놓으면 상부장을 설치하는 동안 드릴, 클램프, 커피나 기타 공구를 올려놓기 위한 훌륭한 작업대를 만들 수 있습니다.

상부장을 먼저 설치하기를 선호하는 사람들은 하부장이 방해가 되며, 피하기 위해서 어려운 동작들을 할 수 밖에 없도록 한다고 말합니다. 또한 미리 설치된 하부장은 상부장 설치 중에 긁히거나 파손될 위험도 있습니다.

Q 캐비닛을 설치할 때 서로 나사로 먼저 조이나요, 아니면 벽면에 먼저 끼워야 하나요?

A 가능한 한 먼저 서로 조여주세요. 이렇게 하면 캐비닛 전면 프레임을 위아래로, 앞뒤로 쉽게 조정하여 서로 단차 없이 평평하게 할 수 있습니다. 상부장들만 단독으로 설치하는 경우처럼 처음에 벽에 나사로 먼저 고정해야 하는 경우에는 나사를 한번에 모두 벽에 박아 넣지 마세요. 이렇게 하면 서로 나사로 조이기 전에 캐비닛을 조정하여 전면 프레임을 정렬할 수 있습니다.

Q 캐비닛을 서로 고정시키는 가장 좋은 방법은 무엇입니까?

A 방해가 되는 문이나 서랍을 제거한 다음, 연결할 두 캐비닛의 앞면을 평평하게 잘 맞추고 한 쌍의 퀵-그립 클램프나 그와 비슷한 것을 사용하여 서로를 단단히 고정시킵니다. 두 캐비닛의 세로대(stile)에 파일럿 홀(pilot hole)을 뚫은 다음 첫 번째 캐비닛에 더 큰 카운터보어 홀(counterbore hole)을 뚫습니다. 그리고 나사못을 조이세요. 카운터보어 홀은 나사못 머리가 첫 번째 캐비닛을 두 번째 캐비닛과 밀착시킬 수 있게 합니다. 일반적으로 캐비닛마다 3개의 나사못이 적당합니다. 나사못이 거의 보이지 않기 때문에, 어떤 사람들은 큰 머리의 전용 캐비닛 연결 나사못(cabinet hanger screws)을 사용하기도 하는데, 이 나사못은 많은 압력을 가해줍니다. 외관이 문제라면 카운터싱크 홀(countersink hole)을 뚫고 목공용 나사못을 사용하여 나사못 머리를 목재 표면 바로 아래로 들어가도록 조입니다.

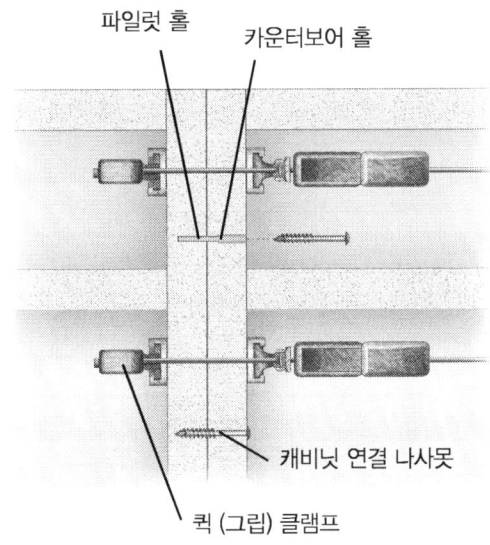

Q 저희 집에는 입구가 너무 좁은 여러 개의 캐비닛이 연속적으로 붙어 있습니다. 그래서 구멍을 뚫거나 나사못을 조이기 위해 드릴을 내부로 넣을 수가 없어요. 해결책이 있을까요?

A '직각 드릴(right-angle drill)'이나 드릴에 부착하는 '직각 헤드'라고 통상 부르는 부착장치(right-angle drill attachment)를 빌리거나 구입하세요. 어떤 헤드는 길이가 75mm 미만이어서 드릴 비트와 드라이버 비트를 그 공간에 넣을 수 있습니다. 좁은 공간에도 들어가는 짧은 비트인 '스터비 드릴 비트(stubby drill bit)'를 구입할 수도 있습니다.

Q 아주 오래된 옛집에 새로운 주방 수납장을 설치하려고 합니다. 그런데 주방 바닥이 낮고 기울어져 있어서 높고 낮은 지점의 차이가 몇 센티미터 이상이나 돼요. 달걀이 상판에서 돌돌 굴러가는 사태를 겪지 않으려면 하부장을 어떻게 설치해야 하나요?

A 바닥이 어떤가에 관계없이 주방 수납장은 수평으로 설치하세요. 달걀도 그대로 머물러 있을 것이고, 조리대 상판을 설치하거나 다른 작업을 할 때 시간과 번거로움도 덜어줍니다. 다음은 일반적인 절차입니다.

1. 수평자를 사용하여 수납장 벽을 따라 바닥의 가장 높은 지점을 찾고 87.5cm 높이에(또는 수납장 높이에 따라) 표시를 하고, 그 지점에서 벽에 수평으로 선을 그립니다.
2. 첫 번째 수납장을 제자리에 놓고, 얇은 심을 넣어 조정하며 뒷면이 선과 평행하게, 수납장 자체가 모든 방향에서 평평하게 합니다.
3. 두 번째 수납장을 수평으로 맞추고, 첫 수납장과 나사못으로 조인 다음, 둘을 벽에 고정하세요. 또는 수납장을 벽에 나사못으로 고정하고, 다음 수납장을 제자리에 놓고 계속해서 선을 내려줍니다.

4. 모든 하부장을 설치한 후 접착제를 사용하여 얇은 심을 제자리에 붙여놓으면 튀어나오거나 빠지지 않습니다. 하단의 고르지 않은 틈은 모든 하부장이 설치된 후에 합판이나 원목으로 걸레받이(toe kick)를 설치하면 가려집니다.

> **TIP**
>
> **보다 쉽게 나사못 박기**
>
> 캐비닛을 고정시키기 위해 나사를 조이기 전에 오래된 비누나 양초로 나사산을 문질러 줍니다. 비누나 왁스가 나사못에 윤활제 역할을 해주어, 뻑뻑하지 않고 쉽게 나사를 박을 수 있게 해줍니다. 또한 종종 작업에 수반되는 날카로운 소리들을 나지 않도록 해줍니다.

Q 190cm 높이의 캐비닛을 넣어야 하는데, 벽 공간의 높이가 195cm입니다. 남은 5cm를 어떻게 처리해야 할까요?

A 필러 스트립(filler strip) 한두 개를 추가해줘야 합니다. 필러 스트립은 여분의 공간을 채우기 위해 설치하는 캐비닛 전면 프레임과 동일한 높이의 나뭇조각입니다. 캐비닛들의 사이에, 내부 모서리에, 또는 캐비닛들의 맨 끝에 배치하여 마지막 캐비닛과 벽 사이의 간격을 채울 수 있습니다.

서랍이나 문이 열릴 수 있도록 더 많은 여유 공간을 만들기 위해 안쪽 모서리에 필러 스트립을 배치하는 것이 가장 효과적인 경우가 있습니다. 그러나 보통은 캐비닛들의 맨 끝에 위치시켜 빈 공백이 눈에 띄지 않도록 채울 수 있게 합니다. 이 위치에서, 그것은 또한 수직이 아닌 벽에 일치시키기 위해 줄을 긋고 자를 수도 있습니다. 맞춤형 캐비닛 중에는 필러 스트립이 부착되어 오는 것도 있습니다. 그렇지 않으면, 필러 스트립은 접착제와 나사를 사용하여 인접한 캐비닛 가장자리에 고정됩니다.

조리대

Q 저는 옆에 원목 코(nosing)를 댄 조리대(countertops) 상판을 만들고 싶은데요. 표면에 래미네이트를 붙이기 전에 원목을 붙이나요, 후에 붙이나요?

A 먼저 옆면에 원목을 붙인 다음 조리대 상판에 래미네이트를 붙이면 조리대의 내구성도 좋아지고 성능도 향상됩니다. 이 작업이 완료되면 라우터를 사용하여 전면 모서리를 둥글게 하거나 모따기할 수 있습니다. 이음매 부분이 상부가 아닌 전면에

있어서 조리대의 원래 재질은 수분에 의한 손상이나 찌꺼기들의 침투에 덜 민감해집니다. 래미네이트는 또한 충격과 물에 의한 손상으로부터 목재 상부를 보호하는 데 도움이 됩니다.

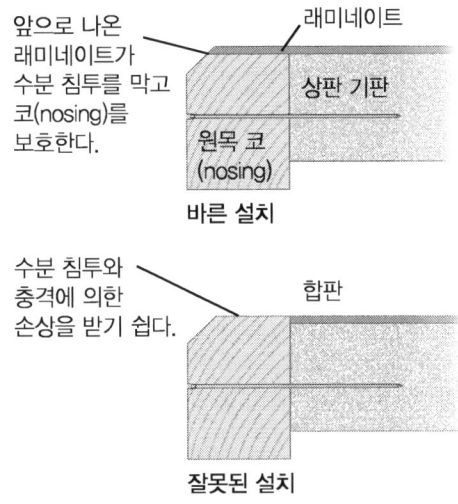

Q 옆면에 나무를 덧댄 래미네이트 상판을 만드는 기본 단계는 무엇입니까?

A 상판은 현장에서 만드는 것보다 설치하기 전에 작업실이나 공방에서 만드는 것이 훨씬 쉽습니다. 단계는 다음과 같습니다.

1. 래미네이트를 덧댈 기판, 즉 바닥판 옆면에 나무를 덧대고 비스킷이나 접착제와 못으로 고정시킵니다. 이때 덧대는 나무를 기판 표면 위로 머리카락 두께 정도로 살짝 올라오도록 하세요. 벨트 샌더를 사용하여 기판과 덧댄 나무를 평평하게 한 다음 표면을 닦아주세요.

2. 스펀지 롤러를 사용하여 상판과 래미네이트(최소 2.5~5cm 이상 크게 재단하세요) 뒷면에 접촉 접착제를 도포하세요. 접착제가 마를 때까지 두었다가 양쪽 면에 접촉 접착제를 두 번째 칠하세요. 접착제가 건조되면 네 모서리 밖으로 돌출되게 래미네이트를 붙이세요.

3. 래미네이트 롤러(J 롤러) 또는 밀대(rolling pin)를 사용하여 래미네이트를 제자리에 단단히 누릅니다. 앞쪽 모서리 쪽으로 내밀어진 래미네이트를 패턴 비트(bearing-guided straight bit)를 끼운 라우터로 잘라낸 다음 모따기를 하세요. 라운드오버 비트(roundover bit)나 비딩 비트(beading bit) 또는 다른 비트들을 사용하여 더 장식적인 모양으로 앞면 모서리를 만들 수도 있습니다.

Q 조리대에 래미네이트를 붙이려고 놓았는데, 그만 선을 잘못 맞춰 틀린 위치에 놓았지 뭐예요. 접촉 접착제는 너무 단단하게 붙어서 위치를 바꿀 수도 없고요. 모든 것을 다 망쳐버렸네요. 어떻게 이런 잘못들을 막을 수 있을까요?

A 나중에 참조할 수 있도록, 이미 붙어버린 곳에 미네랄 스피릿(mineral spirit)으로 작업

을 해주면 접촉 접착제로 붙은 부분을 조금이나마 느슨하게 해주고, 이렇게 두 번째 기회가 생길 수도 있습니다. 그러나 이런 일들을 완전히 피하려면 다음과 같이 해보세요. 블라인드의 슬랫(slat) 같은 것을 간격재로 사용하여 접착제가 마르면 기판 위에 놓고 십여 센티미터 간격으로 놓아줍니다. 래미네이트를 간격재 위에 놓은 다음 간격재를 하나씩 제거하며 기판 위로 래미네이트를 눌러주세요. 간격재로 꽂임촉이나 로프 조각을 사용할 수도 있습니다. 간격재는 절대로 깨끗해야 합니다. 톱밥, 로프에서 떨어진 실이나 흙 같은 덩어리들은 영원히 당신 조리대의 일부가 될 것이기 때문이죠.

Q 테이블쏘로 래미네이트 조각을 자르다가 아찔하고도 비싼 경험을 했네요. 얇은 모서리가 펜스 아래로 미끄러져서 절단면은 비뚤어지고 톱날에 래미네이트가 뜯기고 그랬습니다. 나중에라도 어떻게 하면 이런 일들을 피할 수 있을까요?

A 래미네이트 절단용 톱날을 설치하고, 톱날이 래미네이트 위로 머리카락 굵기 정도로만 올라오도록 설정하여 자르면 뜯기는 건 해결할 수 있습니다. 래미네이트는 좋은 면이 위로 오도록 하세요.

얇은 래미네이트가 펜스 아래로 미끄러지거나 올라타는 것을 막으려면 간단한 보조 펜스를 만드세요. 직선 판재 옆면을 5° 정도 비스듬하게 켜주고, 각도가 있는 모서리를 테이블쏘 정반에 단단히 눌러 펜스에 대어놓으세요. 정반 위로 약간 올려서 두 번째 펜스를 추가하고 두 개의 임시 펜스를 테이블쏘 펜스에 고정하세요. 보조 펜스는 래미네이트에 일정한 모서리를 만들어주고, 위세 막아주는 오프셋(offset) 펜스는 래미네이트가 정반에 평평한 상태를 유지하도록 도와줍니다.

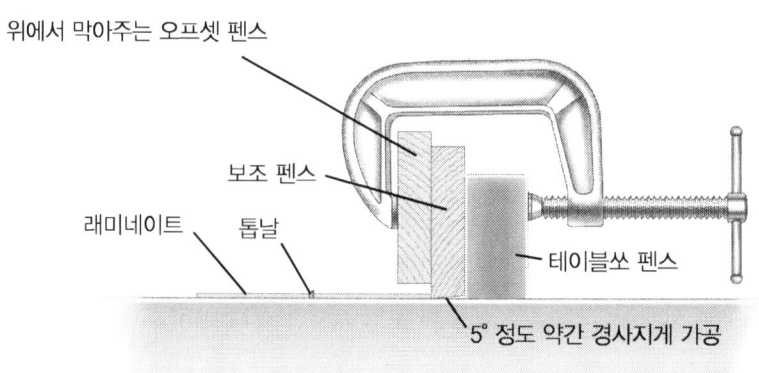

Q 맞춤형 조리대가 생겼는데, 설치하려고 보니 상판과 벽 사이에 거의 12mm 너비의 틈이 있네요. 제가 코킹으로 이 틈새를 메워도 되나요?

A 주방에 대한 (또는 어떤 종류의 목공 작업이든) 한 가지 경험적인 규칙은 가능한 한 코킹 작업을 덜 하는 것입니다. 그것은 약하고 임시적인 고정입니다. 문제를 해결할 수 있는 세 가지 방법이 있습니다(불행히도 첫 번째 방법은 너무 늦었네요).

- **벽을 직선으로 만드는 것이 첫 번째입니다.** 물결 모양으로 휘어진 벽은 샛기둥(stud)이 안팎으로 휘어진 결과입니다. 캐비닛, 화장대나 붙박이 책장이 있는 벽의 틀을 잡을 때 똑바른 샛기둥을 선택하거나 적어도 모두 같은 방향으로 휘어 있어야 합니다. 그리고 석고보드 작업을 할 때 구석의 드라이월 머드(drywall mud) 작업을 최소한으로 유지하세요. 리모델링이라면, 평평한 표면을 만들기 위해 샛기둥에 얇은 심과 스트립을 고정하세요. 석고보드를 설치하기 전에 길고 직선인 보드를 사용하여 벽면이 조리대 높이에서 평평한지 확인합니다.

- **조리대 뒷면에 선을 그어 표시를 하세요.** 조리대 뒤턱(backsplash)은 이러한 목적으로 상단에 18mm 보강목(lip)이 붙어 있습니다. 뒤턱 상단을 따라 마스킹 테이프를 붙이고 조리대를 배치하세요. 틈이 가장 넓은 곳을 찾아 컴퍼스를 그 길이만큼 맞추고, 뾰족한 침은 벽에 대고 연필은 마스킹 테이프에 대어서 쭉 따라 움직이며 선을 그려줍니다. 벨트 샌더를 사용하여 선 바깥쪽 부분을 제거하세요. 벨트 샌더를 약간 기울여서 보강목의 상단 가장자리가 약간 튀어나오게 하면, 필요한 경우 표시한 선에 따라 더 쉽게 미세한 조정을 할 수 있습니다.

- **벽을 조정하세요.** 두 번째 조치 후에도 여전히 틈이 있으면 상판을 제자리에 놓고 문제가 있는 부분의 뒤턱 상단 모서리를 따라 날카로운 칼로 그어줍니다. 상판을 당긴 다음 망치와 나무 블록을 사용하여 그 부분의 건식 벽체를 살펴보아 뒤턱이 들어갈 수 있는 얕은 구멍을 만듭니다. 이것은 최후의 수단이며 부적절한 해결책이지만 하나의 트릭이라 할 수 있습니다. 영구적으로 설치하기 전에 뒤턱 뒷면에 얇게 코킹 작업을 한 후 나중에 다시 코킹 작업을 추가하세요.

Q 아일랜드(식탁)에 원목 상판을 하면 그 장단점은 어떤 것이죠? 그리고 마감은 어떻게 하나요?

A 장점을 이야기해보자면, 원목 상판은 따뜻한 느낌의 주방 테이블과도 같은 표면을 만들어줍니다. 아일랜드에서 음식을 먹을 때 참 좋죠. 시각적으로 매력적이며, 유

리잔을 깨거나 접시를 떨어뜨릴 가능성도 적습니다. 그것은 상대적으로 쉽게 만들고, 당신 스스로도 설치할 수 있습니다.

단점을 생각해보면, 다른 종류의 상판보다 쉽게 흠집이 나고 움푹 팰 수 있으며, 물에 의한 손상(특히 마구리로 수분이 들어가는 경우)이 나기 쉽고 유지 보수가 필요합니다.

마감에도 상충 관계가 있습니다. 폴리우레탄은 내구성 있는 내수성 마감재를 만들지만, 누군가 아일랜드 상판을 도마로 사용한다면 긁힌 자국이나 칼자국 등은 보수하기가 더 어렵습니다. 호두 오일은 식품 안전성이 있고, 바르기 쉽고, 경화되며, 보수하기 쉽지만, 습기들로부터 상판을 보호하지는 못합니다. 텅오일은 내구성과 유지보수 측면에서 이 둘 사이의 어딘가에 있습니다.

Q 제가 직접 원목 상판을 만든다면 결 방향을 어느 쪽으로 해야 합니까?

A 세 가지 방법이 있습니다. 원하는 모양과 기능을 결정하세요.

- **앞면(face grain)을 위로.** 판재의 가장 넓은 면을 위로 보이게 합니다. 흥미로운 결 무늬들을 보여주지만 세 가지 중에서 표면 강도는 가장 작습니다. 이 상판은 최대한으로 수축, 팽창하므로 상판이 움직일 수 있도록 해주는 방식으로 캐비닛에 장착되어야 합니다(218페이지 참조).
- **옆면(edge grain)을 위로.** 이것은 보다 보편적이고 전통적인 모양입니다. 60cm 정도 폭을 만들고자 한다면 18mm 두께의 목재가 삼십여 개 필요하긴 하지만, 수축, 팽창이 더 적은 조밀한 표면을 갖게 됩니다.
- **마구리(end grain)를 위로.** 이것(사각의 나무들을 체커판처럼 배열하고 붙인 모양)은 전통적인 푸줏간에서 볼 수 있는 도마, 즉 '엔드 그레인 도마'와 같은 것으로 작업들에 좋은 면을 만듭니다. 이것은 내구성이 좋고, 나무의 섬유질들이 잘리기보다는 분리되는 것이기 때문에 자르는 작업이 쉽습니다. 만드는 데는 훨씬 손이 많이 가는 작업입니다.

10. 창문, 문, 몰딩

당신의 일에 자부심을 가지세요.
품질과 장인 정신, 전통은 탁월함을 보장해주는 토대입니다.
—무명씨

수제 책장이나 식탁은 집의 분위기에 큰 영향을 줄 수 있습니다. 하지만 창문 주변의 장식, 식당 벽을 둘러싼 징두리벽(wainscot) 그리고 실내 공간을 장식하는 다른 목공제품들도 역시 영향을 미칠 수 있습니다. 크라운 몰딩은 거실의 분위기를 살릴 수 있고, 각종 패널들은 밋밋한 주방의 모습을 멋지게 바꿀 수 있으며, 새로운 문 몰딩은 재미없던 집의 외관을 따뜻하게 바꿔주기도 하고 장인의 방갈로 같은 느낌을 줄 수도 있습니다.

창문과 문

다른 목공 작업과 마찬가지로 몰딩을 설치할 때에도 동일한 기술, 재료, 공구들을 사용하게 됩니다. 그러니 가구와 캐비닛 정도로 당신 자신을 한계두지 말고 집 전체를 보세요. 진실을 말하자면, 많은 초보자가 창문이나 문의 몰딩을 자르고 맞추는 작업을 하다가 목공에 매혹되어 입문을 하기도 합니다. "내가 이 결합부를 정확히 맞췄어!", "나도 이제 이 공구를 쓸 줄 알아!" 하며 그들은 감탄하는 순간들을 경험합니다. 몰딩을 설치하는 것은 기술을 개발하는 일이며, 신뢰도를 높이고, 이에 더하여 집의 가치를 올려줍니다.

Q 엉망으로 리모델링된 주택을 구입했네요. 평범한 5cm 폭의 창문과 문의 몰딩을 좀 더 튼튼하고 확실한 것으로 바꾸고 싶어요. 어떤 선택지들이 있을까요?

A 이미 설치되어 있는 그런 단순한 목장 스타일의 몰딩은 저렴하고 설치하기는 쉽지만 그게 전부입니다. 좀 더 뚜렷한 스타일을 원한다면 다음 중 하나를 시도해보세요.

- **코너와 받침 블록**(corner and plinth blocks). 이 시스템은 멋지게 보일 뿐만 아니라 설치가 간단합니다. 45° 연귀 가공하지 않고 직각으로 자르기 때문이죠. 로젯(rosette)이라 불리는 코너 블록이나 받침 블록을 전문 상점에서 구입하거나 인터넷을 통해 주문하거나 직접 만들 수도 있습니다.
- **다중 부재 연귀 케이싱**(multiple-piece mitered casings). 두세 개의 레이어로 몰딩을 만들어 보다 실질적인 모양으로 몰딩을 만들 수 있습니다. 긴 길이의 몰딩을 미리 제작한 다음 크기에 맞춰 자르거나 필요한 길이에 맞춰 45°나 직각으로 잘라 쓸 수 있습니다. 창의 바닥 부분은 연귀로 재단할 수도 있지만 에이프런(apron)에서 멈추도록 직각으로 맞추면 더 좋아 보입니다.
- **백밴드 케이싱**(backbanded casings). 틀은 평평한 판재로 이루어져 있으며 모서리 부분은 L자 모양으로 직각으로 맞대어 이어주고 스트립을 연귀 가공하여 붙입니다. 틀의 상단 부재는 일반적으로 측면 틀보다 넓습니다.
- **크로스헤드와 에이프런**(crosshead and apron). 문이나 창문에는 처마 복공과 평방 사이의 소벽인 프리즈(frieze), 작은 크라운 몰딩, 상단 캡, 그리고 하단 스트립으로 구성된 다중 부재인 '크로스헤드'가 있습니다. 측면 틀은 평범하게 하거나 장식적으로 할 수 있으며, 에이프런에서 직각으로 만나도록 합니다.

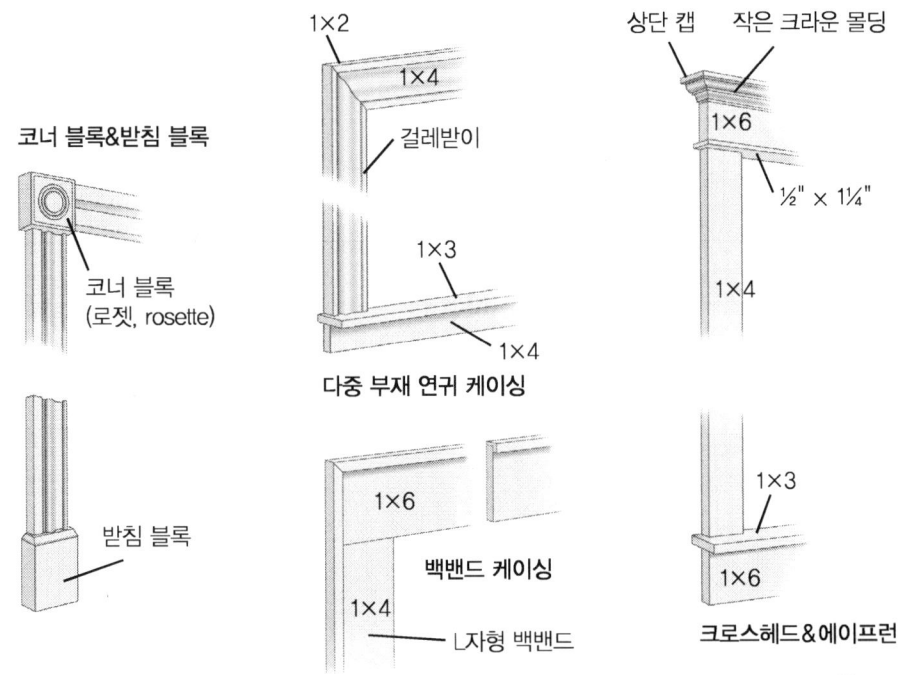

Q 문이나 창문에 트림(trim) 몰딩을 설치할 때엔 어떤 크기의 못을 사용해야 합니까?

A 두 가지 크기를 사용하세요. 손으로 못을 박는 경우 50~60mm 무두못을 사용하여 몰딩의 모서리를 벽에 고정시킵니다. 못은 몰딩과 석고보드를 관통하고 적어도 38mm 이상 샛기둥에 박힐 정도로 길어야 합니다. 몰딩의 안쪽 가장자리를 창문이나 문짝에 고정할 때에는 30mm 못을 사용하고, 두꺼운 트림에는 더 긴 못을 사용합니다. 에어 타정기를 사용하는 경우, 바깥쪽 가장자리에는 50mm 이상인 15 또는 16 게이지의 타정기 못을, 안쪽 가장자리에는 트림 부재보다 세 배 이상 긴 18 게이지 타정기 못을 사용하세요.

Q 문틀의 가장자리와 트림의 가장자리 사이의 간격을 어떻게 유지합니까?

A 당신이 말하는 공간을 건식벽받침(reveal)이라고 합니다. 일반적으로 약 6mm 너비이며 프레임의 전면에서 몰딩의 가장자리까지 물러나 있는 공간입니다. 문의 경우에는 경첩을 위한 여닫는 공간을 확보해줍니다. 일정한 건식벽받침을 얻으려면 나무의 6mm 두께 블록을 사용하여 연필(또는 샤프연필)의 마킹 가이드로 사용하세요. 처음에는 문틀 주위 전체에 선을 표시하고 싶겠지만, 보는 눈이 좋아지면 모서리에

그리고 문틀을 따라 몇 군데 표시하기만 해도 일관된 폭의 건식벽받침을 얻을 수 있습니다.

Q 대부분의 몰딩의 뒷면에는 길이 방향으로 얕은 홈들이 있던데, 이유가 뭐죠?

A 그 홈(groove)은 몰딩이 약간 구부러질 수 있도록 해주어 벽이나 문틀이 울퉁불퉁하여도 거기에 맞추면서도 평평하게 놓일 수 있습니다. 또한 몰딩이 흔들리지 않고 틈새(문틀이 벽 표면 밖으로 돌출하거나 그 반대의 경우이거나)를 메우는 데 도움이 됩니다.

Q 우리 집에 있는 몇몇 창문들은 건식 벽체를 지나서 3mm 정도 돌출되어 있습니다. 제가 집에 몰딩을 설치하고 있는데, 모든 코너마다 틈이 있네요. 어떻게 바로잡을까요?

A 돌출되어 나온 창문틀은 몰딩이 벽에 평평하게 놓일 수 없게 만듭니다. 몰딩의 뒷면은 닿아 있지만 앞쪽은 닿지 못해서 틈이 생긴 것이네요. 만약 당신이 좋은 대패를 가지고 있다면, 튀어 나와 있는 문틀을 깎아낼 수 있습니다. (철제 패스너들이 있는지 조심해야 합니다!) 하지만 이 방법은 시간도 많이 걸리고 섬세한 손길이 필요합니다. 이 문제를 해결하는 가장 간단한 방법은 앞쪽 모서리가 닿을 수 있도록 연귀의 뒤쪽 모서리에서 재료를 제거해주는 것입니다. 샌딩 블록을 사용하여 연귀의 뒤쪽을 약간 제거할 수도 있지만, 이 또한 시간이 오래 걸릴 수도 있습니다. 많은 전문가들이 하는 일을 시도해볼까요? 각도 절단기를 사용하여 몰딩을 45° 각도로 자른 다음 얇은 심을 각도 절단한 끝부분에 밑에 놓고 다시 자릅니다. 이렇게 하면 연귀의 뒤쪽에서 충분한 재료가 제거되어 코너 부분에서 몰딩 앞쪽이 단단히 고정됩니다. 잘 맞게 하려면 절단 각도를 약간 조정해야 할 수도 있습니다.

Q 내 창문과 도어 트림을 설치할 때 접착제를 바르면 연귀부분이 더 단단하게 유지될까요?

A 목재의 마구리(몰딩의 연귀 단면)는 접착성이 적당한 정도입니다. 열린 관공과 결의 단부는 접착제를 흡수하기도 하고 접착력도 약하죠. 즉, 이음 부분에 접착제를 발라야 하지만, 단단하게 이어주려면 코너에서 타정기나 못으로 두 몰딩을 서로 교차하여 박아

> **TIP**
> **측정하지 말고 표시를 하세요.**
>
> 많은 치수들을 옮겨 그리는 대신 문이나 창문 몰딩을 설치할 곳에서 실측 표시하면 시간도 절약하고 실수도 줄일 수 있습니다. 몰딩을 문틀에 대고, 자를 곳에 표시를 하세요. 절대 안 틀리는 가장 쉬운 방법이죠.

줘야 합니다.

다른 이유로 접착제를 발라야 할 수도 있습니다. 연귀가 서로 완벽하게 맞지 않으면 고운 사포로 가볍게 샌딩하고, 곱게 갈려나온 나무가루와 젖은 접착제를 섞어 천연 메꾸미, 퍼티(putty)를 만들어 틈을 채울 수 있습니다. 조금 눈속임 같은 일이지만, 제대로만 하고 표면에서 접착제를 깔끔하게 제거해주면 감쪽같습니다. 먼저 스테인이나 페인트를 칠한 것이 아니라면 더욱 잘 되죠.

> **TIP**
> **머리카락 굵기만큼**
> 때로는 완벽하게 맞추기 위해 몰딩 길이를 머리카락 굵기만큼 아주 조금 줄여야 하기도 합니다. 그렇게 하기 위해 각도 절단기에 몰딩을 어떻게 놓을까요? 톱날을 완전히 아래로 내린 다음 몰딩 끝부분을 톱날의 몸체(톱날이 아님)에 대고 눌러줍니다. 몰딩을 움직이지 않은 채로 톱날을 위로 올리며 절단하세요. 톱날의 몸에서 튀어나와 있는 톱니 두께가 당신이 필요로 하는 머리카락 굵기만큼 몰딩을 깎아줍니다.

Q 창문에 트림 몰딩을 설치할 때, 마지막 못을 박을 때마다 연귀 재단해놓은 끝부분이 자꾸 쪼개져서 벌어집니다. 몰딩 전체를 제거하지 않고 벌어진 것을 수정할 수 있는 방법이 있을까요?

A 못을 완전히 박아 넣은 다음 못을 그대로 두면 못이 쐐기처럼 쪼개진 틈을 벌리겠죠. 벌어진 곳에 소량의 접착제를 밀어 넣으세요. 사포 가장자리로 밀어 넣거나 빨대로 불어 넣을 수 있습니다. 못을 제거하고 여분의 접착제를 닦아낸 다음 마스킹 테이프를 사용하여 쪼개진 곳을 다시 조여서 고정시키세요.

Q 문에 트림을 설치할 때 먼저 측면부터 하는 것이 좋은가요, 아니면 윗면부터 하는 것이 좋은가요?

A 두 개의 주장이 다 있습니다. 어떤 사람들은 윗면부터 먼저 설치하는 것을 선호합니다. 이렇게 하면 각각의 측면 문틀을 설치할 때 한 번에 하나의 연귀를 미세 조정해주면 됩니다. 그러나 나무 바닥이 있는 방에서 작업할 경우 트림과 바닥 사이의 간격이 눈에 띄는 곳에 먼저 측면 문틀을 설치하고 바닥에 단단히 고정시키세요. 이 방법은 그것을 설치하기 전에 위쪽 부재의 양쪽 끝을 세밀하게 조정해야 한다는 것을 의미하지만, 트림이 바닥과 만나는 곳에는 틈이 없을 것입니다.

Q 침실에 두꺼운 새 카펫을 깔았더니 문을 닫을 수가 없네요. 속이 비어 있는 할로우 코어(hollow-core) 문인데, 손상 없이 어떻게 하면 바닥 부분을 잘라낼 수 있을까요?

A 두 가지 문제가 있습니다. 첫 번째는 무늬목이 깨지지 않게, 깨끗하고 선명하게 절단하는 것입니다. 두 번째는 할로우 코어 문의 바닥면을 채우는 것입니다.

문을 제거한 상태에서 상단 문틀의 바닥에서부터 카펫의 꼭대기까지의 거리를 측정한 다음, 문을 얼마나 딱 맞게 할지에 따라 6~12mm를 빼줍니다. 문 아래쪽에 표시를 하세요(위쪽이 아니라 아래쪽입니다. 확인하셔야 해요). 그런 다음 직선자와 날카로운 금긋기용 칼을 사용하여 문의 전체 너비를 따라 이 절단선을 그어주세요. 문을 작업대 위에 놓고, 고운 톱날을 끼운 원형 톱을 사용하여 선 바깥쪽으로 잘라냅니다. 잘라낸 쪽의 무늬목은 자를 때 깨어질 수 있지만, 문 쪽은 깨끗한 옆면으로 잘라져야 합니다. (문 반대편의 무늬목은 톱니가 문에서 멀어지게 하는 것이 아니라 문 안으로 밀어 넣는 방식이기 때문에 쪼개질 가능성이 적습니다.)

문 아래쪽에서 18mm 이상을 제거해야 하는 경우, 바닥면에 붙어 있는 나무를 떼어내야 합니다. 교체용 나무를 잘라 문의 무늬목 사이의 제자리에 붙입니다. 양쪽 측면의 무늬목을 제거할 때 예리한 끌을 사용하여 조심해서 작업한다면, 떼어낸 바닥의 나무를 살려서 다시 사용할 수도 있습니다.

Q 지난겨울에 새로 달아놓은 문이 꽉 끼여서 빡빡한 소리가 나고 있는데요, 어딘지 찾질 못하고 있어요. 문제 지점을 어떻게 하면 찾을 수 있죠?

A 계절의 변화는 보통 습도의 변화를 동반하여 쉽게 문이 부풀고 끼게 됩니다. 좋은 먹지(carbon paper)를 꺼내서 문과 문틀 사이에 놓고 문을 닫으세요(먹이 묻은 부분을 문 쪽으로 합니다). 가장자리와 상단을 따라 이것을 반복한 다음, 문의 옆면을 확인해보세요. 먹이 묻은 부분은 대패로 깎거나 샌딩해야 합니다. 한 번에 조금씩만 제거하세요. 보통 해결하는 데 그리 오래 걸리지 않습니다. 깎아낼 때 약간 각도를 주어 경사지게 하면 문이 닫힐 때 문의 모서리가 문짝에 충돌할 가능성을 줄입니다. 깎아낸 부분은 마감을 해서 습기를 흡수하여 팽창하는 일이 없도록 해줘야 합니다. 그렇지 않으면 곧 다시 이 과정을 반복하게 되겠죠. 이런 기술을 사용하여 창문에서도 꽉 끼이는 부분을 찾아낼 수 있습니다.

Q 문에 트림을 설치하고 있는데, 어울리는 코너 블록인 로젯을 찾을 수가 없네요. 제가 직접 만들 수 있을까요?

A 정사각형 블록을 절단한 다음 라우터 비트를 사용하여 모서리를 모따기하면 평평하고 단순한 형태로 만들 수 있습니다. 과녁 형태를 가진 자신만의 불스아이 스타일(bull's-eye style) 블록을 만들려면 로젯 커터를 구입해야 합니다(인터넷으로 주문 가능합니다). 드릴 프레스에 물려서 프로파일을 가공하는 데 사용하세요.

Q 사용 중인 문에 새 손잡이를 달려고 합니다. 원래 있던 손잡이 구멍은 지름이 2.5cm에 불과했는데, 새 손잡이의 구멍은 두 배는 크네요. 어떻게 넓힐 수 있을까요?

A 두 가지 방법이 있습니다.
- 홀쏘(hole saw)를 드릴에 끼우고 18mm 합판에 필요한 크기의 구멍을 뚫은 후, 이 합판을 문 위에 올려 이전 손잡이 구멍 위로 뚫어놓은 합판 구멍이 겹쳐지도록 하고 단단히 고정시키세요. 구멍에 홀쏘를 끼우고 합판을 지그로 이용하여 구멍을 뚫어줍니다.
- 기존의 구멍보다 아주 약간, 머리카락 굵기 정도 더 큰 사각형의 나무 블록을 잘라낸 다음 구멍에 두드려 넣으세요. 그러면 홀쏘의 파일럿 비트에 대한 확실한 출발점이 생기는 것이죠.

두 경우 모두 문에 구멍을 뚫을 뒷부분을 보조목 같은 것으로 단단히 지지하세요. 그래야 비트가 뒤로 나갈 때 새로 뚫리는 구멍 주변의 나무가 부서지지 않습니다.

Q 우리 집엔 한 방에서 다른 방으로 가는 90cm 폭의 통로가 있습니다. 이 통로는 단순히 문이 없이 문틀만 있는 구조예요. 그곳에 문을 달고 싶은데요. 경첩 홈을 파야 할 텐데, 어떻게 하나요?

A 나무 블록과 얇은 심을 사용하여 문짝을 문틀에 임시로 끼우고, 문짝과 문틀 양쪽에 경첩 세 개의 위치를 표시하세요(문손잡이의 중간 지점도 표시하세요). 문을 분리하고 각 경첩을 배치한 후, 날카롭게 깎은 연필로 그 테두리를 그려주세요. 그리고 다음 순서로 진행하세요.

1. 망치와 예리한 끌을 사용하여 외곽선을 따라 경첩 두께만큼의 깊이로 끌자국을 내줍니다. 외곽선을 잘라주는 것이죠.
2. 끌로 경첩이 놓일 곳에 약 6mm 간격으로 계속 경첩 두께의 깊이로 끌자국을 내

줍니다.

3. 끌을 낮은 각도로 놓고 가볍게 두드리면서 앞서 내놓은 선들 사이의 목재를 제거합니다. 경첩을 그 자리에 넣어서 문틀 표면에 딱 맞는지 확인하고 필요하면 홈을 조금씩 조정하세요.

4. 같은 절차를 사용하여 문짝에도 경첩 홈을 만들고, 문틀에 손잡이 캐치(strike plate)의 홈을 파주세요.

경첩 달기

경첩 두께의 깊이로 끌자국을 낸다.

걸레받이

Q 벽의 바닥을 따라 걸레받이(base molding)를 설치할 때, 바깥쪽 모서리를 정확하게 맞출 수 있는 팁이 좀 있을까요?

A 올바르게 하려면 두 가지가 중요합니다. 연귀의 각도와 몰딩의 길이입니다. 시험용 자재를 먼저 사용해보면 두 가지 모두 파악할 수 있습니다.

1. 양쪽 끝을 45° 연귀로 가공한 약 30cm 길이의 몰딩 두 개를 자릅니다.
2. 자른 것들을 벽의 바깥쪽 모서리에 놓고, 연귀가 만나는 바깥쪽 긴 지점을 바닥에 L자로 만나게 하세요. 이렇게 하면 각 몰딩에 대해 긴 면의 길이를 측정할 수 있습니다.
3. 이제 시험용 자재의 연귀 부분이 서로 모서리에서 어떻게 만나는지 살펴보세요. 그것들이 바깥쪽에서 약간 벌어져 있는 경우, 46°로 연귀를 자르세요. 안쪽이 벌어져 있다면 44° 정도로 자릅니다. 44°, 46°의 시험용 몰딩을 미리 가지고 있으면 이러한 각도를 사전 점검할 수 있습니다.

> **TIP**
> **몰딩에도 샌딩이 필요합니다**
> 목재상에서 구입한 몰딩이 매끄럽고 설치 준비가 되어 있다고 가정하지 마세요. 많은 것들에 당신이 스테인을 칠하기 전까지는 알아보기 힘든 톱날 자국들이 있습니다. 먼저 검사하고, 샌딩하고, 그 다음에 스테인을 칠하세요.

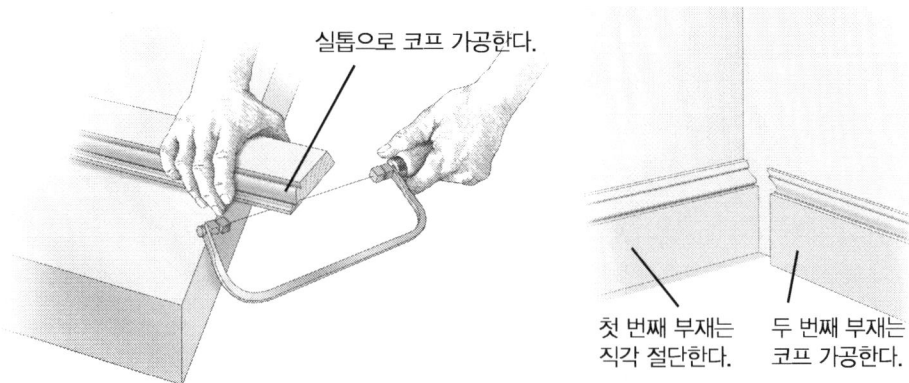

실톱으로 코프 가공한다.

첫 번째 부재는 직각 절단한다.
두 번째 부재는 코프 가공한다.

Q 두 개의 걸레받이가 만나는 내부 모서리에는 언제나 틈이 생기네요. 45° 연귀로 이음을 하면 서로 잘 맞고, 직각이 되어야 할 텐데 거의 그런 적이 없어요. 제가 뭘 잘못한 걸까요?

A 벽의 안쪽 모서리에 시공된 석고보드 테이프와 컴파운드는 그곳을 더 이상 직각이 아닌 모서리로 만듭니다. 해결 방법은 하나의 걸레받이를 모서리에 직각으로 붙인 다음 두 번째 조각을 코프(cope) 맞춤으로 첫 번째 조각에 꼭 맞게 하는 것입니다. 이렇게 하는 가장 좋은 방법은 두 번째 걸레받이를 45°로 자른 다음 실톱(coping saw)으로 프로파일을 자르는 것입니다. 뒤쪽으로 약간 경사를 주어 앞쪽을 약간 뾰족하게 코프 가공을 하면 첫 번째 걸레받이에 꼭 맞게 할 수 있습니다.

Q 우리 집 거실 벽은 각도가 좀 이상해요. 걸레받이를 연귀맞춤하려는데, 어떻게 하면 맞는 각도를 찾아낼 수 있을까요?

A 그 이상한 각도의 두 벽면을 따라 1×4(19×89mm) 또는 2×4(38×89mm) 구조목이나 적당한 판재를 놓고 선이 교차하도록 외부 모서리를 표시합니다. 이 교차선에서 벽의 실제 모서리까지 선을 그립니다. 이 선이 당신에게 연귀의 각도를 알려줄 것입니다. 인테리어용 각도자(angle finder)를 사용하여 각도를 잰 다음 각도 절단기를 조정하여 그 각도대로 자를 수도 있습니다.

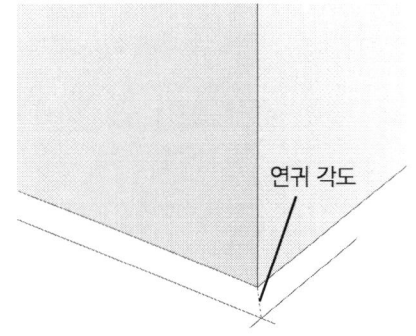

연귀 각도

Q 걸레받이를 설치할 때 또 다른 문제는 벽에 평평하게 놓이게 하는 것이더군요. 특히 모서리에서 몇 센티미터 떨어진 곳에서는 더 그렇더군요. 어떻게 수정하면 좋을까요?

A 얇은 걸레받이나 세 조각으로 구성된 3-피스(3-piece) 걸레받이(캡(cap), 슈(shoe), 보드(board))의 캡(cap)은 일반적으로 벽이 부풀어 오르거나 물결치듯 울어도 적용할 수 있도록 유연하지만, 두꺼운 일체형 걸레받이는 그렇지 않습니다. 걸레받이를 페인팅하는 경우, 틈새를 채우기 위해 페인트칠이 가능한 코킹을 사용하는 것이 가장 쉬운 방법입니다. 만약 원목 걸레받이를 사용하는 경우라면, 제자리에 배치해놓고 날카로운 칼을 사용하여 벽이 바깥쪽으로 부풀어 오른 곳에서 걸레받이 상단 모서리를 따라 건식 벽체와 컴파운드에 칼금으로 표시하세요. 몰딩을 2×4 구조목 블록으로 교체하고 칼금선 바로 아래에서 건식 벽체가 살짝 들어가게 때려주세요. 때론 이 정도로도 불룩한 벽을 바로잡는 데 충분하여 걸레받이가 평평하게 놓이도록 할 수 있습니다. 이런 트릭이 먹히지 않거나 벽이 석고로 된 경우, 벨트 샌더로 몰딩의 뒷면을 샌딩하여 맞출 수 있습니다.

Q 저희 집이 증축을 해서요, 제가 방 다섯 개에 걸레받이를 설치해야 해요. 작업을 빨리 마치기 위한 좋은 방법이 있을까요?

A 하나의 트릭을 말하자면, 방 주위를 항상 시계 방향으로 작업하는 것입니다. 그렇게 하면, 모든 내부 모서리에서 코프 가공이 항상 걸레받이의 '왼쪽' 끝부분에 있게 되고, 그 특별한 가공을 하는 것이 매우 능숙해지고 빨라질 것입니다.

Q 우리는 지하실을 마감하고 새 석고보드 패널을 매달았습니다. 그런데 석고보드 바닥 가장자리를 따라 있는 테이퍼(taper) 때문에 걸레받이가 바닥에 기울어져 있어요. 걸레받이를 똑바로 세우려면 어떻게 해야 하죠?

A 석고보드의 테이퍼진 가장자리는 살짝 꺼져 있기 때문에 불룩한 부분이 생기지 않게 테이프와 컴파운드를 바를 수 있습니다. 바닥 가장자리의 테이퍼를 보완하려면 나사못을 박을 때 그림과 같이 나사못 머리가 석고보드의 주 표면과 동일 면에 있도록 약간 튀어

> **TIP**
> **전기면도기로 샛기둥 찾기**
> 벽의 샛기둥(stud)을 찾는 한 가지 방법은 전기면도기를 들고 벽을 따라 가로질러 보는 것입니다. 소리(pitch)가 낮은 데에서 높은 데로 바뀌면 샛기둥을 찾은 것입니다.

나오게 박으세요. 이렇게 하면 걸레받이 하단 가장자리가 기울어지지 않게 됩니다.

Q 걸레받이를 못으로 박을 때 샛기둥에 해야 한다고 알고 있습니다. 센서 없이 샛기둥을 쉽게 찾을 수 있습니까?

A 샛기둥을 찾는 데 도움이 되는 몇 가지 단서가 있습니다.

- 바닥 가까이에서 건식 벽체를 자세히 살펴보세요. 종종, 석고보드를 샛기둥에 고정시키는 데 사용되는 나사못이나 못의 머리를 볼 수 있습니다.
- 콘센트 상자(outlet box)는 보통 샛기둥 측면에 고정되기 때문에 이것도 단서를 제공해줍니다. 전원을 끄고 커버를 제거한 다음 못으로 상자 양쪽을 조심스럽게 살펴서 샛기둥의 위치를 찾아보세요.
- 주먹으로 벽을 두드려 보세요. 샛기둥 위를 칠 때면, 텅 비어 있는 소리 대신, 단단하게 쿵 하는 소리를 들을 수 있을 것입니다.

일단 하나의 샛기둥 중심을 찾으면, 다른 샛기둥의 중심을 40cm(16″)(또는 간혹 60cm(24″)) 간격으로 찾으실 수 있을 것입니다.

Q 60cm 길이의 벽과 40cm 길이의 걸레받이가 있습니다. 걸레받이를 설치하는 가장 깔끔한 방법은 무엇인가요?

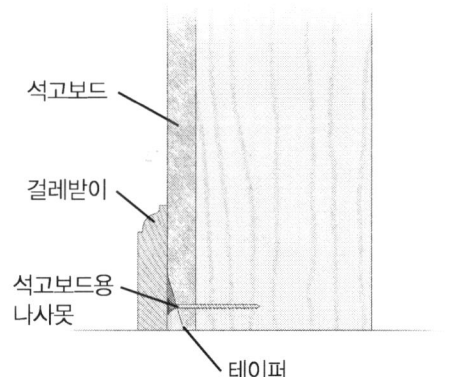

A 이렇게 해보세요.
1. 벽의 샛기둥을 찾아 표시하세요.
2. 긴 길이의 걸레받이를 제자리에 놓고, 걸레받이의 끝부분 근처에 샛기둥 중간점을 표시합니다.
3. 표시한 곳에서 걸레받이를 30° 각도로 자르고, 자른 단면의 긴 부분이 벽에 붙도록 하세요. 그리고 그곳에 자른 걸레받이를 설치하세요.
4. 두 번째 걸레받이를 측정하고, 첫 번째 조각의 각진 끝부분과 겹치도록 한쪽 끝에서 30° 각도로 잘라줍니다.
5. 두 걸레받이의 끝부분에 접착제를 바른 다음, 이음 부분이 샛기둥에 단단히 고정되도록 못을 박아줍니다. 겹쳐지는 걸레받이가 다른 것의 끝부분을 벽에 평평하

게 고정시켜줄 것이며, 이음매가 벌어진다 해도 각도 절단되어 있는 부분이 틈새를 눈에 덜 띄게 만들어줍니다.

Q 세 조각으로 되어 있는 3-조각 걸레받이는 멋진 외관 말고 다른 기능도 있나요?

A 예, 있지요. 큰 부분인 1×4(19×89mm) 또는 1×6(19×140mm) '걸레받이' 부분은 단단해서 굴곡진 벽이나 바닥에 쉽게 맞추기가 어렵습니다. 그러나 더 얇고 유연한 '캡 몰딩(base cap molding)'은 불규칙적인 벽에도 쉽게 맞출 수 있으며, 얇은 '코브(cove)' 또는 '베이스 슈 몰딩(base shoe molding)'은 울퉁불퉁한 바닥에도 잘 맞출 수가 있습니다. 그 결과로 대부분의 틈새를 감싸는 매력적인 걸레받이입니다.

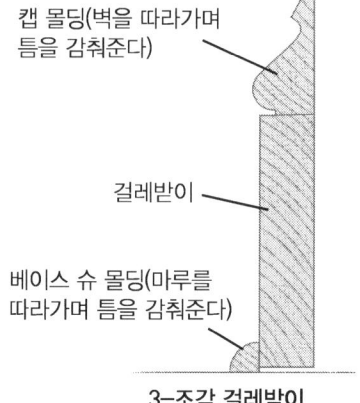

3-조각 걸레받이

Q 라우터 비트를 사용하여 25mm 높이의 걸레받이 캡 몰딩을 직접 만들려고 합니다. 라우팅하는 동안 이 얇은 나무 위에서 라우터를 균형 있게 유지하려면 어떻게 해야 하나요?

A 가장 좋은 방법은 넓은 판재로 작업하는 것인데, 그 넓은 판재의 양쪽 가장자리에서 프로파일을 라우터로 가공한 다음 테이블쏘에서 25mm 너비로 켜는 것입니다. 넓은 판재는 라우터의 바닥이 안정적으로 올라탈 수 있는 넓은 면을 제공해주기 때문에, 라우터가 기울어질 가능성이 적죠. 판재가 너무 좁아져 더 이상 라우터를 안정적으로 올려놓을 수 없게 되기 전까지 계속 반복 작업하면 됩니다.

> **TIP**
>
> **설치는 지금, 마감은 나중에**
>
> 전체 작업 과정의 끝부분으로 페인트나 스테인 칠작업은 미뤄두고 싶다면, 작업을 좀 더 빨리 진행할 수 있는 방법이 있습니다. 긴 길이의 왁스 페이퍼(wax paper)를 10cm 폭으로 자르고, 몰딩을 설치할 때 몰딩과 벽 사이에 끼워 넣으세요. 약 5cm 정도는 노출된 상태로 끼우는 것입니다. 칠 작업을 시작한다면, 벽에 페인트칠할 때는 왁스 페이퍼를 몰딩 쪽으로 젖혀놓고, 몰딩을 칠할 때면 벽 쪽으로 젖혀놓으세요. 다 마른 뒤에 몰딩의 가장자리를 따라 날카로운 칼로 노출되어 있는 왁스 페이퍼를 조심스레 잘라내세요. 번지거나 방울진 얼룩들 없이 선명하고 깨끗한 몰딩을 보실 수 있게 되겠네요.

Q 방에 카펫을 깔 예정입니다. 걸레받이를 바닥에 꽉 붙여서 설치해야 하나요, 아니면 약간 올려서 설치해야 하나요?

A 카펫을 까는 사람이 걸레받이 밑으로 카펫의 가장자리를 밀어 넣을 수 있도록 9mm 정도 올려 두세요. 9mm 정도 두께의 자투리 목재를 바닥과 걸레받이 사이에 간격재로 넣어서 작업하세요.

크라운 몰딩

Q 거실 천장에 처음으로 제가 직접 크라운 몰딩(crown molding)을 설치해보려고 합니다. 계획을 세우는 데 좋은 방법이 있을까요?

A 한 5분 정도 시간을 내서 모눈종이에 거실을 스케치해보세요. 그것은 필요한 재료를 산정하는 데에도 작업 계획을 세우는 데에도 유용하게 사용할 수 있습니다. 몇 가지 추가 정보를 이야기해보죠.

- 양 끝에 코프(cope)를 만들어야 하는 다양한 길이의 몰딩은 가능한 피하세요. 코프는 가장 까다롭고 시간이 많이 걸리는 작업 중 하나입니다. 만약 양쪽으로 코프를 만들어야 하는 몰딩 길이가 너무 짧다면, 아마도 많은 시간과 재료를 낭비할 것입니다.
- 체계적이어야 합니다. 거실 주위를 시계 방향으로 작업하면 각 몰딩의 한쪽 끝만 코프를 만들면 됩니다. 그리고 대개 그 끝은 왼쪽 끝이 됩니다. 사각형의 방에서는 마지막 몰딩은 양쪽 끝에 모두 코프를 만들어야 할 수도 있으므로, 조금 벌어져 있을 경우를 대비해서, 그 부분이 방의 가장 눈에 띄지 않는 부분에 있도록 배치 계획을 세우세요.
- 바깥쪽 모서리(있을 경우)에서 시작하고 끝나도록 레이아웃을 계획하세요. 안쪽 모서리보다 바깥쪽 모서리를 미세 조정하기가 쉽습니다.
- 시작하기 전에 벽을 따라서 분필로 크라운 몰딩의 아래쪽 모서리를 표시하세요(흰색 분필이 가장 쉽게 지워집니다). 그런 다음 각각의 샛기둥 위치를 작게 표시해놓으세요.

Q 크라운 몰딩을 좋아하지만, 제 목공 기술이 모서리에 대해 연귀나 코프를 가공할 만큼 충분하지가 못해요. 더 간단한 시스템이 있습니까?

A 코너 블록을 사용할 수 있습니다. 이 방식은 미리 제작된 안쪽, 바깥쪽 코너 블록으로 구성되어 있으며 원하는 자리에 못으로 고정하는 것인데, 각 블록 사이의 공간은 양쪽 끝을 직각으로 자른 크라운 몰딩을 설치하는 것입니다. 코너 블록은 프로젝트 비용을 늘리고 모든 사람이 좋아하지는 않는 화려한 모습을 제공하긴 하지만, 거의 모든 사람들이 성공적으로 설치할 수 있는 시스템입니다. 벽이 길다면 '스플라이스 블록(splice block)'이 있습니다. 이 스플라이스 블록을 사용하면 몰딩의 양쪽을 직각으로 맞출 수 있습니다.

이것들 대부분은 블록과 크라운 몰딩의 프로파일이 일치하는 완벽한 키트입니다. 일반적으로 오크, 소나무, 1등급 MDF 또는 폴리우레탄 폼으로 만들어집니다.

Q 바깥쪽 모서리 부분의 크라운 몰딩을 평행하게 직각으로 만나게 하는 쉬운 방법이 있습니까?

A 할 수 있는 일이 두 가지 있습니다. 먼저, 작은 자투리 몰딩의 양쪽 끝부분을 연귀로 잘라 시험용으로 준비하세요. 그것을 한쪽 모서리의 아직 못을 박지 않은 몰딩에 맞대어 각도와 길이를 확인하세요. 둘째로, 크라운 몰딩 끝부분의 마지막 5cm 이내에 못을 박지 마세요. 이렇게 하면 모서리가 적절하게 만날 수 있도록 몰딩을 약간 비틀거나 들어 올리거나 내리는 작은 조정을 할 수 있습니다. 모든 것이 완벽히 잘 맞게 되면 조심스럽게 접착하고 끝부분에 못을 박으세요.

Q 저희 집 천장은 엠보싱 같은 오돌토돌한 질감이라서 크라운 몰딩이 천장에 평평하게 놓이는 것을 방해하네요. 해결책이 있나요?

A 몰딩이 벽에서 어느 정도 돌출하는지 파악하고, 그 폭과 일치하도록 나무 블록을 잘라낸 다음, 블록을 방의 가장자리로 돌리면서

> **TIP**
> **바깥쪽 모서리 문지르기**
>
> 때로는 몇 번이나 몰딩을 다시 잘라 맞춰봐도 바깥쪽 모서리에 생긴 머리카락 굵기 정도의 실틈을 없애지 못하는 일이 생깁니다. 그 실틈을 문질러주는 것으로 숨길 수가 있습니다. 스크류 드라이버의 날 옆면을 잡고 모서리를 따라 위아래로 문지릅니다. 이렇게 하면 모서리가 안쪽으로 조금 으스러지면서 실틈이 사라집니다. 이것은 걸레받이에도 적용됩니다.

팝콘 같은 질감의 튀어나온 것들을 긁어내세요. 이게 될까 하고 의심스럽겠지만 생각보다 쉽게 벗겨집니다.

Q 보통의 각도 절단기로 크라운 몰딩을 절단하는 가장 안전하고 정확한 방법은 무엇입니까?

A 뒤집으세요. 각도 절단기의 펜스를 벽면으로 생각하고 수평 정반을 천장으로 생각해보면 어떻게 생긴 것인지 상상하기 쉬울 것입니다. 먼저 몰딩이 천장과의 관계에서 어떤 각도로 위치하는지 결정합니다. 가장 일반적인 각도는 45°, 52°입니다. 크라운 몰딩의 작은 조각을 각도 절단기에 거꾸로 놓고 이리저리 움직이면서 몰딩 뒷면의 평평한 면이 펜스와 정반에 평평하게 놓이도록 합니다. 그림처럼 자투리 목재를 몰딩 끝선에 맞추어 각도 절단기 정반에 몰딩 가이드로 고정시키세요. 이것이 크라운 몰딩을 절단하는 동안 일정한 각도로 맞춰줍니다. 적절한 각도로 나무 블록을 켜서 몰딩 밑에 넣어주면, 몰딩을 자를 때 뒤를 받쳐줄 수 있어 더욱 안전하게 작업할 수 있습니다.

Q 복합 각도 절단기로 크라운 몰딩을 자르는 것이 더 쉽다고 들었습니다. 맞나요?

A 정반 위에 크라운 몰딩을 평평하게 놓고 자를 수 있기 때문에 쉽습니다. 톱의 기울기와 각도를 조정하는 것입니다. 예를 들어, 45° 크라운 몰딩의 바깥쪽 모서리를 자르려면 자르기 각도를 35.3°로 맞추고 톱날을 30° 기울이세요. 52° 크라운 몰딩의 설정은 31.6° 각도와 33.9° 톱날 기울기입니다. 복합 각도 절단기를 사용하는 경우에도 앞의 질문에서 설명한 것처럼 뒤집어서 자르는 방법이 더 잘 보면서 자를 수 있기 때문에 좋습니다.

Q 안쪽 모서리의 크라운 몰딩을 자르고 설치하는 가장 좋은 방법은 무엇입니까?

A 대부분의 안쪽 모서리가 실제로 직각이 아니기 때문에, 한쪽 몰딩 끝을 코프(cope)로 만들고 그것을 모서리 안쪽까지 맞춰놓은 다른 쪽 몰딩에 맞대는 것이 가장 잘 맞추는 방법입니다. 실톱(coping saw)을 사용하여 필요한 모양의 프로파일을 만들려면, 먼저 몰딩 끝부분을 안쪽 모서리 형태로 45°로 자르세요. 잘린 모서리를 따라

실톱(또는 지그쏘)을 일정한 각도로 유지하면서 뒤쪽으로 경사지게 잘라줍니다. 일단 코프를 자르면 줄(pile)과 사포를 사용하여 프로파일을 세밀하게 다듬으세요. 설치된 몰딩에 코프를 대어보아서 잘 맞는지 미세한 조정이 필요한지 확인하세요. 몰딩이 서로 더 잘 맞도록 하려면, 첫 번째 몰딩(안쪽 모서리에 닿아 있는)의 끝부분을 고정하지 않은 채로 두세요. 그러면 코프 몰딩과 맞춰볼 때 필요에 따라 조금씩 움직일 수가 있습니다. 또한 코프 몰딩의 다른 쪽 끝을 표시하고 최종 길이로 자르기 전에, 코프 프로파일이 단단히 잘 맞는지 꼭 확인하세요.

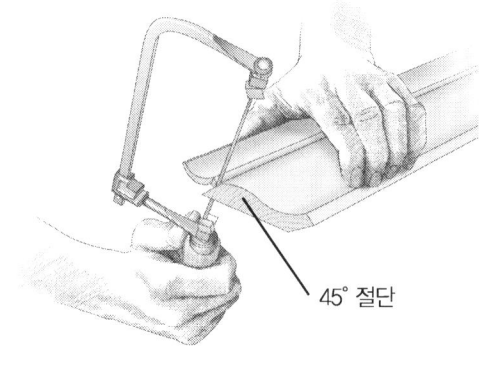

45° 절단

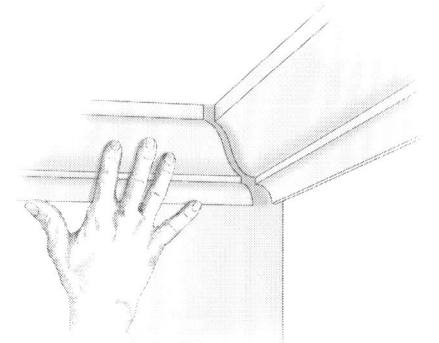

Q 테이블쏘를 이용해서 크라운 몰딩을 직접 만드는 목수들이 있다 들었는데요. 가능한 건가요?

A 예. 만약 공구상에서 쉽게 구입할 수 있는 크라운 몰딩을 오크나 소나무로 재현하려는 경우라면 귀중한 시간을 낭비하는 것이 될 수 있겠지만, 독특한 나무나 크기, 프로파일의 크라운 몰딩을 원한다면 직접 만들 수도 있지요. 올바른 크기와 곡률에 도달하기 위해서는 시행착오를 거치겠지만, 완성할 수는 있습니다. 먼저 테이블쏘에 60~80-톱니의 자르기용 초경 톱날을 설치하고 약 12mm 위로 올리세요. 이제 코브(cove) 가공을 시작하는데, 다음과 같은 여러 가지 변수가 있습니다.

- 톱날과의 관계에서 가이드 펜스를 설정하는 각도. 이 각도는 코브(cove)의 반경이나 곡률을 결정합니다. 각도가 클수록 반경이 커집니다.
- 가이드 펜스를 설치하기 위한 위치와 거리. 이것은 부분적으로 몰딩의 최종 크기에 의해 결정됩니다. 대칭 몰딩의 경우, 가이드 펜스를 날의 앞뒤 모서리에서 동일한 거리로 설정해야 합니다.
- 톱날의 높이. 이것은 몰딩의 코브를 얼마나 넓고 깊게 할지에 따라 결정됩니다.

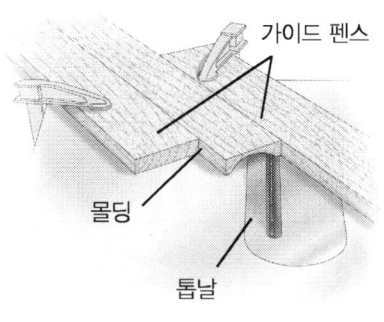
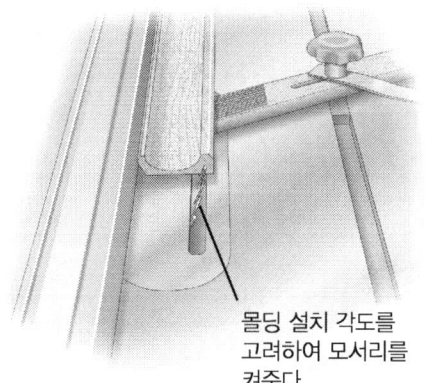

몰딩 설치 각도를 고려하여 모서리를 켜준다.

변수를 파악하는 가장 좋은 방법은 실험을 해보는 것입니다. 가장 좋은 방안을 추정해본 후, 두 개의 가이드 펜스를 클램핑하고, 톱날을 1.5mm 정도 정반 위로 올립니다. 테이블쏘를 켜고 밀대를 사용하여 실험용 목재를 톱날 위로 밀어줍니다. 톱날을 1.5mm씩 올리면서 곡선의 모양을 점검합니다. 코브에 알맞은 프로파일을 만들 때까지 펜스의 각도, 거리, 톱날 높이를 조정하세요. 모서리를 적절한 각도(알아내야 하는 또 다른 변수이쇼)로 켜줍니다. 모두 다 좋아 보이면 양산 체제로 들어갑니다. 마지막 톱질을 할 때는 톱날을 아주 미세하게 올려서 가공하세요. 이렇게 하면 샌딩 작업을 줄일 수 있습니다.

참고로, 이 방법을 실행하려면 톱날 보호장치와 스플리터, 라이빙 나이프 등을 제거해야 하므로 더욱 더 주의를 기울여야 합니다.

징두리벽과 패널 작업

Q 징두리벽(wainscot)과 허리 몰딩(chair rail)에 대한 정확한 높이가 있습니까?

A 천장이 2.4m나 2.7m인 방의 경우 권장 높이는, 몇 센티미터 차이 날 수는 있지만 80cm와 150cm입니다. 그 사이의 높이를 피하세요. 그렇지 않으면 방이 이상하게 반으로 자른 것처럼 보일 수도 있고, 아니면 아기 울타리(playpen) 안에 앉아 있는 것처럼 느껴질 수도 있습니다. 무언가 미심쩍다면, 큰 종이 박스 같은 것을 찾아서 당신이 생각하고 있는 높이로 잘라 징두리벽 모형을 설치한 다음 며칠 동안 지내보면 어떤 느낌일지 아실 수 있을 거예요.

Q 합판을 패널로 쓰고 몰딩을 붙인 징두리벽을 설치하고 있습니다. 못을 사용하지 않고, 몰딩을 수직면에 고정시켜 미끄러지지 않도록 하는 좋은 방법이 있습니까? 저는 못구멍을 메우는 것이 너무 싫거든요.

A 흔히 실타카라고 부르고 있는 공압식 '핀 타정기(micro pin nailer)'를 사용할 수 있습니다. 구멍이 매우 작아서 프라이머와 페인트가 그 구멍을 채워줍니다. 그러나 다른 방법도 있습니다. 마스킹 테이프는 접착제가 굳는 동안 짧고 가벼운 몰딩을 고정시켜줍니다. 좀 더 무거운 조각을 위해서는 이렇게 해보세요. 몰딩의 뒤쪽에 노란색 접착제(yellow glue)를 얇게 바르세요. 그 후에 15~20cm(순간접착제가 흰색 접착제(white glue)와 닿아도 좋습니다) 간격으로 순간접착제를 한 방울씩 발라주세요. 순간접착제는 수직 표면에 즉시 달라붙어 흰색 접착제가 경화될 때까지 몰딩을 제자리에 고정시킵니다.

노란색 접착제와 함께 핫멜트 접착제를 사용할 수도 있지만, 벽에 즉시 단단하게 고정시켜야 합니다. 경화된 핫멜트 접착제의 덩어리는 몰딩을 벽에 붙이는 게 아니라 약간 떨어뜨릴 수 있습니다.

Q 방에 징두리벽(wainscot)을 설치하고 있습니다. 징두리벽이 기존 문의 트림(trim)과 만나는 곳을 어떻게 처리합니까?

A 상황을 해결할 수 있는 한 가지 방법은 현재 있는 문의 트림 주위에 더 두꺼운 트림을 적용하여 징두리벽 가장자리에 닿게 하는 것입니다. 징두리벽 두께가 2.5cm인 경우 3.1cm 두께의 트림을 문 주위로 돌리세요. 이상하게 보일 경우(대개 도어 트림이 얇은 경우입니다), 문쪽 트림을 만나는 지점의 징두리벽 가장자리를 둥글게 처리할 수도 있습니다.

Q 허리 몰딩(chair rail)을 설치하여 벽에 페인트를 칠한 아래쪽 1/3과 벽지를 바른 위쪽 2/3 사이에 경계선을 만들고 싶습니다. 단순한 디자인으로 해보고 싶은데요. 어떻게 하면 될까요?

A 기성품을 구입하여 설치할 수 있습니다. 수십 가지 옵션이 있으므로 원하는

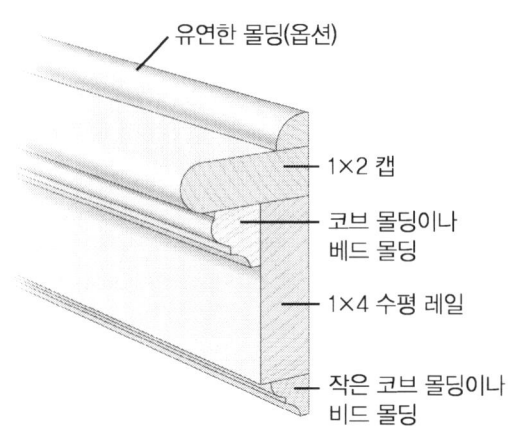

모양과 크기를 찾을 때까지 실험해보세요.

수평 레일을 설치하여 허리 몰딩의 시작점을 만듭니다. 이것은 당신이 설치하는 다른 모든 몰딩의 기준이 되므로, 매 40cm마다 뒤쪽 샛기둥에 60mm 마감못으로 박아서 단단히 고정시켜야 합니다. 그런 다음 캡 몰딩과 다른 몰딩을 붙이세요. 벽이 휘어 있거나 울퉁불퉁한 경우에는 캡 위쪽에 작고 유연한 몰딩을 사용하여 캡과 벽 사이의 틈새를 덮어주세요. 그 몰딩은 또한 벽지의 하단 가장자리를 덮어 감춰 줍니다.

Q 사람들이 '루바'라고 부르는 'T&G(Tongue-and-Groove) 패널'에 보이지 않게 못을 박는다고 하는데 어떻게 하는 것인가요?

A 그런 것을 '숨은 못치기(blind nailing)'라고 부르는데, 못을 혀(tongue) 밑으로 일정한 각도로 박는 것을 말하며, 다음 패널의 홈(groove)이 앞선 패널의 못 머리를 덮어서 감춥니다. 홈에 삽입된 혀가 이미 고정되어 있어, 홈이 그 자리에 고정되기 때문에, 홈이 있는 가장자리는 따로 못을 박을 필요가 없습니다. 첫 번째 패널의 홈은 제자리에 고정시켜주는 혀가 없으므로, 그 가장자리는 그림과 같이 표면에 못을 박아줘야 합니다.

숨은 못치기의 또 다른 이점은, 하나의 가장자리는 못 박히고 다른 하나는 다소 떠있기 때문에 넓은 판재가 균열 없이 쉽게 수축, 팽창할 수 있습니다. 같은 이유로 마루도 숨은 못치기를 하죠.

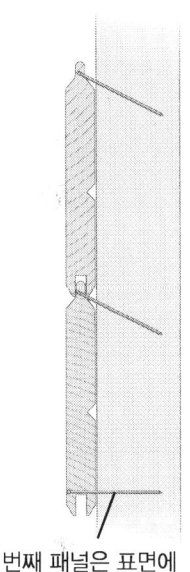

첫 번째 패널은 표면에 못을 박는다.

Q 이미 건식 벽체를 설치한 벽의 절반만 T&G 패널을 설치하려고 하는데, 윗부분에 어떻게 못을 박는 건가요?

A 각 패널의 아랫부분은 바닥의 2×4(38×89mm) 벽체 수평재에 고정될 수 있습니다. 하지만 당신 질문처럼 상단을 못 박는 곳은 띄엄띄엄 있는 샛기둥뿐이죠. 윗부분을 고정하려면 다음 두 가지처럼 해보세요.

1. 패널 상단 근처의 건식 벽체에 접착제(construction

adhesive)를 바르고 패널을 벽에 붙입니다. 접착제가 마를 때까지 비스듬하게 숨은 못치기를 하여 벽에 평평하게 고정합니다.

2. 뒷면에 노치(notch)가 있는 수평 패널 캡 몰딩을 사용하여 징두리벽의 윗면을 덮어줍니다. 패널 캡은 패널의 윗면을 덮고 40cm마다 샛기둥에 고정되어 패널이 벽에 단단하고 평탄하게 고정되도록 합니다.

프로젝트 | 평범한 재료를 사용하여 특별한 징두리벽 만들기

주방이나 거실을 징두리벽만큼 분위기를 좋게 바꿔주는 프로젝트는 드물죠. 그리고 그것을 만드는 데 굳이 대단한 목수가 될 필요도 없습니다. 매력적인 징두리벽을 만드는 간단한 방법이 있습니다. 여기에 언급된 기본 아이디어를 사용하여 자신만의 디자인을 만들어보세요.

1. 12mm MDF를 75cm에서 90cm까지의 폭으로 켜준 다음 건설용 접착제와 마감못을 사용하여 벽에 고정시킵니다.
2. 바닥에 수평으로 하단 가로대(rail)용 1×6(19×140mm) 구조목과 MDF의 상단에 상단 가로대(rail)용 1×4(19×89mm)를 설치하세요. 세로대(stile)의 크기와 위치를 결정하고 하단 가로대와 상단 가로대 사이에 설치하세요.
3. 각 프레임의 중앙에 12mm 두께의 MDF 솟은 알판(raised panels)을 노란색 접착제와 못으로 고정시키세요.
4. 솟은 알판의 외부 가장자리에 액자형태로 패널 캡 몰딩을 붙이세요.
5. 코브 몰딩이나 다른 몰딩으로 프레임의 내부 가장자리를 액자 형태로 만드세요. 1×2(19×38mm) 캡 몰딩을 설치하여 MDF 패널의 위쪽 가장자리와 1×4(19×89mm) 상단 가로대를 감춰주고, 그 아래에 몰딩 조각을 추가하여 틈새들을 숨깁니다.

계획을 세우고 시작하면 프로젝트도 더 좋아지고, 진행도 더 잘 될 것입니다. MDF 패널(1단계)의 이음새를 잘 정렬하여 수직 세로대 뒤에 숨어 있게 하세요. 징두리벽 한 섹션의 작은 모형을 만들어보면 내부의 솟은 알판과 몰딩들에 대한 적합한 크기나 비율을 결정할 수 있습니다.

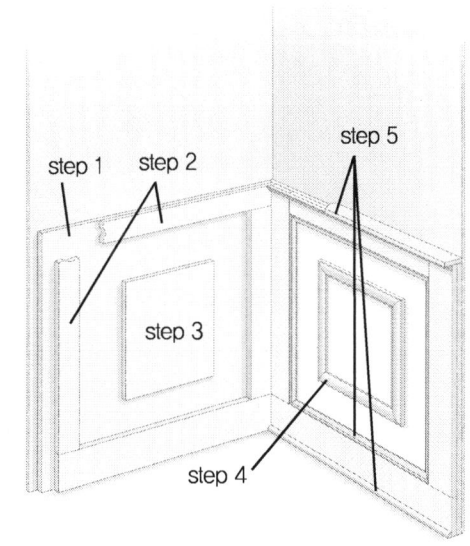

계단, 난간과 기둥

Q 지하실 계단의 손잡이를 설치해야 합니다. 어떤 높이가 되어야 하나요? 그리고 계단과 평행하게 설치하려면 어떻게 해야 합니까?

A 계단은 집에서 가장 위험한 지역 중 하나이기 때문에 안전을 위해 계단 설치 기준은 난간 손잡이와 관련하여 매우 구체적입니다. 손잡이는 최대 지름이 3.2cm 이상 3.8cm 이하인 원형 또는 타원형의 단면으로 해야 하며, 손잡이와 벽 사이에 최소한 5cm 이상 떨어지도록 하고, 계단이 끝나는 수평부분에서의 손잡이는 바깥쪽으로 30cm 이상 나오도록 설치해야 합니다.

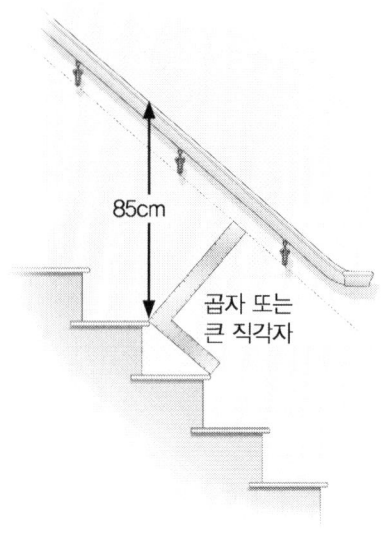

계단으로부터의 높이는 85cm가 되도록 해야 합니다. 손잡이의 위치를 결정하려면, 계단판(tread) 위로 85cm를 측정한 다음 (어린이가 있는 경우 더 작은 값을 사용해도 좋습니다) 분필로 선을 긋습니다. (흰색 분필이 가장 쉽게 제거할 수 있죠.) 분필선 아래로부터 손잡이와 손잡이 브래킷 높이를 측정하고 브래킷의 하단 장착 구멍 위치를 두 번째 분필선으로 그어줍니다. 두 번째 분필선을 따라 벽 뒤의 샛기둥을 찾아 나사 구멍을 표시하고 브래킷을 설치하세요.

직각자를 사용하면 측정이나 분필선을 긋는 작업을 줄일 수 있습니다. 계단판 두 개의 끝 모서리에 직각자 한쪽 다리를 대고, 다른 쪽 자에 원하는 높이를 표시하여 그 표시대로 벽에 브래킷 하부 나사 구멍을 표시해주는 방법입니다.

Q 어제 친구네 집에서 멋진 난간동자(baluster) 하나를 봤는데, 제가 만들 수 있는지 매우 궁금하더라고요. 제가 할 수 있을까요?

A 모든 것은 그게 얼마나 멋있을지에 달려 있습니다. 어떤 계단과 난간은 집의 다른 부분들보다 더 많은 예술적인 작업이긴 하지만 일반적인 목공 기술을 가진 사람이 난간동자와 함께 전통적인 난간을 만들 수 있는 시스템이 있습니다.

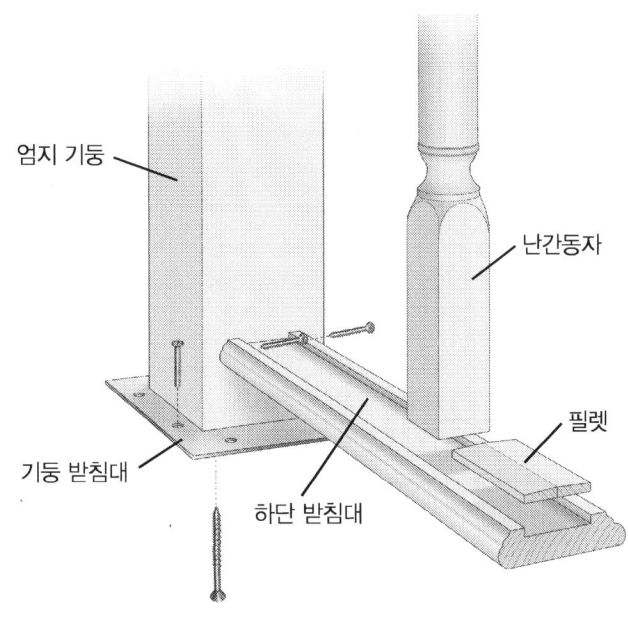

아마도 가장 쉬운 시스템은 필렛(fillet)이라 불리는 채움재와 난간동자를 고정할 수 있도록 고안된 홈 파인 하단 받침대(shoe)와 난간을 사용하는 시스템일 것입니다. 그것은 엄지기둥(newel post)과 벽 사이에 난간과 하단 받침대를 설치한 다음, 홈 파인 부분에 난간동자와 필렛을 배치하고 고정하는 작업입니다. 업체에서 제공하는 지침에 따라 이러한 시스템을 사용할 수 있습니다. 일부 부품은 특별 주문을 해야 할 수도 있습니다.

Q 우리 집 계단에 있는 엄지기둥이 흔들거려서 좀 위험해 보입니다. 다시 튼튼하게 만들 수 있는 쉬운 방법이 있습니까?

A 확실하게 고쳐야 하지만, 엄지기둥을 고정시키는 데 사용된 원래의 패스너는 거의 숨겨져 있거나 접근할 수 없거나 편심을 먹어 좀 이상해 보여서 아마도 쉽지 않을 것입니다. 시도해볼 몇 가지 사항은 다음과 같습니다.

- 만약 아래쪽에서 그 부분에 접근할 수 있다면, 엄지기둥의 일부가 바닥을 통과하는지 확인하세요. 그렇다면 아마도 장선에 볼트로 조이거나 보강재(blocking)로 고정되었을 것입니다. 볼트를 더 조이거나 추가하거나 보강재를 추가하세요.
- 때로는 바닥을 관통하여 너트와 와셔로 금속판에 고정되어 있는 전산볼트(threaded rod)가 보일 수도 있습니다. 그렇다면 너트를 조이세요.

- 엄지기둥의 바닥판을 살펴서, 그것을 계단 골조에 고정시키는 장착 볼트가 목심(wooden plug)으로 감춰져 있는지 확인하세요. 목심을 드릴로 파내고, 볼트를 다시 조이거나 새 볼트를 추가할 수 있습니다.
- 이 방법들 중 어느 것도 해당되지 않는다면, 엄지기둥을 제거하고(쉽지 않은 작업이죠), 엄지기둥 바닥고정판(mounting plate)를 사용하여 기둥의 바닥과 마루바닥에 나사를 조여서 다시 고정시킬 수 있습니다(앞 그림을 참조하세요). 이 방법을 사용하면 설치 후에 바닥고정판을 덮을 방법을 찾아야 합니다.

Q 반벽(halfwall)과 천장에 130cm의 8각형 기둥을 만들어야 합니다. 조립하는 동안 모든 조각들을 어떻게 잘 유지할 수 있을까요?

A 8개의 면을 모두 자르고, 길이, 폭, 각도가 모두 동일한지 확인하세요. 첫 번째 조각의 양쪽 모서리를 따라 5cm 폭의 테이프를 붙이고, 각 모서리 너머로 약 2.5cm 정도의 테이프를 남깁니다. 두 번째 조각의 한쪽 모서리에 테이프를 붙이고, 테이프를 붙이지 않은 모서리를 첫 번째 조각의 모서리에 바짝 붙여서 이미 붙여놓은 테이프로 고정하세요. 여덟 개의 판재가 모두 배치될 때까지 이 작업을 계속하세요.

경사지게 절단한 옆면에 접착제를 바른 다음 판재들을 세우세요(옆에서 도와주는 사람이 있으면 좋겠죠). 8각형으로 모양을 잡은 다음, 접착제가 굳는 동안 3개 이상의 밴드 클램프(band clamp)를 사용하여 고정하세요.

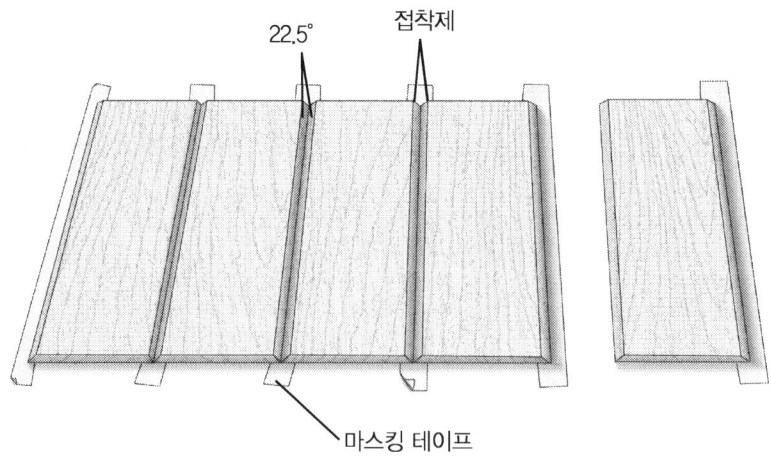

11. 실내, 실외의 다른 프로젝트들

항상 올바르게 행동하세요. 그러면 어떤 사람들은 감명을 받을 것이고, 나머지 사람들은 탄복하게 될 것입니다.

―Mark Twain

나무 마루를 설치하거나 지하실을 리모델링하거나 정자를 만드는 것 같은 목공 프로젝트는 이 책의 다른 장들에 잘 맞지 않았습니다. 이 챕터는 일종의 '주방 조리대를 제외한 모든 것'에 관한 것입니다. 즉, 이 챕터의 많은 주제와 프로젝트는 사람들이 가장 자주 다루고, 가장 유용하게 사용되는 것들이죠. 액자, 옷장 정리 시스템, 데크 만들기 같은 것은 대단히 인기도 많고, 실용적입니다. 우리는 이 챕터를 내부와 외부 프로젝트로 나누었습니다. 실내에서부터 시작해보죠.

마루

Q 나무 마루에 대해 이야기할 때, 오크, 더글러스 퍼(douglas fir), 단풍나무 중에 어떤 나무가 가장 단단한지 의견 차이가 나더군요. 누가 옳은가요?

A 목재 경도는 'Janka 경도 시험' 절차를 통해 측정됩니다. 이것은 나무 표면에 11.11mm(7/16 인치) 쇠구슬의 절반을 박는 데 필요한 힘의 양을 측정하는 것입니다. 실제로 바닥을 파손되지 않게 하고 싶다면, 쇠구슬을 박는 데 1,670kg 힘이 필요한 이페(ipe) 나무를 사용하세요. 일반적인 마루재 등급에 대해서는 다음을 참조하세요.

- 스트로브잣나무(white pine) - 180kg
- 더글러스 퍼(douglas fir) - 320kg
- 블랙 체리 - 430kg
- 레드 오크 - 585kg
- 화이트 오크 - 616kg
- 하드 메이플 - 657kg

Q 3×4m 크기의 침실에 1×4(19×89mm) T&G(Tongue-and-Groove) 단풍나무 마루를 설치하고 싶습니다. 얼마나 많은 재료가 필요할까요?

A 전체 면적은 12m²가 되지만, 마루재는 12m² 이상이 필요합니다. 처음에는 1×4의 사각 원목 마루재로 시작하지만, 혀(tongue)와 홈(groove)을 가공하여 노출되는 면은 76mm 정도 될 것입니다. 76mm 폭의 마루재는 단위미터당 넓이가 0.076m²이기 때문에, 침실을 덮을 수 있는 마루재의 총길이를 알기 위해서 12을 0.076으로 나눕니다. 이 경우에는 158m가 되는군요.

방이 단순한 직사각형이라면 잘려나가는 자투리를 생각해서 이 숫자에 5% 이상을 더해주세요. 방이 들쭉날쭉하거나 또는 이상한 각도로 되어 있다면 10%를 추가하세요. 가능하면 1×6(19×140mm) 사이즈의 마루재를 어느 정도 같이 주문해놓으세요. 그렇게 하면 마지막 줄에 100mm 정도의 공간이 생겼을 때 24mm의 좁은 폭으로 마무를 끝내기보다는, 1×6 판재를 원하는 폭으로 켜서 쓸 수 있습니다. 특히, 방이 정사각형이 아니고 마지막 판을 테이퍼 절단해야 하는 경우에는 좁은 판재들이 분명히 생깁니다.

Q 합판 마루 같은 공학 목재로 만든 마루는 미리 샌딩이 되어 있고(먼지가 없죠), 미리 마감되어 있고(냄새도 없죠), 함께 맞춰지게 됩니다(일도 적죠). 그런데 왜 사람들은 18mm 원목 마루를 설치하려 드나요?

A 두 종류의 마루에는 각각의 장단점이 있습니다.

18mm 두께의 원목 마루는 수백 년 동안을 유지될 수 있으며, 최대 8회까지 다시 샌딩하고 마감할 수 있습니다(또는 혀와 홈 깊이까지 샌딩할 동안). 당신이 선택하는 어떤 색상의 스테인이든 칠할 수 있고, 대부분의 주택 소유자에게 그것은 더 많은 개성과 더 단단한 느낌을 줍니다.

공학 목재 마루는 당신이 언급한 그런 모든 특성이 있습니다. 또한 콘크리트 표면 위에 설치하는 것이 훨씬 쉽고, 인접한 바닥 표면 사이에 높이 차이를 만들지 않습니다. 그러나 일반적으로 합판에 1.5~6mm 두께의 무늬목을 붙여 만들어졌기 때문에 대개 샌딩할 수 있는 기회가 한두 번뿐입니다(그리고 매우 신중하게 해야 합니다). 그리고 속이 비어 있는 소리와 느낌, 외관을 가지고 있습니다. 키친타월처럼 통나무에서 벗겨내지는 회전 취재법으로 만든 무늬목(rotary-cut veneer) 마루는 평행 취재(flat-cut)하거나 통나무에서 실제 목재처럼 잘라낸 무늬목을 사용하는 것보다 합판 티가 나고 인위적으로 보이는 경향이 있습니다.

Q 원목 마루를 설치하고 있는데, 마루 타정기(floor nailer)를 빌려야 할지 아니면 제가 직접 손으로 못을 박아야 할지 고민이네요. 어떻게 하는 게 좋을까요?

A 마루 타정기를 빌리세요. 시간과 돈을 잘 쓰는 일이 될 겁니다. 몇 가지 유형이 있습니다. 어떤 것은 ㄷ자 스테이플을, 다른 것은 고리못(cleated nail)을 사용하고, 어떤 것은 에어 컴프레서로, 다른 것은 순전히 힘으로 작동합니다. 유형에 관계없이, 그것들은 모두 타정기가 해줬으면 하고 당신이 바라는 두 가지 일을 모두 해줍니다. 패스너를 설치하는 동안 마루 판재를 단단히 잡아주죠. 패스너는 혀(tongue)의 뒷부분을 통해 비스듬히 박히며 못머리가 감춰지도록 다음 판재로 덮어줍니다. 마루 타정기는 패스너를 박는 각도를 감각적으로 맞춰가며 작업할 필요 없이 일정하게 맞춰주며, 망치질을 잘못해 바닥을 손상시킬 가능성도 줄여줍니다. 팔운동을 좀 하게 되지만 마루는 제대로 설치됩니다.

Q 마루 타정기로 첫 번째 줄을 설치할 때 마루재를 제자리에서 밀치는 듯 보입니다. 마루재가 잘 버티고 있게 하려면 첫 번째 줄은 벽에 대줘야 하나요?

A 아닙니다. 벽이 굽이쳐 있거나 직각이 아닌 경우에 벽을 시작점으로 사용하면 마루 전체가 굽이치거나 직각이 아니게 됩니다. 다음과 같이 작업하는 것이 중요합니다.
- 마루의 나머지 부분이 똑바로 되도록 하고 시작하세요.
- 마루 타정기는 강한 타격으로 고정시키는 것이라 마루재가 헐렁하게 제자리를 벗어날 수 있습니다. 때문에 견고하게 고정한 상태에서 시작하세요.

벽에서 약 12mm 떨어진 곳에 직선을 그어준 다음, 마루재의 첫 번째 줄의 홈이 있는 가장자리를 직선과 정렬하고, 아래쪽 장선에 똑바로 못을 박으세요. 두 번째 줄을 첫 번째 줄에 단단히 끼우고, 표면에 못을 박거나 혀(tongue)를 통해 손으로 조심스럽게 숨은 못치기를 하세요. 첫 번째 줄이 제자리에서 벗어나지 않도록 잘 고정하고, 마구리 연결부위를 적어도 60cm 정도 엇갈려 배치하세요.

처음 두 줄을 단단하게 제자리에 고정시킨 후에는 마루 판재들이 잘못 설치될 염려 없이 타정기를 사용하면 됩니다. 타정기는 마지막 몇 줄을 설치할 때는 공간이 나오지 않기 때문에 손으로 표면 못질이나 숨은 못치기를 해야 합니다. 마루 설치가 끝나면 첫 번째 줄에 못머리가 표면 밑으로 들어간 것들을 찾아 구멍을 퍼티로 채워줍니다.

Q 거실에 원목 마루를 설치하려고 하는데, 주방이나 욕실 바닥이랑 맞닿는 곳을 어떻게 처리해야 하나요? 주방의 비닐 장판은 훨씬 낮고, 욕식의 타일 바닥은 거의 같은 높이입니다.

A 대부분의 상황과 높이 차이를 해결할 수 있는 특수한 몰딩이 있습니다. 때로는 정확하게 맞추기 위해 약간은 변형해야 하지요. 원목 마루 리듀서(reducer)는 18mm 두께에서부터 테이퍼 처리되어 바닥까지 내려가는 것으로 주방의 비닐장판과도 맞출 수 있습니다. T-몰딩 또는 트랜지션 몰딩(transition molding)은 하단 모서리를 따라서 부드럽게 낮춰지게 되어 있어 상단 모서리가 양쪽 마루의 모서리를 약간 겹쳐서 숨겨줍니다. 이것은 욕실 문에서 사용할 수 있는 최고의 몰딩일 수 있습니다.

리모델링 기본 사항

Q 저는 오래된 창문 몰딩을 보수하고 재사용하려고 합니다. 하지만 제가 오래된 못을 뽑아내면, 페인트와 나무 덩어리가 함께 나옵니다. 어떻게 하면 나무를 망가뜨리지 않고 재활용할 수 있을까요?

A 몰딩의 뒷면을 통해 못을 당겨보세요. 옥집게(end nipper or end cutter)로 최대한 몰딩에 가깝게 못을 잡고, 몰드 뒤쪽을 이용하여 지렛대 원리를 이용하여 뽑아 올립니다. 적당한 힘을 찾는 데 몇 번은 시도가 필요하겠지요. 못을 너무 단단히 잡으면 잘라질 수 있습니다. 바이스플라이어(locking plier)로 뽑을 수도 있습니다. 좀 덜 우아한 방식으로는 못을 펀치로 뒤쪽으로 쳐내는 방법도 있습니다.

Q 제 이웃이 지하실에 어두운 색의 4×8 원장 판재를 설치했습니다. 겨울에는 하얀 건식 벽체 아래로 이음매가 벌어지며 얇은 띠가 보입니다. 지하실에 패널을 설치할 때 이런 일을 어떻게 피할 수 있습니까?

A 합판 패널도 습도 변화에 따라 약간 수축, 팽창을 합니다. 지하실은 특히 넓게 휘어지기 쉽습니다. 패널을 설치하기 전에 이음새가 떨어지는 부분에 패널과 같은 색의 페인트를 5cm 폭으로 발라놓으세요. 틈이 생겨도 눈에 띄지 않습니다.

Q 패널에 콘센트 구멍을 측정하고 표시할 때 자꾸 잘못된 위치에 한 것처럼 보여요. 실수 없이 할 수 있는 간단한 팁이 있을까요?

A 치수를 측정하고 옮겨 그리는 대신, 패널의 뒷면에 그 자리를 직접 표시하세요. 콘센트 상자 둘레에 립스틱(물론 반드시 립스틱이라는 건 아니죠. 잘 묻어나는 것이면 어느 것이든 좋습니다)을 문질러 칠해놓고, 패널을 배치하여 벽에 대고 누릅니다. 립스틱이 패널의 뒷면에 자기 자리를 그대로 표시하고, 콘센트 상자의 외곽선을 누구나 알아보게 만들어줍니다. 이 기능은 실제 콘센트가 아직 설치되지 않은 상자에서만 가능하겠죠.

Q 집을 새로 샀는데, 이전 주인이 오크색 페인트를 칠했더군요. 페인트를 벗기는 데 어떤 게 좋은가요?

A 페인트 리무버(paint stripper)가 필요하군요.

- 수직면에 잘 달라붙으며
- 위험하거나 해로운 증기를 방출하지 않고
- 안전하고 사용하기 쉬워야 합니다.

가장 좋은 제품은 콩으로 만든 리무버입니다. 사용하려면 몇 시간 또는 밤새 그대로 두어야 하지만, 사용하는 것은 매우 안전합니다. 언뜻 보기에는 비싸지만 다른 리무버처럼 증발하지는 않기 때문에 한 번만 두껍게 칠해주면 됩니다. 또한 긁어낸 덩어리를 몰딩의 다른 부분으로 옮겨서 다시 사용할 수 있습니다. 수성 리무버도 좋은 선택입니다.

Q 거실에 큰 창문과 문을 설치하고 있습니다. 시공업자가 골조개구부(rough opening) 크기를 나열하더군요. 그게 무언가요?

A 제조사의 문서들은 일반적으로 '프레임 크기' 또는 '단위 치수'를 나열합니다. 이것은 창이나 문의 실제 치수입니다. '골조개구부'(RO)는 문이나 창문이 들어맞는 프레임을 만들어야 하는 크기입니다. 일반적으로 골조개구부는 실제 창이나 문(또는 '단위 치수')보다 12mm 더 큽니다. 이 차이는 얇은 심을 사용하여 개구부 속의 프레임을 수직, 수평으로 맞추는 데 필요한 공간을 제공합니다(개구부는 약간씩 안 맞을 가능성이 있습니다).

골조개구부에 주의를 기울이세요. 너무 작게 만들면 문이나 창문이 제대로(또는 전혀) 안 맞을 수 있습니다. 너무 크게 만들면 심과 간격재를 많이 추가해야 하기 때문에 안전성이 낮고 비바람에 약할 수 있습니다.

Q 지하실을 리모델링하고 있습니다. 건식 벽체를 작업하던 친구가 '받침(backing)'을 잊지 말라고 소리치더군요. 그게 뭐죠?

A 받침은 나무 보강재(blocking) 밑에 놓여 무언가를 고정할 수 있도록 하는 것입니다. 그 '무언가'는 일반적으로 다음과 같은 것들입니다.

- **건식 벽체.** 벽과 벽, 벽과 천장이 서로 교차하는 곳에 받침이 있어야 하므로, 건식 벽체의 끝과 가장자리에는 고정해야 할 무언가가 있습니다.
- **비품과 액세서리.** 욕실에 손잡이나 세면기를 설치하거나 TV 벽걸이 받침대, 대형 조명기구 또는 다른 무거운 물건을 설치할 때, 장착 나사가 단단히 물릴 수 있도록 받침을 설치해야 합니다.

- **선반.** 선반을 설치하려고 계획하는 경우 받침대나 브라켓을 지지할 수 있는 받침을 설치해야 합니다.

수납과 선반

Q 선반, 서랍, 행거봉이 있는 옷장 정리 시스템을 설계하고 있습니다. 옷의 종류에 따라 얼마만큼의 공간을 계획해야 합니까?

A 옷 종류별 공간 할당에 대한 몇 가지 예들은 다음과 같습니다.
- 드레스 - 수직 간격 180cm, 봉 간격 38mm
- 셔츠 - 수직 간격 100cm, 봉 간격 38mm
- 바지 - 수직 간격 120cm, 봉 간격 38mm
- 정장, 재킷 - 수직 간격 100cm, 봉 간격 63mm
- 여자 구두 - 선반 폭 17~20cm
- 남자 신발 - 선반 폭 22~25cm
- 접힌 옷 - 폭 25cm × 깊이 30cm
- 접힌 스웨터 - 폭 30cm × 깊이 40cm × 높이 7.5cm

Q 옷장의 내부 공간을 가장 효율적으로 디자인해보려는데 매우 어렵네요. 어떤 팁이 있을까요?

A 옷장을 비운 다음 18mm 폭의 마스킹 테이프를 사용하여 뒤쪽 벽에 선반들과 봉, 서랍 등을 상상하는 대로 표시하세요. 이 시각 도구는 효율적인 공간 레이아웃을 결정하는 데 도움이 됩니다. 선반과 봉이 적절한 범위 내에 있는지 확인하고 옷장 문이 만들 계획인 서랍이나 문과 간섭되는지 확인하세요.

Q 원형 톱으로 멜라민 코팅 선반을 절단하려고 하는데, 뜯기지 않게 하려면 어떻게 하나요?

A 60 또는 80-톱니 수의 초경 톱날을 사용하고, 절단할 때 재료 위로 3mm만 돌출되도록 톱날을 조정하세요. 자투리 부분이 떨어져 나갈 때 멜라민이 부서지지 않도록 선반을 2×4 구조목으로 지지하세요. 선반의 좋은 면을 아래로 향하게 해서 자르세

요. 아랫면이 덜 부서지고, 표면이 톱의 덮개에 의해 손상되지 않기 때문입니다.

Q 18mm 무늬목 선반을 옷장에 설치하고 있어요. 선반이 처지지는 않게 받침대를 가장 멀리 떨어져 있게 하려면 어떻게 하면 좋을까요?

A 선반 지지 브래킷은 80cm 이하로 설치해야 합니다. 그리고 뒤쪽 가장자리를 지지하기 위해 벽을 따라 수평 판재를 설치하면 선반의 처짐이 줄어듭니다.

Q 어떤 기사를 보니까, 미국향나무로도 불리는 아로마틱 시더(aromatic cedar)가 천연 나방 방충제라고도 하고, 다른 데에서는 부풀려진 이야기라고도 하고 그러네요. 지금 옷장을 만들고 있는데요. 아로마틱 시더로 사용하는 것이 좋을까요?

A 나방 성체가 아니라 애벌레입니다. 그게 옷을 갉아먹죠. 좋은 소식이라면, 작고 밀폐된 곳에 있을 때 아로마틱 시더의 향기가 실제로 부화하는 나방의 애벌레를 죽일 것이라는 것입니다. 나쁜 소식은 그 향기가 나방 성체와 알들에게는 영향을 그다지 미치지 않는다는 것입니다. 또한 옷장과 같은 넓은 공간에서는 향기가 넓게 퍼져 부화하는 유충에게도 별로 영향을 미치지 않을 수 있습니다. 어떤 사람들은 아로마틱 시더로 탄탄한 구조의 옷장이나 서랍장을 만드는 것이 아로마틱 시더를 그 안에 넣어놓는 것보다 더 나방과 유충을 막는 데 역할이 더 크다고 주장합니다.

즉, 아로마틱 시더의 냄새와 그것이 옷에 전해주는 향기를 즐긴다면 그것을 사용하면 됩니다. 해롭지도 않거니와 도움이 될 수 있습니다. 나무에 페인트나 스테인을 칠하거나 코팅하지 마세요. 오히려 유익한 효과들을 감소시키게 될 거예요. 한두 해마다 한 번씩 가볍게 샌딩해주면 향기가 되살아나고 다시 활기 있는 나무가 될 것입니다.

액자와 액세서리들

Q 그림, 매트, 이중 강화 유리의 무게를 지탱할 수 있는 대형 액자를 여러 개 만들고 있습니다. 결합부를 어떻게 더 튼튼하게 할 수 있을까요?

A 몇 가지 할 수 있는 것들이 있네요.
- 연귀에 접착제를 많이 바르세요. 연귀의 마구리 부분에 있는 열린 관공은 접착제

가 달라붙을 길이방향 나뭇결이 적다는 것을 의미하며, 관공 자체가 접착제를 빨아들이기 때문에 문제가 더욱 악화됩니다. 일반적인 경우보다 더 많은 접착제를 사용하거나 에폭시 접착제를 사용하여 이를 방지하세요.

- 각 코너에서 길이 방향으로 무두못을 박아주세요. 미리 못구멍을 뚫거나 타정기를 사용하세요. 아니면 프레임이 틀어질 수 있습니다.
- 결합 부위를 강화하세요. 프레임의 두께가 충분히 두꺼운 경우 비스킷, 갈매기형 또는 주름형 액자핀(corrugated fastener), 꽂임촉 또는 포켓홀 나사못을 사용하여 강도를 더해주세요.

Q 액자 몰딩을 사보려 했는데 너무 비싸더군요. 제가 직접 만들 수도 있을까요?

A 예, 라우터나 라우터 테이블이 있다면 수백 가지 방법이 있습니다. 긴 목재를 먼저 라우팅한 다음 프레임 부재를 절단하고 조립하면 최상의 결과를 얻을 수 있습니다. 기본 단계는 다음과 같습니다.

1. 매트, 그림, 유리 그리고 뒤판의 두께를 측정한 다음 라우터와 라베팅 비트를 사용하여 이 재료들의 두께를 수용할 수 있을 정도의 깊이로 반턱을 가공합니다.
2. 라우터와 원하는 모양의 비트를 사용하여 긴 목재의 가장자리를 따라 프로파일을 만듭니다.
3. 매트나 그림의 외부 치수를 측정한 다음 3mm를 추가하여 프레임 부재를 길이대로 자르세요(반턱의 안쪽 모서리도 측정하고 표시해줘야 합니다).
4. 접착제를 바른 후 프레임의 모서리를 클램핑하거나 못을 박아줍니다.

또 다른 방법은 조립된 몰딩으로 프레임을 만드는 것입니다. 긴 길이의 몰딩을 접착제로 접착한 다음, 원하는 길이대로 자르고 접착제를 붙여 프레임을 만들거나 몰딩 부재 그대로 잘라 프레임을 만들 수 있습니다.

라우터로 액자 프레임 가공하기

라운드오버 비트
유리
반턱
코브 비트
매트
사진
테이프
뒤판

몰딩 프레임 만들기

1×3
유리, 매트, 그림, 뒤판
코브 몰딩
문받이

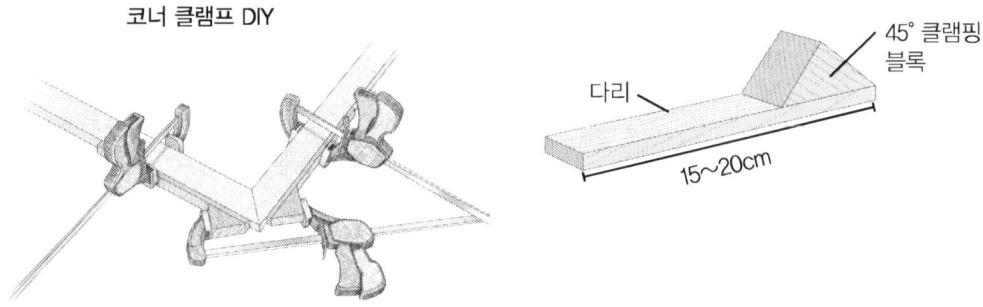

Q 액자를 붙일 때 코너 클램프(corner clamp)를 사용해보았습니다. 그런데 사용하기도 어색하고 충분한 압력을 가하는 것 같지도 않아요. 모서리를 고정시키는 좋은 방법은 무엇인가요?

A 12mm 합판과 삼각형 블록을 사용하여 직접 코너 클램프를 만드실 수 있습니다. 그림과 같이 적어도 8개의 지그(jig)를 만드세요. 다음과 같이 사용해보세요.

1. 코너 지그의 '다리'를 각 프레임 판재의 연귀 가공된 끝부분에 클램프로 고정하세요.
2. 부재를 맞추고 연귀 부분에 접착제를 바르세요.
3. 세 번째 클램프를 사용하여 클램핑 블록을 서로를 향해 당겨서 연귀를 조입니다.

네 모서리를 모두 고정하고 적어도 한 시간 동안 클램프를 제자리에 두세요. 상자 만들기, 창문 트림 또는 다른 여러 프로젝트의 연귀 부분을 클램핑할 때에도 이와 동일한 기본 기술을 사용할 수 있습니다.

Q 둥근 액자를 만드는 것은 많이 어려울까요?

A 생각보다 쉽습니다. 크러스트 피자를 생각해보세요. 바깥쪽 크러스트를 프레임으로 가진 큰 피자나 파이처럼 사진 액자를 생각해보시는 겁니다.

1. 합판에 큰 컴퍼스(또는 줄자에 나사못을 걸어서)를 사용하여 프레임의 안쪽과 바깥쪽 가장자리를 나타내는 두 개의 원을 그립니다.
2. 원의 중심을 통과하는 선을 하나 그린 다음, 피자를 자르는 것처럼 원을 6개 또는 8개의 동일한 모양의 조각으로 나눕니다. 프레임이 클수록 더 많은 조각이 필요합니다. 프레임을 피자의 크러스트(좀 넓은 크러스트네요)로 상상해보시고, 각 조각마다 크러스트를 만들 때 필요한 판재의 폭을 결정하세요. (그림의 예에서는 양 끝을 22.5°로 자른 두께 18mm, 폭 180mm의 나무를 사용했습니다.)

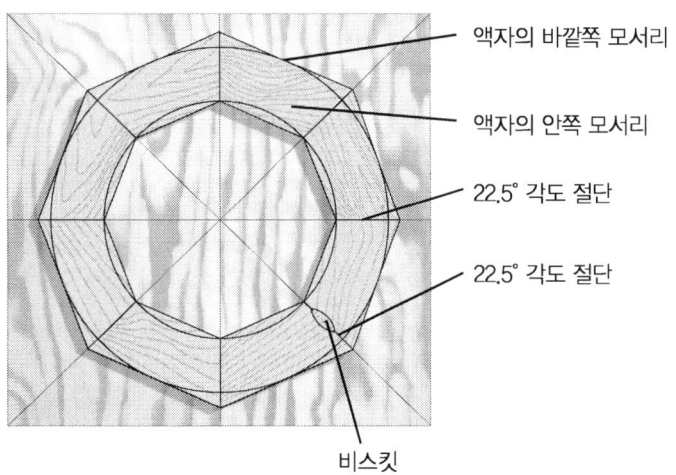

- 액자의 바깥쪽 모서리
- 액자의 안쪽 모서리
- 22.5° 각도 절단
- 22.5° 각도 절단
- 비스킷

3. 각도 절단기를 사용하여 여덟 개의 조각을 자른 다음, 접착제와 비스킷 또는 꽂임촉을 사용하여 끝과 끝을 결합하고 여덟 면 프레임을 만듭니다. 접착제가 굳고 나면 중심을 찾은 다음 컴퍼스나 줄자를 사용하여 프레임의 안쪽과 바깥쪽 경계를 한 번 더 표시하세요.

4. 마지막으로, 지그쏘, 스크롤쏘 또는 밴드쏘를 사용하여 프레임을 둥글게 자릅니다. 라우터와 라베팅 비트를 사용하여 유리, 매트와 그림을 넣을 수 있도록 뒷면 안쪽 가장자리에 반턱을 가공합니다.

TIP

코일 스프링을 코너 클램프로

사진 프레임을 조립하기 위해 구입할 수 있는 수십 개의 지그와 클램프가 있습니다. 하지만 당신이 직접 만들 수 있는 것도 그렇게 수십 가지는 됩니다. 아마도 가장 단순한 것은 코일 스프링으로 만든 것입니다. 그것을 만들기 위해서는 쇠톱을 사용하여 코일 스프링에서 거의 완전한 원 모양으로 잘라낸 다음, 벨트 샌더나 그라인더를 사용하여 끝을 뾰족하게 만드세요. 프레임의 연귀 부분에 접착제를 바른 다음 코일 스프링의 끝을 벌려서 결합부에 압력을 가하며 나무에 물릴 수 있도록 위치를 정하세요.

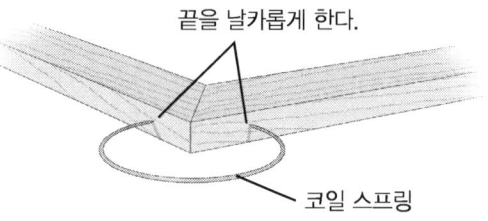

- 끝을 날카롭게 한다.
- 코일 스프링

11. 실내, 실외의 다른 프로젝트들

장난감

Q 인형의 집이나 가구를 만들기 위한 표준 크기나 비율이 있습니까?

A 표준 비율은 1:12입니다. 1cm가 실제로는 12cm인 것이죠. 그 규모를 감안할 때 전형적인 방은 약 25×25cm, 침대는 약 10×15cm, 의자는 약 5×5cm, 성인 거주자는 약 15cm입니다. 당신이 더 크거나 작은 비율로 만들 수는 있지만, 구입할 수 있는 대부분의 가구나 액세서리는 1:12 비율에 맞춰져 있습니다.

Q 아이들 장난감을 만들려고 실제 사이즈의 재료표를 만들어 주문을 넣었어요. 그것을 합판에 제가 직접 옮긴다면, 어떻게 하는 게 가장 좋은 방법일까요?

A 큰 크기의 롤 먹지를 사용해보세요. 보통 30mm 이상의 다양한 폭을 가진 롤로 말려 있으며 수십 번 재사용할 수 있고 온라인에서 구입할 수 있습니다. 먹지를 나무에 붙여놓고 그 위에 패턴을 놓은 다음 패턴을 따라 나무로 옮겨 그립니다.

Q 제 딸을 위해 장난감 보관 상자를 만들고 있습니다. 어떻게 안전한 것을 만들 수 있을까요?

A 장난감 상자는 세 가지 위험 요소를 안고 있습니다. 물론 적절한 디자인과 하드웨어로 그것들을 피할 수 있죠.

- 75~85° 사이에서 뚜껑이 열린 상태로 멈추어 있는 장치, 흔히 '수대'라고 부르기도 하는 스테이(stay)와 함께, 부드럽게 닫히는 댐핑 경첩 같은 것을 사용하면 손가락이 끼거나 뚜껑이 쾅하고 닫히는 사태를 막을 수 있습니다. 어떤 것은 마찰에 의해 작동하고, 어떤 것들은 피스톤이나 스프링을 사용하기도 합니다.
- 상자의 옆면이나 뒷면에 긴 홈이나 통풍구(vent hole)를 뚫어놓으면 질식을 막을 수 있습니다. 다르게는, 전면 패널의 상단을 넓게 잘라 내거나 아래로 낮춰놓으면 뚜껑을 열 때 통풍구 역할과 손 보호를 위한 공간을 모두 제공해줍니다. 장난감 상자를 잠궈두려고 걸쇠나 잠금장치를 달지는 마세요.

Q 제 손주 생일 선물로 어린이용 가구나 장난감을 만들어줄까 해요. 염두에 두어야 할 안전 사항이 있다면 무엇일까요?

A 국가기술표준원 홈페이지에서 안전기준을 열람할 수 있습니다. 그중 어린이 제품

안전 기준을 확인해보시면 가구나 완구, 각종 제품들에 대한 산업통상자원부의 안전기준이 공개되어 있습니다. 가장 중요한 가이드라인은 다음과 같습니다.

- 목재의 날카로운 가장자리가 없어야 합니다. 둥글게 만들어주세요. 나사선이 있는 볼트 또는 막대의 접근 가능한 끝부분에는 날카로운 모서리와 거스러미가 없어야 합니다. 날카로운 모서리를 제거하거나 평평한 보호 덮개로 덮어주세요.
- 유해물질이 없는 무독성 마감재를 사용하세요.
- 서랍장은 쓰러지지 않게 만들어야 합니다. 높이가 762mm 이상이 되면 벽에 고정해줘야 합니다.
- 가구에 부착되어 있거나 포함되어 고정된 올가미, 고리의 형태로 엉킬 수 있는 끈 또는 고무줄은 25N±2N의 인장력으로 측정 시 자유 길이가 220mm 미만이어야 합니다.
- 깨지거나 접착한 것이 떨어질 수 있는 작은 부품은 피하세요(삼킬 위험이 있습니다).
- 손가락이 끼거나 눌릴 수 있는 장치나 구멍을 피하세요.

정리하면, 날카로운 것은 없애고, 끼거나 눌리거나 넘어지거나 감기는 어떤 위험 요소들도 없게 만들어주세요.

Q 제 조카를 위해 하드우드로 장난감을 만들고 있는데, 안전한 마감을 하려면 무엇으로 하는 게 좋을까요?

A 부엌 그릇에 사용하도록 만들어진 샐러드 그릇 마감재(salad bowl finish)가 좋습니다. 미네랄 오일이나 호두 오일도 안전합니다. 대부분의 다른 마감도 30일 동안 경화한 후에는 안전한 것으로 간주됩니다.

데크, 현관, 정자

Q 방부목(treated lumber)으로 만들어진 오래되고 작은 정자를 새로 큰 것으로 교체하려 합니다. 오래된 데크에서 나온 그 나무들을 태워버려도 될까요?

A 아닙니다. 그 구조물이 몇 년 이상 된 경우, 크롬화 동 비산염(CCA, Chromated Copper Arsenate)으로 처리된 목재를 사용하여 건축되었을 것이며, 연기와 재에는 독성 화학 물질이 포함될 수 있습니다. 오래된 데크를 철거하려면 장갑을 착용하고, 방진 마

스크를 착용하여 먼지가 흡입되지 않도록 하세요. 정원 테두리 또는 저장 창고로 사용하는 등 좋은 재활용 방법을 찾아보세요. 그렇지 않으면 폐기물로 처리하세요.

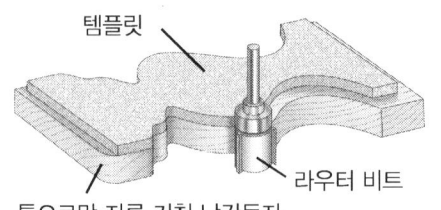

Q 저희 집이 좀 오래돼서 베란다를 확장하려고 하는데, 기존 난간하고 똑같은 것들을 그대로 만들고 싶어요. 난간동자는 평면인데 좀 장식적입니다. 40개를 만들어야 하는데 가장 좋은 방법은 무엇일까요?

A 기존의 난간동자 중 하나를 떼어내고, 조심스럽게 6mm 하드보드에 그 모양을 대고 옮겨 그리세요. 매우 조심스럽게 프로파일을 잘라내고 가장자리를 샌딩하세요. 템플릿을 만드는 것이므로 정확하게 만들기 위해 시간을 충분히 쓰셔야 해요. 한번 만들면 결함이든 완벽함이든 40번을 반복하게 되는 것이죠.

판재에 템플릿을 놓고 그 모양대로 연필로 따라그리세요. 선 바깥쪽으로 3~6mm 정도의 거리를 유지하면서 지그쏘나 밴드쏘를 사용하여 프로파일을 대략적으로 자르세요. 클램프나 나사못으로 템플릿을 판재 뒷면에 고정시킨 다음, 라우터에 패턴 비트를 장착하고 난간 동자를 최종 모양으로 가공합니다. 톱을 사용하여 대략적으로 자르는 단계를 건너뛰고 라우터로 바로 모든 작업을 수행할 수도 있지만, 다만 그렇게 하면 라우터도, 비트도, 당신도 모두 더 많은 에너지를 써야 합니다.

Q 새 데크에서 방부목 상판들은 어느 정도 간격을 둬야 합니까?

A 완전하게 인공 건조된 목재의 경우, 표준 간격은 4mm 간격입니다. 그러나 대부분의 방

> **TIP**
>
> **무작정 파지 마세요**
>
> 도시가스, 전기, 전화, 수도 또는 케이블 라인은 매우 놀랄 만한 장소들에 묻혀 있습니다. 울타리를 설치하거나 데크를 만들거나 나무를 심거나 굴삭기를 이용하는 어떤 프로젝트를 다루든 먼저 굴착공사 정보지원센터 1644-0001로 전화하세요. 전화, 모바일, 인터넷으로도 신고 가능합니다. 도시가스사업이 허가된 지역에서 구멍 뚫기, 말뚝 박기, 터파기 등의 굴착공사를 하고자 하는 자는 신고 대상입니다. 신고 제외 대상은 토지소유자 또는 점유자가 부지 내에서 행하는 인력에 의한 굴착공사, 농지 경작을 위한 깊이 45cm 미만의 굴착공사, 도시가스사업자가 가스배관의 위치를 확인하기 위한 수작업에 의한 굴착공사입니다. 미리 계획을 잘 세우고 점검한 후에 시작하세요.

부목은 화학적 처리로 인해 수분 함량이 높습니다. 목재를 몇 주 동안 자연건조시킬 수는 있지만, 그동안 휠 가능성이 있죠. 가장 좋은 방법은 목재를 단단히 맞대어 놓는 것입니다. 나무가 건조되면서 적당한 간격이 될 것입니다. 일반적으로는 합성목재로 데크를 설치할 때, 횡간격은 4~6mm, 종방향 간격은 5(하절기)~8(동절기) mm, 벽면이나 마감 간격은 10~12mm로 하고 있습니다.

Q 새 데크 판재를 설치할 때 껍질 방향인 나무 바깥쪽을 위로 하는 게 좋은가요, 아래로 하는 게 좋은가요?

A 이 논쟁은 수십 년 동안 지속되고 있는데, 양쪽에 모두 장단점이 있습니다. 그러나 가장 좋은 조언은 '더욱 좋아 보이는 면'이 위로 향하게 하여 데크 판재를 놓는 것입니다. 둥근모(wane, 껍질이 느슨하거나 떨어져 나간 판재의 가장자리를 말하는 것으로 통나무 원목의 옆을 잘랐을 때 나무에 모서리에 남아 있는 둥근 부분을 말합니다)와 윤할(shake, 나무가 생장 과정에서 받는 내부응력으로 인해 목재조직이 나이테에 평행한 방향으로 갈라지는 결함입니다. 나무의 안쪽 표면에서 가장 빈번한 결함이죠)을 주의하세요. 판재를 설치하기 전에 모든 판재의 바닥과 옆면에 마감을 먼저 해주면, 판재가 굽어지거나 뒤틀리는 일이 적어집니다.

Q 건축업자가 데크의 장선(joist)을 중심에서 40cm로 할지, 60cm로 할지 물어보는데요. 뭘 묻는지 솔직히 모르겠네요.

A 한 장선의 중심에서 다음 장선의 중심까지의 거리를 말하고 있는 것입니다. 고려해야 할 두 가지 요소가 있습니다.
1. 장선의 강도와 길이를 어떻게 할지.
2. 데크 판재에 처짐이 생기지 않게 하려면 얼마만큼 지지할지.

일반적으로 데크가 클수록 더 많은 지지가 필요하며, 따라서 장선을 더 가까이 있게 해야 합니다. 두 번째 요인에 관해서는, 판재가 얇을수록 더 많은 지지가 필요하고, 장선을 더 가깝게 만들면 됩니다.

38mm 방부목 데크 판재에는 20×20cm 장선이 60cm 간격으로 배치되어 있을 가능성이 큽니다. 24mm 두께의 판재로 5×5m 데크를 만들 때엔 장선 간격을 40cm로 하는 게 낫습니다. 목재의 종류, 지지대의 수, 적설량 그리고 여러 가지 기타 요인들도 작용합니다. 대부분의 목재상들이 필요량을 잘 계산해줄 것입니다.

Q 데크 설치에 가장 적합한 패스너는 무엇입니까?

A 선택의 폭이 매우 넓지만, 대부분의 데크 제작자들은 못보다는 나사못을 사용하라고 조언하며, 스테인리스 스틸, 아연 도금 또는 코팅된 나사못을 사용하라고 합니다(다음 페이지를 참조하세요). 모두 장단점이 있습니다.

어떤 유형의 나사못을 사용하든 주의해서 설치하세요. 물이 고이면 나사못 부식이 빨라질 수 있으므로, 물이 고일 수 있는 깊은 홈이 생기지 않도록 머리 부분을 나무 표면 아래로 아주 약간만 박아주세요. 수백 개의 나사 구멍이 보고 싶지 않다면, 데크 판재를 장선에 고정시키기 위해 특수한 장착 스트립, 클립 또는 비스킷을 사용하는 시스템을 사용할 수 있습니다.

마당과 정원

Q 나무 위에 새집을 만들려고 하는데, 좋은 나무나 지침 같은 게 있나요?

A 삼나무나 편백나무는 거친면을 바깥쪽으로 사용하면 좋고, 소나무 외부에 페인트를 칠한(내부가 아닙니다) 합판을 사용할 수도 있습니다. 몇 가지 기억할 점이 있습니다.

- 크기를 올바르게 하세요. 새들마다 각각 적당한 집과 구멍의 크기가 다르며, 지상에서부터 다른 높이를 선호합니다. 새들마다 다른 특색들은 인터넷을 검색해 보세요.
- 통풍장치를 만드세요. 벽과 처마 사이에 2.5cm 정도의 간격을 두거나 벽 위쪽에 지름 6mm 정도의 구멍을 여러 개 뚫어주세요.
- 배수구를 만들어주세요. 보통은 각 구석과 바닥 중간에 구멍 하나 뚫어주면 충분합니다.
- 좋은 출입구를 만드세요. 이 집의 새로운 거주자에게 좋은 발판을 제공하기 위해 몇 개의 홈을 새기거나 입구 아래의 나무를 거칠게 만들어주세요. 그러나 입구의 처마지붕은 안 만드시는 게 좋아요. 그것은 포식자에게 잠복하기 편한 장소를 제공할 뿐이죠.
- 깨끗하게 관리해주세요. 새로 둥지를 트는 계절마다 이전에 쌓인 오물들을 제거하고 집을 청소할 수 있도록 청소용 문을 만드세요.

Q 제가 가진 81.4mm(7.25인치) 원형 톱은 140×140mm 크기의 담장 기둥을 한 번에 자르질 못하네요. 큰 목재를 자르려면 가장 좋은 방법은 뭔가요?

A 기둥에 자를 곳을 측정하고 표시한 다음, 직각자를 사용하여 목재의 네 면에 선을 그리세요. 목재에 빙 둘러서 선을 그릴 때, 첫 번째와 마지막 줄이 모서리에서 정확히 만나야 합니다. 그렇지 않은 경우, 직각이 안 되도록 왜곡시키는 옹이나 깨져 있는 부분이 있는지 확인하세요. 톱 작업대 두개 위에 목재를 올려놓으세요. 원형 톱을 최대한 깊게 자를 수 있도록 설정하세요(대부분의 표준 원형 톱은 약 5cm 깊이로 자를 수 있습니다). 네 면을 모두 자르세요. 그 작업이 끝나면 손톱이나 컷쏘라고 흔히 부르는 왕복톱(reciprocating saw)으로 안쪽에 남아 있는 나머지 나무를 잘라냅니다.

목재 옹벽과 같은 대규모 프로젝트의 경우 하루 355mm(14인치) 원형 톱을 임대하는 것도 고려해보세요. 이것은 한 번에 140×140mm 기둥을 자를 수 있으며, 각도 절단이 많은 경우 작업 속도를 높일 수 있습니다.

Q 땅에 묻히는 담장 기둥으로 가장 적합한 목재는 무엇인가요? 그리고 오래가게 하는 방법이 있을까요?

A 가장 널리 사용되는 두 가지 목재는 삼나무와 방부목입니다. 삼나무 기둥은 방부목 기둥처럼 강하지는 않지만 비틀어지거나 휠 가능성이 적고, 은회색(銀灰色)으로 멋지게 변해가며, 옮기기도 쉽고 못을 박기도 더 쉽습니다(예산도 더 소요되긴 하는군요). 삼나무 목재를 선택할 때 변재는 피하세요. 심재 부분만 부패 저항성이 크기 때문이죠.

방부목 기둥을 세우려고 하신다면, '실외 비접지(H3)' 등급이 아닌 '실외 접지(H4)' 등급의 제품을 구입하세요. 접지 등급 제품은 방부제의 농도가 높으며 오래 지속됩니다. 절단해야 할 경우에는 항상 절단되지 않은 끝부분을 지면에 설치하세요.

Q 마당에 테이블을 만들려고 하는데 실외용 나사못의 종류가 많더라고요. 어떤 걸 쓰는 것이 좋을까요?

A 선택의 폭이 넓긴 하지만 압축해보면 세 가지 정도로 나눌 수 있습니다. 각각의 장단점은 다음과 같아요.

- **아연 도금** 나사못은 아연으로 코팅되어 있어, 많은 외부 목재에서 발견되는 습기와 탄닌산, 방부제로부터 나사못을 보호합니다. 용융 도금한 것이 전기 도금한

나사보다 거칠긴 하지만 내구성이 좋습니다. 아연 도금 나사못은 세 가지 선택지 중에서 가장 비용이 적게 듭니다.

- **스테인리스** 나사못은 강철, 니켈, 크롬의 합금이며, 실외용 나사못 중에서 가장 내식성이 높고 비쌉니다. 이것은 또한 가장 물러서 설치 중에 나사못 머리의 홈이 망가지기 쉽습니다. 특히 티크와 같이 단단한 목재에서는 항상 나사 구멍을 먼저 내고 나사못을 박으세요.

- **코팅** 나사못(회색, 황갈색이나 어스톤(earth tones)의 색감이죠)은 세라믹이나 플라스틱 코팅으로 보호됩니다. 가격은 아연 도금과 스테인리스 사이에 있습니다. 설치 중 코팅의 손상을 방지하기 위한 특수 비트도 있습니다.

Q 안마당에 방금 만들어놓은 삼나무 테이블을 깨끗하게 마감하고 싶어요. 일반 바니시를 사용해도 될까요?

A 아닙니다. 실외용으로 만들어진 제품을 사용해야 합니다. 스파 바니시(marine and spar varnish)와 외장 우레탄은 건조되어도 유연하게 유지되고, UV 차단제가 있으며, 비록 비싸지만 실외 가구나 외부 프로젝트에 가장 적합합니다. 최상의 보호를 위해 칠하는 권장 횟수를 준수하세요.

Q 유명한 디자인이라 해서 저도 애디론댁 의자(adirondack chair)를 만들고 있는데요. 어떤 접착제를 쓰는 것이 좋을까요?

A 여러 가지 옵션이 있지만 가장 내후성이 강하고 널리 사용 가능한 접착제로는 두 가지가 있습니다.

- 'Gorilla Glue' 같은 **폴리우레탄 접착제**는 방수성이며 대부분의 재료를 접착합니다. 이것은 다른 접착제들보다 더 긴 개방 시간을 가지므로 부재를 조립하고 위치시키는 데 더 많은 작업 시간을 제공합니다. 페인트, 스테인, 샌딩이 모두 가능합니다. 단점은 목재의 수분에 대한 반응으로 거품을 일으키며, 접착제 잔여물이 손, 공구, 작업물 또는 그 밖의 다른 모든 것들에 끈질기게 달라붙을 것입니다 (변성 알코올(denatured alcohol)을 가까이에 두세요).

- 'Titebond III'와 같은 **방수 PVA 접착제**는 실외 사용 접착제로 좋은 또 하나의 대안입니다. 이것은 목공용 노란색 접착제처럼 사용하고, 물로 닦을 수 있고, 그리고 폴리우레탄 접착제보다 저렴합니다. 폴리우레탄 접착제만큼 스테인칠은 잘 안

되지만, 단단하게 조립되는 결구를 생각하면 그런 건 그리 큰 요인이 아니겠죠. **2액형 에폭시 접착제**나 **폴리우레탄 건설용 접착제**도 두 가지 또 다른 선택지이지만, 에폭시는 지저분해질 수 있으며, 건설용 접착제는 다소 신축성이 있어 의자 구조에는 이상적이지 않습니다.

Q 제가 알고 있는 이웃집 아저씨가 마당에 야외용 파티오 체어(patio chair)를 만드는 데 핫멜트 글루건을 쓰더라고요. 그건 공작 같은 거 할 때 쓰는 거 아닌가요?

A 요즘은 외부에서 사용하기에도 탁월한 폴리우레탄 핫멜트 접착제가 있습니다. 이것은 매우 강하고 거의 즉시 작용합니다. 또한 틈새를 메우고 방수도 되죠. 단점은, 비싸고 스테인을 칠하기 어렵고, 일단 경화되면 샌딩이 거의 안돼요.

Q 오크는 야외 프로젝트에 쓰기에 좋은 목재입니까?

A 화이트 오크는 좋고요. 레드 오크는 안 좋습니다.

- **화이트 오크**는 배럴, 오크통 제조에도 사용되는 목재로, 믿을 수 없을 만큼 강하며, 결이 곧고, 내식성이 뛰어납니다. 마구리는 타일로시스(tylosis)라는 전충(填充)세포군으로 채워져 있어, 마구리를 통한 수분의 흡수가 최소화됩니다(61페이지 참조). 두 가지 주요 단점은 비용과 작업성(workability)입니다. 나사못이나 못을 박을 때는 미리 구멍을 뚫어줘야 하죠.
- **레드 오크**는 똑같이 강하지만, 마구리는 빨대처럼 습기를 빨아들입니다. 사실, 짧은 레드 오크 조각을 통해 물속으로 거품을 불어 넣을 수도 있습니다. 레드 오크는 내식성이 적고 실외에서 사용하기에는 적합하지 않습니다.

> **TIP**
>
> **오래가는 야외 가구**
>
> 축축한 안마당, 데크나 잔디 위에 의자나 탁자 다리 끝의 마구리 부분이 놓이면, 나무가 썩는 과정이 극적으로 빨라집니다. 습기를 막고 아직 마감하지 않은 가구를 더 오래가게 만들고 싶다면, 실외 사용에 적합한 접착제와 물을 반반씩 혼합하고 다리 끝 마구리에 발라주세요. 에폭시 접착제도 좋습니다.

12. 샌딩과 마감

내일 좋은 일을 하기 위한 최선의 준비는 오늘 일을 잘 하는 것입니다.
―Elbert Hubbard

    어떤 사람들은 마감 작업을 목공 작업들 중에서 가장 좋아하기도 합니다. 모든 힘든 노력과 준비 후에, 그들은 나뭇결들이 춤을 추듯 활짝 살아나는 것을 보게 되지요. 다른 사람들에게는, 마감 작업 후에 얼룩지고 어두워진 결과물들을 마주하게 되면 그간의 모든 힘든 일들과 준비들이 수포로 돌아가는 악몽 같은 일일 수도 있습니다. 마감은 과학과 예술의 영역에 다 속하는 것이기도 하지만, 적절한 공구와 노하우를 활용하면 여러분이 원하는 결과물을 얻을 수 있습니다. 수백 가지의 제품과 조언이나 변수들이 있지만, 두 가지 간단한 질문에 답함으로써 의사 결정 과정을 간소화할 수 있습니다. 즉, '작업물이 어떻게 보이고 느껴지길 원하는가?' 그리고 '어떤 수준의 보호가 필요한가?' 하는 것입니다. 여기서는 당신이 이 질문이나 다른 질문들에 대답할 수 있도록 도울 것입니다.

샌딩

Q 보통 스테인을 칠하고 나면 그제야 여기저기 샌딩(sanding) 자국을 발견하곤 합니다. 그때는 이미 너무 늦은 것이더군요. 마감 작업을 시작하기 전에 굵힌 자국들을 찾으려면 어떻게 해야 합니까?

A 판재 표면 근처에서 반사등이나 휴대용 램프를 잡고 반대쪽에서 낮은 각도로 비추며 판재를 살펴보세요. 빛의 각도가 낮으면 작은 그림자들이 드리워지며 굴곡들이나 소용돌이친 샌딩 자국들이 더욱 분명하게 보입니다. 굵은 자국들을 없애기 위해 다시 처음부터 시작하는 일이 생기지 않도록 더 고운 사포로 바꿔서 샌딩하기 전에 일단 빠르게 표면을 점검해보세요.

Q 제가 지금 테이블을 만들고 있는데요. 책을 보니까 80-번(grit) 사포로 윗면을 샌딩한 다음 더 고운 사포로 차례대로 진행하는 것이 좋다고 하네요. 몇 단계는 건너뛰면서 시간과 사포를 절약하는 게 낫지 않나요?

A 샌딩 프로세스는 단순히 굵힌 자국들이 육안으로 감지하기 어려울 때까지 깊고 넓은 자국들을 더 작은 자국들로 대체하는 과정입니다. 만약 당신이 거친 사포 단계나 중간 거칠기의 사포 단계를 건너뛰면, 거친 사포들이 금방 끝낼 수 있는 일을 더 고운 사포로 매우 힘들게, 더 오래, 더 많은 샌딩을 계속 해야 합니다. 거친 사포에서 중간 거칠기, 고운 것, 더 고운 것 순서로 차례로 진행하는 게 더 빠르고 더 쉽게 일을 하는 것입니다.

Q 손으로 사포를 들고 샌딩하는 대신 샌딩 블록을 사용하면 어떤 이점이 있습니까?

A 샌딩 블록은 압력을 고르게 분산시킵니다. 블록을 사용하지 않으면 모서리가 둥글게 될 위험이 있습니다. 또한 손으로 사포를 들고 하는 것보다 울퉁불퉁해지는 일이 없이 더 쉽고 곱게 샌딩할 수 있습니다. 그리고 샌딩 블록을 쓰면 힘도 덜 들고, 사포도 더 오래 쓸 수 있죠. 샌딩 블록은 사포를 잘 고정해주는 제품을 살 수도 있고, 여러 가지 기능을 가진 것을 만들어 쓸 수도 있습니다. 하지만 없을 때는 평평한 면을 가진 자투리 목재에 사포를 감아서 쓰기만 해도 훌륭한 샌딩 블록 역할을 기대할 수 있죠. 샌딩 블록을 사두거나 만들어두지 않았다고 당황하지 마시고, 고개를 돌려 자투리 목재를 찾아보세요.

Q 제 친구 중에 누구는 결 방향대로 샌딩해야 한다고 말하고, 다른 친구는 그런 무슨 허튼 소리냐고 해요. 누가 옳은 건가요?

A 마지막 샌딩은 항상 결 방향대로 해야 하는 게 맞아요. 하지만 그 이전 초기 샌딩 때에는 결에 약간 대각선으로 샌딩하면 더 매끄러운 결과물을 얻을 수 있습니다. 80-번(grit) 사포로 시작한다면 오른쪽으로 기울여서 작업해보세요. 120-번(grit)으로 바꾸면 왼쪽으로 기울여 작업한 후, 180-번(grit)으로 할 때는 다시 방향을 바꿉니다. 180-번이나 220-번 사포로 최종 샌딩을 할 때는 결 방향대로 샌딩하세요.

Q 목공 공구상에 가보니까 표준 사포, 방수(wet-dry) 사포, 윤활코팅(stearated) 사포 등 세 가지 종류의 사포가 있던데, 그 차이점이 뭐죠?

A 표준 산화알루미늄 사포와 석류석 사포(standard aluminum oxide and garnet sandpaper)는 값이 싸고, 깨지기 쉬운 입자들로 인해 빠르게 작업이 되며, 그 입자들은 계속 깨져나가면서 새로운 절삭날들을 만듭니다. 산화알루미늄은 두 가지 중 더 거칠고 더 단단합니다.

방수 사포(wet-dry sandpaper)는 일반적으로 탄화규소(silicone carbide)의 미세한 입자로 만들어지며 마감 작업의 습식 샌딩을 하는 데 가장 많이 사용됩니다. 샌딩된 가루들이 사포에 달라붙어 막히는 것을 물이 씻어줍니다.

윤활코팅 사포(stearated sandpaper)(때로 무부하 사포(no-load sandpaper)라고도 합니다)는 연마 입자뿐만 아니라, 샌딩하는 표면을 매끄럽게 하는 부드럽고, 비누 같은 물질인 스테아린산 아연(zinc stearate)으로 덮여 있습니다. 이것은 또한 사포가 덜 막히게 해줍니다. 이 사포는 거친 나무를 샌딩하는 데 사용할 수도 있지만 보통은 마감 중에 사용됩니다. 일부 수성 마감재나 기타 특수 마감재는 이 사포로 샌딩한 표면에 도포할 때 이상한 반응을 보인다는 보고서들이 있습니다.

> **TIP**
> **더 나은 샌딩 블록**
> 고무 샌딩 블록에 사포를 끼워 넣는 번거로움이 싫다면, 스스로 만들어보세요. 자투리 목재에 사포를 감아 쓸 수도 있지만, 미리 준비해두면 더욱 좋습니다. 18mm MDF를 사포 한 장의 1/4 크기로 준비하세요. 사포 한 장을 1/4로 자른 다음 스프레이 접착제를 양쪽 면에 뿌리고 같은 입도(grit)의 사포나 서로 다른 입도의 사포를 붙여주세요. 큰 작업물 위에 블록을 올려놓고 작업하거나 작업대 위에 고정시켜놓고 작은 작업물을 움직이면서 샌딩하면 됩니다. 사포가 마모되었을 때에는 헤어드라이어로 가열하여 떼어내고 새 사포를 붙여서 사용하세요.

Q 최종 샌딩 작업은 매우 고운 사포를 붙여 원형 샌더(random orbital sander)를 사용하지만 여전히 나선형 무늬가 나타납니다. 이것을 피하려면 어떻게 해야 하나요?

A 원형 샌더는 샌딩 과정에서 시간을 줄여주는 매우 고마운 존재이지만, 최종 샌딩은 항상 결 방향을 따라 손으로 해야 합니다. 소용돌이 자국은 아마도 너무 빨리 샌더를 움직여서 생긴 것입니다. 소용돌이 흔적을 최소화하기 위해서는 샌더를 1 ips(inch per second, 초당 인치) 속도로, 즉 1초에 2.5cm 정도로 천천히 움직이면서 작업하세요.

Q 작은 장난감 부재를 작업대에서 손으로 샌딩하려고 하는데요. 자꾸 이리저리 움직여 대는데, 클램프 없이도 그것들이 움직이지 않게 고정하는 방법이 있을까요?

A 고밀도 카펫 패드(high-density carpet pad) 조각 위에 올려놓고 해보세요. 패드는 아래에 있는 나무를 보호하는 동시에, 고무 표면이 부재를 미끄러지지 않게 잡아줍니다. 패드의 그립(grip)력을 유지하고 먼지를 제거하기 위해서는 매번 패드를 진공청소기로 청소하세요. 카펫 패드는 또한 라우팅 중에 작은 조각을 잡아주는 데도 좋습니다. 네오프렌 매트나 직물 매트도 조밀하고 오래 지속되는 그립력이 있습니다. 논슬립(nonslip) 매트나 논슬립 라우터 매트를 사용할 수 있습니다.

Q 매끄러운 마감면을 얻고싶은데, 그러면 마감 작업을 하기 전에 사용해야 하는 가장 고운 사포는 어떤 것입니까?

A 목재 종류와 적용하는 마감에 따라 다릅니다. 만약 당신이 텅오일(tung oil)이나 보일드 린시드 오일(boiled linseed oil)같이 목재에 마감재를 흡수시키는 침투성 마감(penetrating finish)을 적용하는 경우라면, 나무 그 자체가 표면을 이루기 때문에 매우 고운 사포로 샌딩하겠지요. 아주 고운 280-번(grit) 사포로 샌딩하거나 최소한 만졌을 때 부드럽게 느껴지는 정도까지 샌딩하세요.

두 가지 이유로 바니시, 폴리우레탄 또는 셸락과 같은 도막을 형성하는 마감재를 적용할 경우 그렇게 고운 샌딩을 할 필요는 없습니다. 첫째, 나무가 아닌 마감재를 만지기 때문에 목재 자체는 매끄럽지 않아도 됩니다. (비록 더 곱게 샌딩하고 마감하기를 원하신다 해도 말입니다.) 둘째, 도막 마감재는 목재와 기계적인 결합을 만들어야 하며, 작은 흠집들은 잘 결합할 수 있도록 도와줍니다. 나무를 너무 곱게 샌딩하면 접착에 실패할 위험이 있습니다. 오크, 애쉬, 느릅나무와 같은 관공이 큰 나무들의 경우

150-번 샌딩에서 멈추는 게 낫습니다. 단풍나무와 자작나무 같은 관공이 작은 나무들의 경우, 220-번까지 샌딩하고, 더 이상은 나아가지 마세요.

Q 코브 몰딩을 사왔는데요, 샌딩이 필요하답니다. 장장 45m나 되는 것을 좀 쉽게 샌딩할 방법이 있을까요?

A 많은 몰딩을 샌딩할 때에는 맞춤형 샌딩 블록을 만들어 쓰는 것이 좋습니다. 두 가지 방법이 있습니다.

- **경질 폼 단열재**(rigid foam insulation). 몰딩의 프로파일을 두꺼운 경질 폼에 옮겨 그린 다음 밴드쏘나 지그쏘를 사용하여 잘라내세요. 폼 주위에 사포를 대고 모양을 만드십시오. 샌딩하는 동안 폼은 몰딩의 모양과 더 정확하게 맞아집니다.
- **자동차용 퍼티**(auto body putty). 비교적 매끄러운 30cm 크기의 몰딩을 찾아 식품용 랩으로 감아놓으세요. 본도(BONDO) 같은 자동차용 바디 퍼티를 혼합하고 몰딩 위에 단단히 눌러 약 2.5cm 두께의 블록을 만듭니다. 경화 후 몰딩을 제거하세요. 이제 몰딩의 프로파일과 정확히 일치하는 샌딩 블록을 가지신 겁니다. 이 블록에 사포를 감싸고 샌딩하세요.

프로젝트 | 사포 절단과 보관 선반

이 사포 보관 선반은 사포를 정리하고 보관할 수 있는 공간을 제공하며, 빠르게 사포 용지를 절단할 수 있는 편리한 칼날도 가지고 있습니다. 필요에 따라 선반의 수와 간격은 쉽게 조정해서 만드실 수 있습니다. 주요 구성 단계는 다음과 같습니다.

- 18mm 합판으로 상자를 만들고, 선반과 뒤판은 6mm 합판으로 만듭니다. 테이블쏘나 라우터를 사용하여 선반 삽입홈을 가공합니다.
- 사포 용지를 쉽게 넣고 꺼낼 수 있도록 선반의 앞 가장자리에 손가락 구멍을 잘라내세요.
- 나사못으로 30cm 쇠톱날을 상단의 앞쪽 모서리 2.5cm 뒤에 고정하세요. 표준 사포의 크기가 228×280mm이므로 톱날에서 114mm와 140mm 위치에 선을 그어 표시를 해 놓으면 양방향에서 사포를 반으로 자르는 위치 지정선으로 사용할 수 있습니다. 원하는 대로 자신만의 위치를 추가하셔도 좋습니다. 용지를 자르려면 톱날 아래로 사포를 밀어 넣어 올바른 위치에 놓습니다. 한 번 빨리 위로 구부려서 접히도록 한 다음, 한쪽 모서리에서 위로 당겨 용지를 자르면 됩니다.

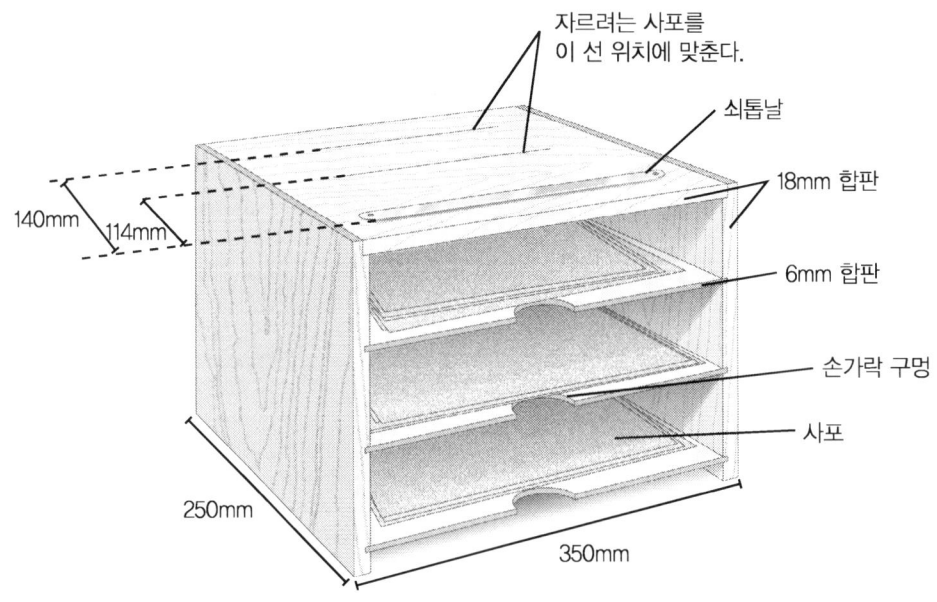

붓과 스프레이 장비

Q 자연모(natural-bristle)로 된 붓과 인조모(synthetic-bristle)로 된 붓의 차이점은 무엇입니까?

A 그것들은 각각 자신의 강점과 약점을 가지고 있습니다. 어느 것을 사용하든 각각의 특징이 있는 것이죠.

자연모 붓은 보통 돼지나 소털로 만듭니다. 부드럽고 속이 비어 있는 털은 오일 기반 마감재를 흡수하고, 유지하고, 균등하게 바르는 데 탁월합니다. 라텍스 페인트를 사용하거나 물로 닦아서는 안 됩니다. 이러한 흡수성의 특징이 털을 부풀게 하고 시간이 지남에 따라 조절하기 어려워집니다(실제로 붓은 트롤 인형(troll doll)의 머리 모양 비슷해 보이며, 꿋꿋하게 많은 마감 작업을 수행해주죠).

인조모 붓은 나일론, 폴리에스테르 또는 이들의 혼합물로 만들어집니다. 인조모 붓, 특히 저가의 인조모 붓은 자연모 붓처럼 매끄러운 마감을 하지는 않지만, 수성이나 솔벤트 기반 마감에 모두 사용할 수 있습니다.

Q 공구상에서 붓을 사려고 했는데, 가격이 몇 백 원에서 몇 만 원까지 아주 다양하더군요. 값싼 붓과 비싼 붓의 차이점은 무엇입니까?

A 고품질의 붓은 털들이 잘 흩어지고 늘어져 있어서 페인트를 더 균등하게 칠할 수 있습니다. 또한 털들이 잘 정리되어 있어 붓이 끝부분으로 테이퍼지게 되어 보다 나은 제어가 가능합니다. 좋은 붓은 탄력 있어야 하고, 스펀지 같거나 뻣뻣하지 않아야 합니다. 적절히 관리된 좋은 붓은 수년간 계속 쓸 수 있는 진정한 '공구'라 할 수 있습니다.

Q 붓 대신에 스프레이로 마감을 하면 더 좋아 보이나요?

A 스프레이로 빠르게 마감 작업을 할 수는 있

> **TIP**
>
> **굳어버린 붓을 구제하기**
>
> 쓰레기통에 들어갈 만하게 딱딱하게 굳은 붓도 상점에서 구입하거나 집에서 직접 만든 붓 세척제(brush restorer)에 밤새 담가두면 다시 쓸 수 있게 살려낼 수 있습니다. 직접 붓을 복원하는 세척제를 만들려면 다음의 비율대로 혼합하세요.
>
> • 크실렌 2 • 변성 알코올 1 • 아세톤 1
>
> 굳어버린 붓을 밤새 담갔다가 빗으로 덩어리를 제거한 다음 붓 클리너로 한 번 더 헹구세요. 인조모 붓은 물로, 천연모 붓은 미네랄 스피릿으로 최종적으로 한 번 더 헹구고 나서 보관해놓으세요.

> **TIP**
>
> **미니 스프레이 페인트 부스**
>
> 스프레이 페인트가 필요한 작은 부재가 있는 경우 이 미니 스프레이 부스는 먼지와 냄새를 덜어줍니다. 골판지 상자에 물건을 넣은 다음 상자를 크고 투명한 비닐 봉투에 넣으세요. 장갑을 끼고 스프레이 캔을 잡아서 비닐 봉투 입구에 팔을 넣고 고무줄로 밀봉한 다음 스프레이를 칠하세요. 작업물의 표면이 약간 거칠어질 수 있는데, 과하게 뿌려진 스프레이 입자가 작업물의 끈적끈적한 표면에 달라붙을 수 있기 때문에 그렇습니다.

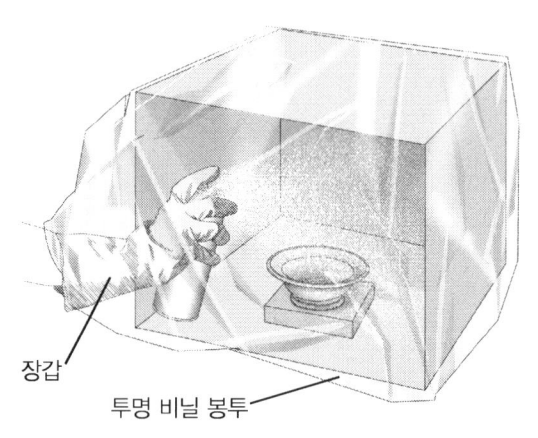

장갑
투명 비닐 봉투

지만 꼭 필요한 것은 아닙니다. 마감의 품질을 결정하는 것은 도구가 아니라 사람입니다. 셸락(shelac)과 래커(lacquer) 같은 속건성 마감재는 스프레이건(spray gun)으로 쉽게 도포할 수 있습니다. 그러나 끈기 있는 목수의 손에 들린 붓은 스프레이건처럼 부드럽고 내구성 있는 마감을 할 수 있습니다.

Q 일반 스프레이건과 HVLP건의 차이점은 무엇입니까?

A 모든 스프레이건은 액체방울을 분무하는 마감 방법입니다. 액체방울을 공기와 혼합하여 작업물 쪽으로 그 혼합물을 쏘아주는 것이죠. 이것들은 비용, 이동성, 전송 효율(transfer efficiency – 작업장, 스프레이 부스 또는 사용자가 아닌 작업물 마감에 사용되는 양의 백분율을 말합니다)에서 차이가 납니다.

일반 스프레이건은 일반적인 에어 컴프레서에 연결되는 것으로 두껍거나 얇거나 어떤 종류의 마감재든 분무할 수 있으며, 특히 컴프레서를 이미 소유하고 있다면 상대적으로 저렴합니다. 일반 스프레이건의 단점 중 하나는 마감재를 너무 거세게 분무하여 마감재의 4분의 3 정도가 작업물을 벗어나거나 다시 튕겨 나와 전송 효율이 25%까지 낮아진다는 것입니다.

HVLP(대용량(high-volume), 저압(low-pressure))건은 공기를 더 큰 부피로 공급하지만 압력은 낮아서 더 부드럽게 분무를 합니다. 과다 스프레이가 적고, 전송 효율이 75%까지 높아질 수 있어 마감재의 낭비 없이 작업물에 더 많은 마감재가 닿게 됩니다.

HVLP 시스템에는 두 가지 종류가 있습니다. 첫 번째는 건, 호스, (마감재를 분무하기 위한) 터빈으로 구성된 전용 시스템입니다. 이 시스템은 작고 휴대가 가능하지만 비용이 많이 듭니다. 두 번째 유형은 고압 압축공기를 더 낮은 압력의 스프레이로 바꿔주는 변환 시스템입니다. 이것은 일반 에어 컴프레서를 압력원으로 사용하기 때문에 가격이 상당히 저렴합니다. 그러나 오염 물질들을 마감 작업에서 제거하려면 비용을 들여서 유분이나 수분을 제거하는 필터를 구비해야 합니다.

Q 스프레이 캔(canned aerosol) 마감제도 좋은 결과를 얻을 수 있습니까?

A 예. 특히 소규모 프로젝트의 경우, 스프레이 캔으로 하는 마감은 비싸고 다른 스프레이 방법보다 더 여러 번 칠을 해야 하지만, 부드럽고 내구성 있는 마감을 할 수 있습니다. 한 번씩 칠할 때마다 그 사이의 건조 시간과 작업물과 노즐 사이의 거리에 대해서는 제조업체의 지침을 따르세요. 지나치게 가까이에서 분사하면 거품이 생길 수 있습니다. 너무 멀리에서 분사하면 액체방울이 표면에 닿기 전에 건조되기 때문에 거친 질감의 마감이 됩니다. 고품질 스프레이 래커는 고형분 비율이 높으므로 빠르게 도막을 만듭니다.

Q 거실장 문짝에 폴리우레탄을 칠하려고 친구에게서 스프레이 장비를 빌려왔습니다. 그런데 어떤 곳은 다른 곳보다 더 두껍게 마감이 되네요. 뭐가 문제였던 건가요?

A 장비의 작동 상태는 좋았다면, 당신의 기술 문제였겠네요. 스프레이건을 작업물에서 약 20cm 정도 떨어지게 하세요. 일반 스프레이건은 2~5cm 정도 더 멀리 두고, HVLP건은 좀 더 가깝게 하세요. 그리고 다음 세 가지 지침을 따르세요.

• 스프레이건을 작업물 측면으로 살짝 옮긴

TIP

라텍스 장갑으로 삶이 편해집니다

일회용 라텍스 장갑을 작업장에 보관하고 접착제를 바르거나 스테인 칠하기, 마감 작업이나 여분의 것을 닦아낼 때와 같은 지저분한 작업을 하기 전에 손에 끼세요. 손을 씻는 데 드는 시간을 줄이고 한 작업에서 다른 작업으로 빨리 전환할 수 있습니다. 피부 접촉을 통해 용제가 몸에 들어가지 않도록 예방할 수 있으므로 건강에도 좋습니다.

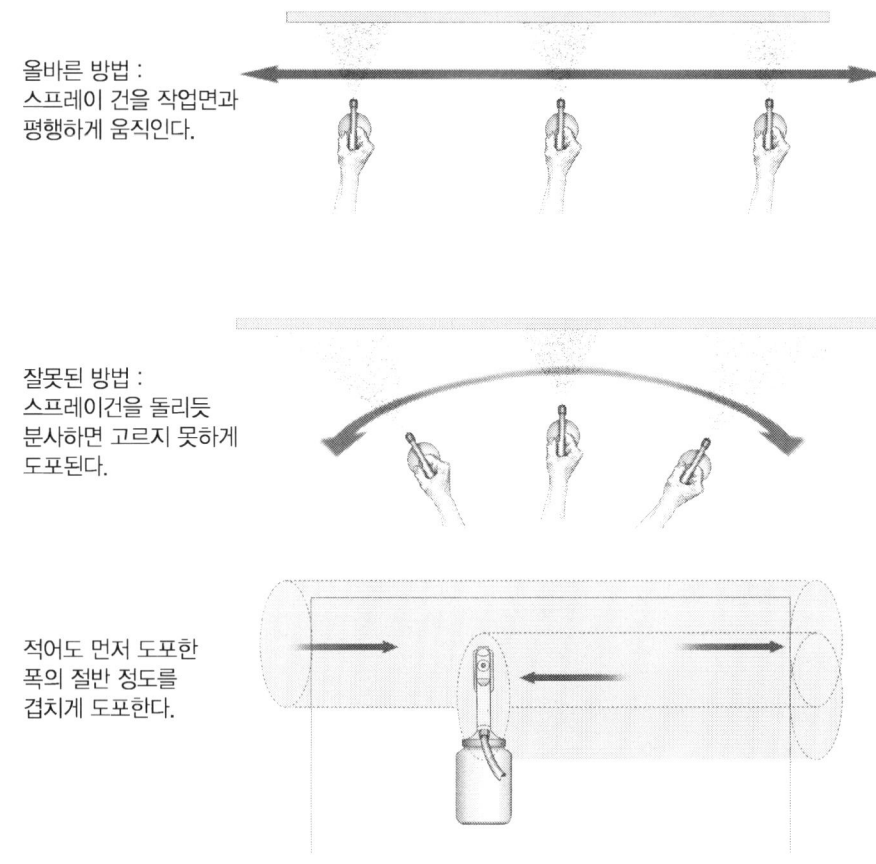

올바른 방법 :
스프레이 건을 작업면과 평행하게 움직인다.

잘못된 방법 :
스프레이건을 돌리듯 분사하면 고르지 못하게 도포된다.

적어도 먼저 도포한 폭의 절반 정도를 겹치게 도포한다.

다음, 방아쇠를 당기고, 그 다음에 스프레이건이 작업물을 가로질러 다른 쪽 가장자리를 벗어날 때까지 방아쇠를 놓지 말고 균일한 비율로 움직여주세요.
- 다음 칠을 할 때 먼저 칠한 폭의 1/2에서 2/3 정도 겹쳐서 하세요.
- 팔을 호(arc)를 그리듯이 휘두르면 노즐이 모서리보다 중앙에서 작업물에 더 가깝게 됩니다. 대신 팔과 노즐을 표면과 평행하게 움직이세요.

필러, 실러, 퍼티

Q 오크 커피 테이블을 만들었는데 유리처럼 매끄러운 표면을 얻고 싶어요. 공구상에 갔더니 직원이 눈매 메꿈재(grain filler)를 사용하라고 하네요. 그게 뭐죠?

A 눈매 메꿈재 또는 메꿈이, 필러는 고착제(binder), 활석(talc)과 기타 매우 미세한 충전

재 입자로 만든 것입니다. 오크, 티크, 애쉬, 월넛, 마호가니와 같은 관공이 많은, 열린 눈매(open-pored)의 나무들 눈매를 채우기 위해 사용됩니다. 메꿈이를 사용하면 부드럽고 평평한 목재 표면을 만들어 매끄러운 마감면을 얻을 수 있습니다. 목재와 같은 색상의 메꿈이를 사용하여 균일한 모양을 만들거나 대비되는 색상 중 하나를 사용하여 열린 눈매의 영역을 강조할 수도 있습니다.

Q 메꿈이를 바르는 것은 어려운 일인가요?

A 조금 어렵죠. 그리고 매우 까다로운 작업입니다. 결이나 눈매를 채우기 전에 나무에 디왁스드 셸락(dewaxed shellac)을 얇게 도포한 다음 2~3시간 동안 건조시킵니다. 제조업체의 지침을 따라야 하지만 기본 과정에는 메꿈이를 붓이나 퍼티 나이프로 바르고, 나무에 작업한 다음, 삼베 또는 유리창 닦개 같은 뻣뻣한 스퀴지(squeegee)로 여분의 것들을 결을 가로지르는 방향으로 닦아내어 건조시킵니다. 철저히 해야 합니다. 마감이 끝나고 나면 실제로 메꿔지지 않은 눈매, 관공들이 두드러집니다. 수성 메꿈이는 몇 시간 동안 말리세요. 유성 메꿈이는 2~3일이 걸릴 수도 있습니다. 다음으로 가볍게 샌딩하고, 디왁스드 셸락을 얇게 도포하고, (원한다면) 스테인을 칠하고, 투명한 상도 마감이 뒤따르게 됩니다. 오크와 같은 극단적인 열린 눈매의 목재는 상도를 칠하기 전에 메꿈이를 한 번 더 바르는 것도 좋습니다.

Q 제가 책상을 만들면서, 상판으로 크고 멋진 소나무 우드슬랩을 쓰려고 합니다. 큰 옹이가 있고, 그 주위로 소용돌이치는 무늬가 있어서 그게 이 슬랩을 아름답게 보이게 하는 요소 중 하나인 것 같아요. 그런데 문제는 옹이는 표면 밑으로 꺼져 있고, 저는 표면을 매끄럽게 하고 싶다는 거예요. 이 문제를 해결하려면 어떻게 해야 하죠?

A 옹이에 헐렁한 부분들이 있으면 어떤 것이든 끌로 제거해주세요. 느리게 작용하는 2액 에폭시를 혼합하여 패인 곳에 약간씩 흘려 넣습니다. 바닥으로 물방울이 떨어지면 새는 것을 방지하기 위해 테이프를 붙여주세요. 나무 표면 위에 약간 솟을 때까지 에폭시를 여러 번 부어줍니다. 건조되면 스크레이퍼로 긁고 나서 샌딩을 하여 매끄럽게 해줍니다. 투명한 에폭시가 움푹 들어간 곳을 채워주면서도 옹이의 아름다움을 해치지 않습니다.

Q 오크 프레임 거울의 못 구멍을 색상이 있는 목재 퍼티로 채운 다음 스테인과 폴리우레탄을 칠했습니다. 그런데 못 구멍 주변에 얼룩들이 묻었더군요. 제가 무엇을 잘못한 건가요?

A 착색된 퍼티를 사용할 때 가장 좋은 방법은, 스테인을 칠하고 폴리우레탄을 한 번 바른 후 건조시키고, 스테인 색과 같은 퍼티로 못 구멍을 채운 다음, 가볍게 샌딩해 준 후, 폴리우레탄을 다시 한번 바르는 것입니다. 폴리우레탄의 첫 번째 칠은 목재를 밀봉하여 퍼티의 오일이 나무로 흘러나와 얼룩을 만들지 못하도록 하고, 두 번째 칠은 퍼티에 약간의 보호장벽을 만듭니다. 대부분의 퍼티가 단단해지지 않기 때문에 약간의 보호가 중요합니다. 마감하지 않은 원목에 사용할 수 있도록 만들어진 퍼티는 얼룩이 생기지 않으면서 스테인 칠과 샌딩이 가능합니다. 퍼티를 쓰기 전에 먼저 라벨의 설명을 읽고 메꾸기, 샌딩, 마감 등의 올바른 순서를 확인하세요.

스테인과 염료

Q 스테인과 염료(stains and dyes)의 차이점은 무엇입니까?

A 매우 단순한 대답을 해보자면, 스테인은 보관통의 바닥에 침전물이 있고, 염료는 그렇지 않다는 것입니다. 이것은 지나친 단순화임에도 불구하고 차이점을 설명하는 데 도움이 되는 내용입니다.

스테인은 나무를 채색하는 가루로 된 불투명한 안료가 포함된 액체로 만들어집니다. 안료는 목재 표면의 관공을 통과할 정도로 작지만, 목재에 깊이 침투할 만큼 작지는 않습니다. 사실, 이 안료들은 실제로 보관 용기 바닥으로 가라앉아 침전층을 형성할 만큼 충분히 큽니다.

염료는 액상 매질(medium)에 영구적으로 매달려 있는 화학 색소와 분자 크기의 입자로 만들어집니다. 이 색소들은 매우 미세하기 때문에, 나무 속으로 더 깊숙이 침투합니다. 제조업체들이 제품에 붙인 라벨들 탓에 염료와 스테인을 구별하는 것이 혼란스러울 수 있습니다. 예를 들어, 대부분의 '침투성 오일 스테인'은 실제로 염료입니다. 어떤 '스테인'은 염료와 색소의 조합입니다.

Q 젤 스테인(gel stain)은 어떤가요? 안착이 안 되는데요.

A 맞습니다. 젤 스테인은 젤리 같은 매질에 매달린 안료로 이루어져 있어서 안료가 가라앉지 않습니다. 젤 스테인의 장점은 안료가 깊고 빠르게 침투하지 않는다는 것입니다. 따라서 스테인을 바르고 나서 얼마나 오랫동안 두는지, 얼마나 열심히 닦아내는지에 따라 색상의 깊이를 더 잘 제어할 수 있습니다.

> **TIP**
>
> **접착제 탐지기**
>
> 샌딩 후 미네랄 스피릿으로 작업물을 문질러 접착제 얼룩을 발견할 수 있습니다. 미네랄 스피릿은 일시적으로 목재를 어둡게 하여 숨겨진 접착제를 드러냅니다.

Q 스테인과 염료는 서로 다른 모습을 만드나요?

A 착색된 스테인은 표면의 열린 관공, 눈매에 안착되기 때문에 결 무늬의 차이를 도드라지게 하는 경향이 있습니다. 큰 눈매가 작은 눈매보다 더 많은 스테인을 흡수하기 때문이죠. 염료는 나무에 더 균일하게 적셔지기 때문에 대비(contrast) 효과는 떨어지며 외관이 더 균일해집니다.

Q 스테인을 바른 후 접착제가 작게 얼룩져 있는 것을 발견했습니다. 그 부분을 다시 샌딩하고 마감할 수 있습니까?

A 원래의 나무가 나올 때까지 샌딩하여 얼룩을 제거하고 다시 스테인을 칠할 수는 있지만, 매우 귀찮은 일입니다. 특히 상도를 바르거나 마감하는 경우가 그렇습니다. 한 가지 방법은 충분히 방치해놓았다가 미술용 붓을 사용하여 발생 부위에 스테인을 발라 접착제 얼룩을 어둡게 하는 것입니다. 또는 가구용 마커(furniture touch-up pens or paint)를 사용해볼 수도 있습니다. 스테인이나 페인트가 마르고 나서 깨끗한 상도 마감을 전체적으로 바르세요.

Q 제가 하드 메이플(hard maple, rock maple) 협탁을 만들면서 진한 갈색 스테인을 칠하려고 하는데요. 그런데 스테인을 칠하고 잠시 놓아둔 뒤에 그것을 닦아내보니 옅은 갈색으로 흐리멍덩하더라고요. 스테인을 계속 더 칠해야 하는 건가요?

A 아닙니다. 아마도 당신이 안료 스테인을 칠해서, 관공이 매우 작은 하드메이플이 큰 안료 입자를 받아들이지 못한 것일 가능성이 있습니다. 나무의 관공을 통과할

만큼 작은 착색제가 있는 염료나 염료 스테인을 사용해보세요. 먼저 하드 메이플 자투리로 시험하면서, 원하는 색을 얻을 때까지 염료 용매(solvent)의 양을 조정해보세요.

Q 화이트 오크 판재와 화이트 오크 합판으로 손녀를 위해 장난감 상자를 만들었습니다. 그런데 스테인을 칠하니까 두 가지 색이 크게 달라지네요. 어떻게 그 일이 일어나지 않도록 할 수 있습니까?

A 화이트 오크 합판은 원목 판재가 야적장으로 향하는 동안 그보다 훨씬 더 많은 스트레스와 긴장을 겪습니다. 통나무에서 잘려지는 합판 베니어는 뜨거운 물에 담겨지고, 절단되면서 큰 압력을 받습니다. 그 다음, 뒷면에 접착제를 도포하고 다시 압력과 열을 가합니다. 이 모든 과정들은 관공을 막히게 하고 합판이 스테인을 흡수하는 방식에 영향을 미칩니다.

나중에라도 불일치하는 사태를 피하기 위해서는 각 재료별로 자투리로 실험해보며, 스테인을 보다 균일하게 칠하기 위해 무엇을 할 수 있는지 방법을 찾아보세요. 스테인을 시험하기 전에 먼저 가볍게 샌딩하세요. 여전히 불일치하는 경우, 젖은 천으로 합판의 나뭇결을 일으켜주고, 건조되면 다시 샌딩한 뒤에 다시 시험하세요. 젤 스테인을 사용할 수도 있는데, 이것은 다른 스테인처럼 깊숙이 침투하지 않아서 나무에 바르고 얼마나 오래 둘지, 얼마나 강하게 닦아낼지 등을 조절하기가 더 쉽습니다.

Q 제 작업물에 스테인을 칠할 때, 때로는 구석 쪽에 어두운 부분이 생기고 맙니다. 내가 거기에 헝겊를 끼워서 닦아보곤 하지만, 결에 반대되게 스테인이 닦이고는 해요. 어떤 방법이 없을까요?

A 때로는 적절한 보조도구가 필요하기도 합니다. 뻣뻣하고 숱이 짧은 붓을 손에 들고 구석에 묻은 대부분의 스테인을 톡톡 치면서 흡수한 다음 나머지를 털어냅니다. 매번 사용하고 나면 솔을 닦아서 말리고, 반복해서 사용할 수 있도록 하세요.

Q 유성 스테인 위에 수성 폴리우레탄을 칠할 수 있습니까?

A 어떤 종류의 스테인에도 유성 폴리우레탄을 도포하는 것이 일반적으로 안전합니다. 그러나 유성 스테인 위에 수성 폴리우레탄을 칠하고 싶다면 더 신중하게 해야

하고, 실험도 많이 해봐야 합니다. 접착 문제가 생길 수 있죠. 같은 제조업체의 상도와 스테인을 사용하는 것이 가장 안전합니다. 서로 잘 맞는 마감재임을 확인하고자 한다면 라벨의 설명문을 꼭 읽어보세요. 또 다른 방법은 유성 스테인 위에 디왁스드 셸락을 칠한 다음 수성 폴리우레탄을 도포하는 것입니다.

Q 저는 훈증 오크(fumed oak)의 진하고 어두운 모습을 좋아합니다. 작은 오크 탬부어(tambour) 테이블을 만들고 있는데, 거기에 그 효과를 그대로 재현할 수 있는 방법이 있습니까?

A 훈증(fuming)은 목재의 탄닌이 암모니아와 반응할 때 발생하는 화학 반응입니다. 이 공정은 20세기 초 Arts&Crafts 스타일 가구, 특히 탄닌이 많은 화이트 오크로 만든 가구의 마감 방식에 널리 사용되었습니다.

테이블 주위에 비닐 천막을 세우고, 내부에 암모니아 팬을 놓은 다음, 천막을 단단히 밀봉하여 가구를 훈증할 수는 있지만, 극도의 주의를 기울여야 합니다. 암모니아는 위험하며 눈, 피부, 호흡기에 혼란을 야기할 수 있습니다. 사람들과 떨어져 통풍이 잘되는 곳에서 작업하고 방독면, 고글과 고무장갑을 착용해야 합니다. 전문가들이 사용하는 공업용 암모니아를 사용하는 것에 대해서는 생각조차 하지 마세요. 가정용 암모니아를 사용하고, 며칠이 걸리는 과정에 대해 미리 계획해놓으세요.

Q 벚나무(cherry)는 직사광선에 노출되면 색이 어두워지는 것으로 압니다. 우리 집으로 해가 비치는 방식 때문에 집안의 책장이 고르지 않게 짙어질까 걱정이 되네요. 이것을 피하기 위해 일부러 전체를 다 어둡게 해도 괜찮을까요?

A 예. 가장 좋은 방법은 의도적으로 책장을 햇빛에 노출시키는 것입니다. 가장 좋은 때는 최종 샌딩을 한 후, 마지막 마감을 하기 전입니다. 책장 전체를 220-번 사포로 샌딩한 다음, 젖은 헝겊으로 닦아서 나뭇결들을 조금 일으킵니다. 건조시킨 다음 360-번 사포로 손 샌딩을 하세요. 이른 아침이나 늦은 오후에 직사광선에다 책장을 내놓으세요. 정오의 햇빛은 나무가 쪼개지거나 뒤틀릴 수 있습니다. 30분마다 책장을 돌려주며 모든 표면을 균일하게 햇빛에 노출시키세요. 책장 전체를 고루 짙어지게 하려면 이렇게 여러 번 해줘야 합니다. 마감할 때는 먼저 목재 자투리에 실험을 해보고 원하는 결과를 얻었는지 확인하세요.

Q 제가 오크(oak)로 스피커 케이스를 만들었는데, 다른 오디오 구성품들과 어울리도록 검은색 스테인을 칠했어요. 그런데 아닐린 염료를 혼합하고 바르는 것이 일관된 결과물로 나오질 못하네요. 어떻게 시도해봐야 하나요?

A 아닐린 염료의 색상이 좋지만 혼합 부분이 마음에 들지 않으면, 가죽 염색제로 실험해보세요. 그것은 아닐린을 기본으로 하지만 미리 혼합되어 있어 일관성이 우수하고, 색이 바라지 않으며, 바르기 쉽습니다.

투명 마감

Q 목수들이 침투성 마감재와 도막 마감재에 관해 이야기하는 것을 들었습니다. 그것들은 무엇이고, 그 차이점은 또 어떤 것인가요?

A **침투성 마감재**(penetrating finishes)는 목재의 관공에 흡수되어 표면에 거의 남지 않는 것입니다. 텅오일(tung oil)과 보일드 린시드 오일(boiled linseed oil)은 가장 일반적인 두 가지 유형이지만, 이 두 가지를 바니시와 폴리우레탄과 결합하여 준-침투성 마감재들로 수십 가지의 제품을 만듭니다. 쉽게 바를 수 있으며 나무의 고유의 촉감을 원한다면 최선의 선택입니다.

도막 마감재(film-forming finishes)는 이름에서 알 수 있듯이 주로 표면 위에 얹힙니다. 셸락, 바니시, 래커, 폴리우레탄 등이 이 범주에 속합니다. 바르기가 더 어렵지만 습기나 가정의 화학물질과 용매(solvent)들로부터 탁월한 보호 기능을 제공합니다.

그 중간에 다양한 영역들이 있습니다. 침투성 마감재를 충분히 여러 번 바르면 도막이 만들어집니다. 그리고 만약 도막 마감재를 충분한 만큼 얇게 바르면 침투성 마감재처럼 작용할 것입니다.

Q 마감을 할 때 방울지거나 붓자국이 생기는 것을 막기 위해서는 어떤 조치를 취할 수 있나요?

A 다음 방법 중 한 가지나 전부를 시도해보세요.
- 작업 과정 중에 여러 번 위치를 변경한다 해도, 가능하면 수평면에 마감을 하세요.
- 표면을 가로질러 낮은 각도로 빛을 비추어 방울진 곳이나 붓자국을 살피며 작업하세요.

- 마감재가 흥건하면, 붓을 용기의 모서리에 가로질러 끌어내리며 마감재를 덜어낸 다음, 다시 작업한 곳으로 가서 여분의 마감재를 흡수시키세요.
- 마감재를 10% 더 묽게 해주면 붓질이 더 잘됩니다. (이것의 단점은 방울지거나 처지는 경향이 있다는 것입니다.)
- '팁 오프(tip off)'를 하세요. 이 방법은 마감재를 칠한 후에 곧바로 붓을 살짝 들어 붓끝(tip)으로만 가볍게 이미 칠한 곳을 가로질러 지나가는 것입니다. 이렇게 해주면 거품이 제거되고 평탄한 마감이 됩니다.

Q 제가 바(bar) 테이블의 상판을 만들고 있는데, 마감할 때 유성 폴리우레탄이 수성 폴리우레탄보다 보호력이 우수한가요?

A 둘 다 내구성 측면에서는 비슷하지만, 유성 폴리우레탄은 열이나 화학물질로부터 약간은 더 많은 보호 기능을 제공하기 때문에 바 테이블 상판에 좋습니다. 고려해야 할 다른 요소도 있습니다. 수성 폴리우레탄은 깨끗하고 빨리 마르며 냄새가 적습니다. 유성 폴리우레탄은 호박(amber) 색상을 사용하여 목재의 풍부한 색상을 이끌어내고 강조합니다.

Q 데니시 오일(danish oil)이 무엇입니까?

A 데니시 오일은 보통 '와이프온(wipe on)'이라고 부르는, 바르는 마감재로 침투성 오일과 바니시로 구성되어 있습니다. 이것은 묽고, 쉽게 나무의 관공으로 침투하며, 자연스럽고, 손으로 칠한 느낌의 외관을 가집니다. 다양한 색상으로 제공되며, 바르기 쉽기 때문에 많은 목공인들이 이것을 좋아합니다. 한 번 칠하는 것으로는 긁힘이나 습기, 화학물질로부터 보호를 많이 못하지만, 여러 번 칠해주면 내구성을 높일 수 있습니다.

Q 제가 빵도마를 하나 만들면서 체리색 데니시 오일을 발랐는데, 마구리 부분이 윗면보다 어둡게 변했어요. 다시 하나 더 만들려고 하는데, 다음엔 어떻게 하면 이렇게 되는 걸 피할 수 있을까요?

A 다음번엔 우선 마구리에만 투명하거나 내추럴 계열 색상의 데니시 오일을 발라주세요. 다 마른 다음에 모든 표면에 유색 오일을 균일하게 발라줍니다. 처음에 투명하게 칠한 오일이 마구리를 밀봉하여 좀 더 어두운 오일을 쉽게 흡수하지 않게 합니다.

Q 며칠 전 바니시 깡통을 열어보니 마치 트램펄린같이 고무 비슷한 막이 위쪽을 덮고 있는 것을 봤습니다. 막을 벗겨보니 바니시는 괜찮아 보였어요. 그런데 사용하는 것이 괜찮긴 한 건가요? 그리고 이렇게 막이 생기지 않게 하려면 어떻게 해야 하나요?

A 페인트 필터나 낡은 스타킹으로 한 번 걸러주면, 그 막 아래의 바니시도 사용하기에 괜찮을 것입니다. 그것이 좋은지 확인하고 싶으면, 나무 자투리에 약간 발라서 건조가 잘 되는지 살피세요.

나중에는 닫기 전에 Bloxygen(상품명입니다)과 같은 에어로졸 제품을 몇 번 분무하여 막을 수도 있습니다. 유성 마감재는 산소를 흡수하여 건조되고 경화됩니다. Bloxygen은 이 반응이 일어나지 않도록 캔에 절반쯤 채워진 산소(oxygen)를 아르곤(argon)으로 대체합니다(이름에서 알 수 있듯이 산소 차단제인 것이죠).

> **TIP**
>
> **값싸지만 알찬 아이디어**
>
> 캐비닛의 문짝, 합판 패널이나 어떤 가구 부재들에 스테인을 칠하거나 마감할 때, 한 번에 양면 작업을 할 수 있다면 마감 작업 속도가 두 배는 빨라지겠죠. 한쪽 면은 마감을 한 완벽한 외관이 그다지 중요하지 않은 경우라면 다음과 같이 한 번 해보세요. 카펫 고정용 택 스트립(tack strip)을 구해보세요. 이건 막대에 못이 관통되어 튀어나와 있는 형태인데, 직접 만들기도 쉽습니다. 이것을 짧은 길이로 잘라서 준비해놓으세요. 작업물을 눈에 덜 띄는 부분 먼저 마감하고, 작업물을 지지할 수 있도록 택 스트립이나 그런 형태로 간단히 만든 지그를 배치한 다음, 그 위에 마감 작업을 하여 젖어 있는 면을 밑으로 향하게 뒤집어놓습니다. 그런 다음 즉시 반대편, 깨끗하게 마감할 부분에 마감 작업을 하세요.

Q 제가 목선반으로 샐러드 그릇을 하나 만들었는데, 폴리우레탄을 마감재로 사용할 수 있습니까?

A 네. 하지만 사용하기 전에 마감재가 완전히 경화되었는지 확인하세요. 일반적인 조건에서는 약 30일 정도 걸립니다. 몇 년 전까지는 납이나 기타 분말 금속들이 건조를 촉진하기 위해 마감재에 첨가되었는데 안전에 위험한 것이었죠. 오늘날 사용되는 건조 촉진제는 식품 안전성이 있는 것으로 간주되지만, 보이는 모습은 또 다른 문제입니다. 왜냐하면, 폴리우레탄은 표면에 안착하는 것이기 때문에 흠집이 생길 가능성이 크기 때문이죠. 침투성 마감재나 샐러드 그릇용 오일(salad bowl oil)은 긁힘이 적고 새롭게 되살리기가 쉽습니다.

Q 도마에 쓰는 마감재로는 무엇이 좋은가요?

A 호두 기름(walnut oil)을 사용해보세요. 이것은 안전하기도 하고, 일부 식물성 기름과 같은 불쾌한 냄새가 나지도 않으며, 도막을 형성하지 않기 때문에, 추가 도포를 하면서 쉽게 손볼 수 있습니다.

Q 제가 커피 테이블을 하나 만들었는데, 친구 녀석이 테이블 상판 아래쪽도 위쪽과 같은 횟수로 마감칠을 해야 한다고 하네요. 왜 그런가요?

A 상판의 위아래 양면에 균등하게 마감 처리를 하면, 상면과 하면이 습기에 서로 비슷하게 반응하여 균등한 비율로 수축, 팽창하게 됩니다. 따라서 뒤틀리거나 균열이 생기는 것을 막아주게 되는 것이죠.

Q 가구에 마감칠을 충분히 여러번 하면 목재가 수축, 팽창하는 것을 완전히 막을 수 있습니까?

A 아니요. 마감은 목재의 움직임을 최소화할 수는 있지만 완전히 없애지는 못합니다. 침투성 마감은 목재의 움직임을 막는 능력이 가장 작고, 도막 형성 마감재가 가장 큽니다.

Q 저는 한 번에 두껍게 마감재를 칠하는 것보다 묽은 마감재를 여러 번에 걸쳐 칠하는 것을 선호하는 편입니다. 제가 곤란을 겪지 않으려면 어느 정도로 묽게 할 수 있을까요?

A 내구성이나 수명에 영향을 미치지 않으면서 셸락, 래커, 바니시, 폴리우레탄 등을 묽게 할 수 있습니다. 용매 비율이 높아지고 고형물의 비율은 낮아지는 것이기 때문에 더 여러 번 칠을 해야 하죠. 대체로 수성 마감재를 희석하는 것은 피해야 하지만, 만약 해야만 한다면 10%를 넘지 않게 희석하세요.

> **TIP**
>
> **마감 후 먼지 피하기**
>
> 공기 중에 떠다니는 먼지, 분진들이 방금 마감 작업을 끝낸 가구 위에 내려앉지 않도록 하고 싶다면, 분무기를 사용해보세요. 미세한 물방울들이 작은 먼지들에 붙으며 무겁게 만들어 바닥으로 떨어뜨려줄 것입니다.
>
> 또한 외부에서 온풍이 들어오는 난방 설비의 경우는 작동할 때 공기가 새어 나오거나 더 많은 먼지들이 휘저어지지 않도록 온풍 유입구들을 닫아두세요. 작업장이 지하에 있을 경우 사람들이 위층으로 걸어 다닐 때 먼지가 떨어지는 것도 조심하세요. 그것이 지속적인 문제라면, 비닐이나 천막 등을 스테이플로 고정시켜 천정을 막아두세요.

Q 투명 마감재를 붓으로 칠할 때 작은 거품들이 생기는데, 어떻게 하면 피할 수 있을까요?

A 너무 진한 마감재를 쓰거나 너무 두껍게 마감하거나 붓을 앞뒤로 움직여 나무에 작업하는 등 다양한 작업이 거품을 유발할 수 있습니다. 휘저을 때보다 흔들 때 마감재에 거품이 만들어지기 쉽습니다. 따라서 이러한 방법들은 피하세요. 그래도 거품이 생기면 '팁 오프'를 하세요. 표면에 90° 각도로 붓을 잡고, 붓끝으로 젖은 표면을 가볍게 끝까지 닦아내세요.

Q 보일드 린시드 오일(boiled linseed oil)이 어떤 것인가요? 어떤 종류의 마감을 하는 건가요?

A 보일드 린시드 오일은 아마인(flaxseed, linseed)에서 얻어진 가공되지 않은 아마인유(linseed oil)인데, 빠르게 경화되도록 처리를 한 것입니다. 그 이름과는 달리, 기름을 끓이지는 않고, 산화시키거나 희석제를 첨가했습니다. 보일드 린시드 오일은 그윽하고 고풍스런 느낌을 주는 진정한 침투성 마감재입니다. 광을 내면 나무에 부드럽고, 새틴(satin) 느낌이 나는 광택을 보여줍니다. 단점은 시간이 지나감에 따라 점차 어두워지며 내수성이 낮다는 것입니다. 이것을 사용하려면 현대적인 침투성 오일보다 더 많은 인내가 필요합니다. 얇은 도장에 가장 잘 사용되며 추가 도장을 하기 전에 밤새 건조해야 합니다.

> **TIP**
>
> **자연 발화를 조심하세요**
>
> 텅 오일, 린시드 오일, 데니시 오일과 같은 침투성 마감재는 산화를 통해 건조됩니다. 즉, 기름이 산소와 결합하여 경화되는 것이죠. 이 과정은 너무 많은 열을 발생시켜 건조 과정에서 기름에 젖은 헝겊이 자발적으로 발화할 수 있습니다. 특히 포개져 있을 때 더욱 그렇죠. 안전을 위해서는 물이 담긴 금속 용기에 쓴 헝겊을 버리거나 건물 바깥이나 통풍이 잘 되는 곳에다 잘 펴서 말리세요. 바깥에다 오일에 젖은 헝겊을 말리는 것이 지저분해 보인다고 누군가 그걸 뭉쳐 쓰레기통에 휙 버린다면, 한밤중에 불길에 잠긴 건물을 보게 될지도 모릅니다.

Q 미리 혼합된 셸락을 쉽게 구할 수도 있는데, 어떤 목수들은 귀찮게도 직접 혼합해서 쓴다고 합니다. 왜 그럴까요?

A 박막 형태의 셸락과 변성 알코올을 사용하여 스스로 셸락을 조제하는 것은 몇 가지 이점이 있습니다. 직접 조제하면 셸락의 '컷(cut)' 또는 '파운드컷(lb.cut)'이라고 불리는 농도를 조절할 수 있습니다. 예를 들어, 셸락을 바르거나 스프레이로 뿌릴 때는 붓질을

하거나 옹이를 막을 때보다 농도가 묽은 것이 낫겠죠. 또한 직접 혼합을 하면, 사용하는 셸락 박막의 색이나 추가하는 색조에 따라 색을 조정할 수도 있습니다. 그리고 신선함을 보장해주죠.

Q 제가 만든 나무 램프 받침대에 셸락을 사용하고 싶습니다. 창고를 뒤져보니까 몇 년 전에 쓰다가 보관해놓은 미리 혼합된 셸락이 있던데, 이것을 사용해도 괜찮을까요?

A 안 좋습니다. 오래된 셸락은 매우 천천히 경화되고, 또한 신선한 셸락과 같은 경도를 결코 얻지 못합니다. 유리 조각 위에 한 방울 떨어뜨려 밤새도록 말려보세요. 다음날 손톱으로 눌러봐서 홈이 팬다면 새로 사서 쓰시는 것이 좋습니다.

페인트칠하기

Q 저는 고풍스러운 느낌을 주는 밀크 페인트(milk paint)를 좋아하지만, 밀크 페인트라는 말은 좀 이상하게 들리네요. 그게 무엇인가요? 그리고 사용하기는 어려운가요?

A 밀크 페인트는 우유에서 발견되는 단백질인 카제인(casein)과 석회의 가루 혼합물로 물에 희석하여 사용합니다. 수천 년 동안이나 사용되어온 이것은 아직도 굉장히 내구성이 있는, 벨벳같이 부드러운 도막을 만듭니다. 투탄카멘 왕의 무덤에 있는 많은 벽화가 이것으로 그려졌죠. 다양한 종류의 생생한 색상을 내는 게 가능하며, 원목, 합판, MDF에도 잘 발라집니다. 한 번만 살짝 도장하면 물로 살짝 닦아낸 듯한, 또는 수채화 같은 느낌을 낼 수도 있고, 여러 번 도장해서 불투명한 마감을 할 수도 있습니다. 밀크 페인트가 목재 재료에 물리적으로 흡수되는 것이기 때문에 프라이머 작업이 필요하지 않습니다. 바르기가 상대적으로 쉽죠.

- 밀크 페인트는 가루 형태로는 영구적으로 보관할 수 있지만, 일단 혼합하면 보관기간이 짧기 때문에 하루 동안 사용할 양만큼만 혼합하세요. 동일한 분량의 밀크 페인트 분말과 물을 섞은 다음 혼합물을 10분 동안 놓아두세요.
- 붓을 사용하여 나뭇결 방향으로 첫 번째 도장을 하세요. 이것은 목재 속으로 빠르게 흡수되므로 칠해지는 면이 겹쳐지게 하면서 칠하고, 붓은 계속 페인트를 충분히 묻힌 상태로 유지하세요. 전체적으로 고르게 발라지도록 즉시 두 번째 도장을 시작하세요.

- 페인트가 다 마르면 220-번 사포로 표면을 살짝 가볍게 샌딩해서 매끄럽게 하고, 결들이 일어난 것들을 제거해주세요. 그런 다음 원하는 결과를 얻을 때까지 계속 추가 도장을 하면 됩니다.
- 밀크 페인트는 내구성이 뛰어나지만, 이것으로만 마감하면 먼지나 기름기들이 잘 묻습니다. 작업물에 손이 많이 닿게 되거나 수분이 많은 환경에 놓인다면 왁스나 셸락, 폴리우레탄 같은 보호 목적의 도장을 추가하세요.

Q 방금 화분 받침대 하나를 만들었는데, 오래된 앤티크 느낌이 나도록 잔금이 나고 갈라진 느낌이 있는 '크래클 페인트(crackled paint)'처럼 만들고 싶습니다. 그런 크래클 느낌이 나도록, 그렇다고 75년 동안을 기다릴 수도 없고, 빠르게 그런 효과를 볼 수 있는 방법이 있습니까?

A 예, 하루 안에 크래클 마감을 할 수 있습니다. 수많은 크래클 마감 제품들을 살 수도 있지만, 당신이 직접 만들 수도 있습니다. 방법은 다음과 같습니다.

- 먼저 화분 받침대에 라텍스 페인트로 기본 도장을 하세요. 이 색상은 균열이 생긴 곳을 통해 결국 보이게 되므로 상도의 색상과 대비되어야 합니다.
- 페인트가 건조되면 스펀지 붓이나 붓으로 아교를 한 번 바르세요. 한 방향으로 한 번에 아교를 발라야 합니다. 되돌아가서 접착제를 다시 바르지 마세요.
- 아교를 4~5시간 동안 건조시킨 다음 상도(top coat)를 바릅니다. 가볍게 도장하면 가는 실금들이 생길 것입니다. 더 두껍게 칠하면, 더 넓은 균열들이 생기죠. 다시 한번 말하면, 페인트는 한 번만 칠하고 다시 돌아가 재작업하지 마세요. 마감면은 몇 분 안에 실금들이 생기면서 크래클이 됩니다.
- 페인트가 건조되면 보호를 위해서 투명 마감을 할 수 있습니다. 수성 폴리우레탄은 색상에 가장 적게 영향을 줍니다.

Q 작년에 우리 집 지하실에 미송 유절 루바로, 그러니까 옹이가 많은 소나무 T&G 패널로 징두리벽을 설치했습니다. 제가 페인트를 칠하기 전에 프라이머를 칠하긴 했는데, 옹이들 주위로 검은 원들이 나타나기 시작하네요. 제가 무엇을 잘못한 건가요?

A 옹이는 패널을 설치한 후에도 오랫동안 계속 흘러나오는 수지(resin)를 품고 있습니다. 보통의 (수성)라텍스나 유성 프라이머는 목재의 옹이를 밀봉할 때 효과적이지 않습니다. 가장 좋은 방법은 프라이머와 페인트를 칠하기 전에 디왁스드 셸락이나

셸락 기반 프라이머(예: B-I-N Primer)로 각 옹이를 부분적으로 칠해주는 것입니다. 두 제품 모두 빠르게 건조되고 어떤 종류의 페인트로도 상도 마감할 수 있습니다.

> **TIP**
>
> **T&G 패널 미리 페인트칠하기**
>
> 설치 전에 T&G 패널을 칠하는 것이 좋습니다. 그렇게 해놓으면, 패널들이 수축하더라도 (보통 건조한 겨울에 그렇죠) 혀 부분에 나무색이 아닌 페인트가 칠해진 목재가 보입니다. 혀 부분에만 가볍게 페인트칠을 하고, 홈에는 방울이 생기지 않도록 조심하세요. 그렇지 않으면 설치 중에 혀를 홈에 끼워 넣을 때 애를 먹게 됩니다. T&G 패널은 흔히 '루바'라고 부르지만 출처가 모호한 말입니다.

Q 저희 집에 문짝을 새로 다 교체하려고 하는데, 페인트칠할 게 12개가 넘습니다. 문짝 양면을 동시에 페인트칠할 수 있는 좋은 방법이 있습니까?

A 물론이죠. 이렇게 해보세요.

1. 톱질 모탕, 또는 편하게 우마(牛馬)라고도 부르는 톱 작업대(sawhorse) 한 쌍 위에다 문을 올려놓으세요.
2. 상단 면에 양 끝에서 10cm 안쪽에 6mm 구멍을 두 개 뚫고, 하단면 가운데쯤에 6mm 구멍을 뚫습니다. 8mm 지름의 10cm짜리 래그 볼트를 각 구멍에 약 2.5cm 깊이로 설치합니다.
3. 각 래그 볼트의 머리가 톱 작업대 위에 놓이도록 작업대 간격을 벌려주세요.
4. 문의 윗면과 네 옆면을 모두 칠한 다음 위쪽에 있는 두 개의 래그 볼트를 손잡이로 사용하여(마치 바비큐 돌리듯) 문짝을 회전시켜 다른 면이 위를 향하게 하고 그 면에 페인트를 칠합니다.
5. 톱 작업대에 래그 볼트를 지지해놓고 건조시켜도 되고, 문을 세울 때 문이 바닥이나 벽에 닿지 않도록 해주는 용도로 래그 볼트를 사용할 수도 있습니다. 이것은 또한 스테인이나 투명 마감을 할 때에도 효과적입니다.
6. 문이 다 건조되면 볼트를 풀고 목재 메꿈으로 구멍을 막은 후에 페인트를 칠해주세요.

Q 손녀가 화장실에서 사용할 수 있는 발판을 만들었습니다. 유성 페인트가 라텍스보다 보호 기능이 우수한가요?

A 20년 전에 이 질문을 하셨다면 '예'라고 대답했을 테지만, 오늘날에는 그 격차가 상당히 좁혀졌습니다. 유성 페인트는 한때 가구나 목공 작업물들을 위한 좋은 선택

이었습니다. 이것은 건조시간이 길어서, 부드러운 표면을 만들기 위해 붓질을 더 많이 할 수 있다는 것이죠. 또한 접착성과 내구성이 더 좋았습니다. 그러나 라텍스 페인트 제조업체는 제품을 지속적으로 개선해왔으며, 현재는 두 가지 모두 작업에 사용하고 있습니다.

광택에 주의를 기울여야 합니다. 고광택(High-gloss) 에나멜페인트는 수성, 유성 두 버전 모두 사용 가능하며, 세척하기 쉽고, 깨끗하게 유지하기가 쉽기 때문에 가장 적합한 후보가 됩니다. 다리 바닥 부분은 프라이머와 페인트칠할 때 특별히 더 주의를 기울여 마구리가 바닥에서 습기를 흡수하지 않도록 해주세요.

> **TIP**
> **깨끗한 분사**
> 에어로졸 스프레이 페인트 사용을 마쳤으면 노즐을 WD-40 캔의 분사구에 맞추세요. WD-40을 분사하고 페인트 캔의 노즐을 뒤로 당기세요. WD-40은 노즐을 청소하고 막힘을 방지해줍니다.

13. 가구 재도장과 보수하기

잘한 일에 대한 보상은 그것을 했다는 것입니다.
—Ralph Waldo Emerson

하나의 가구를 만들면 그것을 만드는 데 필요한 모든 기술과 공구를 얻을 수 있지만, 오래된 가구를 보수하는 것은 그 이상의 것을 얻을 수 있습니다. 보수를 어떻게 할 것인지 알아야 할 뿐만 아니라, 원래 그 가구를 만든 목수가 어떻게 만들었는지 파악해야 하죠. 오래된 결구법, 접착제, 목재, 패스너, 마감재들과 대면해야 하기도 합니다. 그것에 접근하는 올바른 방법을 이해하려면 솜씨 있는 장인이면서 동시에 셜록 홈즈 같은 탐정이 되기도 해야 합니다. 하지만 오래된 가구, 특히 몇 세대 동안 가족과 함께해온 오래된 가구를 수리하거나 다시 마감하는 것은 두 배의 보람을 느낄 수 있습니다. 이 과정에서 새로운 기술뿐만 아니라 새로워진 가보(家寶)도 얻을 수 있죠.

가구 보수의 기본 사항

가구를 구입하거나 물려받은 경우, 특히 150년 이상 된 가구는 작업하기 전에 약간의 조사를 해야 합니다. 19세기 중반의 치펀데일(Chippendale) 양식이나 18세기 말 유행한 헤플화이트(Hepplewhite) 양식, 18세기 초 퀸 앤(Anne Queen) 양식과 같은 어떤 시대 특유의 가구는 놀랄 만큼 가치가 있습니다. 1740년 크리스토퍼 타운젠드(Christopher Townsend)가 만든 여러 개의 서랍이 달린 세크리터리 책장(secretary bookcase)은 최근 경매에서 8백만 달러 이상에 팔렸습니다. 원본 그대로의 마감은 수집가와 판매상이 모두 소중히 여기는 것으로, 희소가치가 있는 소재를 다시 마감하는 것은 가치를 떨어뜨릴 수 있습니다. 가구의 뒷면이나 바닥에 어떤 표시나 날짜, 레이블이 있는지 찾아보세요. 보물이라는 생각이 든다면 가구 전문가에게 가져가서 평가를 받아보세요.

Q 의자가 지금 그대로 충분히 튼튼한지 또는 다시 접착제를 발라야 하는지 결정하는 간단한 시험법이 있습니까?

A 주관적인 방법이지만, 이렇게 해보세요. 의자를 마주보며 좌판에 무릎을 단단히 대고 양방향으로 등받이를 흔듭니다. 그것이 한 방향으로 움직이고 나서 계속 그대로 있다면, 확실히 다시 접착제를 발라야 할 때입니다. 그것이 원래 위치로 견고하게 돌아오는 경우, 아직 튼튼한 것입니다. 그 사이의 어떤 상태이든 판단을 내릴 수 있습니다. 당신은 의자가 얼마나 자주, 얼마나 강하게 사용되었는지, 그리고 접착제를 다시 바르기 위해 필요한 설비, 비품 등을 갖추고 있는지 여부에 따라 결정을 내려야 할 것입니다.

Q 벼룩시장에서 골동품 의자를 하나 샀습니다. 그런데 흔들거려서 접착을 다시 해보려 해도 너무 어렵더군요. 애를 먹고 있습니다. 혹시 좋은 방법이 있나요?

A 새로운 접착제는 오래되어 굳어버린 접착제에 단순하게는 붙지 않기 때문에, 첫 번째로 할 일은 오래된 접착제를 제거하는 것입니다. 방법은 다음과 같습니다.

1. 마스킹 테이프로 모든 부품에 라벨을 붙이고 의자의 사진을 찍어놓은 다음 분해합니다.
2. 장부(tenon)에서 굳은 접착제(대부분은 아교나 노란색 접착제)를 녹이고 제거하려면, 접착제가 부드러워질 때까지 따뜻한 물이나 식초에 담급니다. 그런 다음 거친 천

을 사용하여 각 장부를 깨끗이 닦아주세요.
3. 장붓구멍(mortise)을 닦으려면, 나무 부스러기를 그 안에 채우고 따뜻한 물이나 식초를 조금씩 부어넣고 15분 정도 기다린 다음, 스크류 드라이버나 가는 막대기 끝부분으로 그 혼합물들을 빙빙 돌려주세요. 부스러기들이 장붓구멍의 벽을 문지르며 느슨해진 접착제를 흡수할 것입니다.

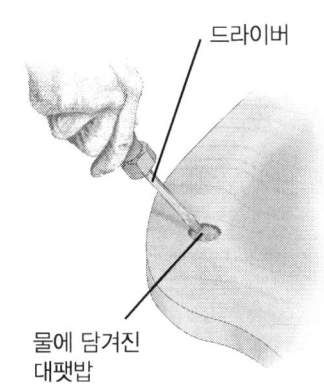

드라이버

물에 담겨진 대팻밥

4. 모든 부재들이 건조되어 원래 크기로 돌아온 다음 부재들을 가조립해보십시오. 그것들이 잘 맞는다면, 노란색 접착제나 아교를 사용하여 의자를 재조립하세요. 틈이 있으면 에폭시나 틈을 메우는 종류의 접착제를 사용하세요(그러나 이러한 접착제로 인해 향후 수리가 더 어려워질 수도 있습니다).

Q 제가 원목의자 하나를 가지고 있는데, 의자의 봉 하나가 심하게 금이 가있네요. 의자를 분해하지 않고도 그것을 교체하는 방법이 있습니까?

A 그 원형봉들을 스핀들(spindle)이라고 부르는데, 손상된 스핀들을 톱으로 잘라서 절반씩 제거합니다. 장붓구멍에서 접착제를 긁어내고, 드릴을 사용하여 상단이나 등받이에 장붓구멍을 12mm 더 깊게 파주세요. 새 스핀들을 설치하려면 양쪽 끝에 접착제를 바르고 위쪽 끝을 가능한 한 깊숙이 장붓구멍 안으로 밀어 넣은 후, 스핀들 하단을 의자 좌판의 장붓구멍 안으로 밀어 넣으세요.

Q 제 의자에 다리 하나가 헐렁한데, 다른 모든 부분은 견고한 것처럼 보입니다. 전체 의자를 분해하지 않고 이 문제를 해결할 수 있는 방법이 있습니까?

A 일상적으로 매일 쓰는 의자인 경우라면, 결구 근처에 비스듬하게 3mm 직경의 구멍을 뚫은 다음, 주사기를 사용하여 늦게 굳는 에폭시(결구 주위에 비어 있는 공간을 가득 채웁니다)나 해외에서 구매할 수 있는 Chair-Loc과 목재 팽창제 같은 제품(부재들을 고정시키기 위해 섬유를 부풀어 오르게 하는 것입니다)을 주입하여 다리를 고정시킬 수 있습니다. 하지만 오래된 의자의 제대로 된 보수 방법은 일반적으로 헐렁한 부재를 다른 부재들과 함께 분해한 다음 수리하는 것입니다. 에폭시나 섬유 팽창제가 항상 보수

방법으로 쓰이는 것은 아니며, 오히려 누군가가 나중에 제대로 된 복원을 할 때에 깨끗하게 청소하는 데 방해가 됩니다. 결구에 뜨거운 물(약 60°)을 주사기로 주입하여 헐렁한 부분을 자유롭게 만든 후에 살짝 틀어서 분해하고, 오래된 접착제를 닦아낸 다음 나무를 건조시키고, 아교나 노란색 접착제로 다시 접착하세요.

Q 골동품 의자를 분해하려고 하는데 다리를 좌판 구멍에서 빼낼 수가 없네요. 나사못도, 쐐기도, 못도 아무것도 없는데, 흔들거리기만 할 뿐 도대체 빠지지가 않네요. 뭐가 어떻게 된 거죠?

A 아마도 만드는 사람이 '지옥장부(blind-wedged tenon)'라고 부르는, 안 보이는 끝부분에 쐐기가 박히는 그런 종류의 장부를 사용했을 가능성이 큽니다. 그것을 만들려면, 다리의 장부끝에 톱으로 슬롯(slot), 즉 긴 틈새를 자르고, 쐐기를 그 틈새에 일부분 삽입한 후 접착제를 바르고, 장붓구멍에 두드려 넣으며 조립합니다. 쐐기가 들어가면서 장부를 확장시킵니다. 장붓구멍은 대부분 언더컷으로 안쪽이 확장되어 있어서 확장된 장부가 안에서 잠기는 것입니다.

가장 좋은 방법은 윤활제 역할로 결구에 물 한두 방울을 떨군 다음, 다리를 나무턱을 댄 바이스에 꽉 물려 고정시키고 의자 바닥을 고무 망치로 몇 번 강하게 두드려주는 것입니다. 일단 분해되면 오래된 접착제를 긁어내고 모두 건조시키세요. 의자를 다시 조립할 때에는 장부의 긴 틈새에 새로운 쐐기를 맞추고, 접착제를 바르고, 다리를 다시 두드려 넣으며 쐐기가 장부를 확장시키게 합니다. 언젠가 나중에 이 의자를 다시 수리하려는 사람이 나타나면, 그 사람도 머리를 긁적거리면서 이 책을 펼쳐보겠네요.

지옥 장부맞춤

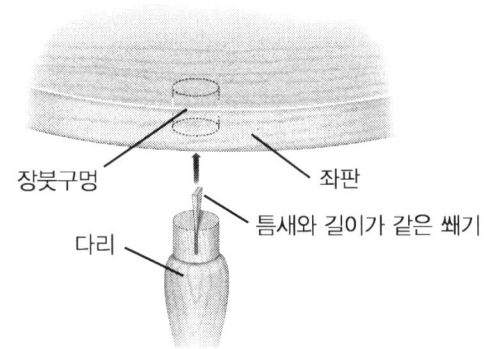

장붓구멍 / 좌판 / 틈새와 길이가 같은 쐐기 / 다리

Q 제가 가지고 있는 협탁은 오크 상판으로 되어 있는데, 그게 중간에 금이 쫙 가 있습니다. 직선으로 금이 가 있긴 한데, 가장자리는 들쭉날쭉하고, 틈새엔 오래된 쓰레기가 가득 차 있습니다. 다시 붙일 수 있을까요?

A 깨진 균열이 비교적 직선이라면, 가장 좋은 방법은 상판을 반으로 자른 다음 잘린 면끼리 다시 붙이는 것입니다. 상판을 떼어내고, 원형 톱과 직선 가이드(앞선 원형 톱 내용을 참조하세요)를 사용하여 톱날이 균열의 한가운데를 바로 자르도록 하세요. 균열이 넓은 경우 톱날을 두 번 통과해야 할 수 있습니다. 새로 자른 면이 단단히 결합되는지 확인하기 위해 서로 맞춰본 다음, 잘 맞으면 노란색 접착제를 바르고 클램핑을 합니다.

미래의 균열을 예방하려면, 나무의 자유로운 수축, 팽창이 가능한 방법들을 사용하여 상판을 테이블 하부에 고정시키세요(테이블 제작 부분을 참조하세요).

Q 옛날 테이블을 물려받은 게 있는데, 상판 베니어의 절반 이상이 떨어져 나갔더라고요. 밑에 있는 나무를 손상시키지 않고 나머지 부분을 어떻게 벗겨낼 수 있나요?

A 헐렁해진 베니어의 모서리를 들어 올려 베니어와 바닥판 사이에 약간의 습기를 뿌리세요. 갈색 종이봉투를 잘라 베니어 위에 놓습니다. 접착제가 액화되어 베니어가 느슨해질 때까지 종이 위로 중간 정도의 온도로 맞춘 다리미를 밀어주세요. 그런 다음 퍼티 나이프를 사용하여 부드럽게 베니어를 들어 올립니다. 필요에 따라 반복하세요.

나중에 사용하거나 일치하는 조각을 찾아 수리하기 위해 베니어를 보관하려면 따뜻한 식초와 사포, 스크레이퍼를 사용하여 오래된 접착제를 제거하세요. 그런 다음 오래된 베니어를 두 장의 합판 사이에 놓고 필요할 때까지 클램프로 평평하게 고정하세요.

Q 저희 집 거실 협탁은 상판 베니어에 작은 손상이 있는데 어떻게 보수할 수 있을까요?

A 본래의 베니어와 나뭇결이나 색상이 가능한 한 가깝게 일치하는 베니어 조각을 구입하세요. 이 베니어 조각에 마감을 여러 번 실험해보면서 어떻게 하면 색상을 가장 잘 맞출 수 있는지 확인할 수 있습니다. 그리고 나서 다음과 같이 진행하세요.

1. 손상 부위 위에 덧댈 베니어 조각(패치라고 부르기로 하죠)을 올려놓고, 가능한 한 나뭇결을 잘 정렬한 다음 제자리에 테이프로 붙입니다.

2. 자와 날카로운 칼을 사용하여 테이블 상판의 덧댄 베니어 패치와 손상된 베니어를 동시에 다이아몬드 모양으로 자릅니다. 여러 번 그어야 잘라질 것입니다. 남은 조각은 옆에 치워두세요.
3. 날카로운 끌이나 칼로 손상된 베니어를 내부에서 제거합니다. 접착제를 긁어낸 다음 목재 필러로 패인 부분들을 채웁니다.
4. 패치를 맞춰보고, 사포를 사용하여 잘 맞도록 곱게 다듬어주세요. 패치의 뒷면에 노란색 접착제나 아교를 바르고, 제 위치에 잘 맞춰 눌러줍니다. 젖은 헝겊을 사용하여 여분의 접착제를 제거한 다음, 기름종이(waxed paper)를 패치 위에 올려놓고 무거운 책을 올려 눌러주세요.
5. 몇 시간이 지나면 책을 제거하고 가볍게 사포질을 해서 테이블 상판의 기존 베니어와 평평하게 해주세요.

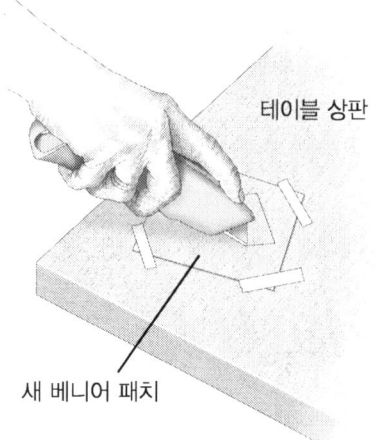

손상된 베니어 교체하기

Q 수리를 위해 오래된 주방 테이블의 다리를 제거하려고 시도해봤는데, 나사못 머리가 다들 망가져서 풀 수가 없네요. 해결책이 있나요?

A 만약 나사못 머리가 표면 위로 튀어나와 있으면 플라이어로 머리를 잡고 돌려서 빼내면 됩니다. 그렇지 않으면 다음과 같이 해보세요.
1. 아주 작은 그라인더 날을 드레멜 같은 미니 조각기나 드릴 같은 회전 공구에 끼워서 나사못 머리에 새로운 슬롯, 즉 드라이버 홈을 만들어줍니다. 슬롯이 깊을수록 좋겠죠.
2. 납땜 인두나 핫멜트 건을 예열한 뒤에 30~60초 동안 나사에 대세요. 열이 나무의 섬유질을 느슨하게 풀어주고 나사못을 감싸는 접착제를 녹이는 데 도움이 됩니다.
3. 드라이버를 아래로 누르며 나사못을 돌리며 빼내시면 됩니다.

그래도 문제가 해결되지 않으면 나사 제거 비트(역 나사산 테이퍼 막대, 흔히 '반대탭'이라 부르죠)를 사용해보세요. 먼저 드릴 비트를 사용하여 머리에 작은 구멍을 내줍니다. 일반 비트는 대부분의 오래된 나사들에 다 사용할 수 있습니다. 적절한 크기의 나사 제거 비트를 구멍에 삽입하고 시계 반대 방향으로 돌려 나사못을 제거합니다.

Q 서랍장 상판으로 쓰려고 준비해놓은 목재에 파이프 클램프를 떨어뜨렸네요. 살펴보니까 반달 모양으로 움푹 팼어요. 퍼티로 채워야 하는 건가요? 어떻게 하죠?

A 퍼티는 깊게 패인 곳이나 일부가 떨어져 나간 곳을 수리할 때는 좋은 해결책이 될 수 있지만, 당신의 경우처럼 목재 섬유질이 눌리거나 닳거나 한 경우에는 좀 다르죠. 이럴 때엔 다리미를 준비하고 최고 온도로 설정해놓으세요. 예열되는 동안 패인 곳에 물을 몇 방울 떨어뜨리세요. 그 물이 흡수되면 몇 방울 더 떨구어주세요. 젖은 수건으로 움푹 들어간 곳을 덮고 그 위로 다리미 끝을 누르세요. 섬유질이 팽창하여 원래 모양을 거의 회복할 겁니다. 필요한 경우 이 과정을 반복하세요. 실제로는 움푹 들어간 곳이 약간 부풀어 오를 수도 있습니다. 만약 그렇게 된다면, 그곳이 다 마른 후에 주변 표면과 수평이 될 때까지 샌딩 블록과 고운 사포를 이용하여 샌딩하세요.

Q 제가 지금 스툴을 보수하고 있는데요. 살펴보니까 다리를 끼웠던 바닥판의 홈 두 개가 몇 년 동안에 커졌나봐요. 헐렁해졌더라고요. 다시 꽉 맞는 장부로 만들어줄 수 있을까요?

A 장붓구멍이 넓어진 것이니까, 장부촉을 더 큰 걸 끼워주면 되겠군요. 얇은 대팻밥을 찾아보세요. 없으면 대패로 새로 깔끔하게 대팻밥을 만드시고요. 한쪽 면에 접착제를 바르고 장부 주위를 단단히 감쌉니다. 적절한 크기로 만들 때까지 몇 바퀴 돌려가며 사이즈를 맞추세요. 접착제가 굳으면 사포나 줄을 사용하여 새로운 장부로 정확히 모양을 잡아준 다음 제자리에 접착제를 사용하여 붙입니다.

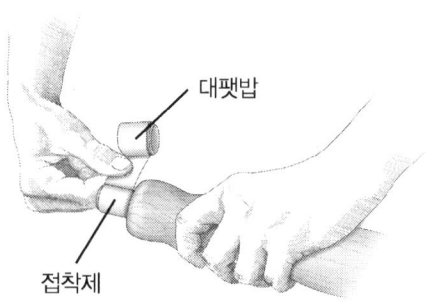

Q 옛날 찬장을 보수하고 있는데, 몰딩이 50cm 정도 없어져서 그것을 다시 재현해야 합니다. 어떻게 이 작업을 간단하고 신속하게 할 수 있을까요?

A 재현해야 하는 몰딩이 수백 미터 정도 된다면, 몰딩에 딱 맞는 라우터나 면치기(shaper) 비트를 주문 제작하여 갖는 것이 합리적일 것입니다. 또 다른 방법은 이 작업을 수행할 수 있는 일반적인 라우터 비트나 몰딩의 몇 가지 조합을 알아내는 것입니다. 그러나 짧은 조각일 뿐이라면 다음과 같은 기술을 사용해보세요(간단하거나 빠르지는 않습니다).

1. 기존 몰딩의 프로파일을 두 개의 나뭇조각 마구리 부분에 대고 옮겨 그리세요. 하나는 시험용이고, 다른 하나는 실제로 작업할 것입니다. 재료는 최종 완성되는 몰딩보다 적어도 12mm 정도 넓어야 가공하는 동안 다리를 만들며 지지할 수 있습니다.

2. 테이블쏘의 펜스를 올바른 거리로 맞추고, 톱날을 프로파일을 그린 한쪽 마구리에서 올바른 높이로 맞춰줍니다. 시험용 조각을 톱날에 밀어서 톱날 절단선이 프로파일 선에 잘 맞는지 확인하세요. 잘 맞게 되었다면,

3. 다음 절단을 위한 펜스의 거리와 톱날 높이를 조정하고 시험 절단을 한 다음, 다시 실제 몰딩용 나무를 가공합니다. 그려놓은 프로필을 따라 켜기 작업을 완료할 때까지 이 과정을 반복합니다.

4. 작업이 끝나면 몰딩을 뒤집어 테이블쏘로 지지용 다리를 제거하세요.

5. 조각도나 끌, 사포를 사용하여 몰딩을 최종 모양으로 매끄럽게 만듭니다.

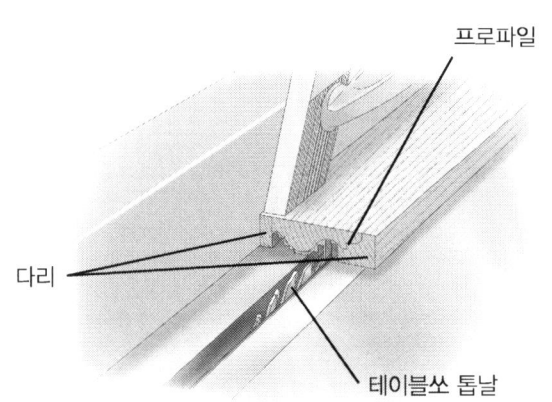

Q 오래된 옷장을 보수하면서 경첩을 붙이려고 하는데 나사못 구멍이 뭉개져서 나사못이 걸리지를 않습니다. 쉽게 해결할 방법이 있습니까?

A 나사못 구멍들에 흰색 접착제를 채운 다음, 이쑤시개를 구멍이 메꾸어질 때까지 끼워 넣어줍니다. 접착제가 굳으면 구멍 밖으로 빠져나와 있는 이쑤시개 끝을 칼로 잘라 제거합니다. 이렇게 하면 나사의 나사산이 물릴 만큼 충분한 새 재료가 만들어진 것입니다. 더 커다란 구멍을 수정할 때에는 나무 꼬치나 둥근 젓가락을 사용할 수도 있습니다.

Q 할머니의 오래된 흔들의자의 엮어 짠 좌판이 결국 마모되었네요. 제가 고칠 수 있을까요?

A 의자가 60년이 안 된 것이라면 해볼 수 있겠네요. 먼저 좌판을 살펴보세요. 좌판 시트가 등나무의 가는 줄기로 엮어져 있고, 그것의 각각의 가닥들이 목재 프레임에 뚫린 개별적인 구멍을 통해 짜인 경우라면, 전문가에게 맡겨야 할 일입니다. 그런데 좌판 시트가 (마치 방충망을 설치하는 것처럼) 전체적으로 이미 엮어놓은 망으로 되어 있고, 그것을 좌판이 놓일 프레임에 홈을 파고 유연한 쪽매(spline)로 눌러놓은 것이라면, 직접 하실 수 있습니다.

이 과정을 참고할 수 있는 책이나 동영상도 많이 있지만, 다음과 같이 간단히 요약할 수 있습니다.

- 끌을 사용하여 오래된 쪽매와 시트를 들어낸 다음 홈을 청소하세요.
- 새로운 시트를 최종 크기보다 좀 더 크게 넉넉한 크기로 자르고, 따뜻한 물에 한 시간 동안 담근 다음, 쐐기를 사용하여 시트의 가장자리를 홈에 밀어 넣고 고정시킵니다.
- 쪽매를 적시고 접착제를 바른 다음, 쐐기를 하나씩 빼면서 쪽매와 시트의 가장자리를 두드리며 밀어 넣어 홈에 끼워줍니다.
- 남은 시트는 잘라주세요.

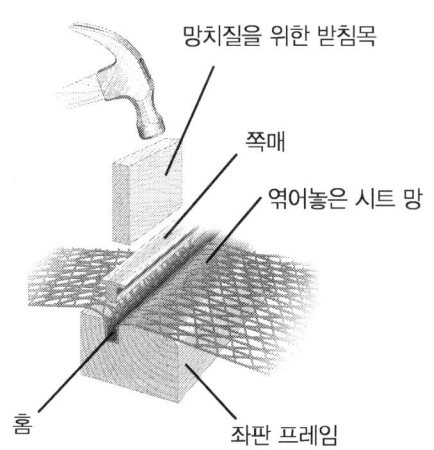

가구 마감 벗기기

Q 상품 검색을 해보면 가구 박리제(stripper)가 여러 종류 있던데요. 의자에 사용할 박리제를 구하려고 하는데, 어떤 종류를 사야 하나요?

A 박리제마다 각각의 장단점이 있습니다. 어떤 것은 빠르게 작용하지만 가연성이거나 유해 증기가 있을 수 있습니다. 또 어떤 것들은 사용하는 것은 더 안전하지만 대신 느리게 작용합니다. 대개 박리제는 세 가지 범주로 분류할 수 있습니다.

액상 희석제(liquid refinisher)는 목재와 마감 사이의 결합을 끊음으로써 빠르게 작용합니다. 하지만 단점이 있습니다. 이것은 수직 표면에 잘 달라붙지 않으며, 일부는 인화성이고, 염화메틸렌(methylene chloride)을 함유한 것들은 유해한 증기를 방출합니다.

솔벤트 혼합물(solvent mixture)은 보통 반고체 형태로, 액상 희석제보다 느리게 작용하지만, 보다 안전하고 대부분의 마감 작업에 사용할 수 있습니다. 이것은 수직면에 잘 달라붙기 때문에 의자와 같은 프로젝트에 좋습니다. 너무 오랫동안 두면 목재가 손상될 수 있으므로, 지시사항을 주의해서 따르세요.

수성 박리제(water-based stripper)는 가장 안전하나 가장 느리게 작용하며, 최대 24시간 정도의 시간이 걸립니다. 이것은 유성 페인트와 일부 유성 마감재를 제거하는 데 매우 효과적이지만, 래커나 셸락에는 별로 효과적이 못됩니다. 수성이기 때문에, 나뭇결들이 일어나는 경향이 있으며(샌딩으로 쉽게 해결되죠), 경우에 따라 베니어를 붙인 가구에서 베니어를 느슨하게 만들 수도 있습니다(이 경우는 그렇게 쉽게 해결되지는 않죠). 증기는 유해하지 않기 때문에, 이 박리제는 제자리에서 목공 제품들이나 몰딩을 박리하는 작업에 적합한 후보입니다.

Q 화학제품의 가구 박리제를 사용할 때에는 어떤 안전 예방 조치를 취해야 합니까?

A 지시 사항을 읽고 그대로 따르세요. 지나치게 조심스럽게 보일 수도 있지만, 지나치게 조심스러워하는 것이 현명한 태도입니다. 또한 다음 일반 지침을 염두에 두세요.

- 가능하면 실외의 그늘진 곳에서 작업하세요. 냄새도 빨리 사라지고, 증기가 축적되어 혹시 생길지 모를 폭발 위험도 적어집니다. 실외에서 일을 할 수 없다면, 통풍이 매우 잘되는 곳에서 일하세요.
- 적절한 호흡 장비를 착용하세요. 물론 가장 좋은 것은 실내 공기를 걸러내는 것보다는 신선한 공기를 공급하는 것이죠(36~37페이지를 참조하세요). 필요한 안전 장

비에 대한 정보는 사용지침을 읽어보세요. 방진 마스크는 적절한 보호 효과를 주지 않습니다.
- 액체가 튀기는 것을 막아주기 위해 고안된, 눈을 잘 감싸주는 안전 고글을 착용하세요.
- 긴 바지와 긴팔 셔츠를 착용하고, 겉에 앞치마를 입으세요.
- 팔목이 겉으로 나오는 두꺼운 네오프렌 고무장갑을 끼고, 바깥쪽으로 튀어나오거나 아래쪽으로 떨어질 수 있는 박리제로부터 몸을 보호하세요.
- 편안하게 작업하고 쉽게 정리할 수 있도록 작업대 위에 신문이나 비닐을 깔고, 그 위에 작업물을 올려놓으세요.

Q 제가 쓰고 있는 박리제는 바르자마자 거의 순식간에 증발하는 것처럼 보입니다. 제가 뭘 잘못한 건가요?

A 바르는 박리제의 양을 너무 적게 해서 그럴 수도 있습니다. 천연 붓으로 충분한 양을 바른 다음 비닐봉투나 랩으로 감싸놓으세요. 증발을 최소화하고 박리제의 효과를 극대화하기 위해 증기를 포함하는 데 도움이 됩니다.

Q 목선반 작업으로 만들어진 테이블 둥근 다리의 굴곡진 부위들에서 용해되어 끈적거리는 것들을 제거하는 가장 좋은 방법은 무엇입니까?

A 장갑을 끼고 다리 주위에 거친 나무 대팻밥이나 톱밥을 문질러주세요. 작은 입자들이 나무를 부드럽게 닦아주며 끈적거리는 것들을 흡수하는 데 도움이 됩니다.

Q 조각 장식을 한 오래된 액자를 벼룩시장에서 사와서, 마감된 것들을 제거하며 박리 작업을 하고 있어요. 그런데 퍼티 나이프로는 수백 군데의 작은 구석과 틈새에서 페인트를 제거하는 게 여간 어려운 작업이 아니네요. 좋은 해결책이 있을까요?

A 창의력을 발휘해볼까요? 우선, 박리제를 다시 바르세요. 그런 다음 여기저기 걸어 다

> **TIP**
>
> **1회용 알루미늄 접시로 박리제 모으기**
>
> 의자나 테이블, 또는 어떤 것이든 다리가 있는 가구를 재마감할 때, 다리에 박리제를 발라 박리 작업을 할 때 일회용 알루미늄 접시를 각 다리 아래에 놓아두세요. 정리 작업이 쉬워지고, 때로는 그렇게 모은 박리제를 재사용할 수도 있습니다.

니며 작업할 수 있는 것들을 찾아보죠. 플라스틱 감자솔, 노끈, 바비큐 꼬치, 못 머리, 아이스 바 막대기, 치과 도구 등등 움푹 들어간 곳이나 불룩 튀어나와 있는 곳에 작업할 수 있을 것 같은 모든 것들을 공구로 사용할 수 있습니다. 너무 날카로운 것은 나무에 상처를 낼 수 있으니까 피하고요.

Q 월넛으로 만든 멋진 의자를 물려받았는데, 여동생이 스프레이로 밝은 파란색 페인트를 칠해버렸네요. 그것들을 박리제를 써서 직접 벗겨내려니 생각만 해도 두려워집니다. 딥앤스트립(dip and strip)이라고 부르는 침지(浸漬)식 박리 작업도 있다고 하던데 어떤 장단점이 있습니까?

A 올바르게 수행한다면, 침지식은 페인트를 제거하는 빠르고 효과적인 방법입니다. 잘못 처리한다면 거꾸로, 가구를 망칠 수 있는 빠르고 효과적인 방법이 되어버리죠. 침지(dip)식은 가구를 재마감하는 한 방법으로 목욕처럼 담그거나 또는 경우에 따라 샤워처럼 뿌려서 닦아내는 방법으로 완전히 헹궈주는 것까지를 이야기합니다. 이 방법의 두 가지 위험은 접착된 결구를 약화시키고 베니어를 느슨하게 만드는 것입니다. 쉽지 않은 작업이므로 사전에 충분히 살펴보고 실험용 목재를 만들어 연습해보는 것이 좋습니다. 또한 실외에 충분한 작업공간을 가지고 있거나 한 경우에 도전해보세요.

Q 오래된 주방 테이블을 보수하려고 합니다. 그런데 제가 화학물질을 사용하는 것은 싫거든요. 혹시, 열풍기(heat gun)를 사용하여 페인트를 제거할 수도 있나요?

A 네, 열풍기는 페인트 가구, 특히 크고 평평한 면에 잘 됩니다. 작업할 때 다음을 기억하면서 해보세요.

- 가연성 물건들로부터 떨어져 있고, 정리할 수 있는 옥외나 창고에서 작업하세요. 근처에 소화기를 비치해두시고요.
- 열풍기, 고글과 함께 착용하도록 설계된 방독 필터(organic cartridge)(36~37페이지를 참조하세요)나 공기 공급 호흡기(SAR)와 보호복, 보호장갑을 착용하세요.
- 긁어낸 페인트를 모으기 위해 불투수성의 캔버스 천(canvas drop cloth)을 놓아두세요. 플라스틱 드롭 천은 녹을 수 있고, 종이는 불이 붙을 수 있습니다.
- 열풍기를 12~15cm 정도 떨어뜨려 페인트에 거품이 생길 때까지 작은 원호를 그리며 앞뒤로 흔들어주세요. 퍼티 나이프(모서리 끝부분을 약간 둥글게 하여 나무에 상처

가 생기지 않도록 하세요)를 사용하여 부드럽게 된 페인트를 긁어내세요. 일단 요령이 붙으면 한 손으로 페인트의 다음 부분을 부드럽게 하면서 다른 한 손으로는 긁어낼 수도 있습니다.

- 껍질처럼 일어난 페인트는 드롭 천이나 금속 용기에 긁어버리세요. 그렇지 않으면 차갑게 식으면서 가구에 다시 붙을 수가 있습니다.

작업하면서 나무를 태우지 않도록 조심해야 합니다. 목재가 스테인이나 페인트, 기타 마감재를 받아들이는 것에 영향을 미칩니다. 열풍기는 페인트층이 얇은 것보다 두꺼울 때 더 잘 작용합니다. 테이블에 곡선부나 조각된 부분이 많이 있거나 마지막 마감 도막을 제거하는 것이 어려울 때에는 열풍기를 놓아두고 화학 박리제를 사용하여 박리 작업을 완료하세요.

가구 재도장과 보수하기

Q 저희 집 다락방 뒤쪽에서 오래된 나무 책장을 찾았습니다. 그런데 열심히 잘 청소해 줘야 할 것 같아요. 좋은 방법이 있을까요?

A 미네랄 스피릿(mineral spirit)으로 대부분의 왁스와 때를 지울 수 있습니다. 어떤 마감 작업에도 효과적이며 안전한 세정제입니다. 깨끗하고 거친 헝겊에 미네랄 스피릿을 듬뿍 적셔서 문지르세요(건강한 강아지의 코 정도로 젖어 있으면 됩니다). 헝겊이 더러워지면 바꿔주세요. 굴곡진 부분이나 틈새에는 면봉을 사용하세요. 헝겊에 더 이상 때가 묻어나지 않으면, 미네랄 스피릿을 다시 적셔서 마지막으로 한 번 더 닦아주세요.

Q 아무 생각 없는 저희 삼촌이 아이스티를 마시던 컵을 코스터도 없이 협탁 위에 올려놓고 갔네요. 오늘 아침에 보니까, 래커 마감된 상판에 흰색 동그라미 하나가 새겨져 있어요. 어떻게 해야 하나요? 테이블 전체를 다시 도장해야 하나요?

A 아닙니다. 일단 남은 물을 닦아내고 건조시키세요. 깨끗하고 부드러운 천에 변성 알코올을 묻혀서 촘촘하게 돌리면서 가볍게 문지르세요. 동그라미가 사라질 때까지 반복하세요. 그래도 안지워진다면, 담뱃재를 식물성 기름에 섞어서 부드러운 연마제를 만들고, 이것을 천으로 문지르세요. 이렇게 하고 나서 마감면에 칙칙한 부

분이 남아 있을 경우에는 자동차용 고광택 연마제를 문질러주거나 가볍게 마감 도막을 올려 광택을 복원하세요.

Q 동네 아이들이 우르르 놀러 와서는 주방 테이블을 장난감 자동차 경기장으로 사용하다가 갔네요. 나중에 보니까 표면에 수백 개의 흠집이 남았더군요. 다시 도장해야 할까요?

A 흠집이 스테인이나 목재가 아닌 도막면에만 있는 경우라면 운이 좋은 겁니다. 눈에 잘 띄지 않는 부분을 찾아 천연 데니쉬 오일에 담근 초극세(No. 0000) 스틸 울(steel wool)로 가볍게 문질러주세요. 그곳에서 시험을 해보는 것이죠. 만약 긁힌 자국이 잘 제거되거나 감춰지거나 한다면 전체 상판에 적용하세요. 구석과 가장자리 부근은 마감이 쉬우니까 편하게 하면 됩니다. 오일이 건조되면 미네랄 스피릿으로 가볍게 닦아내세요. 보호를 위한 도막을 더해주려면 투명 래커를 얇게 도포합니다. 그리고 다음에 말썽꾸러기 이웃 아이들이 오면 그때는 그림 맞추기 퍼즐 같은 것들을 줘보세요.

Q 우리 집 주방 의자를 보니까 몇 년 동안 여러 가지 흠집이 많이 생겼습니다. 그것들을 없애는 가장 간단한 방법은 무엇일까요?

A 가구 수리 마커 펜을 구입해 사용하면 가벼운 흠집은 쉽게 감출 수 있습니다. 원하는 부분을 마커로 칠한 다음 종이 타월로 주변 부분에 묻은 스테인을 닦아 제거합니다. 밝기가 조금씩 다른 마커를 두세 개 구입하고 가장 가벼운 색상 먼저 바르세요. 너무 밝은 경우 그 다음으로 짙은 색상의 마커를 칠해보며 가장 잘 맞는 색상을 찾아보세요.

깊은 흠집이나 자국들은 우드 스틱이라고 불리는 왁스 스틱(wax stick, 큰 크레용처럼 생겼고 그렇게 사용합니다)으로 채우면 가장 쉽게 감춰집니다. 패인 홈이 채워질 때까지 스틱을 그 영역 위로 문지른 다음 신용카드의 모서리를 사용하여 흠집 주위로 튀어나온 왁스를 긁어냅니다. 깨끗한 천으로 그 부분을 문질러 마감하세요. 만약의 경우에는 보통의 마커와 크레용을 사용하여 수리할 수도 있습니다.

Q 제가 방금 골동품 옷장을 구입했는데, 어떤 마감이 되어 있는지 어떻게 알 수 있습니까?

A 옷장에서 눈에 잘 띄지 않는 부분을 찾아 간단한 시험을 해보세요.
- 변성 알코올에 깨끗한 헝겊을 적신 다음 작은 부위에 문지릅니다. 마감이 즉시 녹기 시작하거나 끈적끈적해지면 셸락일 가능성이 큽니다.
- 래커용 희석제(lacquer thinner)를 다른 헝겊에 적셔서 작은 부위에 문지르세요. 그것이 녹거나 끈적끈적해지면, 래커 마감일 가능성이 큽니다.

두 가지 시험 모두 앞서 말한 결과가 나오지 않으면, 마감은 바니시 아니면 폴리우레탄일 가능성이 높습니다.

Q 오래된 옷장에 다른 마감 처리를 하고 싶은데, 기존 마감을 벗겨내고 싶지는 않습니다. 어떤 제품을 사용해야 하고, 어떻게 새 마감을 입힐 수 있을까요?

A 기존 마감이 어떤 것이었는지 확인할 수 없다 해도 이 작업을 계속 진행할 수 있습니다.
- 서랍과 하드웨어를 제거한 후, 미네랄 스피릿으로 전체 목재 표면을 닦아 왁스나 광택제를 제거하세요.
- 광택이 없어질 때까지 아주 고운 사포로 모든 표면을 가볍게 샌딩하세요. 이것은 또한 새로운 마감이 붙을 수 있도록 요철들을 만들어줍니다.
- 눈에 잘 띄지 않는 작은 곳을 찾아 시험으로 디왁스드 셸락(dewaxed shellac, 앞장에서 보신 내용이죠. Zinsser Sealcoat과 같은 제품이 있습니다)을 얇게 바르고 건조시킵니다. 그곳에 다시 적은 양의 새로운 마감을 시험하세요.
- 며칠 후에 시험했던 것이 잘 부착되었는지 육안으로 확인하세요. 잘 된 것 같으면 시험 마감한 것을 날카로운 칼을 사용하여 가로 세로로 작게 체크 모양처럼 그어보세요. 마감면 가장자리가 여전히 잘 붙어 있다면 마감이 잘되는 것입니다.
- 희석된 디왁스드 셸락을 바른 다음 모든 표면에 최종 마감 작업을 하세요.

Q 제가 재도장한 옷장의 황동 서랍 손잡이가 변색이 됐네요. 변색된 것을 어떻게 하면 바로잡을 수 있을까요?

A 초극세(No. 0000) 스틸 울을 화이트 식초에 담갔다가 문질러주세요. 좁은 공간이나 구석에는 칫솔을 사용하세요. 완료되면 손잡이를 물로 헹구세요.

Q 새로 황동 손잡이를 사왔는데, 기존에 있던 오래된 경첩의 그윽한 녹청(patina)과 어떻게 조화를 이루게 할 수 있을까요?

A 한 가지 방법은 황동 에이징(aging) 또는 흑화(darkening) 방법을 사용하는 것입니다. 'brass ager'나 'brass aging solution', 'brass darkening solution'과 같은 이름으로 온라인에서 구할 수 있습니다. 액체에 물건을 담근 후, 원하던 정도의 음영이나 녹청을 얻었을 때 꺼냅니다. 결과가 마음에 들지 않으면 수세미로 손잡이를 깨끗이 닦고 다시 시도하세요.

집에서 할 수 있는 소박한 기술을 좋아하는 사람들을 위한 다른 방법도 있습니다. 유리 용기의 뚜껑에 작업물을 매달고, 용기에 암모니아를 부은 다음 뚜껑을 덮어줍니다. 원하는 올바른 색상에 도달하면 작업물을 당겨서 헹궈주세요. 많은 사람들의 취향은 아니지만, 암모니아가 풍부한 물질인 소변에 담가도 원하는 색상을 얻을 수 있습니다. 말의 소변이 암모니아가 풍부하고 빨리 작용하지만, 그것을 모으는 가장 좋은 방법은 당신의 상상력에 맡기도록 하죠.

어떤 방법을 사용하든, 황동 하드웨어들을 에이징하기 전에 래커 희석제 용기에 넣은 다음 문질러서 래커를 제거하세요.

TIP

미니 말렛(mallet, 망치) 만들기

가구를 조립하거나 분해할 때 좁은 공간에 들어가는 미니 말렛을 만들려면, 이렇게 해보세요. 의자나 지팡이 같은 것들의 끝부분에 끼우는 고무발을 작은 둥근머리 망치(ball peen hammer)의 원통형 머리 부분에 끼워 넣으세요. 이것은 많은 작업들에 사용할 수 있는 적당한 크기의 손상 방지용 망치가 되어 줄 것입니다.

역자 후기

　나무가 주는 온화하고 따뜻한 느낌과 무언가 만드는 기쁨을 누리기 위해 많은 이들이 목공에 입문하고 있습니다. 목공은 나무로 어떤 물건을 만드는 것이지만, 목공이 주는 가장 큰 보상은 완성한 작품보다는 '과정' 자체라 할 수 있습니다. 작품을 마무리하고 큰 보람을 느낄 때 어느 순간 깨닫게 되지요. 완벽한 것이든 부족한 것이든 그것을 만들기 위해 고민하고 디자인하고, 나무를 자르고 깎고 맞추고 조립하며 땀 흘려온 모든 순간이 가장 큰 보상이었다는 것을 말이죠. 멋진 작품을 만드는 것만큼 작업 자체를 즐기는 것이 목공을 잘하는 길입니다.

　이 책은 목공 과정에서 많은 사람들이 자주 마주치는 질문에 대한 해답과 나아갈 방향을 알려주고 있습니다. 목공 전반의 내용은 물론, 까다로운 문제에 해결책을 주고 목공에 임하는 마음가짐도 조언해주고 있지요. 다루는 범위가 매우 넓습니다. 작업장 준비에서부터 각종 공구 사용법과 결구법, 가구를 만드는 여러 가지 방법, 창문이나 문, 데크 등 집 안팎을 꾸미는 데 필요한 목공작업까지 다양한 분야를 다룹니다. 수많은 질문을 선별하고 전문가들의 지식과 지혜를 모아 최상의 답변을 전하려는 노력이 들어 있습니다.

　목공을 익히는 가장 좋은 방법은 자신과 결이 잘 맞는 교육공방이나 기관을 찾아 기초부터 배우는 것입니다. 목공의 가장 중요한 기술은 모든 작업 과정에서 '안전한' 기술이기에 더욱 그렇지요. 이 책은 목공을 배우고 가르치는 모든 목공인들이 안전하게 목공을 즐길 수 있도록 안내해주는 좋은 길잡이가 되어줄 것입니다.

참고 자료

일반적인 정보와 물품

다음에 나열된 자료는 광범위한 목공 기술과 프로젝트를 다룹니다. 인터넷에서 목공인을 위한 수천 가지 훌륭한 자료를 찾을 수 있습니다. 본문에 언급된 특정 참고 사항들은 다음 페이지에서 시작하는 각 챕터별 자료를 참조하세요.

잡지

여기에 나열된 모든 잡지들은 좋은 정보를 가지고 있는 훌륭한 웹사이트를 가지고 있습니다.

American Woodworker, New Track Media, LLC,
www.americanwoodworker.com
초보부터 전문가까지 모든 목공인을 위한 훌륭한 자료들이 있습니다.

The Family Handyman, Home Service Publications, Inc.,
www.familyhandyman.com
집 안팎의 다양한 작업과 수리에 대한 수많은 정보가 있습니다.

Fine Woodworking magazine, Taunton Press,
www.finewoodworking.com
진지한 목공인들에게 가장 존경받는 잡지 중 하나입니다. "목공인을 위한, 목공인에 의한"이라는 표어가 출판물의 관점을 설명해주고 있습니다.

Popular Woodworking Magazine, F+W Media,
www.popularwoodworking.com
모든 수준의 목공인들에게 적합합니다.

Shop Notes, August Home Publishing Co.,
www.shopnotes.com
중급, 고급 목공인들에게 좋은 삽화와 프로젝트가 있습니다.

Wood Magazine, Meredith Corporation,
www.woodmagazine.com
가장 오래되고 방대한 목공잡지 중 하나입니다. 모든 수준의 목공에 적합합니다.

Woodworkers Journal,
www.woodworkersjournal.com
나무와 목공을 좋아하는 분들을 위한 다방면에 걸친 좋은 잡지입니다.

Woodsmith magazine, August Home Publishing Co.,
www.woodsmith.com
가구나 여러 가지 목공 프로젝트에 대한 세부 계획과 수많은 팁이 있습니다.

도서

Bird, Lonnie, Andy Rae, Thomas Lie-Nielsen, Jeff Jewitt, and Gary Rogowski. *Taunton's Complete Illustrated Guide to Woodworking*. Taunton Press, 2005.
300페이지가 넘는 업계 최고의 목공 노하우가 들어 있습니다.

Engler, Nick. *Nick Engler's Woodworking Wisdom: The Ultimate Guide to Cabinetry and Furniture Making*. Rodale Press, 1997.
목공 공구와 기술을 전반적으로 잘 살펴볼 수 있습니다.

Korn, Peter. *Woodworking Basics: Mastering the Essentials of Craftsmanship*. Taunton Press, 2003.
이 책의 제목 그대로입니다.

Rae, Andy. *The Complete Illustrated Guide to Furniture&Cabinet Construction*. Taunton Press, 2001.
어떻게 가르치고 책을 펴낼지 아는 목공 장인이 기본과 고급의 기술을 다룹니다.

Tolpin, Jim. *Jim Tolpin's Woodworking Wit&Wisdom*. Popular Woodworking Books, 2004.
목공 장인이 가벼운 어조로 목공의 여러 분야에 대해 조언을 해줍니다.

온라인

StartWoodworking.com, Taunton Press,
www.startwoodworking.com
Fine Woodworking 출판사에서 만들었으며 초심자에게 적합합니다.

Women in Woodworking,
http://womeninwoodworking.com
특별히 점점 더 많아지고 있는 여성 목공인들을 위해 디자인되었습니다.

WOODWEB, Inc.,
www.woodweb.com
토론 포럼, 프로젝트 갤러리, 분류 등을 제공합니다.

Woodwork Forums,
www.woodworkforums.com
모든 목공 주제에 대한 훌륭한 토론 게시판입니다.

WoodWorkers Guild of America,
www.wwgoa.com
모든 수준의 목공인을 위한 목공 동영상, 수업, 온라인 포럼 및 정보입니다. 미국 중서부 지역에 기반을 두고 있으며, 탁월한 목수인 George Vondriska에 의해 운영됩니다.

woodworking.com, Rockler Press,
www.woodworking.com
제품 및 기술에 대한 정보와 광범위한 온라인 포럼을 제공합니다.

용품 및 서비스

Highland Woodworking,
www.highlandwoodworking.com
수공구와 전동공구, 목공용품을 취급합니다.

Proven Woodworking,
www.provenwoodworking.com
목공 동호회와 클럽은 배우고, 공유하고, 교류하기에 좋은 장소입니다. 거의 모든 주(州)에 몇 개씩 있습니다. 이 웹사이트는 광범위한 목록을 가지고 있습니다.

Rockler Woodworking and Hardware,
www.rockler.com
전국의 온라인 카탈로그 및 소매점은 완벽한 목재 작업용 하드웨어, 공구 및 마감용 소모품을 제공합니다. 상점들은 수업과 세미나를 제공합니다.

Woodcraft Supply, Inc.,
www.woodcraft.com
온라인 카탈로그와 80개 이상의 상점은 모든 수준의 목재 작업자를 위해 20,000개의 공구와 제품을 제공합니다.

Woodworker's Supply, Inc.,
www.woodworker.com
온라인 카탈로그와 세 개의 소매점을 통해 모든 목공의 요구들을 충족시켜줍니다.

챕터별 참고 자료

다음 자료들은 당면한 작업에 보다 구체적이며 각 챕터에서 다루는 주제에 대한 추가 정보를 포함합니다.

1. 작업장 준비
도서, 잡지와 온라인 참고 자료
Editors of *American Woodworker Magazine*.

Workshop Dust Control: Install a Safe, Clean System for Your Home Woodshop. Fox Chapel Publishing, 2010.
공방에 가장 적합한 집진 시스템과 설치 방법을 알아내는 데 도움이 되는 팁, 정보 및 훌륭한 삽화가 가득합니다.

Landis, Scott. *The Workbench Book: A Craftsman's Guide to Workbenches for Every Type of Woodworking*. Taunton Press, 1998.
전문 목수가 다른 사람의 작업대를 보며 여러분에게 맞는 계획을 제안합니다.

Nagyszalanczy, Sandor. *Setting Up Shop: The Practical Guide to Designing and Building Your Dream Shop*, rev. ed. Taunton Press, 2006.
전문가와 취미 목공인 모두에게 적합한 공방 크기, 위치, 장비 등에 대한 정보입니다.

용품 및 서비스

Air Handling Systems,
www.airhand.com
Complete line of dust collectors, ductwork and supplies Center for Furniture Craftsmanship,
www.woodschool.org
수업, 작업실, 가구 제작, 조각, 목선반, 세공, 마감 등의 12주 및 9개월 프로그램을 제공합니다. 메인주 록포트에 본사를 두고 있습니다.

Conney Safety Products,
www.conney.com
개인 안전 장비 및 응급 처치 키트를 완벽하게 준비합니다.

Fine Woodworking magazine, Taunton Press,
www.finewoodworking.com

광범위한 목공학교 및 프로그램 목록입니다.

Marc Adams School of Woodworking,
www.marcadams.com
다양한 분야에 걸친 수십 개의 주말, 주중 수업으로, 업계 최고의 전문가들이 가르칩니다. 인디애나에 기반을 둡니다.

Oneida Air Systems, Inc.,
www.store.oneida-air.com
집진기, 덕트 작업 및 공급 장치의 전체 라인입니다.

Peachtree Woodworking Supply, Inc.,
www.nosawdust.com
집진기, 덕트 작업의 전체 라인입니다.

W. W. Grainger, Inc.,
www.grainger.com
모든 종류의 장비에 대한 안전 장비 및 수리 부품입니다.

2. 나무와 합판
도서, 잡지와 온라인 참고 자료

Carlsen, Spike. *A Splintered History of Wood: Belt-Sander Races, Blind Woodworkers & Baseball Bats*. HarperCollins, 2008.
55개의 '짧은 이야기'들로 여러 시대에 걸쳐 나무의 특이하고 매혹적이며 필수적인 역할을 다루고 있습니다. 당신이 지금 읽고 있는 이 책의 저자에 의해 만들어졌습니다!

Denig, Joseph, Eugene M. Wengert, and William T. Simpson. *Drying Hardwood Lumber*, USDA Forest Service, 2000.
www.fpl.fs.fed.us/documnts/fplgtr/fplgtr118.pdf에서 무료 사본을 다운로드하세요.

Hoadley, R. Bruce. *Understanding Wood: A Craftsman's Guide to Wood Technology*, rev. ed. Taunton Press, 2000.

Walker, Aidan, ed. *The Encyclopedia of Wood*. Quarto Publishing, 2005. First published 1989.
수백 개 목재의 컬러 사진과 함께 그 용도와 특성에 대한 설명을 제공합니다.

용품 및 서비스

Ancientwood, Ltd.,
www.ancientwood.com
50,000년 묵은 카우리 나무 공급자

Hearne Hardwoods, Inc.,
www.hearnehardwoods.com
수입산, 미국산 하드우드와 라이브 엣지 슬랩

International Wood Collectors Society,
www.woodcollectors.org
전 세계에 걸쳐 목재를 수집하고 작업하는 데 관심이 있는 사람들을 위한 출판물(목재 세계), 컨벤션 및 정보입니다.

States Industries,
www.statesind.com
ApplePly 베니어-코어 패널 제조업체입니다. 많은 목재 소매점들이 취급하고 있으며, 가까운 곳에 매장을 찾기 위해 회사의 웹사이트를 방문하세요.

Talarico Hardwoods,
www.talaricohardwoods.com
수입산, 미국산 하드우드와 라이브 엣지 슬랩

3. 수공구
도서, 잡지와 온라인 참고 자료

Burch, Monte. *Tool School: The Missing Manual for Your Tools*. Popular Woodworking Books, 2008.
고정식, 휴대용 전동 공구에 대한 자세한 정보입니다. 좋은 다이어그램입니다.

Rae, Andy. *Choosing&Using Hand Tools*. Lark Books, 2008.
수공구 사용에 대한 유용한 정보입니다.

Tolpin, Jim. *The New Traditional Woodworker: From Tool Set to Skill Set to Mind Set*. Popular Woodworking Books, 2010.
수공구 사용에 대한 포괄적인 가이드이며, 프로젝트와 마감에 대한 정보가 포함되어 있습니다.

Vintage Saws, *www.vintagesaws.com*
톱 연마에 대한 완벽한 정보가 담겨 있습니다.

용품 및 서비스

Lee Valley Tools Ltd. and Veritas Tools, Inc.,
www.leevalley.com
최신 수공구 및 전동 공구가 있습니다.

4. 휴대용 전동공구
도서, 잡지와 온라인 참고 자료

Anthony, Paul, ed. *Working with Power Tools*. Taunton Press, 2007.
휴대용 및 고정식 전동 공구를 선택하고 사용하는 방법을 설명합니다.

Burch, Monte. *Tool School: The Missing Manual for Your Tools*. Popular Woodworking Books, 2008.
휴대용 및 고정식 전동 공구에 대한 자세한 정보입니다. 좋은 도표입니다.

용품 및 서비스

Darex, *www.drilldoctor.com*
Drill Doctor를 생산합니다; 아마도 합리적인 가격의 드릴 비트 연마기 제조업체 중 가장 잘 알려진 제조업체일 것입니다.

eReplacementParts.com, Inc.,
www.ereplacementparts.com
전동 공구를 위한 수백만 개의 교체 부품(솔과 코드 포함)과 공통 부품을 수리하고 교체하는 방법에 대한 기시도 함께 제공됩니다.

Gator, Inc., *www.gatorgrip.com*
랜덤 오비탈 샌더를 위한 소모품 및 변환 키트입니다.

Seven Corners Hardware, Inc.,
www.7corners.com
공구를 온라인 및 메일 주문으로 저렴한 가격에 제공합니다.

ToolPartsDirect.com,
www.toolpartsdirect.com
무동력, 전기 및 공압 전동 공구(솔 및 교체 코드 포함) 교체 부품과 함께 올바른 부품을 주문하고 올바르게 설치하는데 도움이 되는 수천 개의 공구 도표를 함께 제공합니다.

5. 고정식 전동공구
도서, 잡지와 온라인 참고 자료

Alan Lacer Woodturning,
www.alanlacer.com
목선반 작업을 포함한 DVD와 목선반 공구, 수업들이 있습니다. 올바르게 시작하세요.

American Association of Woodturners,
www.woodturner.org
American Woodturner 잡지를 발행합니다. 갤러리와 정보를 보여줍니다.

Anthony, Paul, ed. *Working with Power Tools*. Taunton Press, 2007.
휴대용 및 고정식 전원 공구를 선택하고 사용하는 방법을 설명합니다.

Scrollsaw Association of the World,
www.saw-online.com
세공작업이나 상감 등에 관심 있는 사람들을 위한 정보

로서 분기별 뉴스레터, 이벤트 및 정보입니다.

Tibbetts, Malcolm J. *The Art of Segmented Wood Turning: A Step-by-Step Guide*. Linden Publishing, 2003.
최고의 집합 목기 전문가가 이 과정을 처음부터 끝까지 설명합니다.

용품 및 서비스

Rockler Woodworking and Hardware,
www.rockler.com
테이블쏘와 밴드쏘에 삽입하는 '제로 클리어런스 인서트' 판매싱입니다

6. 접착제와 패스너
도서, 잡지와 온라인 참고 자료

Bailey, Anthony. *Success with Biscuit Joiners*. Guild of Master Craftsmen, 2006.
간단하고 다재다능한 공구를 사용하기 위한 기술 및 프로젝트입니다.

Proulx, Danny. *The Pocket Hole Drilling Jig Project Book*. Popular Woodworking Books, 2004.
포켓 홀 지그를 사용하는 방법에 대한 단계별 정보와 이 간단한 시스템을 사용하여 11개의 프로젝트를 만들 수 있습니다.

용품 및 서비스

Kreg Tool,
www.kregtool.com
다양한 포켓 홀 지그, 비트 및 고정 장치로 구성되어 있습니다.

McFeely's,
www.mcfeelys.com
상상할 수 있는 모든 유형의 나사못과 패스너 그리고 거기에 더하여 공구들과 도서를 다룹니다.

7. 결구법과 여러 기술들
용품 및 서비스
Franklin International,
   www.titebond.com
타이트본드 제조사

Highland Woodworking,
   www.highlandwoodworking.com
콜드 프레스 합판 접착제 제조사

VeneerSupplies.com,
   www.veneersupplies.com
콜드 프레스 합판 접착제 제조사

8. 가구 제작
도서, 잡지와 온라인 참고 자료
Hurst-Wajszczuk, Joe. *Furniture You Can Build: Projects That Hone Your Skills*. Taunton Press, 2006.
가구 제작 기술을 단단하게 다지기 위한 좋은 프로젝트입니다.

Rae, Andy. *The Complete Illustrated Guide to Furniture&Cabinet Construction*. Taunton Press, 2001.
어떻게 가르치고 책을 펴낼지 아는 목공 장인이 기본과 고급의 기술을 다룹니다.

용품 및 서비스
Adams Wood Products, Inc.,
   www.adamswoodproducts.com
목재 가구 구성품을 제조하고 판매하며, 다리와 발을 전문으로 합니다.

9. 캐비닛과 조리대
도서, 잡지와 온라인 참고 자료
Engler, Nick. *Nick Engler's Woodworking Wisdom: The Ultimate Guide to Cabinetry and Furniture Making*. Rodale Press, 1997.
초보나 중급 캐비닛 제작자와 가구 제작자를 위한 좋은 기본 정보입니다.

National Kitchen&Bath Association,
   www.nkba.org
주방과 수납장 디자인을 위한 정보와 가이드를 제공합니다.

Schmidt, Udo. *Building Kitchen Cabinets*. Taunton Press, 2003.
사진, 팁 및 간단한 제작 기법이 있습니다.

용품 및 서비스
Outwater Plastics Industries, Inc.,
   www.outwater.com
Outwater는 거대한 기둥, 코벨, 몰딩, 하드웨어, 부엌 부속품들을 판매합니다.

Rockler Woodworking and Hardware,
   www.rockler.com
주문식 캐비닛 문과 서랍 프로그램

10. 창문, 문, 몰딩
도서, 잡지와 온라인 참고 자료
The Family Handyman, Home Service Publications, Inc.,
   www.familyhandyman.com
웹사이트와 잡지 모두 집 안팎의 프로젝트와 수리에 관한 수많은 유용한 정보를 담고 있습니다.

용품 및 서비스
"Asbestos in Your Home," Environmental Protection Agency,
   www.epa.gov/asbestos/pubs/ashome.html
석면이 함유된 마감재의 안전한 제거에 관한 정보입니다.

Outwater Plastics Industries, Inc.,
   www.outwater.com

Outwater는 코너 블록 크라운 몰딩 시스템, 계단 레일 시스템, 기둥, 코벨, 몰딩, 하드웨어 및 수방 액세서리를 다양하게 판매하고 있습니다.

11. 실내, 실외의 다른 프로젝트들
도서, 잡지와 온라인 참고 자료

Bird Bath and Beyond,
  www.birdbathandbeyond.com
새집을 짓기 위한 가이드라인으로, 상세한 차트와 정보를 제공합니다.

Kistler, Vivian Carli. *The Complete Photo Guide to Framing&Displaying Artwork*. Creative Publishing International, 2009.
디자인, 매트 및 프레임에 대한 정보

Parks, Andy. *The Picture Framing Handbook: Matting, Mounting, and Framing Techniques for Professional Results*. Watson-Guptill, 2009.
전문가 수준의 프레임 작업에 대한 것을 다룹니다.

United States Consumer Product Safety Commission,
  www.cpsc.gov
아이들 장난감 디자인에 대한 가이드라인

Wild Bird Watching,
  www.wild-bird-watching.com
지세한 차트와 정보로 새집 만들기에 대한 가이드라인을 줍니다.

용품 및 서비스

framingsupplies.com,
  www.framingsupplies.com
그림 액자에 대한 몰딩, 매트와 거의 모든 것을 다룹니다.

12. 샌딩과 마감
도서, 잡지와 온라인 참고 자료

Allen, Sam. *The Wood Finisher's Handbook*, rev. ed. Sterling Publishing, 2007.
목재 준비부터 도장 마감까지 모든 기본이 다 갖춰져 있습니다. 프렌치 폴리싱, 포 페인팅(faux wood graining) 및 기타 기술에 대한 정보를 포함합니다.

Dresdner, Michael. *Wood Finishing Fixes*. Taunton Press, 2003.
최고의 마감 전문가 중 한 명이 Q&A 형식으로 목재 마감 문제를 해결합니다.

Jewitt, Jeff. *Taunton's Complete Illustrated Guide to Finishing*. Taunton Press, 2004.
퓨밍을 포함하여 샌딩, 스테인 및 마감에 대한 정보를 제공합니다.

용품 및 서비스

Klingspor's Woodworking Shop,
  www.woodworkingshop.com
손샌딩이나 전동 샌딩에 필요한 모든 용품을 제공합니다.

Old Fashioned Milk Paint Co., Inc.,
  www.milkpaint.com
밀크 페인트에 대한 정보와 제품 공급

The Real Milk Paint Co.,
  www.realmilkpaint.com
밀크 페인트에 대한 정보와 제품 공급

13. 가구 재도장과 보수하기
도서, 잡지와 온라인 참고 자료

Black&Decker Corp. *Finishing&Refinishing Wood: Techniques&Projects for Fine Wood Finishes*, rev. ed. Creative Publishing International, 2006.

Editors of *Family Handyman. Complete Do-*

It-Yourself Manual, rev. ed. Reader's
Digest, 2005.
가구 수리에 대한 정보(및 기타 수리 방법)입니다.

Hingley, Brian D. *Furniture Repair&
Restoration*. Creative Homeowner, 2010.
Wicker-Works Cane Specialists,
www.wickerworks.com.au
케인 망 설치에 관한 정보와 제품들을 제공합니다.

용품 및 서비스

Chair Caning and Supplies LLC,
www.chaircaningandsupplies.com
케인 망 설치에 관한 정보와 제품들을 제공합니다.

Constantine's Wood Center,
www.constantines.com
합판, 목재와 재마감 용품들을 취급합니다.

찾아보기

ㄱ

가구 박리제 334
가구 보수 326
가구 수리 마커 펜 338
가구용 마커 313
가로대 240, 242, 277
가문비나무 051, 205
가조립 217
각끌 164, 195
각도 자르기 149
각도 절단기 265, 271, 291
각도자 265
개방 시간 101, 176
거실 장식장 229
건식벽받침 259
건조 055, 058
건축용 합판 069
걸레받이 264, 267
걸레받이 몰딩 072, 243
겉씨식물 046
결 뜯김 053
결구 161, 217
결구법 168
결함 060
경사진 날개 방식 022
경사진 날개 시스템 023
경질 폼 단열재 305
경첩 171, 229, 263
경화 시간 176
계단 278
고글 035, 036
고급 수종 흉내 내기 064
고리못 283
고리쇠 079
고속강 093, 116
고속강 비트 127

곡면 스크레이퍼 159
곧은결 048
곧은결 제재 048
곱자 082
공구 관리 129
공구 받침대 018, 091, 109, 158, 160, 161
공구 트레이 020
공기 세정기 028
공기청정기 028
공방 카트 166
공칭 두께 050
공학 목재 283
관공(管孔) 061, 260, 289, 304, 311, 312, 313, 317
관통 장부 197
관통 주먹장 201
광택제 339
구급상자 040
굽음(길이굽음) 053
귀마개 143
균열 060, 329
그라인더(grinder) 109
그루브(groove) 199
기름숫돌 092
길이 방향 054
꽃임촉 179, 218, 225, 242, 289, 291
끌 076, 195, 212, 263

ㄴ

나무 버튼 방식 219
나뭇결 061, 192, 233
나비장 223
나사 제거 비트 330
나사 파이프 방식 021

나사못 168
나선형 비트 127
나선형 톱날 153
나이테 048, 192
나프타(naphtha) 175
난간 279
난간동자 149, 278, 294
난방 030, 033
날어김 058
날입 087
날입 조정장치 087
낮은 부조(浮彫) 212
내장용 합판 070
냄비머리 나사못 169
너도밤나무 037, 182
노란색 접착제 173, 274, 327
노루발장도리 094
노출 1급 합판 069
노출 2급 합판 069
노출 등급 069
녹색 목공 054
녹청 340
누전차단기 031
눈매 311, 313
눈매 메꿈재 310
느릅나무 048, 051, 064, 205, 304

ㄷ

다도 가공 230
다도(dado) 199, 237
다도날 200
다용도 칼 076
다중 부재 연귀 케이싱 258
단일 연마면 092
단풍나무 046, 048, 064, 205,

282, 305
대패 086
댐핑 경첩 292
댐핑레일(damping rail) 248
더글러스 퍼(douglas fir) 282
덕트(duct) 026, 027, 029
덧날 087
덧판형 246
데니시 오일(danish oil) 231, 317
데크(deck) 295, 296
도막 304, 338
도막 마감재 304, 316
도웰 포인트(dowel point) 181
도웰링 지그(doweling jig) 195
둥근 끌 093, 212
둥근 액자 290
둥근머리 망치 340
둥근모 295
둥근톱 201
뒤 정반 142
드라이버(driver) 099
드럼 샌더(drum sander) 145, 211, 219
드롭 리프 테이블(drop-leaf table) 224
드릴(drill) 108, 195, 245
드릴 가이드 195
드릴 척 키(drill chuck key) 108
드릴 프레스(drill press) 029, 035, 110, 162, 195, 245, 263
드릴링 지그(drilling jig) 245
등급 068
등대기톱 097, 196
디스크 샌더(disc sander) 111

디왁스드 셸락(dewaxed shellac) 311, 315, 322, 339
디테일 샌더(detail sanders) 113
딥앤스트립(dip and strip) 336
딴혀 장부 188

ㄹ
라민(ramin) 049
라민 보드(lamin board) 066
라베팅 비트(rabbeting bit) 243, 289, 291
라우터(router) 035, 072, 121, 221, 268, 289, 291, 294, 332
라우터 거치대 131
라우터 비트(router bit) 121
라우터 테이블(router table) 038, 164, 196, 241, 289
라운드오버(rounding-over) 122
라운드오버 비트 224, 253
라이브 센터(free-spinning center) 157
라이브 엣지(natural edge) 222
라이빙 나이프(riving knife) 134, 273
라텍스(latex) 323
라텍스 장갑 309
라텍스 페인트 058
래디얼 암쏘(radial arm saw) 134, 141
래미네이트(laminate) 115, 239, 253
래미네이트 전용 톱날 115
래미네이트용 톱날 067
래커(lacquer) 316, 338, 339
랜덤매칭(random-matched) 패

턴 067
러핑 가우지(roughing gouge) 159
럼버 코어(lumber core) 066
레드 앨더(red alder) 064
레드 오크(red oak) 061, 205, 282, 299
레드우드(redwood) 052, 063
레이즈드 패널 라우터 비트 (raised-panel router bit) 241
레일 비트(rail bit) 241
레일 테이프(low-friction nylon tape) 248
레조르시놀(resorcinol) 수지 접착제 208
렌치(wrench) 100
로젯(rosette) 258, 263
로즈우드(자단, rosewood) 037, 062
로프(rope) 고리 024
룰 조인트(rule joint) 224
리그닌(lignin) 205
리기다소나무 046
리모델링 285
리쏘잉(resawing) 154
릴리프 컷(relief cut) 117

ㅁ
마감 231
마감 벗기기 334
마감못 108, 172
마구리 260
마구리대(슈팅보드) 089
마루 282
마루 리듀서(reducer) 284
마루 타정기 283

마스킹 테이프 067, 080, 101, 115, 121, 151, 176, 210, 245, 255, 274, 280, 287, 326
마이터 게이지(miter gauge) 135, 137, 138, 196, 200
마호가니(mahogany) 062, 311
말렛(mallet) 213, 340
망치 094
맞춤 114
먹지 153, 262, 292
먹통 081
메꾸미 231, 261
메꿈이 310
메스키트(mesquite) 052
메이플(maple) 037
멜라민(melamine) 코팅 선반 287
면치기 164, 241, 332
면판 161
멸종 위기에 처한 야생 동식물 종의 국제 거래 협약 (CITES) 049
모따기 114, 122
목공용 줄 104
목선반 029, 157
목선반 스윙(swing) 158
목선반 칼 093
목업(mockup) 216, 225
목재 경도 282
목재 등급 평가 049
목재 팽창제 327
목재와 톱밥에 숨겨진 위험 037
몰딩(molding) 068, 071, 260
몰딩 프레임(molding frame) 289

못 171, 260
무늬 061
무늬목 210, 239
무늬목 테이프 239
무늿결 048
무늿결 제재 048
무반동망치 096
문 258
문띠장 243
문틀 259
물숫돌 092
물티슈 177
물푸레나무 048, 064, 226
미국 하드우드 목재 협회 049
미네랄 스피릿(mineral spirit) 222, 253, 313, 337, 338
미네랄 오일(mineral oil) 293
밀대 039, 135, 143, 165
밀크 페인트(milk paint) 321

ㅂ

바니시(varnish) 298, 304, 316, 318, 339
바이메탈(bimetal) 116
바이스 021, 043
바이스플라이어(locking plier) 285
바텐 보드(batten board) 066
반벽 280
반턱 199, 237
반턱 주먹장 201
반턱맞춤 199
반턱형 238
발사목 046
발포폼 022
밤나무 052

방부목 293, 294, 297
방사 방향 054
방수 303
방수 PVA 접착제 298
방음 017
방진 마스크 036, 071, 143, 293, 335
배스우드(basswood) 046, 212
배출롤러 145
백밴드 케이싱(backbanded casings) 258
백쏘(backsaw) 097
백열전구 032
밴드쏘(bandsaws) 154, 211, 226, 291, 294
밴딩(banding) 243
버니셔(burnisher) 090
버드나무 064
버어(burr) 090
버터넛(butternut) 062, 212
벌(burl) 063, 145
벚나무 046, 064, 315
베니어 코어(veneer core) 065
베어링 비트(bearing-guided bit 또는 edge-guided bit) 122
베이스 슈 몰딩(base shoe molding) 268
벤딩(bending) 204
벤딩 합판 067
벤딩폼(bending form) 207
벤치 플레인(bench planes) 087, 088
벤치 후크(bench hook) 098
벤치독(bench dog) 020, 043
벨크로 사포(velcro-backed sandpaper) 112

벨트 샌더(belt sander) 111, 113, 114, 145, 219, 223, 255
벨트 클리너(belt cleaner) 112
변성 알코올 082, 127, 320, 339
변재 052
변죽 218
변형 특성 053
보드풋(board foot) 047
보수 337
보안경 035, 036
보일드 린시드 오일(boiled linseed oil) 304, 316, 320
보조 펜스 151
복판 241
복합 패널 070
볼 가우지(bowl gouge) 159
볼엔드(ball end) 209
부분 오버레이(overlay)형 238
부패 052
부패 저항성 052
북매칭(book matching) 210
북매칭 패턴(book-matched pattern) 066
분기관 028
분당 세제곱미터 026
분당 세제곱피트 027
분전함 032
분필 082, 101
분할 058
붓 307
붓 세척제 307
붓자국 316
붕어톱 097
브라질 자단 049

브라질우드(brazilwood) 049
브래킷(bracket) 방식 219
브레드보드 조인트(breadboard joint) 218
브리들(bridle) 맞춤 242
블랙 월넛(black walnut) 037
블랙 체리(black cherry) 282
블랭크(blank) 160
블록 보드(block board) 066
블록플레인(block plane) 086, 088, 089
비딩 비트(beading bit) 253
비산 먼지 028
비산염 293
비스킷(biscuit) 237, 289, 291
비스킷 결합 182, 242
비스킷 조이너(biscuit joiner) 183, 184
비틀림 053

ㅅ
사각 나사 170
사각 샌더 113
사개 203
사개맞춤 203
사이클론(cyclone) 026
사이프러스(cypress) 052
사포 089
사포 보관 선반 306
삼각자 076
삼나무 052, 296, 297
상대 습도 056
상도 마감 311
상부장 236, 250
새집 296
새틴우드(satinwood) 037

샌딩 블록(sanding block) 260, 302
샌딩(sanding) 302, 311
샐러드 그릇 마감재 293
샐러드 그릇용 오일 318
샛기둥 014, 017, 021, 022, 030, 074, 114, 239, 255, 259, 267, 269
생재(生材) 205
샹크(shank) 121, 126, 137
서각 212
서랍 246
서랍 레일 231, 247
서양 톱 097
석고보드 255, 266
석고보드용 나사못 169, 170
석회 321
선반 227, 287
선반 길이 228
세로 켜기 154, 211
세로대 240, 242, 250, 277
센터 사이 거리 158
셸락(shellac) 231, 304, 316, 320, 322
소나무 048, 062, 205, 296
소음 수준 035
소프트우드 046
소화기 013
속씨식물 046
손대패 114
손잡이 231, 278
손잡이 캐치 264
손톱 096
솔리드(solid) 원목 072
솔리드 코어 문짝 015, 043
솔리드 코어(solid-core) 문 018

솔벤트(solvent) 혼합물 334
솟은 알판 241, 277
송재롤러 145
수납 019, 287
수분계 060
수분측정기 056
수성 메꿈이 311
수성 박리제 334
수성 코팅재 231
수성 폴리우레탄 314, 317
수압대패 053, 057, 128, 142, 175, 211
수지 322
수축 054, 055, 056, 223, 285, 319
수평 레일 275
수평 조정 114
수평자 083
순간접착제 222, 231, 274
순결 085
순결 방향 142
숨은 경첩 244
숨은 못치기 275
숨은 장부 197
숫돌 089, 090
쉘락 기반 프라이머 323
스나이프(snipe) 145, 147
스무딩플레인(smoothing planes) 088
스큐 치즐(flat skew chisel) 159
스크레이퍼(scraper) 090, 311, 329
스크롤쏘(scrollsaw) 099, 152, 291
스크류 드라이버(Screwdrivers) 076, 099, 245

스킵형 톱날(skip-tooth blades) 153
스타일 비트(stile bit) 241
스터비 드릴 비트(stubby drill bit) 251
스테이(stay) 292
스테인(stain) 032, 302, 311, 312
스테인리스 나사못 298
스토리 스틱(story stick) 080
스툴(stool) 225
스트로브잣나무 282
스틸 울(steel wool) 338, 339
스팀 벤딩(steam-bending) 205
스팀 벤딩 장치 206
스파 바니시(spar varnish) 298
스파이럴 비트(Sprial bits) 128
스팔티드(spalted) 064
스팔팅(spalting) 064
스퍼 센터(spur center) 157
스페이드 비트(spade bit) 108, 109, 208, 232
스프러스(spruce) 051
스프레이 캔(canned aerosol) 309
스프링-백(spring back) 208
스플리터(splitter) 134, 273
스핀들(spindle) 327
슬롯 구멍 218
슬립매칭(slip-matched) 패턴 066
습도계 056
시공업자가 골조개구부 286
시작 구멍 099
시험 클램핑 101
식당 테이블을 만들기 위한

주요 치수 216
실러(sealer) 310
실리콘 총 102
실리콘 코킹 018
실수 없는 가구 제작 217
실외용 나사못 297
실제 두께 050
실톱 099, 271, 272
심암대 157
심재 052, 061
싱크 경첩 244
썰매 135, 139
쓸 타정기 173

ㅇ
아교 177, 327
아닐린 염료 316
아로마틱 시더(aromatic cedar) 288
아마인 320
아연 도금 나사못 297
아웃보드 터닝(outboard turning) 161
아웃피드(outfeed) 롤러 022
아웃피드 테이블 022
아일랜드(식탁) 255
아프리카 마호가니 205
안료 312
안면 보호구 035
안전 고글 335
안전 장구 033
알판 241, 242
알판 구조 240
암보이나(amboyna) 064
앞 정반 142
앞치마 076

애쉬(ash) 062, 205, 304, 311
액상 희석제 334
액자 288
액자 몰딩 289
액자 프레임 289
양날 그무개 198
양날톱 097
어린이 제품 안전 기준 292
언더컷(undercut) 199, 328
엄지기둥 279
엇결 085
에어 컴프레서 173, 283
에이징(aging) 340
에이프런(apron) 198, 219, 227
에폭시(epoxy) 175, 208, 222, 327
에폭시 접착제 289
엘보관 027, 028
엣지 밴딩(edge banding) 239
엣징(edging) 243
역날 128
역날 톱날 115
역방향 라우팅 124
역방향 톱날 152
연결구 029
연귀 261, 264, 265, 270
연귀 가공 229, 258, 290
연귀 자르기 138
연귀맞춤 185, 242, 265
연마 091, 098, 109, 160
연마석 091
연마재 092
열린 눈매 311
열풍기 336
염료 312
오거비트(auger bit) 164

오목 연마면 092
오비탈 기능 116
오일 바니시(oil varnish) 231
오크(oak) 051, 282, 304, 311
오프셋 펜스(offset fence) 254
옥집게 285
옷장 287
옷 종류별 공간 할당 287
옹 054
옹이 143, 311, 321, 322
와이프온(wipe on) 317
왁스(wax) 157, 322
왁스 스틱(wax stick) 338
왁스-이멀젼(wax-emulsion) 코팅제 058
왁스 페이퍼(wax paper) 176
왕관형 톱날 153
외장용 합판 069
요소 수지 접착제 208
우드 스틱(wood stick) 338
우드 필러(wood filler) 231
우드슬랩(wood slab) 222, 311
우레탄(urethane) 175, 298
운반용 손잡이 024
울거미 240
원목 상판 256
원목 코 239, 252
원피스 커넥터 169
원형 샌더 035, 112, 113, 223, 304
원형 지그 221
원형 톱 035, 117, 130, 287, 297, 329
원형 톱 절단 깊이 119
월넛(호두나무, walnut) 063, 205, 212, 311

윈저 체어(windsor chair) 226
유로 힌지(euro hinge) 244
유리문 244
유성 메꿈이 311
유성 페인트 323
유성 폴리우레탄 314, 317
유창목 049, 051, 157, 205
윤곽 게이지 084
윤할 053, 295
윤활코팅 303
응급처치 040
의자 224
이동용 대차 024
이로코(iroko) 037
이페(ipe) 052
이페 나무 282
인공 건조 056, 205
인공 건조기 060
인셋(inset)형 238
인셋형 문 244
인조모 붓 307
인치당 톱니 수 152
일반 스프레이건 308
일반 줄 104
일본 톱 097
일체형 246
일체형 집진기 026
임팩트 드라이버/드릴(impact driver/drill) 110
입도 093, 094

ㅈ
자단 048, 175
자동대패 053, 057, 144, 211
자동차용 퍼티 305
자연모 붓 307

자유각도자 084
자작나무 048, 051, 305
자작합판 212
작업대 019, 020, 043, 171
작업 시간 101
작업장 012
장난감 292
장도리 076
장부 326, 328
장부끌 090
장부맞춤 179, 194, 218, 242
장부촉 196, 225, 331
장붓구멍 161, 194, 327, 328, 331
장선 013, 014, 017, 114, 295
재(材) 047
재도장 337
잭플레인(jack planes) 088
적삼나무 037, 051
적층 204
적층 폼 208
전기 030
전기 드릴 110
전나무 205
전체 오버레이(overlay)형 238
절단기 148
절삭날 160
접선 방향 054
접착 무늬목 테이프 068
접착식 사포 112
접착제 173, 175
접착제 제거 326
접착제 크리프(creep) 174
접촉 접착제 210, 254
접합 목기 162
정날 128

정목제재 047, 048, 055, 065
정반 038, 157
정자 293
제로-클리어런스 인서트
 (zero-clearance insert)
 067, 136, 137
제혀맞춤 218
제혀쪽매 069
젤 스테인(gel stain) 313
조각 212
조각가용 벤치 스크류(bench screw) 213
조각칼 093
조기대 134
조리대 236, 252, 255
조명 030, 031
조인터플레인(leveling or jointer planes) 088
주름형 액자핀 289
주먹장맞춤 201
주먹장 지그 204
주먹 조각도 212
주목 037, 046
주방 수납장 229, 236
주축대 157
줄 090, 091, 098, 103, 109
줄자 076, 077
중공 코어 문짝 018
쥐꼬리톱 097
지갑 속의 줄자 079
지그쏘(jigsaw) 099, 115, 272, 291, 294
지옥장부 328
직각 드릴 251
직각 자르기 139
직각 헤드 251

직선 가이드 117, 118, 128, 201, 329
직선 비트 127
직선 절단 지그 053
진공청소기 025
진동 017
집성 185, 192
집진 025, 160
집진 개폐 장치 027
집진기 035
징두리벽 273, 274, 277, 322

ㅊ
참나무 046, 048, 052, 064
창문 258
창의적인 클램프 102
채터(chatter) 053
책장 227
척(chuck) 162
천연건조 058, 060, 205
천장 받침대 013
체리(벚나무, cherry) 062, 205
체인톱 035
초경 비트 127
초경 톱날 137, 138
초과 인출형 레일 248
추력 베어링(bearing) 156
추정목제재 047, 048
추출물 052
충전 드릴 110
측면굽음 053
측정 단위 변환 078
치후각(齒喉角) 142
칠레 소나무 049
침대 레일 고정 장치 230
침지(浸漬)식 박리 작업 336

침투성 마감 304, 318
침투성 마감재 316
칩 브레이커(chip breaker) 145, 146
칩카빙(chip carving) 212

ㅋ

카브리올레(cabriolet) 다리 226
카우리(kauri) 소나무 051
카운터보어 홀(counterbore hole) 250
카운터싱크 비트(countersink bit) 136, 181
카운터싱크 홀(countersink hole) 170, 251
카제인(casein) 321
캡 몰딩(cap molding) 268, 275
커터 헤드(cutterhead) 142, 145, 146
커프(kerf) 077, 078, 097
커프 벤딩(kerf bunding) 209
컵 홀(cup hole) 244
컵 힌지(cup hinge) 244
켜기용 펜스 134
코너 블록(corner blocks) 270
코너 클램프(corner clamp) 290
코너와 받침 블록 258
코브(cove) 268
코브 몰딩(cove molding) 305
코브 비트(cove bit) 224
코일 스프링(coil spring) 291
코코볼로(cocobolo) 037
코킹(coking) 255
코팅 나사못 298
코프(cope) 265, 269, 271
코프&스틱(cope&stick) 241

콘센트 031, 033
콜렛(collet) 121, 126
쿠바, 온두라스, 멕시코 마호가니(mahogany) 049
쿨 블록(cool blocks) 156
퀵클램프 076
크라운 몰딩(crown molding) 269
크래클 페인트(crackled paint) 322
크로스헤드와 에이프런(crosshead and apron) 258
클라임 컷(climb cut) 124
클램프(clamps) 101, 193
클램핑 시간 176
클리어런스 홀(clearance hole) 170
키레스(keyless) 척 108
킥백(kickback) 120, 134

ㅌ

타공판 014, 015, 106, 227, 228
타공판 공구 캐비닛 106
타원형 221
타일로시스(tylosis) 061, 299
타정기 035, 036, 259, 260
탁상 그라인더 091
탄소강 093, 116
탄 자국 053
턱대패 197
텅오일(tung oil) 256, 304, 316
테이블(table) 216
테이블쏘(table saw) 021, 035, 038, 053, 060, 134, 156, 196, 220, 232, 254, 272, 332
테이블쏘 썰매 053
테이퍼(taper) 220, 266
테이퍼 지그(taper jig) 220
테이퍼링(tapering) 114
테일(tail) 202, 204
테일 바이스(tail vise) 020
템퍼(temper) 077
템플릿 가이드(template guide) 195
톱날 자국 200
톱니 골 156
톱 작업대 297, 323
톱질자국 204, 209
톱질홈 156
투명 마감 316
트랜지션 몰딩(transition molding) 284
트롤리 돌리(trolley dolly) 024
트림(trim) 259, 261, 274
트림쏘(trim saw) 119
트위스트 비트(twist bit) 109
티크(teak) 037, 052, 063, 311
티크목 157
팁 오프(tip off) 317, 320

ㅍ

파운드컷(lb.cut) 320
파이프 시스템(pipe system) 023
파이프 클램프(pipe clamp) 103
파일럿 홀(pilot hole) 168, 250
파티클보드(particleboard) 067, 070, 071, 169, 212
파티클보드 코어(particle core) 066
파팅툴(parting tool) 159

판목제재 047, 048, 055, 065
패턴 비트(bearing-guided straight bit) 253, 294
팬트리(pantry) 250
팽창 054, 055, 056, 223, 285, 319
퍼티(putty) 261, 284, 310, 331
페더보드(featherboard) 038
페인트(paint) 321
페인트 리무버(paint stripper) 285
펜스(fence) 038
편백나무 296
편향 155
평끌 090
평면 바이스 020
평삭 065, 066
평잡기용 숫돌 093
평행 취재 283
평형함수율 056
포스너 비트 195
포켓홀 289
포켓홀 결합 186, 237, 242
포켓홀 지그 187
포플러(poplar) 064, 212, 226
폴리우레탄(polyurethane) 208, 256, 304, 312, 316, 322, 339
폴리우레탄 건설용 접착제 299
폴리우레탄 접착제 177, 298
폴리우레탄 핫멜트(hot melt) 접착제 299
표면경화 060
표준 목공용 나사못 169
표준 사포 303

표준 켜기 펜스 155
표준 톱날 152
푸시 슈(push shoe) 039
푸시 스틱(push stick) 039
프라이머(primer) 322
프로파일 샌더(profile sanders) 113
플러그형 귀마개 034
플런지 라우터(plunge router) 128, 195
플런지 절단 116, 120
플리퍼 도어 슬라이드(flipper door slide) 229
피봇 클램프(pivoting clamp) 213
피죽 053
핀(pin) 202, 204
핀 타정기 274
필러(filler) 310
필러 스트립(filler strip) 252
핑거조인트(finger-joint) 072

ㅎ
하단자 147
하드 메이플(경단풍나무, hard maple) 062, 282, 313
하드우드(hardwood) 046
하부장 236, 250
한 점 켜기 펜스 155
할렬 058, 060
할로우 코어(hollow-core) 문 262
함몰 결합부 175
함수량 054
합판 065, 068, 071
합판 보관 선반 074
핫멜트 글루건 299

핫멜트 접착제 177, 274
핸드 스크류 클램프(handscrew clamp) 103, 111, 165
행잉 스트립(hanging strip) 237
허리 몰딩 072, 243, 273, 274
헤드셋형 귀마개 034
형광등 033
호두 기름 319
호두 오일 256, 293
호두나무 046, 048, 052, 064
홀드다운 클램프(hold-down clamp) 149
홀드패스트(holdfast) 020, 043
홀쏘(hole saw) 263
홈 비트(groove-forming bit) 122
화이트 오크(white oak) 052, 061, 205, 282, 299, 314
환도 159
환조(丸彫) 212
회전 반경 154
회전 취재법 283
회전삭 065
훈증 315
휨(너비굽음) 053, 193
휴대용 전동대패 114
흑단 064
흑화 340
희석제 127
흰색 접착제 173
히코리(hickory) 205, 226

A
ABC 분말 소화기 013

F
FAS(Firsts And Seconds) 049

H

HVLP(대용량(high-volume), 저압(low-pressure))건 309

J

Janka 경도 시험 282

M

MDF(Medium-Density Fiberboard) 067, 070, 071, 169, 212
MDF 코어 066

N

NIOSH 036
No.1 Common 049
No.2 Common 049
No.3 Common 049

O

OSB 071

S

S1S 057
S1S1E 057
S1S2E 057
S2S 057
S2S1E 057
Select 049

T

T&G(Tongue-and-Groove) 패널 243, 275, 322
T&G(Tongue-and-Groove) 합판 094
T-몰딩 284

U

UV 차단제 298

Z

Z-철물 219

기타

2단계 집진기 026
2단 볼레일 248
2단 연마면 092
2액 에폭시 311
2액형 에폭시 접착제 299
3단 볼레일 248
4-in-1 줄 104
25% 규칙 063

저자 **스파이크 칼슨** (Spike Carlsen)

목공도서 A Splintered Hhistory of Wood와 Ridiculous Simple Furniture Projects의 저자이며, Family Handiman 잡지의 전 편집장이었다. 30년 이상의 목공 경력을 가지고 있으며, 그의 글들은 Old house Journal, Fine Homebuilding, American Woodworker 등에 실려 있다.

역자 **진재성** gnusopia@gmail.com

'한국전통공예건축학교' 소목(조화신) 과정으로 목공에 입문, 직업목수의 길을 걸으며 목공을 가르치고 작업하고 있다. '(전) 은평공유센터 34길목공방'을 운영하였고, 현재는 경기도 고양시 덕양구에서 '이오목공방(eo_woodstudio)'을 운영하고 있으며, 본서 외에 『의미와 소통의 목공수업』(도서출판 씨아이알, 2023)을 번역 출간하였다.

인스타그램 @eo_woodstudio '이오목공방'
linktr.ee/eo_woodstudio

여러분의 원고를 기다립니다

도서출판 씨아이알은 목공예 분야의 좋은 책을 출판함으로써 목공예에 대한 관심 고취와 확산에 기여하고자 합니다. 목공예 분야의 책을 집필하거나 계획하고 계신 분들, 해외의 좋은 책을 번역하실 의사가 있으신 분들은 도서출판 씨아이알로 연락을 부탁드립니다. 책의 선정과 출간에 좋은 동반자가 되어드리겠습니다. 도서출판 씨아이알의 문은 날마다 활짝 열려 있습니다.

출판문의처: cir03@circom.co.kr, 02)2275-8603(내선 605)

Jeff Jewitt의 목재 마감
JEFF JEWITT 저 /
최석환 역 / 2018년 9월 /
308쪽(222*275) / 34,000원

목공 짜맞춤 기법
LGary Rogowski 저 /
김지태 역 / 2017년 12월 /
408쪽(222*275) / 38,000원

도서출판 씨아이알의 관련 분야 도서안내

사랑 가득 엄마표 가구 만들기
애나 화이트(Ana White) 저 /
이재규, 정복자 역 /
2017년 11월 /
196쪽(216*280) / 22,000원

부조 조각의 정석
Lora S. Irish 저 /
David Koh 역 /
2016년 11월 /
138쪽(216*280) / 18,000원

Chris Pye의 목각 기법 따라하기
Chris Pye 저 /
정복자 역 / 2016년 4월 /
160쪽(216*280) / 20,000원

하이브리드 목공
Marc Spagnuolo 저 /
이재규 역 / 2016년 2월 /
192쪽(210*276) / 22,000원

우드워킹 가이드
Lonnie Bird 외 저 /
김지태 역 / 2015년 9월 /
328쪽(222*275) / 34,000원

고급 목가구 손수 만들기
ANDY RAE 저 /
최석환 역 / 2015년 6월 /
328쪽(222*275) / 34,000원

가구디자인
Stuart Lawson 저 /
한정현 역 / 2015년 5월 /
228쪽(216*280) / 24,000원

우든펜의 정석
Barry Gross 저 /
고득수 역 / 2015년 5월 /
152쪽(216*280) / 20,000원

Bob Flexner의 목재 마감
Bob Flexner 저 /
최석환 역 / 2013년 7월 /
152쪽(215*275) / 20,000원

목공 기초
Peter Korn 저 /
최석환 역 / 2013년 7월 /
192쪽(215*275) / 22,000원

목공 FAQ
목공에 대하여 알고 싶은 것들

초 판 발 행	2019년 11월 19일
초판2쇄발행	2024년 9월 10일

저 자	스파이크 칼슨(Spike Carlsen)
역 자	진재성
펴 낸 이	김성배
펴 낸 곳	도서출판 씨아이알

책 임 편 집	박영지
디 자 인	송성용
제 작 책 임	김문갑

등 록 번 호	제2-3285호
등 록 일	2001년 3월 19일
주 소	(04626) 서울특별시 중구 필동로8길 43(예장동 1-151)
전 화 번 호	02-2275-8603(대표)
팩 스 번 호	02-2265-9394
홈 페 이 지	www.circom.co.kr

I S B N	979-11-5610-775-0 (03630)
정 가	20,000원

ⓒ 이 책의 내용을 저작권자의 허가 없이 무단 전재하거나 복제할 경우 저작권법에 의해 처벌될 수 있습니다.